Behaviorale Anpassung und institutioneller Wandel
in Mittel- und Osteuropa

DIETMAR DALHOFF

BEHAVIORALE ANPASSUNG UND INSTITUTIONELLER WANDEL IN MITTEL- UND OSTEUROPA

Ein Ansatz zur Analyse gesellschaftlicher Anpassung im Transformationsprozeß mit besonderem Blick auf Polen

PETER LANG
Frankfurt am Main · Berlin · Bern · New York · Paris · Wien

Die Deutsche Bibliothek - CIP-Einheitsaufnahme

Dalhoff, Dietmar:

Behaviorale Anpassung und institutioneller Wandel in Mittel- und Osteuropa : ein Ansatz zur Analyse gesellschaftlicher Anpassung im Transformationsprozeß mit besonderem Blick auf Polen / Dietmar Dalhoff. - Frankfurt am Main ; Berlin ; Bern ; New York ; Paris ; Wien : Lang, 1996
Zugl.: Darmstadt, Techn. Hochsch., Diss., 1996
ISBN 3-631-30687-3

D 17
ISBN 3-631-30687-3

Printed in Germany 1 2 3 4 5 7

INHALTSÜBERSICHT

Inhalt VI
Verzeichnis der verwendeten Abkürzungen X
Verzeichnis der Abbildungen und Tabellen XII

Einleitung 1

Kapitel I: Problem und Charakter der Systemtransformation in Mittel- und Osteuropa 9

Kapitel II: Determinanten behavioraler Anpassung im Systemwandel 52

Kapitel III: Systemtransformation und behaviorale Anpassung aus Sicht der Institutionenökonomie 107

Kapitel IV: Zur Genese kooperativen Verhaltens und marktwirtschaftlicher Institutionen im Transformationsprozeß: Ein Modell behavioraler Anpassung 158

Kapitel V: Behaviorale Anpassung und institutioneller Wandel in Polen: Eine Entwicklungs- und Problemanalyse 209

Abschließende Bemerkungen 259

Anhang 282
Verzeichnis der verwendeten Literatur 289

INHALT

EINLEITUNG

1. Der schwierige Weg zur Marktwirtschaft: Problemstellung und offene Fragen im Transformationsprozeß 1
2. Inhalt und Aufbau der Arbeit: Ein Überblick 4

KAPITEL I
Problem und Charakter der Systemtransformation in Mittel- und Osteuropa

1. Klare oder unklare Zukunft in Ostmitteleuropa? 9
2. Aufgaben und Probleme der Systemtransformation aus wirtschaftstheoretischer Sicht 12
   2.1 Inhalte und Konzepte für den Umbau des wirtschaftlichen Systems 12
   2.2 Probleme und Grenzen einer rein wirtschaftstheoretischen Betrachtung des Transformationsprozesses 22
3. Die politische und sozio-kulturelle Dimension der Systemtransformation 24
   3.1 Umbau und Anpassung im politischen System 24
   3.2 Umbau und Anpassung im sozio-kulturellen System 36
4. Das Transformationsproblem als Problem behavioraler Anpassung und institutionellen Wandels 46

KAPITEL II
Determinanten behavioraler Anpassung im Systemwandel

1. Behaviorale Anpassung im Transformationsprozeß 52
2. Behaviorale Anpassung und die Bedeutung institutioneller und kognitiver Erbschaften des Sozialismus 54
   2.1 Behaviorale Anpassung im Schatten weicher Budgetrestriktionen und alter Beziehungsnetze 55
   2.2 Die Reformen im Sozialismus und deren Folgen für das Verhalten der Individuen im Transformationsprozeß 62
      2.2.1 Reformzyklen und Reformtrends im Sozialismus Mittel- und Osteuropas 64

2.2.2 Die Auswirkungen der Reformen im Sozialismus auf den Transformationsprozeß ... 73
3. Behaviorale Anpassung im Interessenspektrum von Bürokratie und Wirtschaft ... 81
3.1 Interessen und Verhalten in der Bürokratie im Übergang zu einer Marktwirtschaft ... 82
3.2 Interessen und Verhalten in Unternehmen im Übergang zu einer Marktwirtschaft ... 89
3.2.1 Managerverhalten bei Privatisierung und Kommerzialisierung von Unternehmen ... 89
3.2.2 Positionen und Reaktionen der Arbeitnehmer und Arbeitnehmerorganisationen im Systemwandel ... 96
3.3 Behaviorale Anpassung im Lichte kollektiver Rationalität ... 100
4. Essenz und Eigenart behavioraler Anpassung im Transformationsprozeß ... 104

KAPITEL III
Systemtransformation und behaviorale Anpassung aus Sicht der Institutionenökonomie

1. Systemtransformation und Institutionenökonomie ... 107
2. Institutionen, institutioneller Wandel und Transaktionskosten ... 112
3. Aussagen und Relevanz der Transaktionskostentheorie im Prozeß institutionellen Wandels einer Systemtransformation ... 116
3.1 Institutioneller Wandel, Transaktionskosten und Verhaltensreaktionen im Transformationsprozeß ... 116
3.2 Grenzen der Transaktionskostenökonomie und Konsequenzen für eine Analyse institutionellen Wandels im Transformationsprozeß ... 122
4. Grundzüge einer Theorie institutionellen Wandels im Transformationsprozeß ... 129
4.1 Ebenen und Formen institutionellen Wandels ... 130
4.2 Soziale Konflikte, Lernprozesse und Evolution als zentrale Triebkräfte institutionellen Wandels im Transformationsprozeß ... 135
4.3 Interaktionsstrukturen, Macht und Transformationspolitik im institutionellen Wandel ... 141
4.4 Die Dimensionen institutionellen Wandels ... 151
5. Allokation und Verteilung im Prozeß institutionellen Wandels der Systemtransformation ... 155

KAPITEL IV

Zur Genese kooperativen Verhaltens und marktwirtschaftlicher Institutionen im Transformationsprozeß: Ein Modell behavioraler Anpassung

1. Die Transformationsländer auf der Suche nach neuen modi vivendi ... 158
2. Ein Modell behavioraler Anpassung ... 159
   2.1 Gefangenendilemma versus Transformationsdilemma ... 160
   2.2 Die Phasen behavioraler Anpassung ... 163
      2.2.1 Die Phase der Selbstbereicherung ... 163
      2.2.2 Die Phase der Selbstpositionierung ... 169
      2.2.3 Die Phase der groben Verhaltensadjustierung ... 175
      2.2.4 Die Phase der institutionellen Feinsteuerung und Vertrauensbildung ... 180
   2.3 Anpassungsdynamik, zentrale Triebkräfte und kritische Grenzen innerhalb des Phasenmodells ... 184
3. Die Transformationsländer Mittel- und Osteuropas vor dem Hintergrund des Modells behavioraler Anpassung ... 187
   3.1 Bewertungs- und Operationalisierungsprobleme im Bereich behavioraler Anpassung ... 188
   3.2 Die Bestimmung von Einordnungskriterien für die Anpassungsphasen ... 192
   3.3 Stand und Entwicklung im Systemwandel ausgewählter Transformationsländer innerhalb des Modells behavioraler Anpassung ... 197
4. Schlußbemerkungen ... 206

KAPITEL V

Behaviorale Anpassung und institutioneller Wandel in Polen: Eine Entwicklungs- und Problemanalyse

1. Einführung ... 209
2. Polen auf dem Weg zu einer Marktwirtschaft ... 210
3. Politische Ökonomie der Privatisierung in Polen ... 212
   3.1 Institutionelle und wirtschaftliche Entwicklung und Ausgangslage der Systemtransformation in Polen ... 214
   3.2 Verteilungskonflikte, Collective Bargaining und Selbstbereicherung vor dem Übergang zur Marktwirtschaft ... 216
   3.3 Der alte Antagonismus in neuem Gewand: Regierung versus Arbeiterlobby und die Kontrolle im Privatisierungsprozeß ... 219

3.3.1 Das Privatisierungsprogramm im Zentrum der politischen Auseinandersetzung 221
3.3.2 Interessenkonflikte am Beispiel der Gestaltung und Initiierung eines Massenprivatisierungsprogramms 226
3.4 Zwischen ökonomischer Effizienz und politischer Akzeptanz: Optionen der Privatisierungspolitik in Polen 230
4. Politische Ökonomie der Systemtransformation und die Phasen behavioraler Anpassung in Polen 234
4.1 Zwischen Selbstbereicherung und Selbstpositionierung: Das Verhalten in den Betrieben und das Bemühen der Regierung, es zu steuern 235
4.2 Fortschreitende institutionelle Erneuerung und zunehmender Anpassungsdruck für Staatsbetriebe 246
4.3 Kritische Erfolgsfaktoren bei Polens behavioraler Anpassung in Richtung einer Marktwirtschaft 253
5. Quo vadis?: Zur institutionellen Zukunft Polens 255

ABSCHLIEẞENDE BEMERKUNGEN

1. Transformationsökonomie der zweiten Generation 259
2. Von behavioraler Anpassung und institutionellem Wandel zur Transformationsstrategie: Institutionenmanagement und Privatisierung in der Anpassungsphase 262
2.1 Institutionenmanagement im Transformationsprozeß 262
2.2 Institutionenmanagement für Staatsbetriebe 265
3. Institutionenmanagement im Rahmen der Privatisierung und Kommerzialisierung von Staatsbetrieben 268
3.1 Massenprivatisierung: Instrument und Auslöser institutionellen Managements 268
3.2 Anreiz- und Kontrollinstitutionenmanagement durch Kommerzialisierung von Staatsbetrieben 275

Verzeichnis der verwendeten Abkürzungen

Art.	Artikel
Bill.	Billionen
BIP	Bruttoinlandsprodukt
BIS	Bank for International Settlements
BSP	Bruttosozialprodukt
BTO	Build, Transfer and Operate
bzw.	beziehungsweise
ca.	circa bzw. zirka
CEPR	Center for Economic Policy Research
CES	Center for Economic Studies
CFS	Center for Financial Studies of the World Bank
CMEA	Council on Mutual Economic Assistance (deutsch: RGW)
CSFR	Tschechoslowakei (bis 31.12.1992)
DDR	Deutsche Demokratische Republik
d.h.	das heißt
EBRD	European Bank for Reconstruction and Development
ECU	European Currency Unit
EDI	Economic Development Institute of the World Bank
ELIP	Economic and Legal Information from Poland
ESOP	Employee Stock Ownership Plan
et al.	et alia (und andere)
etc.	et cetera (und so weiter)
FDI	Foreign Direct Investment
GH	Gesamthochschule
GIP	Gesetz über die Nationalen Investmentfonds und deren Privatisierung
GmbH	Gesellschaft mit beschränkter Haftung
GME	Gesetz zur Errichtung eines Ministeriums für Eigentumsumwandlung
GPS	Gesetz zur Privatisierung von Staatsbetrieben
GTZ	Gesellschaft für Technische Zusammenarbeit
GUS	Glowna Urzad Statystyczny (Zentralamt für Statistik in Polen)
Hrsg.	Herausgeber
IMF	International Monetary Fund
IPF	Investment Privatization Fund
IRIS	Center for Institutional Reform and the Informal Sector

IWF	Internationaler Währungsfonds
JV	Joint Venture
MC	Management Contract
ME	Ministerium für Eigentumsumwandlung
MfE	Minister für Eigentumsumwandlung
Mimeo	Unveröffentlichtes Manuskript
Mio.	Millionen
MP	Massenprivatisierung
MPP	Massenprivatisierungsprogramm
Mrd.	Milliarden
NIF	Nationale Investmentfonds
No. / Nr.	Nummer
n.v.	nicht verfügbar
passim	an verschiedenen Stellen
PLN	polnischer Zloty (neue Währungeinheit seit dem 01.01.1995)
PLZ	polnischer Zloty (alte Währungseinheit vor dem 01.01.1995)
RFE/RL	Radio Free Europe/Radio Liberty
RGW	Rat für gegenseitige Wirtschaftshilfe
S.	Seite
SPA	State Property Agency
TK	Transaktionskosten
TKT	Transaktionskostentheorie
u.a.	und andere
vgl.	vergleiche
vH	von Hundert
WERI	World Economy Research Institute
Wist	Wirtschaftswissenschaftliches Studium
WSI	Wirtschafts- und Sozialwissenschaftliches Institut des deutschen Gewerkschaftsbundes
WZB	Wissenschaftszentrum Berlin
z.B.	zum Beispiel

Verzeichnis der Abbildungen und Tabellen

Abbildungen:

Abbildung 1: Strukturelle und institutionelle Ausgangslage der Systemtransformation in Ländern vom Typ Z 71

Abbildung 2: Strukturelle und institutionelle Ausgangslage der Systemtransformation in Ländern vom Typ T 72

Abbildung 3: Zielsystem verschiedener Wirtschaftsakteure im Transformationsprozeß..... 101

Abbildung 4: Ebenen und Interdependenzen institutionellen Wandels im Transformationsprozeß 152

Abbildung 5: Transformationsdilemma im Übergang zur Marktwirtschaft in der Phase der Selbstbereicherung 166

Abbildung 6: Transformationsdilemma im Übergang zur Marktwirtschaft in der Phase der groben Verhaltensadjustierung 177

Abbildung 7: Anpassungsverlauf in ausgewählten Transformationsländern innerhalb des Phasenmodells 1990 bis 1995 203

Tabellen:

Tabelle 1: Privatsektor und Privatisierung in Rußland 282

Tabelle 2: Ausgewählte Entwicklungsindikatoren im Transformationsprozeß Rußlands 1990 bis 1995 282

Tabelle 3: Privatsektorentwicklungen in Polen, Ungarn und der Tschechischen Republik 283

Tabelle 4: Exportreorientierung in ausgewählten Transformationsländern Ostmitteleuropas 1989 bis 1993 283

Tabelle 5: Anteil traditioneller Produkte am Gesamtexport in ausgewählten Transformationsländern Ostmitteleuropas 1989 und 1993 284

Tabelle 6: Privatisierung mittlerer und großer Staatsbetriebe in Polen, Ungarn und der Tschechischen Republik 1990 bis 1994 284

Tabelle 7: Rekapitalisierung und Privatisierung des Bankensektors in ausgewählten Transformationsländern Ostmitteleuropas 1993/94 285

Tabelle 8: Ausgewählte Entwicklungsindikatoren im Transformationsprozeß Polens 1990 bis 1995 285

Tabelle 9: Ausgewählte Entwicklungsindikatoren im Transformationsprozeß Ungarns 1990 bis 1995 ... 286

Tabelle 10: Ausgewählte Entwicklungsindikatoren im Transformationsprozeß der Tschechischen Republik 1990 bis 1995 ... 286

Tabelle 11: Direkte Subventionszahlungen in ausgewählten Transformationsländern Ostmitteleuropas 1989 bis 1993 ... 287

Tabelle 12: Kommerzialisierte und liquidierte Unternehmen in Polen ... 287

Tabelle 13: Kapitalprivatisierung bzw. Kommerzialisierung von Unternehmen in Polen ... 288

Tabelle 14: Liquidation polnischer Unternehmen durch Konkurs und Privatisierung ... 288

EINLEITUNG

„Das Römische Reich versank, weil ihm der Geist des Liberalismus fehlte. Das Führerprinzip in der politischen Verfassung, der Interventionismus in der Wirtschaftsverfassung haben auch hier auflösend gewirkt, wie sie immer und überall auflösend wirken müssen.“[1]

1. Der schwierige Weg zur Marktwirtschaft: Problemstellung und offene Fragen im Transformationsprozeß

Seit Ende der achtziger Jahre befinden sich die ehemals sozialistischen Staaten Mittel- und Osteuropas auf dem Weg zu einer Marktwirtschaft. Auf den Reißbrettern vieler Entscheidungsträger in Politik, Wirtschaft und Wissenschaft war diese Marktwirtschaft klar vorgezeichnet. In ihrem Endzustand sollte sie mehr oder weniger dem Modell westeuropäischer und nordamerikanischer Gesellschaften entsprechen. Die Systemtransformation begann also mit einer Zukunft, die nicht nur erwünscht, sondern von vornherein bereits bekannt war.[2]

Der Weg in diese Zukunft glich für viele Wissenschaftler und Politiker einem Gang durch einen Tunnel der Liberalisierung, Stabilisierung und Privatisierung, der, das eine Spektrum verlassend, eine zeitlich begrenzte Periode großer Dunkelheit, Kälte und Unebenheiten bedeuten, aber, am anderen Spektrum ankommend, zweifelsohne in Licht, Wärme und ‘blühende Landschaften’ münden werde. Von seiten der ökonomischen oder soziologischen Wissenschaft könnte hierbei auch von einem Übergang von einem Gleichgewicht zu einem anderem gesprochen werden, bei dem sich letzteres auf einem wesentlich höheren Niveau befinden sollte als das ursprüngliche.

Nachdem sich die Transformationsländer nun seit mehr als einem halben Jahrzehnt auf dem Weg zu dem anderen Ende des Durchgangs befinden zeigt sich jedoch, daß dieser nicht nur länger, dunkler und steiniger ist als allgemein angenommen. Es offenbart sich zudem, daß dieser weniger einem Tunnel als vielmehr einem komplexen Labyrinth entspricht, für dessen Durchschreiten bedeutend

---

1 Mises, L., von (1980), S. 679.

2 Aus der Sicht mancher Wissenschaftler gleicht die Periode des von Lenin eingeleiteten realen Sozialismus bis heute sogar einer einzigen Phase der Transformation. Zu wenig - so die hinter dieser Argumentation stehende Auffassung - kann eine derartige Ordnung die menschlichen Bedürfnisse befriedigen, als daß sie jemals eine stabile Endlösung für eine Gesellschaft darstellen könnte. Vgl. Nordhaus, W.D. (1990), S. 287.

mehr Zeit und Mühen erforderlich sind als anfangs vermutet. Nicht bewußt war man sich auch der Höhe und Anzahl der politischen, sozialen und kulturellen Barrieren sowie der diversen wirtschaftlichen Irrwege und Sackgassen, die sich innerhalb des Labyrinths befinden. Diese machen es aber praktisch unmöglich, so zeigen die bisherigen Erfahrungen, das angestrebte Ziel auf direktem Weg zu erreichen. Die Versuche zur Bewältigung der Barrieren führten mitunter auf unkonventionelle und spontane Lösungspfade, von denen noch nicht bekannt ist, in welchem institutionellen Gesamtgefüge sie einmal enden werden.

Zweifel bestehen daher auch immer mehr hinsichtlich der Vorstellung, es gäbe in dem zu durchwandernden Gebilde nur ein einziges Ende und die Länder Mittel- und Osteuropas würden gerade jenen Ausgang finden, den westeuropäische und nordamerikanische Gesellschaften bereits einige Zeit zuvor genommen haben. Insgesamt scheint der Gang in das andere ordnungspolitische Spektrum ein Gang in eine Zukunft zu sein, der überhaupt nicht so klar und bekannt ist, wie zunächst angenommen wurde.

Warum, so muß dabei nun wohl gefragt werden, ist dieser Gang so unklar und wenig bestimmbar? Welche Gründe gibt es dafür, daß sich die Systemtransformation als ein unberechenbarer und ergebnisoffener Prozeß darstellt? Gibt es zumindest konkrete Faktoren und bestimmte Wirkungszusammenhänge, die für den Übergang einer sozialistischen Gesellschaft zu einer Marktwirtschaft identifiziert werden können und die es ermöglichen, grundlegende Entwicklungstendenzen aufzuzeigen?

Die Frage nach dem Warum der genannten Unklarheit bezüglich der Zukunft in den Transformationsländern kann zunächst ganz allgemein mit dem Charakter des Systemwandels beantwortet werden: Anstelle einer *Transition*, von der in der angelsächsischen Literatur häufig die Rede ist und die impliziert, daß es sich bei den derzeitigen Ereignissen in Ostmitteleuropa um einen Übergang in eine prädestinierte Zukunft, eine vorbestimmte Ordnung handelt, zeichnet sich in Mittel- und Osteuropa vielmehr eine *Transformation* von Wirtschaft und Gesellschaft ab. Diese ist dadurch charakterisiert, daß die neuen Systemelemente weniger aus der Adoption neuer, sondern vielmehr aus der Rekonfiguration, Permutation und Adaption existenter Organisations- und Interaktionsformen erwachsen. Diese Prozesse werden geraume Zeit beanspruchen, unabhängig davon, wie radikal und abrupt die in diesem Zusammenhang applizierten Reformmaßnahmen auch sein mögen. In prägnanter Weise formuliert dies *Stark*:

> „Instead of <u>institutional vacuum</u> we examine <u>institutional legacies</u> rethinking the metaphor of collapse to ask whether differences in how the pieces fell apart have consequences for rebuilding new institutions. Instead of examining country cases according to the degree to which they conform to or

> depart from a preestablished model, we see differences in kind and ask how different paths of extrication from state socialism shape different possibilities of transformation. Instead of building tabula rasa on the ruins of communism, we examine how actors in particular locales and settings are rebuilding organizations and institutions with the ruins of communism. Instead of paralysis and disorientation we should expect to see actors (...) adjust to new uncertainties by improvising on practiced routines.“[3]

Die bisherigen Entwicklungen in diesem Transformationsprozeß deuten des weiteren darauf hin, daß wir es auf unabsehbare Zeit nicht nur mit *mixed economies* in den betreffenden Ländern zu tun haben werden; eine Vermischung von staatlichen und privaten Aktivitäten ist schließlich in allen Wirtschaftssystemen anzutreffen und insofern kein kennzeichnendes Merkmal von Transformationsländern. Vielmehr zeichnet sich ab, daß die in Mittel- und Osteuropa heranwachsenden Marktwirtschaften noch weniger als in etablierten Volkswirtschaften in Westeuropa mit der herkömmlichen Dichotomie von *Markt* versus *Staat* zu erfassen sind. In den Transformationsstaaten wird sich durch neuartige Verflechtungen zwischen der privaten und öffentlichen Sphäre, durch eine Vermischung ererbter und neuer Regelungs- und Interaktionsmechanismen sowie durch spontane und pragmatische Problemlösungsreaktionen der Individuen ein wesentlich komplexeres Institutionengebilde formieren.

Diese Aussagen sind aus wissenschaftlicher Perspektive aber kaum befriedigend. Es gilt, mehr als derartig allgemeine Erkenntnisse über die Entwicklungen in den post-sozialistischen Ländern Ostmitteleuropas zu gewinnen. Interessant wäre es zu erfahren, welches die einzelnen Prozesse sind, die hinter den genannten Anpassungsverläufen stehen, um unter anderem zukünftige Probleme dieser Art besser verstehen und bewältigen zu können. Dabei stößt man allerdings noch auf eine Reihe offener Fragen. Speziell die Verhaltensänderungen, die sich im Systemwandel vollziehen und die als Kern der Entwicklungen in einer derartigen Umbruchsituation erachtet werden können, sind erst geringfügig aufgeklärt. Geht es also um die auch eingangs schon angedeutete Frage, wodurch die neuartigen Verflechtungen oder die genannte Vermischung von Regelungs-, Organisations- und Interaktionsmechanismen genau beeinflußt werden und welche Entwicklungsprozesse diese bedingen, so sind bislang kaum eindeutige Antworten möglich. Zu den Gründen, die für die Vorgänge der Adaption, Rekonfiguration und Rekombination ursächlich sind und welche Faktoren und Wirkungszusammenhänge dabei wichtig sind, gibt es erst wenige Erkenntnisse. Diese Defizite zu verringern bzw. zu deren Aufklärung einen Beitrag zu leisten, ist das Ziel der vorliegenden Arbeit.

---

3 Stark, D. (1994), S. 3 (Unterstreichungen wie im Original).

2. *Inhalt und Aufbau der Arbeit: Ein Überblick*

Legt man ein dualistisches ordnungstheoretisches Typisierungsschema zugrunde, so könnte von einem zielgerichteten und überwiegend auch steuerbaren Übergang zur Marktwirtschaft gesprochen werden. Aus dieser Perspektive könnten die Freigabe der Preise und des internationalen Handels sowie die dezentrale Planung und die uneingeschränkte Öffnung für Privateigentum bereits als Wechsel zu einem westlichen Wirtschaftstyp gedeutet werden. Eine derartige Sichtweise liefert allerdings nur ein sehr unscharfes Bild von den in Ostmitteleuropa entstehenden Wirtschafts- und Gesellschaftssystemen. Zwar resultiert die neue institutionelle Infrastruktur aus konkreten systemkonstituierenden Vorgaben, die sich auf ordnungtheoretische Prinzipien stützen. Das sich neu formierende Institutionengefüge geht aber ganz entscheidend auch aus spontanen Verhaltensreaktionen, unsteuerbaren Lernprozessen und sozialen Konflikten hervor, die insgesamt ein wesentlich subtileres System entstehen lassen als es die dualistische Klassifizierung erfassen könnte.

Im Mittelpunkt dieser Arbeit steht daher, die für den Umbruch in Ostmitteleuropa zentralen Lern-, Verhaltensanpassungs- und Konfliktbewältigungsprozesse zu spezifizieren und daraufhin zu untersuchen, welche Faktoren und Wirkungszusammenhänge für sie eine maßgebliche Rolle spielen. Ziel ist es zu begründen, warum die Gesellschaften in Mittel- und Osteuropa auch nach der Formierung eines institutionellen Rahmens einer Marktwirtschaft nicht automatisch auf ein funktionierendes System dieser Art zusteuern und wirtschaftspolitische Maßnahmen nur bedingt auf das Ergebnis der Systemanpassung einwirken können. Es soll erläutert werden, daß allein die einmalige Einführung spezifischer Ordnungsprinzipien und Basisinstitutionen einer Marktwirtschaft nicht für den Erfolg einer Systemtransformation genügen kann.

Anhand der bislang beobachtbaren Entwicklungen sowie institutionen- und politökonomischer Überlegungen, wird sich diese Arbeit im wesentlichen auf Veränderungen des Entscheidungsverhaltens der Wirtschaftsakteure und der dabei verhaltensdeterminierenden Einflußgrößen konzentrieren. Es werden Verhaltensanpassung bzw. behaviorale Anpassung und institutioneller Wandel im Transformationsprozeß in den Mittelpunkt der Untersuchungen gestellt. Diese Aspekte werden primär bezüglich der Aktivitäten in bzw. von Staatsbetrieben und am Beispiel Polens erörtert. Die *zentralen Fragen* dabei sind die folgenden:

- Was begründet und charakterisiert den Anpassungs-, Entwicklungs- und Lernprozeß in den Transformationsländern Mittel- und Osteuropas?

- Welche Faktoren spielen bei der Rekonfiguration, Permutation und Adaption von Organisations- und Interaktionsmechanismen eine entscheidende Rolle und wie können diese erfaßt, analysiert und systematisiert werden?

In *Kapitel I* wird zunächst gezeigt, warum Entwicklungs- und Anpassungsprozessen eine essentielle Bedeutung innerhalb des betrachteten Systemwechsels zukommt und warum hierbei insgesamt kaum von einem zielgerichteten und ökonomisch steuerbaren Ereignis die Rede sein kann. Dazu erfolgt eine Skizzierung wesentlicher Probleme, Aufgaben, Prozesse und Phasen des Übergangs von einer sozialistischen Planwirtschaft zu einer Marktwirtschaft. Hierbei sollen *zum einen* die Grundüberlegungen zur Systemtransformation, wie sie sich nach dem Zusammenbruch des realen Sozialismus in Ostmitteleuropa in Politik und Wissenschaft stellen, wiedergegeben werden. *Zum anderen* gilt es, das Wesen, die Dimension und die Komplexität der anstehenden Reformen zu verdeutlichen. Die Dimension und Komplexität ergibt sich dabei nicht nur aus dem Bedarf an Veränderungen innerhalb des ökonomischen Sektors, mit verschiedenen Aspekten der Liberalisierung, Stabilisierung, Restrukturierung und Privatisierung (Kapitel I.2). Sie ergibt sich auch aus den damit untrennbar verbundenen politischen und soziokulturellen Prozessen in den betroffenen Gesellschaften (Kapitel I.3). Zwischen allen drei Sphären bestehen, wie dargelegt werden soll, enge Interdependenzen und gemäß *Offe* sogar „wechselseitige Obstruktionseffekte“[4], die das Ergebnis der Systemtransformation beträchtlich beeinflußen.

Was behaviorale Anpassung im Transformationsprozeß bedeutet und durch welche Faktoren sie im wesentlichen beeinflußt wird, ist Inhalt des *zweiten Kapitels*. Zur Erörterung der Einflußgrößen behavioraler Anpassung werden dabei insbesondere zwei Aspekte betrachtet: Die potentiellen Auswirkungen der kognitiven und institutionellen Erbschaften des Sozialismus sowie die aktuellen und mit Blick auf die erwarteten zukünftigen Wohlstandspositionen formierten Interessen verschiedener Gruppen von Wirtschaftsakteuren. Die Erbschaften des Sozialismus erscheinen aufgrund der Pfadabhängigkeit individueller Handlungen und gesamtgesellschaftlicher Entwicklungen bedeutsam. Sie werden hier vor dem Hintergrund des Prinzips weicher Budgetrestriktionen und der Reformen im Sozialismus analysiert (Kapitel II.2). Dabei gilt es zu erfragen, welche Wirkungen bzw. welche Hysterese-Effekte[5] aus diesen zwei Aspekten identifiziert werden können und welche Auswirkungen daraus für den aktuellen Transformationsprozeß zu erwarten sind.

---

4 Offe, C. (1991), S. 283.

5 Hysterese-Effekte beinhalten das Fortdauern einer Wirkung nach Beendigung deren Ursache.

Hinsichtlich der Interessen und des sich daraus ergebenden Verhaltens diverser Gesellschaftsgruppen in den Transformationsländern werden im einzelnen die Positionen und Reaktionen von Bürokraten, Managern, Arbeiterräten und von den Belegschaften eines Unternehmens insgesamt skizziert (Kapitel II.3). Die aus den Verhaltensreaktionen und Interessendivergenzen hervorgehenden Probleme für den Wechsel zu einer Marktwirtschaft sollen dabei beleuchtet werden.

Von den in der Wirtschaftstheorie vorhandenen Aussagesystemen, die imstande sind, den als zentral identifizierten Anpassungs- und Entwicklungsvorgängen im Transformationsprozeß Rechnung zu tragen und dabei bislang noch nicht aufgedeckte Wirkungszusammenhänge zu erhellen, kann der Institutionenökonomie ein verhältnismäßig gutes Eignungsprofil bescheinigt werden. Daher soll in *Kapitel III* untersucht werden, ob und in welchem Umfang diese Theorierichtung für die Abbildung der transformationsbedingten Anpassungsprozesse und deren im vorangegangenen Kapitel umschriebenen Determinanten relevant ist. Zudem gilt festzustellen, welche weitere Erklärungs- und Problemlösungskraft von diesem Ansatz ausgeht.

Einen zentralen Baustein der Neuen Institutionenökonomik repräsentierend, steht dabei zunächst die Transaktionskostentheorie im Mittelpunkt der Untersuchung (Kapitel III.3). Diese Theorie soll daraufhin geprüft werden, welche Aussagen sie zum Problem institutionellen Wandels liefern kann und inwiefern die im Systemübergang Ostmitteleuropas beobachtbaren Anpassungs- und Entwicklungsprozesse durch sie erklärbar sind.

Anschließend erfolgt eine Auseinandersetzung mit den Problemen einer transaktionskostentheoretischen Analyse und den daraus zu folgernden Konsequenzen für eine institutionenökonomische Untersuchung des Transformationsproblems (Kapitel III.3.2). Auf dieser Grundlage wird dargelegt, welche Prozesse und Einflußfaktoren im Übergang von einem sozialistischen zu einem marktwirtschaftlichen System von zentraler Bedeutung sind und in einer Theorie institutionellen Wandels im Transformationsprozeß Eingang finden müssen (Kapitel III.4). Dabei wird argumentiert, daß es primär eines Ansatzes bedarf, der sich mit den sozialen Konflikten und Lern- und Evolutionsprozessen eines Systemwandels befaßt und dabei über den Rand individueller Verhaltensrationalität hinausgeht.

Abschließend folgt eine Zusammenfassung der realisierten Untersuchungen und der gesammelten Erkenntnisse dieses dritten Kapitels. Dabei wird betont, daß es sich im Fall einer Systemtransformation nicht nur um die Umstellung der Wirtschaft auf allokationseffiziente Institutionen handelt, sondern hierbei insgesamt tiefgreifende Umverteilungsprozesse stattfinden. In der Theorie und Praxis gilt es, beide Aspekte, Allokations- und Verteilungswirkungen, gemeinsam zu betrachten bzw. die Probleme, die mit den entsprechenden Interdependenzen einhergehen, nicht isoliert voneinander zu behandeln.

Im *vierten Kapitel* soll auf der Grundlage der bisher gesammelten Erkenntnisse über die Einflußparameter und Wirkungszusammenhänge institutionellen Wandels der Versuch unternommen werden, die wesentlichen Züge des Prozesses behavioraler Anpassung innerhalb des betrachteten Systemwandels in ihrer Gesamtheit darzustellen. Zu diesem Zweck wird ein Modell behavioraler Anpassung konstruiert (Kapitel IV.2). Konkretes Ziel dieses Phasenmodells ist *zum einen,* die Verhaltensweisen und -motive spezifischer Interessengruppen im gesamtgesellschaftlichen Kontext abzubilden und das daraus begründbare Verhalten offenzulegen. *Zum anderen* sollen aus einer kombinierten Betrachtung von Allokations- und Verteilungseffekten heraus dynamische Prozesse behavioraler Anpassung identifiziert und typisiert werden. Parallel dazu gilt es, zentrale wirtschaftliche, politische und gesellschaftliche Einflußfaktoren, die für einzelne Phasenübergänge und damit für das Fortkommen im Transformationsprozeß insgesamt verantwortlich gemacht werden können, zu identifizieren. Mit Hilfe der Spieltheorie werden dabei unterschiedliche Entscheidungssituationen, Verhaltenspositionen und Verhaltensmodifikationen in verschiedenen Abschnitten der Anpassungsperiode des Transformationsprozesses dargestellt und in einem Vier-Phasen-Modell konfiguriert.

Den Ausführungen bezüglich Struktur, Inhalt und Triebkräfte des Phasenschemas folgend wird versucht, ausgewählte Transformationsländer in das Modell einzuordnen (Kapitel IV.3). Nach einem kurzen Verweis auf die Unzulänglichkeiten bei der Bewertung von Verhaltensanpassungsvorgängen werden dazu zunächst konkrete Einordnungskriterien für die einzelnen Anpassungsphasen bestimmt. Anschließend werden die Entwicklungen in den Ländern Rußland, Ungarn, Polen und Tschechische Republik durch eine Einstufung in das Phasenmodell beurteilt.

In *Kapitel V* soll der Prozeß behavioraler Anpassung und institutionellen Wandels der Systemtransformation am Beispiel Polens veranschaulicht werden. In Polen zeigt sich sehr deutlich, wie stark die wirtschaftliche Neuordnung von sozialen Konflikten und Verteilungskämpfen zwischen verschiedenen Gruppen der Gesellschaft abhängt. Hierauf und auf die Dynamik innerhalb dieses Konfliktfeldes gilt es näher einzugehen. Dazu wird in einem ersten Hauptteil dieses Kapitels die Auseinandersetzung um die Art und Weise der Privatisierung von Staatsbetrieben zwischen der Regierung und der Arbeiterlobby Polens skizziert (Kapitel V.3). Dieser Konflikt nimmt aufgrund der institutionellen Entwicklungen im Sozialismus und tieferliegender historischer Gründe eine besondere Stellung im polnischen Transformationsprozeß ein. Dies darf folglich auch bei der Gestaltung der Privatisierungspolitik, wie anschließend argumentiert wird (Kapitel V.3.4), nicht unberücksichtigt bleiben.

Der zweite Haupttteil dieser Länderstudie betrachtet Polens Transformationsprozeß vor dem Hintergrund des in Kapitel IV kreierten Modells behavioraler Anpassung (Kapitel V.4). Ziel dieser Analyse ist es, die maßgeblichen Einflußgrößen und Wirkungszusammenhänge, die für Verhaltensänderungen bei den Wirtschaftsakteuren in Richtung eines marktwirtschaftlichen Systems - also von Phase eins zu Phase vier - verantwortlich gemacht werden können, herauszustellen. Zudem sollen die kennzeichnenden Interdependenzen zwischen den politischen und ökonomischen Entwicklungsprozessen aufgezeigt werden. Hieraus wird unter anderem ersichtlich, welche wirtschaftspolitischen Maßnahmen für das Fortkommen in eine nachfolgende Phase behavioraler Anpassung besonders wichtig sind und von der Regierung durchgesetzt werden müssen.

Einige Überlegungen zur Zukunft Polens (Kapitel V.5) beenden schließlich diesen Teil der Arbeit.

Im Kapitel der *abschließenden Bemerkungen* werden zunächst noch einmal die wichtigsten Inhalte und Intentionen der vorangegangenen Teile dieser Arbeit zusammengefaßt. Zwei weitere Abschnitte befassen sich dann noch mit der Relevanz der bis hierher gemachten Analysen für die praktische Transformationspolitik. Es wird die Frage untersucht, welche Konsequenzen aus den identifizierten Anpassungsprozessen bzw. deren Einflußfaktoren und Wirkungszusammenhängen für eine Transformationsstrategie folgen bzw. zu folgern sind. In diesem Zusammenhang wird argumentiert, daß es ungeachtet der begrenzten Steuerungsmöglichkeiten eines nachhaltigen Institutionenmanagements bedarf, um auf dem neu eingeschlagenen Entwicklungspfad das anvisierte Ziel, eine Marktwirtschaft, zu erreichen. Wie ein derartiges Management von Institutionen aussehen kann und sollte, wird dann speziell für das Problem der Transformierung der sozialistischen Staatsbetriebe in effizient agierende Unternehmen diskutiert. Im wesentlichen beinhaltet dies eine Restrukturierung von Anreiz-, Kontroll- und Sanktionsmechanismen, mit der die Akteure in den Betrieben zu einem wirtschaftlichen Umgang mit den Ressourcen stimuliert werden. Die Privatisierung, so zeigen es auch die bisherigen Erfahrungen, ist hierfür kein Allheilmittel. Die zahlreichen ökonomischen und sozialpolitischen Restriktionen einer Entstaatlichung sowie das in den Transformationsländern kaum lehrbuchmäßig wirkende Prinzip des Privateigentums machen diese Strategie vielmehr nur begrenzt möglich und sinnvoll. Auch die Massenprivatisierung kann, wie erörtert wird, diesbezüglich nur geringe Abhilfe schaffen. Daher ist es wichtig, auch alternative Wege zur Veränderung des Verhaltens der Akteure in den Staatsbetrieben zu finden und zu erschließen. Welche Maßnahmen und Techniken hierfür in Frage kommen und was dabei zu beachten ist, wird schließlich erörtert. Damit wird dieses Kapitel und die Arbeit insgesamt beendet.

KAPITEL I

Problem und Charakter der Systemtransformation in Mittel- und Osteuropa

„Ich möchte den Transformationsprozeß mit dem Schachspiel vergleichen. Wenn wir Schach spielen wollen, müssen wir wissen, wie man es spielt. Wir müssen wissen, wie die verschiedenen Figuren auf dem Schachbrett bewegt werden dürfen, und müssen die wichtigsten Eröffnungsvarianten kennen. Aber man kann unmöglich voraussehen, wie die Spielsituation nach dem fünfzehnten oder fünfundzwanzigsten Zug aussieht." (Vaclav Klaus)[1]

I.1 Klare oder unklare Zukunft in Ostmitteleuropa?

Die Transformation einer Zentralverwaltungswirtschaft zu einer Marktwirtschaft beinhaltet das Ziel, neue Formen und Wege der Befriedigung wirtschaftlicher Bedürfnisse von Individuen zu erschließen. Es gilt, die ökonomischen Handlungen und Entscheidungen neuen Prinzipien zu unterstellen und die Lösung von Knappheitsproblemen neu zu organisieren. Die zentrale Frage dabei ist, wie ein derartiger Systemübergang erfolgen soll und kann. Welche grundlegenden systemischen Veränderungen müssen, anders formuliert, hierfür herbeigeführt werden? Welche einzelnen Maßnahmen sind zu ergreifen und in welchem Ausmaß und in welcher Sequenz sind sie durchzuführen?

Die Antwort auf die Frage, wie ein Übergang zu einem sozialistischen Wirtschaftssystem, wie er in den 20er Jahren in Rußland und später auch in anderen Ländern Ostmitteleuropas stattfand, realisiert werden kann, ist vergleichsweise einfach: Bisher privat gehaltene Eigentumsrechte werden verstaatlicht, die Allokation und Produktion von Gütern wird durch einen Zentralplan geregelt und nahezu alle ökonomischen und sozialen Aufgaben werden durch politisches Diktat bestimmt.[2] Die Durchführung dieser Aufgaben kann insofern als einfach

---

1 Zitiert nach Ramm, U. (1993), S. 62.

2 In diesem Sinne tauchte der Terminus Systemtransformation auch zum ersten Mal in der Sozialökonomie auf. Einer der ersten, der die Umwandlung einer kapitalistischen Gesellschaft in eine sozialistische thematisierte, war *Bucharin*. Er differenzierte ebenfalls verschiedene Bereiche der Transformation, nämlich Politik, Ökonomie, Technik und Ideologie. Dabei stand für Bucharin schon damals fest, daß die beträchtlichen Inter-

erachtet werden, als sie *zum einen* mit Zwang der Staatsmacht verbunden ist und den einzelnen Wirtschaftssubjekten keine alternativen Handlungsmöglichkeiten einräumt. Und *zum anderen,* weil ein eindeutiger, klar bestimmbarer Maßnahmenkatalog für diesen Wandel aufgestellt werden kann.

Die seit Ende der 80er Jahre in Ostmitteleuropa versuchte Transformation hin zu einem markt- und wettbewerbsorientierten Wirtschaftssystem kann hingegen nicht durch einfache Zwangsmaßnahmen realisiert werden. Im Gegenteil: Es geht um die Abschaffung zentraler Steuerung und Kontrolle durch den Staat und um die Übertragung von Verfügungsrechten auf weisungsungebundene, freiwillig agierende Wirtschaftssubjekte.[3]

Bezüglich der dafür zu treffenden Maßnahmen kann aber in der Literatur vereinzelt der Eindruck gewonnen werden, daß analog zum Gang in den Sozialismus auch für die hier betrachtete Transformationsproblematik mehr oder weniger simple und eindeutige Regeln existieren. In verschiedenen Schriften wurden hierfür entsprechende Maßnahmenkataloge definiert, die zwar Probleme beim Übergang nicht negierten, die aber implizit den Anschein erweckten, daß ein System nach westlichem Muster in Mittel- und Osteuropa problemlos installiert werden kann. Es schien vielfach nur eine Frage der Zeit, daß das neue System seine volle Funktionsfähigkeit erreichen werde.[4]

Zweifellos sind für den Übergang von einer sozialistischen Planwirtschaft zu einer Marktwirtschaft konkrete Schritte zur Veränderung der ökonomischen Institutionen notwendig. Fragwürdig ist jedoch, ob der normative Anspruch, die Zielgerichtetheit sowie die immanente Logik der ökonomischen Funktionsmechanismen, die in den obigen Ansätzen teilweise zum Ausdruck kommt, dem Problem der Systemtransformation gerecht werden können.

In der intensiv geführten Debatte, ob eine eher graduelle oder eher schockartige Transformation die geeignete Vorgehensweise für einen Systemwandel sei, wurden diese Aspekte nur bedingt erörtert.[5] Zwar gehen insbesondere die Fürsprecher eines inkrementalen Übergangs davon aus, daß die Wirkungsmechanismen marktwirtschaftlicher Institutionen in den post-sozialistischen Staaten nur langsam greifen und abrupte Veränderungen der wirtschaftlichen Umgebung einen längeren und kostenträchtigeren Weg in das neue System bedeuten werden.

---

dependenzen zwischen diesen Subsystemen, keine isolierte Betrachtung des Wandels erlauben. Vgl. Bucharin, N.I. (1922).

3 Einer der ersten Autoren, der sich mit dieser Art des Übergangs beschäftigte, war *Propp*. Vgl. Propp, P.D. (1964).

4 Vgl. Peters, H.-R. (1990), Schüller, A., Barthel, A. (1990), Song, X. (1992) und Weber, R.L. (1992).

5 Zu dieser Diskussion siehe unter anderem Clague, C.K. (1993), Kosta, J. (1995), Murrell, P. (1991, 1995), Roland, G. (1994) und Slay, B. (1994).

Jedoch findet die Argumentation häufig vor dem Hintergrund einer Marktwirtschaft nach westeuropäischem oder nordamerikanischen Modell statt, das damit als Ziel praktisch klar vorgegeben ist. Anpassung wird dabei nicht selten als ein Prozeß der Transition von einem typisierten Modell der Planwirtschaft zu dem entsprechenden Pendant in Form der Marktwirtschaft verstanden. Nur vereinzelt werden die Offenheit und Individualität des Ergebnisses, sehr oft aber die Dauer und Kosten, die bei der einen oder anderen Strategie zur Erreichung des anvisierten Ziels anfallen, in dieser Diskussion thematisiert. So bezeichnet zum Beispiel *Zapf* Transformation und Transition als Modernisierungsprozesse, „die sich von den offenen Modernisierungsprozessen evolutionärer Innovation dadurch auszeichnen, daß das Ziel bekannt ist: die Übernahme, Errichtung, Inkorporation von modernen demokratischen, marktwirtschaftlichen, rechtsstaatlichen Institutionen." Es gibt zwar, so wird eingeräumt, „bei gleichem Ziel mehrere Wege zur Moderne, und der Weg der heutigen Transformationsgesellschaften wird nicht mit früheren Wegen einfach identisch sein."[6] Jedoch bleibt dabei das Ziel selbst stets eine gegebene Größe. Auch sind Privateigentum und Wettbewerb bei derartigen Betrachtungen mehr oder weniger standardisierte Begriffe einer, wie *Song* auch zu erkennen gibt, *richtigen* Marktwirtschaft.[7]

Insbesondere auf rein wirtschaftstheorische Aspekte des Wandels abstellende Abhandlungen scheinen von diesem Verständnis, von dieser Art der Problemcharakterisierung und -behandlung der Systemtransformation durchsetzt. Läßt aber nicht schon der mit einer Umstellung des ökonomischen Systems verbundene Problemtyp - schwachstrukturiert - erkennen, daß sich die aktuellen Ereignisse in Ostmitteleuropa nur schwer mit dem vorstehend implizierten Eigenschaftsprofil vereinbaren lassen? Und muß die Vorstellung von der Zielbestimmtheit und Steuerbarkeit der Transformationsprozesse nicht erst recht revidiert werden, wenn die Analyse dieser Prozesse über die ökonomischen Aspekte hinausgeht?

Grundlegende Antworten auf diese Fragen sollen in diesem Kapitel gegeben werden. Dabei wird sich der kommende Abschnitt zunächst der Diskussion der Probleme und Aufgaben der Transformation des ökonomischen Systems widmen, die - grob umschrieben - die Stabilisierung, Liberalisierung und Privatisierung der ehemals sozialistischen Wirtschaften involvieren. Nach einer Verdeutlichung der

---

6 Zapf, W. (1992), S. 12 bzw. 15.

7 Für *Song* gibt es anscheinend nur eine Marktwirtschaft mit konkreten Formen von Wettbewerb und Privateigentum. Es existieren seinen Aussagen zufolge wohl nur *eine richtige* und viele falsche Versionen. Und die richtige scheint er zu kennen. „Durch Gradualismus „lernen die Menschen höchstens eine falsche, durch das Plansystem verzerrte Marktwirtschaft kennen." Song, X. (1992), S. 127.

Probleme und Grenzen einer rein wirtschaftstheoretischen Betrachtungsweise des Systemwandels wird dann der Bogen auf die politischen und sozio-ökonomischen Aufgaben und Prozesse, die mit dem Systemwechsel in Mittel- und Osteuropa unmittelbar zusammenhängen, gespannt. Neben der Darstellung der Gesamtproblematik und des Charakters der erforderlichen systemischen Erneuerung in den betroffenen Ländern werden auch die weiteren zentralen Fragen, die sich aus dieser Sichtweise des Transformationsproblems ergeben sowie das nachfolgende Forschungsprogramm dieser Arbeit abgeleitet.

I.2 Aufgaben und Probleme der Systemtransformation aus wirtschaftstheoretischer Sicht

I. 2.1 Inhalte und Konzepte für den Umbau des wirtschaftlichen Systems

Um gemäß *Schüller* und *Barthel* zu einem anderen Typ eines Wirtschaftssystems zu gelangen, ist es zunächst entscheidend, die systembegründenden Elemente zu verändern.[8] Die formelle Transformation eines Wirtschaftssystems bedeutet, anders formuliert, die „Substitution von - auch einzelnen - ordnungskonstituierenden Merkmalen durch andere (...), durch die die alte (Teil-) Ordnung durch eine neue abgelöst wird.“[9] *Kloten* spricht in diesem Zusammenhang auch von einem „qualitativen Sprung“, der bewirkt werden muß, um einen derartigen Übergang zu vollziehen.[10]

In Anbetracht der vier Grundtypen von Wirtschaftssystemen, die die Wirtschaftstheorie unterscheidet - der kapitalistischen und sozialistischen Marktwirtschaft sowie der kapitalistischen und sozialistischen Planwirtschaft - kann ein derartiger Sprung nur vollzogen werden, wenn entweder die Variation der Eigentumsordnung - Kollektiv- bzw. Staats- versus Privateigentum - oder des Planungssystems - zentrale versus dezentrale Planung - realisiert wird. Bleiben beide Bereiche unangetastet, kann aus Sicht der Ordnungstheorie nicht von einer Systemtransformation gesprochen werden.[11]

Für den Fall des Übergangs von einer sozialistischen Planwirtschaft zu einer Marktwirtschaft, der in den Transformationsländern Ostmitteleuropas auf der Agenda steht, ist insofern eine Transformation der Eigentumsordnung und des

---

8 Vgl. Schüller, A., Barthel, A. (1990), S. 68f. *Schüller* und *Barthel* unterscheiden zwischen den Typen A: Zentrale Planwirtschaft, B: Sozialistische Marktwirtschaft, C_1: Sozialistische Marktwirtschaft syndikalistischer Prägung und C_2: Kapitalistische Marktwirtschaft.

9 Bohnet, A., Ohly, C. (1992), S. 28.

10 Kloten, N. (1991), S. 7.

11 Vgl. Schüller, A. (1991), S. 1f.

Entscheidungs- und Koordinationsmechanismus durchzuführen. Gemäß der insgesamt konstituierenden Elemente einer Wettbewerbsordnung, die sich nach *Eucken* als funktionsfähiger Preismechanismus, offene Märkte, Primat der Währungspolitik und Geldwertstabilität, Vertragsfreiheit, Privateigentum an Produktionsmitteln, Haftung im Sinne des Verursacherprinzips sowie Konstanz der Wirtschaftspolitik darstellen,[12] gilt es, noch zusätzliche Veränderungen zu erwirken. Es sind, verallgemeinert gesprochen, noch die grundlegenden Institutionen einer offenen Gesellschaft sowie eine neue Geld- und Währungsordnung zu implementieren. Veränderungen in allen genannten vier Bereichen werden als erforderlich angesehen, um den hier betrachteten Systemwandel realisieren zu können.[13] Zusammenfassend sind also die folgenden Aufgaben durchzuführen.

- Die Implementierung marktwirtschaftlicher Institutionen;
- die monetäre und fiskalische Stabilisierung;
- die Deregulierung und Liberalisierung der Preise und des Handels sowie
- die Privatisierung staatlichen bzw. kollektiven Eigentums.

(1) Die *Implementierung marktwirtschaftlicher Institutionen* betrifft primär die folgenden Aufgaben: die Einführung eines marktwirtschaftlichen Rechtssystems mit den tragenden Säulen eines Vertrags- und Unternehmensrechts; die Errichtung eines zweistufigen Bankensystems mit einer von Weisungen der Regierung unabhängigen Zentralbank;[14] die Definition eines neuen Eigentumsrechts mit Bezug auf die Abwicklung des Transfers des kollektiven oder staatlichen Vermögens und eventueller Restitution enteigneter Staatsbürger; die Etablierung von Arbeitsmarktinstitutionen, zu denen unter anderem ein Tarifverhandlungssystem und ein System sozialer Sicherung bei Arbeitslosigkeit gehören,[15] sowie eine klare Abgrenzung von Privat- und Staatssektor. Insgesamt handelt es sich um die Schaffung neuer Regeln bzw. die Begründung einer neuen wirtschaftlichen Konstitution eines Landes, die nun die Handlungen der Individuen lenken soll.[16]

---

12 Siehe Eucken, W. (1990), S. 79-88.

13 Vgl. Siebert, H. (1991), S. 6ff.

14 Die Unabhängigkeit der Notenbank reicht allein aber nicht aus, um eine stabile Währung herbeizuführen oder zu sichern. „Es hängt vieles davon ab“, so vielmehr *Willgerodt*, „wes Geistes Kind die Notenbankleiter sind.“ Willgerodt, H. (1992), S. 114.

15 Mehr dazu bei Burda, M.C. (1993) und Commander, S., Coricelli, F. (1994).

16 *Schumann* gibt vier Regeln für die institutionelle Transformation an: a) Die Wiederherstellung von privaten Eigentumsrechten, b) die Wiederherstellung des Marktpreismechanismus einschließlich der Abschaffung des staatlichen Außenhandelsmonopols, c) die Wiederherstellung eines Kapitalmarktes einschließlich des privaten Bankensystems und d) die Definition des öffentlichen Sektors einschließlich der Gestaltung der föderalen Verwaltungsstruktur, der ökonomischen Infrastruktur, der monetären Verfassung und des sozialen Sicherungssystems. Vgl. Schumann, J. (1991), S. 5.

(2) Die *monetäre und fiskalische Stabilisierung* umfaßt ein weiteres wesentliches Aufgabengebiet der Systemtransformation.

(2.a) *Monetäre Stabilisierung* beinhaltet die Herstellung stabilen Geldes. Ihr oberstes Ziel ist die Eindämmung von Inflation. Die Wirtschaftssubjekte müssen soviel Vertrauen in die heimische Währung gewinnen, daß sie diese als geeignetes Tausch- und Wertaufbewahrungsmittel ansehen. Geld muß zum intertemporalen Ausgleich von Unsicherheiten bezüglich der Güterversorgung dienen. Dazu muß es relativ stabil bzw. die Inflation gering sein.[17]

In der Planwirtschaft waren Güter anstelle von Geld das Medium der Vermögenshaltung und der Unsicherheitsprofilaxe von Unternehmen. Das Geldvermögen in heimischer Währung war nicht wertstabil und diente lediglich als Rechenmittel, um die geplante Produktion bzw. den Austausch von Input- und Outputfaktoren zu bewerkstelligen. Die Aufgabe der Zentralbank im Sozialismus war deshalb auch nicht die Knapphaltung des Geldes, sondern die Bereitstellung von Kredit- und Zahlungsmitteln, die eine Erfüllung der Pläne ermöglichte. Zur Erreichung dieses Ziels wurde der Wirtschaft Geld in praktisch unbegrenztem Maß zur Verfügung gestellt, was schließlich zu einem Ware-Geld-Ungleichgewicht bzw. zu einem Geldüberhang führte. Dieser wurde jedoch anders als in marktwirtschaftlichen Systemen nicht durch ansteigende Preise abgeschöpft, weil die Preise administrativer Lenkung unterlagen. Inflation wurde somit unterdrückt und kommt daher zu Beginn einer Transformation bei Freigabe der Preise voll zum Tragen.

Der Abbau einer derartig verdeckten Inflation, das heißt, die monetäre Stabilisierung der Wirtschaft, kann prinzipiell auf vier Wegen erfolgen: Durch a) Anpassung der Gütermenge, b) Preisniveauanpassung, c) Nominallohnsenkung und d) Währungsreform.[18] Im Transformationsprozeß scheidet allerdings die erste Option zum Ausgleich des Ware-Geld-Ungleichgewichts, also die mengenmäßige Anpassung des aggregierten Güterangebots schon von vornherein aus. Dies liegt darin begründet, daß eine Zentralverwaltungswirtschaft in der Regel bei Vollauslastung der Kapazitäten arbeitet und eine notwendige Erhöhung des Outputs nicht umgehend möglich ist.[19] Die zweite und dritte Methode, eine beträchtliche Preis-

---

17 Neueste Studien über den Zusammenhang von Inflation und Wirtschaftsentwicklung deuten an, daß Preissteigerungsraten von ca. 20 bis 40 vH pro Jahr eine Schwelle für wirtschaftliches Wachstum darstellen. Vgl. Bruno, M., Easterly, W. (1995). Länder, die eine Inflationsrate von über 40 vH pro Jahr verzeichnen, könnten insofern als instabil beurteilt werden.

18 Zu den vier möglichen Strategien siehe auch Thieme, H.J. (1991), insb. S. 22ff.

19 Warenimporte könnten in diesem Fall eine Maßnahme sein, um die Gütermenge im Inland zu erhöhen. Dies läßt sich aber in den ehemals sozialistischen Ländern meistens nicht verwirklichen, weil nicht genügend Devisen vorhanden sind. Vgl. Peters, H.-R. (1990), S. 388.

erhöhung und/oder Nominallohnsenkung, haben den Nachteil, daß sie in der Regel enorme soziale Probleme verursachen. Der Lebensstandard der Bevölkerung wird dadurch erheblich verringert. Auch die Methode der Währungsreform kann soziale Härten für viele Bürger bedeuten. Diese treten dann ein, wenn bei der reformbedingten Geldentwertung kleine Sparguthaben nicht differenziert behandelt werden und dann hauptsächlich Personen der unteren sozialen Schichten der Bevölkerung negativ betroffen sind. In den oberen sozialen Schichten der Bevölkerung ist ein bedeutender Anteil des Vermögens oftmals in Immobilien angelegt. Diese sind vor Werteinbußen durch Inflation geschützt. Das Problem einer Währungsreform ist zudem, daß mit erheblichen Schwierigkeiten bezüglich der Berechnung des Geldüberhangs, der Organisation des Umtausches der alten gegen die neue Währung und der Akzeptanz des neuen Geldes in der Bevölkerung gerechnet werden muß.[20]

Während nach dem Zweiten Weltkrieg in vielen europäischen Staaten aber trotzdem ein Währungsschnitt durchgeführt wurde, haben sich die meisten Reformländer Mittel- und Osteuropas primär für eine Preisniveauanpassung entschieden. Die bei der Freigabe der Preise aufkommende Gefahr einer Hyperinflation wurde dabei durch eine stringente Geldpolitik zu kompensieren versucht.

Monetäre Stabilisierung erfordert auch die Konvertibilität der inländischen Währung bzw. die Möglichkeit, die inländische Währung tauschbar zu machen. Dies ist für den angestrebten Systemübergang erforderlich, um den Wirtschaftsakteuren die Teilnahme am Welthandel zu gewähren und den internationalen Handel nicht durch falsche Preissignale zu verzerren. Inländerkonvertibilität bzw. das Recht der heimischen Bevölkerung, inländische Währung gegen ausländische zu tauschen, ist dabei wichtig, um im eigenen Land für Glaubwürdigkeit der Geldpolitik zu sorgen. Ausländerkonvertibilität, das heißt das Recht ausländischer Staatsbürger, im Inland ausländische Währung gegen inländische zu tauschen, ist wichtig, um privates Investitionskapital zu attrahieren.[21]

Des weiteren ist zur Stabilisierung des Geldwertes auch eine neue institutionelle Ordnung des Geldwesens unumgänglich. Dazu müssen insbesondere die Kompetenzen der Geldpolitik neu angeordnet werden. „Die monetäre Stabilisierung“, so *Siebert*, „ist deshalb untrennbar mit der geeigneten institutionellen Infrastruktur verknüpft, also mit der Unabhängigkeit der Notenbank, dem Verbot der Alimentierung des Staates durch die Notenpresse, einem zweistufigen Bankensystem und einem funktionsfähigen Kapitalmarkt.“[22]

---

20 Siehe Edwards, S. (1992), S. 137f.

21 Zur Politik und Problematik der Konvertibilisierung im Transformationsprozeß siehe insbesondere Williamson, J. (1991).

22 Siebert, H. (1992), S. 3. Siehe dazu auch Corrigan, E.G. (1990) und Rostowski, J. (1994).

(2.b) *Fiskalische Stabilisierung* zielt auf die Konsolidierung des Staatshaushalts ab. Im Übergang von einer Zentralverwaltungswirtschaft zu einer Marktwirtschaft bedeutet dies, daß die Ausgaben des öffentlichen Sektors drastisch gesenkt und die Einnahmen durch ein reformiertes Steuersystem erzielt werden müssen.[23] Für den Staat, wie für alle anderen Wirtschaftssubjekte, muß Geld ein knappes Gut sein. Geld darf dem Staat nicht wie bisher in beliebiger Menge zur Verfügung stehen. Eine unabhängige Notenbank muß die Geldmenge bestimmen und darf dem Staat nur in begrenztem Umfang Kreditkapital gewähren. Der Staat muß sich ebenfalls den Gesetzmäßigkeiten der Kapitalmärkte unterwerfen.

(3) Die *Deregulierung* und *Liberalisierung* der ehemals zentral gelenkten und administrierten wirtschaftlichen Aktivitäten mittel- und osteuropäischer Staaten wirft ebenfalls zahlreiche Probleme und Fragen auf. Sie umfaßt unter anderem die Freigabe der Preise und des internationalen Handels und des grenzüberschreitenden Kapitalverkehrs. Wichtig ist dabei auch die Abschaffung von Vorschriften, die den Individuen bislang weitgehende unternehmerische Entscheidungen genommen haben, wie zum Beispiel die Festlegung von Art und Umfang der Produktion. Insgesamt muß der Staat viele Aufgaben an private Wirtschaftssubjekte abgeben, die er bislang selbst zu erledigen pflegte. Die Individuen und die Unternehmen müssen von der staatlichen Bevormundung befreit werden und gemäß marktwirtschaftlichen Prinzipien autonom agieren können.[24] Dies bedeutet auch die Einführung von Wettbewerb und harten Budgetrestriktionen, mit denen die Unternehmen nicht zuletzt der Konkursgefahr ausgesetzt werden. Mit der Autonomie muß der Staat auch einen Großteil der Verantwortung auf die Wirtschaftssubjekte übertragen.

(4) Schließlich gehört die *Privatisierung* zu den zentralen Aufgaben und Problemen einer Systemtransformation. Wie bereits angeführt, stellt die Eigentumsordnung eines der zwei wesentlichen Merkmale eines Wirtschaftssystems dar.[25] Privateigentum bedeutet, daß Kosten und Nutzen, aber auch Risiken ökonomischer Handlungen und Entscheidungen privatisiert sind, also nicht von einer staatlichen Instanz getragen werden. Dies bewirkt, daß im Vergleich zu öffentlich verfügten Vermögenswerten ein stärkerer Anreiz zur Nutzung von Informationen gegeben ist. Dadurch bestehen verbesserte Möglichkeiten zur Kontrolle ökonomischer Aktivitäten, die insgesamt für eine Effizienzsteigerung in einer Volks-

23 Zur fiskalischen Transformation siehe Gordon, R.H. (1992) sowie Tanzi, V. (1993).

24 Vgl. Beksiak, J. et al. (1990), S. 38f.

25 „However, economists in the strict neoclassical tradition might be tempted to regard privatization as a second-order issue, because market structure rather than ownership per se is regarded as the primary determinant of enterprise efficiency (see Vickers and Yarrow, 1988).“ Estrin, S. (1991), S. 351.

wirtschaft sorgen dürften. Mit der Umstellung auf private Verfügungsrechte im Transformationsprozeß wird das Prinzip der Verantwortung bis auf die Mikroebene, also auf die Ebene einzelner Wirtschaftssubjekte, transferiert.

Während für die Einführung einer neuen Geldordnung vergleichsweise eindeutige Rezepte existieren, erweist sich das Problem der Privatisierung von Staats- bzw. Kollektivvermögen als sehr komplex. Zahlreiche, ex ante nicht eindeutig bewertbare Optionen und Strategien kommen hierfür in Betracht. Es gilt unter anderem zu entscheiden, ob die Verteilung der Verfügungsrechte an Unternehmen eher zentral oder dezentral, entgeltlich oder unentgeltlich, durch konventionelle Methoden wie zum Beispiel direkten Verkauf oder auch durch unkonventionelle Methoden zum Beispiel via Massenprivatisierung erfolgen soll. Zudem gilt zu klären, in welchem Umfang ausländische Investoren einbezogen werden sollen. Im Kern der kontroversen Überlegungen steht dabei nicht selten das Leitbild der Transformation, das sich in der Frage nach der Höherrangigkeit von Effizienz oder Gerechtigkeit der Privatisierungsmaßnahmen widerspiegelt. Dementsprechend entscheidet auch das subjektive Ziel- und Wertesystem der reformverantwortlichen Akteure über die Komposition des jeweiligen Privatisierungsprogramms. Viele Privatisierungsmethoden sind aber schon dadurch stark in ihrer Anwendbarkeit eingeschränkt, daß die ökonomischen Voraussetzungen, insbesondere das Kapital und die Bereitschaft zur Übernahme von Verantwortung und finanziellen Risiken, in den Transformationsländern nicht vorhanden sind.

Ein Königsweg der Privatisierung ist derzeit nicht in Sicht. Diesen wird es wohl auch in Zukunft nicht geben. Vielmehr können unterschiedliche Methoden und Konzepte sinnvoll sein, um in einem konkreten strukturellen und gesellschaftlichen Kontext staatliche Betriebe an private Eigentümer zu übergeben.[26]

Derartige Bewertungsschwierigkeiten treten aber nicht nur im Rahmen der Privatisierung zutage. Auch die anderen vorher skizzierten Teilaufgaben der Systemtransformation sind von derartigen Problemen gekennzeichnet. Zwar kann in der Wissenschaft ein weitgehender Konsens bezüglich der notwendigen Aufgaben der Transformation verzeichnet werden. Allerdings besteht nach einigen Jahren dieses Prozesses noch wenig Einigkeit darüber, in welcher Art und Weise, in welchem Ausmaß und mit welcher Sequenz bzw. in welchen Etappen die verschiedenen Maßnahmen umgesetzt werden sollten. Die folgende Darstellung und Diskussion verschiedener Transformationskonzepte soll dies kurz verdeutlichen.

a) Hinsichtlich der *zeitlichen Staffelung der einzelnen Reformelemente* hat sich herauskristallisiert, daß ein hohes Maß an Gleichzeitigkeit aller Transforma-

---

26 Zu verschiedenen Methoden der Privatisierung siehe unter anderem Bornstein, M. (1992), Leipold, H. (1992a) und Milanovic, B. (1991).

tionsmaßnahmen anzustreben ist, da viele gegenseitige Abhängigkeiten zwischen den einzelnen Reformbereichen bestehen. Jedoch ist eine simultane Verwirklichung aller notwendigen Schritte des Wandels unmöglich. Allein die administrativen Kapazitäten setzen einer gleichzeitigen Bewältigung aller Probleme sehr enge Grenzen. Insgesamt kann die Transformation also nur inkremental, das heißt, in einzelnen Schritten erfolgen.

Weitgehende Einigkeit besteht auch darüber, daß der *institutionellen Umgestaltung* absolute Priorität eingeräumt werden muß.[27] Erst durch die damit im wesentlichen verbundene Umstellung auf neue, offiziell geltende Interaktionsprinzipien zwischen privaten oder privaten und staatlichen Akteuren sind Austauschprozesse nach marktwirtschaftlichen Regeln möglich. Die Wirtschaftssubjekte werden erst dann mit den grundlegenden Rechten, Mechanismen und Anreizen eines marktwirtschaftlichen Systems konfrontiert.

b) Hinsichtlich der *monetären und fiskalischen Stabilisierung* wird ebenfalls häufig für ein zügiges Vorgehen plädiert. Für das Vertrauen in das neue System sowie für die zukünftigen Handlungen und Erwartungen sei stabiles Geld von immenser Bedeutung. Daher sollten hierfür bereits zu Beginn alle wesentlichen Maßnahmen getroffen werden. Ein Hinausschieben vertrauensbildender Maßnahmen kann deren spätere Wirkung stark einschränken. Gerade in der ersten Zeit des Umbruchs geht es auch darum, eine positive Einstellung der Bevölkerung zu den Reformen zu bewirken. Kann dies nicht erreicht werden oder wird anfängliches Vertrauen sogar verspielt, so steigt die Wahrscheinlichkeit, daß zukünftige Maßnahmen am Verdruß der Bürger scheitern bzw. nur eingeschränkt verwirklicht werden können.

c) In der Debatte über die *Konvertibilität der Währung* ist unstrittig, daß diese auf lange Sicht in vollem Umfang geschaffen werden muß. Kontrovers ist hingegen, ob eine gleichermaßen schnelle und undifferenzierte Konvertibilität der inländischen Währung ein erstrebenswertes Ziel repräsentiert.[28] Unabhängig davon kann die Konvertibilität einer Währung aber kaum per Dekret verwirklicht werden. Um eine Währung international tatsächlich umtauschfähig zu machen, muß ein Land über ausreichende Devisenreserven und über genügend Möglichkeiten verfügen, Deviseneinnahmen über Exporte von Waren und Dienstleistungen zu erhalten. Diese Gegebenheiten können in den Reformstaaten aber nicht

27 Vgl. Borensztein, E.R. (1993) und Funke, N. (1993).

28 Für *Schmieding* ist „gerade die Konvertibilität, also die Anbindung der Währung an die weltwirtschaftlichen Knappheitsrelationen, die Voraussetzung für ein effizientes Wirtschaften und damit die gewünschte Stärkung der Wirtschaftskraft. Jede Einschränkung der Konvertibilität verfälscht Signale und mindert somit die Effizienz des Ressourceneinsatzes und die Wachstumschancen." Schmieding, H. (1990), S. 44.

unmittelbar herbeigeführt werden. Vielmehr benötigen sie eine geraume Zeit, um sich zu entwickeln. Dies bedeutet, daß sich die effektive Konvertibilität einer Währung nicht als politische Maßnahme der Stabilisierung, sondern erst als ökonomisches Ergebnis dieses Prozesses darstellt.[29] Formale Konvertibilität bedeutet keinen unmittelbaren Zufluß internationalen Kapitals. Dazu ist Konvertibilität zwar eine notwendige, keineswegs aber eine hinreichende Voraussetzung, wie unter anderem in der ehemaligen DDR festgestellt werden mußte.

In diesem Zusammenhang werden auch zunehmend kritische Stimmen gegen eine übereilte formale Konvertibilisierung laut. Bei einem solchen Vorgehen wird befürchtet, daß die inländische Warenproduktion der Konkurrenz im Ausland nicht gewachsen ist und zusammenbricht. Aufgrund fehlender Wettbewerbsfähigkeit bestünde die Gefahr, daß westliche Unternehmen jegliche nationalen und internationalen Entwicklungsmöglichkeiten der osteuropäischen Wirtschaften zunichte machen könnten. Flexible Wechselkurse bzw. eine Wechselkurs- und/ oder Zinspolitik erscheinen nur begrenzt geeignet, um einer derartigen Entwicklung entgegenzuwirken. Eine ständige Anpassung dieser Parameter wird kaum zu einer Stabilisierung führen, sondern würde vielmehr eine Verunsicherung für die Wirtschaftsakteure eines Landes mit sich bringen. Diese könnte bei eingeführter Inländerkonvertibilität dann zu einer Flucht aus der eigenen Währung führen.

Zieht man das Theorem der komparativen Kosten zu Rate, so scheint diese Argumentation jedoch nicht korrekt. Wettbewerbsvorteile sind demgemäß immer relativ; ein Problem der absoluten Wettbewerbsfähigkeit gibt es nicht. „Die Wettbewerbsfähigkeit eines Gutes“, so *Schmieding*, „ist immer eine Frage des Preises, die der Exportpalette eines Landes immer eine Frage des Wechselkurses.“[30] Die Wettbewerbsfähigkeit der Transformationsländer ergibt sich demzufolge aus Preis- bzw. Kostenvorteilen. Durch die Abwertung der Währung und geringe Lohnkosten können sich also durchaus Erfolge gegenüber internationaler Konkurrenz einstellen. Des weiteren kann konstatiert werden, daß ausländische Produkte zum Teil keine Nachfrage finden, da sie nicht die Anforderungen der inländischen Nachfrage erfüllen. Sie stellen dann keine effektive Substitution für inländische Produkte dar.[31] Eine schnelle und umfassende Konvertibilisierung würde insofern keine beträchtliche Gefahr für inländische Produzenten durch ausländische Wettbewerber bedeuten.

In Anbetracht historischer Erfahrungen wird demgegenüber aber vielfach ein schrittweises Vorgehen als zweckmäßig erachtet, um faktische Konvertibilität zu erreichen. Das Beispiel der Bundesrepublik Deutschland, in der erst ca. zehn

---

29 Siehe Musto, S.A. (1993), S. 207.
30 Schmieding, H. (1990), S. 44.
31 Vgl. Soós, K.A. (1991), S. 251.

Jahre nach der Währungs- und Wirtschaftsreform von 1948 die volle Konvertibilität der Währung eingeführt wurde, wird in diesem Zusammenhang häufig genannt. „Die mit der Konvertibilität entstehenden Gefahren für den Wirtschaftskreislauf", so zum Beispiel *Wünsche,* „sind immens. Es ist kein Zufall, daß Ludwig Erhard die Konvertibilität der Deutschen Mark, die Aufhebung aller Devisenbeschränkungen, erst im Dezember 1958 - nach einem vollen Jahrzehnt des erfolgreichen Wiederaufbaus in der Bundesrepublik Deutschland - verkündet."[32] Im Gegensatz zur Währungsreform war die Einführung der Konvertibilität im Nachkriegsdeutschland - ebenso wie die Liberalisierung des Außenhandels - keineswegs ein einmaliger Akt. Vielmehr gab es über viele Jahre hinweg eine Fülle von Maßnahmen, die die Deutsche Mark immer mehr der De-facto-Konvertibilität annäherten, nachdem wachsende Einkommen und Beschäftigung zu verzeichnen waren.

Für *Herrmann-Pillath* gibt es keine eindeutige Lösung zur Konvertibilitätsfrage. Vielmehr befindet man sich diesbezüglich in einem Dilemma: „Konvertibilität kann nur dann wirtschaftspolitisch durchgehalten werden, wenn die Währung eine feste Vertrauensgrundlage im In- und Ausland besitzt, andererseits aber ist Konvertibilität insbesondere beim Kapitalverkehr eine der wichtigsten Voraussetzungen, um Vertrauen zu schaffen. (...) Ob eine Transformationsökonomie den schmalen Pfad des Vertrauens in ihre zukünftige Leistungsfähigkeit beschreiten wird, hängt von vielen außerökonomischen Faktoren ab."[33] Durch wissenschaftliche Analyse sei diese Angelegenheit nicht zu lösen.

d) Eine ähnlich intensive Diskussion hat sich bezüglich der Frage, ob eine umfassende *Liberalisierung des Handels* erst nach erfolgreicher Stabilisierung oder bereits während des Versuchs der Stabilisierung der Wirtschaft durchgeführt werden sollte, entwickelt. Die Antworten auf diese Frage sind unterschiedlich. Während Vertreter des neoliberalen Spektrums für eine umgehende Öffnung aller Grenzen des internationalen Handels eintreten,[34] sprechen sich andere

---

32 Wünsche, H.F. (1990), S. 28. *Schmieding* beurteilt diese Darstellung jedoch als falsch. Faktisch sei die Konvertibilität bereits in 1953, nach dem Londoner Schuldenabkommen erzielt worden. Vgl. Schmieding, H. (1990), S. 46. Demgegenüber wird von der *Deutschen Bank* 1959 als Datum der Einführung voller In- und Ausländerkonvertibilität genannt. Vgl. Deutsche Bank (1990), S. 46. „Die Freigabe des Preises für Geld, also der Konvertibilität der DM", so auch *Albach*, „ließ freilich noch zehn Jahre auf sich warten." Albach, H. (1990), S. 31.

33 Herrmann-Pillath, C. (1991), S. 21. Dieses Dilemma scheint im übrigen auch für viele andere Fragen und Probleme der Transformation zu gelten.

34 Zu den Vertretern dieser Meinung kann zum Beispiel *Schmieding* gezählt werden, der diesen Maßnahmen sogar Vorrang vor der Privatisierung einräumt. „Freier Außenhandel und Konvertibilität sind wichtiger als eine Privatisierung, sie sorgen für den Stimu-

Wissenschaftler dafür aus, daß der Aufbau der heimischen Industrieproduktion zunächst unter dem Schutz handelsbeschränkender Regelungen realisiert werden muß. In der ungebremsten Öffnung zum Weltmarkt liegt die Gefahr, daß eine Strukturbereinigung auch eine Deindustrialisierung zur Folge hat, weil die heimischen Unternehmen dem internationalen Konkurrenzdruck nicht gewachsen sind.[35] Es wird für wichtig erachtet, daß die Länder Osteuropas zunächst einmal eigene Wirtschaftsstrukturen entwickeln und dabei die grundlegenden Bedürfnisse ihrer Bevölkerung befriedigen können. Das Qualitätsniveau des Weltmarktes kann und muß dabei nicht unbedingt erreicht werden. Dazu wäre außerdem internationales Wissen und Kapital erforderlich, was sich aber aufgrund der noch unsicheren politischen und ökonomischen Verhältnisse in Ostmitteleuropa nur in geringem Umfang dort einfinden wird.

Für eine schnelle und simultane Umsetzung der Stabilisierung und Handelsliberalisierung spricht der damit verbundene Disziplinierungseffekt durch internationale Konkurrenz. Dieser Effekt würde den verkrusteten Strukturen planwirtschaftlicher Prägung nur wenig Raum zum Überleben geben und den Weg zu marktwirtschaftlichem Denken ebnen. Unternehmen würden dem Druck der Weltmärkte ausgesetzt und zu Effizienzverbesserungen angeregt. Widerstände und Gegenreformen von Verlierern des Wandels hätten nur geringe Möglichkeiten, sich zu formieren und den Transformationsprozeß zu be- oder verhindern.[36] *Dornbusch* hingegen schlägt vor, die Handelsliberalisierung erst als vorletzten Schritt eines insgesamt sieben Tage dauernden Schockprogramms zu verwirklichen. Gleichzeitig mit der Preis- und Kapitalverkehrsliberalisierung, aber erst nach Beginn der Privatisierung, sollte eine Öffnung für internationale Märkte erfolgen.[37]

e) Im Hinblick auf die *Preisliberalisierung* spricht sich *McKinnon* in Anlehnung an Erfahrungen in China für eine dualistische Preispolitik für den Staats- und Privatsektor aus. „Once the cash-constrained nonstate sector becomes big enough to compete vigorously with the old state sector in product markets, the government can relax price controls in the state sector."[38] Solange Staatsbetriebe weichen, private Subjekte aber harten Budgetbeschränkungen ausgesetzt sind,

---

lus der Konkurrenz, der mit der Aufgabe des internen Kommandosystems voll wirksam werden kann." Schmieding, H. (1990), S. 52.

35 Vgl. Adam, J. (1994), S. 612f.

36 Vgl. Douglas, R. (1990).

37 Vgl. Dornbusch, R. (1991).

38 McKinnon, R.I. (1994), S. 21. "It was a major mistake for the Russian Federation in January 1992", so *McKinnon*, " to suddenly decontrol virtually all prices within the state sector and to stop trying to enforce normal patterns of delivery within that sector." (S. 25).

läuft eine 'Big Bang-liberalization', wie sie unter anderem *Murphy et al.* befürworten,[39] Gefahr, starke Inflationstendenzen und eine Verdrängung privater Aktivitäten durch Staatsunternehmen auszulösen. Weiterhin durch Kredite von Staatsbanken gestützt, können staatliche Betriebe dann höhere Preise für knappe Ressourcen bezahlen und private Akteure im Wettbewerb um knappe Ressourcen ausbooten.

f) Eine nicht minder große Anzahl unterschiedlicher Ansätze und Modelle sind hinsichtlich der *Eigentumstransformation* in der Diskussion. Die verschiedenen oben bereits angesprochenen Privatisierungsoptionen sind dabei nur ein Teil der Problematik. Ferner gilt es, die Stellung der Privatisierung in der Abfolge der Elemente der Transformation und die Sequenz der einzelnen Teilschritte innerhalb des gesamten Privatisierungsprogramms zu bestimmen sowie über mögliche Restrukturierungsmaßnahmen großer Unternehmen zu verhandeln.[40]

Die Erfahrungen zeigen, daß die Privatisierung kleiner Unternehmen am Beginn der Eigentumstransformation stehen sollte. Sowohl die Finanzierungs- als auch die Interessenprobleme sind bei kleinen Betrieben vergleichsweise leicht zu lösen und können daher relativ schnell erledigt werden. Mit der sogenannten großen Privatisierung sollte nach Meinung vieler Autoren hingegen erst nach erfolgter Stabilisierung und Liberalisierung der Wirtschaft begonnen werden.[41] Für eine weitere Differenzierung hinsichtlich Produktions- und Finanzunternehmen plädiert *Hinds*. Banken sollten seiner Auffassung nach erst zu einem späteren Zeitpunkt in private Hände übergehen, um erhebliche Effizienzeinbußen und damit soziale Probleme zu minimieren.[42] Andererseits wird eine gleichzeitige Privatisierung bzw. Restrukturierung von Banken und Unternehmen für sinnvoll erachtet, da sich aufgrund der vererbten Kreditbeziehungen zwischen beiden Sektoren ansonsten weitreichende Anreizdefekte ergeben können.[43]

I. 2.2 Probleme und Grenzen einer rein wirtschaftstheoretischen Betrachtung des Transformationsprozesses

Die Beschreibung der Aufgaben, Probleme und Möglichkeiten beim Umbau des wirtschaftlichen Systems in den Transformationsländern könnte hier noch weiter geführt werden. Grund dafür ist nicht nur, daß sich die Diskussion hin-

39 Vgl. Murphy, K. et al. (1992), S. 906.
40 Zu diesen Fragen siehe Husain, A.M., Sahay, R. (1992). Zu den Strategien einzelner Staaten siehe unter anderem Falk, M., Funke, N. (1993), insb. S. 195f.
41 Vgl. Fischer, S., Gelb, A. (1991).
42 Vgl. Hinds, M. (1991). Zitiert nach Falk, M., Funke, N. (1993), S. 187.
43 Vgl. Fries, S.M., Lane, T.D. (1994) sowie Brabant, J.M., van (1994).

sichtlich der Güte der einen oder anderen wirtschaftspolitischen Maßnahme noch um eine Vielzahl von kontroversen Meinungen erweitern ließe. Vielmehr ist dies auf die besondere Problematik und den Charakter einer Systemtransformation zurückzuführen, die sich primär in zwei Aspekten dokumentieren:

(1) Die besondere Problematik einer Systemtransformation liegt *erstens* darin begründet, daß zwischen fast allen Teilschritten der Wirtschaftsreform *trade-offs* und Interdependenzen vorliegen. Erstere sind dadurch gegeben, daß den Vorteilen verschiedener Maßnahmen der Transformation jeweils auch Nachteile unterschiedlicher Art gegenüberstehen, ohne daß es möglich wäre, einen genauen Nettoeffekt abzuschätzen. Ein optimales Konzept der Systemtransformation läßt sich daher kaum definieren.[44] Interdependenzen sind insofern gegeben, als verschiedene Transformationsmaßnahmen einander bedingen, also zum Teil gegenseitig ihre Einsatzprämissen festlegen. Viele marktwirtschaftliche Entwicklungen ergeben sich, anders formuliert, erst dann, wenn entsprechende Umweltbedingungen vorliegen. Dies wurde besonders in der obigen Diskussion zur Einführung von Konvertibilität der heimischen Währung deutlich. Die genannten Bedingungen müssen vielfach erst geschaffen werden bzw. sich einstellen. Daher ergibt sich in der Regel auch kein selbsttragender Entwicklungsprozeß bzw., um mit *Escher* zu sprechen, kein *circulus creativus* in Richtung einer Marktwirtschaft.[45] Aufgrund mangelnder Korrespondenz zwischen verschiedenen Ebenen der Entwicklung ergibt sich im Transformationsprozeß vielmehr ein *circulus vitiosus* bzw. ein Teufelskreis, der eine automatische Anpassung hin zu einer Marktwirtschaft blockiert.[46]

(2) *Zweitens* liegt die Problematik bzw. der Charakter der Systemtransformation darin begründet, daß es sich hierbei um Prozesse handelt. Das heißt, durch den Einsatz der oben diskutierten ökonomischen Instrumente werden viele der als relevant erachteten Transformationsprobleme in der Regel nicht bewältigt. Vielmehr werden damit zunächst einmal neue Probleme begründet sowie darauf abgestellte Anpassungs- und Entwicklungsprozesse eingeleitet. Das Merkmal dieser Prozesse ist es, daß sie sich über gewisse Zeitspannen erstrecken und aufgrund spezifischer Ausgangssituationen und externer Einflüsse in die eine oder andere Richtung fortentwickeln. Anpassungs- und Entwicklungsprozesse sind aber auch dadurch gekennzeichnet, daß sie sich mit dem Wissen der Ökonomie - wie auch zahreiche Beispiele aus anderen Regionen der Welt zeigen - in der Regel nur bruchstückhaft erfassen, geschweige denn erklären lassen.

---

44 So auch Ulrich, R. (1991), S. 26.

45 Der Biologe *Varela* hat diesen Prozeß im Hinblick auf allgemeine naturevolutorische Entwicklungsparadigmen auch als *kreative Zirkel* bezeichnet. Vgl. Varela, F. (1985).

46 Vgl. Dietz, R. (1992), S. 32.

Zu den genannten spezifischen Ausgangssituationen und externen Einflüssen, die das Ergebnis der Veränderungen im Wirtschaftsbereich mitbestimmen, gehören insbesondere das politische und das sozio-kulturelle System einer Gesellschaft. Die formellen wirtschaftlichen Reformen werden sogar im wesentlichen auf der politischen Ebene, unter den dortigen Gegebenheiten entschieden. Zudem werden viele der Handlungen und Motivationen eines Individuums von den konditionierten kulturellen Werten determiniert.[47] Um gesellschaftliche Anpassungs- und Entwicklungsprozesse sowie die Wirkungen verschiedener Reformen im Wirtschaftsgefüge verstehen zu können, ist es daher wichtig, auch den politischen und kulturellen Hintergrund eines Systemtransformation zu beleuchten. Das Problem der Wirtschaftstransformation auf rein ökonomischer Ebene erfassen und lösen zu wollen, reicht dazu aus theoretischer und praktischer Sicht nicht aus.[48] Der nachfolgende Abschnitt wird sich daher eingehend mit den politischen und sozio-kulturellen Gegebenheiten in den Transformationsländern Ostmitteleuropas befassen.

I.3 Die politische und sozio-kulturelle Dimension der Systemtransformation

I. 3.1 Umbau und Anpassung im politischen System

Das politische System bestimmt, nach welchen Spielregeln das wirtschaftliche System abläuft. Die Politik setzt den Rahmen für die Handlungen und Entscheidungen im unternehmerischen Bereich und determiniert damit auch, welche Ziele in der Wirtschaft verfolgt werden können und sollen.

Seit Beginn der ‘sanften Revolutionen’ in Mittel- und Osteuropa befindet sich nicht nur das wirtschaftliche, sondern auch das politische System im Wandel. Dabei haben sich alle Transformationsländer in Mittel- und Osteuropa dafür entschieden, von dem bislang kommunistisch-totalitaristischen zu einem demokratischen System überzugehen.[49] Politische Reformen in Richtung Demokratie

47 Vgl. Weiss, D. (1995), S. 3.

48 Aufgrund der Interdependenzen, die im Systemwandel zwischen dem ökonomischen, politischen und sozio-kulturellen System existieren, besteht nach Meinung von *Herrmann-Pillath* sogar „eine besondere Notwendigkeit und Herausforderung für die Wissenschaft auch darin, die Wechselwirkung zwischen Politik, Gesellschaft und Wirtschaft explizit in wissenschaftlich fundierten Politikempfehlungen zu berücksichtigen. Da die Wirtschaftswissenschaft gerade diesbezüglich noch in den Kinderschuhen steckt, ist größte Vorsicht bei normativen ‘Kurzschlüssen’ geboten. (...) Die Wissenschaft ist selbst Teil des Transformationsprozesses und kann nicht vom Standpunkt eines unbeteiligten Beobachters aus operieren.“ Herrmann-Pillath, C. (1991), S. 21.

49 Für *Welzel* besteht beim Übergang zu einer Marktwirtschaft kurzfristig keine Notwendigkeit der Demokratie. Jedoch geht er davon aus, daß die Asymmetrie zwischen staatlicher Machtausübung und gesellschaftlicher Mitbestimmung in Diktaturen insbeson-

waren speziell in Ostmitteleuropa wahrscheinlich erforderlich, um den Sprung in ein anderes System nicht nur institutionell, sondern auch kognitiv zu realisieren.[50] Zu eng waren wohl Politik und Wirtschaft in der Geschichte Ostmitteleuropas miteinander verknüpft, als daß das Fortdauern der alten Diktatur den Glauben an Wohlstandsverbesserungen und entsprechende Verhaltensänderungen der Wirtschaftsakteure hätte erwirken können.[51]

Während es sich im Fall eines Übergangs von einem demokratischen zu einem diktatorischen System - wie auch schon beim Wechsel von einer Markt- zu einer Zentralverwaltungswirtschaft - um einen relativ simplen Vorgang handelt, der schlichtweg als Ergebnis eines menschlichen Entwurfs und durch die Anwendung von Zwang durchgeführt werden kann, ist der Aufbau einer Demokratie auf oder mit den Ruinen der alten Diktatur ein wesentlich komplexeres Unterfangen. Die Gründe dafür liegen besonders im informellen Bereich, wie im folgenden genauer erörtert wird.

Grundlegend für den formalinstitutionellen Sprung in eine Demokratie ist zunächst die verfassungsmäßige Verankerung eines Systems kollektiver Entscheidungsfindung, also eines System auf der Basis eines Wahlentscheids durch die Bevölkerung des betreffenden Landes. Dieses Entscheidungssystem basiert prinzipiell auf zwei Säulen:

Die erste Säule stellt das *Wahlrecht* dar. Diesbezüglich können zwei Modelle, das Mehrheits- und Proportionalwahlrecht oder auch eine Mischform beider Modelle, zur Anwendung kommen. Die Auswahl einer Alternative ist aber in der Regel weniger das Ergebnis eines objektiv-rationalen Entscheidungsprozesses als vielmehr eines politischen Machtkampfes. Dies liegt darin begründet, daß durch den jeweiligen Zählmodus eines Wahlsystems über die Sitz- bzw. Machtstruktur im Parlament und damit über die Entscheidungsmacht im Staate verfügt wird. Wahlrechtsfragen sind somit auch Machtfragen; und häufig werden diese durch die zu Beginn des Transformationsprozesses bestehende Machtverteilung zwischen den verschiedenen Interessengruppen einer Gesellschaft stark beeinflußt. Eine Einigung auf das Mehrheitswahlrecht kommt zum Beispiel großen Parteien zugute. Es macht kleinen Parteien den Einzug ins Parlament schwer, weil

---

dere in marktwirtschaftlichen Systemen stetig zunimmt und zu einer anwachsenden Transitionstendenz zur Demokratie führt. Vgl. Welzel, C. (1995).

50 Für viele Ordnungsinterdependenztheoretiker, wie zum Beispiel für *Schmitter*, ist aber Demokratie „weder notwendig, noch ist sie eine funktionelle Bedingung des Kapitalismus oder entspricht irgendeinem ethischen Imperativ sozialer Entwicklung." Schmitter, P.C. (1995), S. 47. *Sir Walters* spricht gar von einem „fundamental error" zu glauben, daß der Wechsel zu einer Marktwirtschaft einer demokratischen Politordnung bedarf. Vgl. Walters, A. (1992), S. 100.

51 So auch Åslund, A. (1994), S. 63f.

sie in einem Wahlbezirk in der Regel stets weniger Stimmen erhalten als große Parteien. Das Proportionalwahlrecht ermöglicht hingegen auch kleinen Parteien, Sitze im Abgeordnetenhaus zu erlangen, weil hierbei auch Parlamentssitze an Parteien gegeben werden, die keine Mehrheit erlangt haben. Dies hat dann aber für gewöhnlich auch diffizilere Mehrheitsverhältnisse und Entscheidungsprozesse zur Konsequenz.[52]

Die zweite tragende Säule eines demokratischen Systems stellt das *Regierungssystem* dar. Dieses ist von mindestens gleich großer, wenn nicht gar größerer Bedeutung für die Funktionsfähigkeit und den Erfolg einer Demokratie. Es bestimmt, welche Beziehung zwischen Legislative und Exekutive besteht und in welches Regel- und Entscheidungswerk diese zwei Organe eingespannt sind. Wiederum kann zwischen zwei Grundmodellen - Parlamentarismus und Präsidentialismus - oder einer Kombination aus beiden - semi-Präsidentialismus - selektiert werden. Ferner gilt es zu bestimmen, nach welchen Regeln die so formierten Organe über Recht und Gesetz bestimmen können.

Welches der verschiedenen Regierungsmodelle als das geeignetere im Hinblick auf die Konsolidierung einer jungen Demokratie und auf die allgemeine Wirtschaftsentwicklung angesehen werden kann, ist in der politischen Wissenschaft umstritten.[53] Im Kontext der Transformationsländer Mittel- und Osteuropas werden einer parlamentarischen Demokratie allerdings vielfach die größeren Vorteile zugeschrieben.[54] Die Überlegenheit wird dabei im wesentlichen mit einer höheren Inklusivität, Flexibilität und Stabilität, einer besseren Möglichkeit zur Auflösung von Regierungskrisen und Parlamentsblockaden sowie einer geringeren politischen Polarisierung begründet.

Aber unabhängig davon, ob ein parlamentarisches Modell implementiert wird oder nicht, sollte die Gestaltung des Regierungssystems stets in Abstimmung mit der Wahlrechtsordnung und nicht isoliert von der existenten Parteienlandschaft erfolgen. Alle drei Bereiche sind relevant, wenn es darum geht, ein stabiles, handlungs- und durchsetzungsfähiges Regierungssystem zu etablieren. Dies haben nicht zuletzt auch die bisherigen Ergebnisse bei den Wahlen in den Visegrád-Staaten gezeigt. Ähnlich den Entwicklungen in den 70er Jahren in Südeuropa und nach 1945 in Deutschland sind nach der Liberalisierung in Ostmitteleuropa auch hier unzählige neue politische Gruppierungen aufgetaucht. In Polen

---

52 Vgl. auch Beyme, K., von (1992), S. 277. Im Transformationsprozeß ist das Wahlrecht insbesondere für die alten kommunistischen Parteien wichtig. In Erwartung einer zunächst großen Euphorie für demokratische Ideen dürfte von ihrer Seite aus ein großes Interesse am Proportionalwahlrecht bestehen.

53 Vgl. Przeworski, A. (1991), S. 35.

54 Vgl. Linz, J.J. (1990); Lijphart, A. (1991), S. 19; Lijphart, A. (1992); Stephan, A., Skach, C. (1993).

und der ehemaligen Tschechoslowakei brachten die ersten freien Parlamentswahlen in 1990/91 stark fragmentierte und entscheidungsgeschwächte Vielparteiensysteme hervor. Diese waren aufgrund des jeweils zugrunde gelegten Proportionalwahlrechts und in Polen noch aufgrund fehlender Stimmenanteilsuntergrenzen für den Einzug ins Parlament entstanden.[55] Ungarn hat sich für ein rein parlamentarisches Regierungssystem sowie für eine Kombination von Mehrheits- und Verhältniswahlrecht mit vierprozentiger Sperrklausel entschieden. Nicht überraschend war daher, daß durch die Wahlen in 1990 die großen Parteien einen überproportional großen Sitzanteil im Parlament erhielten und sich insgesamt eine entscheidungsstarke Regierung formierte.[56]

Die Entsagung von den Regeln des Kommunismus und Autoritarismus, die Etablierung von Institutionen einer parlamentarischen Demokratie und die Pluralisierung des Parteienspektrums führen allerdings nicht automatisch zu einer demokratischen, pluralistischen und liberalen Gesellschaft. Die genannten Veränderungen stehen vielmehr zunächst nur für eine formelle Transformation zu einem demokratischen Politsystem. Sie sind nicht mit einer Demokratisierung des politischen Systems im ganzen und erst recht nicht mit dem gleichzeitigen Entstehen einer demokratischen politischen Kultur gleichzusetzen.[57] Eine moderne Demokratie setzt voraus, daß die Individuen in der Lage sind, ihre Interessen zu organisieren und zu vertreten. Eine moderne Demokratie lebt von einer Fülle politischer Organisationen, Assoziationen und Initiativen sowie von Diskurs- und Verhandlungsprozessen innerhalb und zwischen den verschiedenen sozialen und politischen Gruppen.[58] Sie lebt insbesondere auch von einer positiven Grundeinstellung, dem Vertrauen und der Akzeptanz der unter ihr lebenden Bürger. Es ist eine mehr oder minder ausgereifte Zivilgesellschaft notwendig, um zu einer funktionierenden Demokratie zu gelangen. Vor dem Hintergrund jahrzehntelanger

---

55 Letzteres Defizit wurde in 1993 mit einer Sperrklausel von fünf Prozent für einzelne Parteien und acht Prozent für Wahlbündnisse zu korrigieren versucht. Vgl. Merkel, W. (1994), S. 6.

56 Die größte Partei erhielt landesweit 24,7 Prozent der Stimmen, aber 42,5 Prozent der Parlamentssitze. Zudem wird das System durch die Möglichkeit eines Mißtrauensvotums und durch verfassungsgerichtliche Kontrolle stabilisiert. Vgl. Lijphart, A. (1991), S. 9. In Rußland, so *Ordeshook*, wurde weder ein parlamentarisches noch ein präsidentielles System konstituiert. Es wurden vielmehr beide Systeme gleichzeitig installiert. „It has instead adopted a political structure that closely parallels the one employed in Weimar Germany, with all the dangers that that structure portends." Ordeshook, P.C. (1994), S. 9.

57 Vgl. Meyer, G. (1993), S. 3. Gleiches wird von *Parsons* verlautbart. Für ihn ist die Institutionalisierung einer Demokratie moderner Gesellschaften ein bilateraler Vorgang. Dieser beinhaltet *einerseits* die Implementierung einer Konstitution mit konkreten Strukturen und Grundregeln und *andererseits* die Entwicklung von *commitment* der Individuen gegenüber dieser Konstitution. Vgl. Parsons, T. (1971), S. 9ff.

58 Vgl. Kitschelt, H. (1992) und Regulska, J. (1995), S. 3. „Democracy cannot be dictated; it emerges from bargaining." Przeworski, A. (1991), S. 80.

politischer Repression sind diese Voraussetzungen allerdings kaum in Kürze herstellbar.[59] Insbesondere zur Entwicklung einer Zivilgesellschaft sind zeitintensive Lern- und Anpassungsprozesse erforderlich.[60]

Tiefgreifende Anpassungsprozesse werden im Übergang zu einer Demokratie speziell das Parteiengefüge und die gesamten Interessenorganisationen der betroffenen Länder in Mittel- und Osteuropa zu durchlaufen haben. Sowohl die Ableger der kommunistischen Parteien, die sich in das neue System hinüberretten konnten, als auch die verschiedenen demokratischen Reforminitiativen, die sich häufig als Mischung radikaler Marktwirtschaftler und gemäßigter Sozialisten darstellen, werden sich in mehr oder weniger großem Ausmaß mit Wandlungsprozessen konfrontiert sehen. Nach den ersten demokratischen Wahlen erwiesen sich die Politsysteme vielfach nur als neue Verpackung mit altem Inhalt, als neue Parlamente mit den alten Eliten als Parlamentariern.[61] Grund dafür ist, daß die neue Parteienlandschaft sich zunächst stark auf der Basis vergleichsweise diffuser Wahlpräferenzen sowie aus einem Gemenge von tradiertem und modernem Denken formiert hatte. Insgesamt waren die Wahlen durch ideologische Voreinstellungen, unklare Parteiziele, Identifizierungsdefizite und einen stark personalisierten Wahlkampf beträchtlich verzerrt.[62] Aufgrund fehlender Erfahrungswerte über das Leistungsprofil der neuen Parteien war es dem Wähler kaum möglich, eine wohlfundierte Entscheidung zu treffen.[63] In den Wahlkämpfen wurde die Politik von Symbolen und Schlagworten dominiert, die dann vielfach als Entscheidungskriterium für die Stimmabgabe herangezogen wurden. Für die Erstwahlen kann dem erwarteten ökonomischen Nutzen einer Wahlentscheidung

---

59 Auch in West-Deutschland hat es laut *Wessels* und *Klingemann* über ein Jahrzehnt gedauert, bis die neue Demokratie von einem Großteil der Bevölkerung akzeptiert und unterstützt wurde. Vgl. Wessels, B., Klingemann, H.-D. (1994), S. 30.

60 „In der Initialphase der Transformation können die Grundlagen einer stabilen Demokratie ebensowenig vorliegen wie jene der Marktwirtschaft." Apolte, T. (1992a), S. 16f. Siehe dazu auch Bernhard, M. (1993) und Fuchs, D., Roller, E. (1994).

61 „In Bulgaria and Romania, authoritarian politics has continued with converted communist parties dominating the political scene, (...) the former communist parties - now relabeled socialist - have been antagonizing workers and intellectuals as much as in the communist parties. (...) The so-called democratic forces, as in Russia, are controlled by powerful individuals, rather than by representative assemblies. (...) [In Poland] the principal mechanisms are not parliamentary decisions but accords between major political élites." Poznanski, K. (1992), S. 68.

62 So auch Bienkowski, W. (1993), S. 91f. für Polen.

63 „Given little democratic experience and a heavy burden of past psychological stereotypes, it would be difficult for people to compare short- and long-term consequences of proposed policy changes. [...] Born and raised in a society in which nearly everything was decided by the leadership, many Soviet citizens are quite unprepared to evaluate the costs and benefits of their votes, not only for everybody but for themselves as well. [...] Policy choices may be far from optimal not only because something is wrong in the political mechanism but also because citizens' knowledge is very incomplete." Popov, V. (1991), S. 320, 323.

daher insgesamt nur eine geringe Relevanz beigemessen werden. Vielmehr dürften in dem betrachteten Systemübergang zunächst vererbte ideologische und soziostrukturelle Aspekte für die Stimmabgabe entscheidend sein.[64]

Eine Reorientierung im politischen System und eine Änderung der Präferenzen der Bürger können nach den ersten Wahlen erwartet werden. Diese lassen sich auf zwei Entwicklungen zurückführen:

- Auf erste Erfahrungen bezüglich des neuen politischen und ökonomischen Systems sowie
- auf sozialstrukturelle und sozialpsychologische Anpassungsprozesse, die durch die Veränderungen des politischen Systems ausgelöst werden.[65]

Dabei können im wesentlichen drei Faktoren dafür verantwortlich gemacht werden, in welche Richtung die Reorientierungen verlaufen bzw. welche Veränderungen der rudimentären Politstrukturen im Zeitablauf eintreten:

- Die Professionalisierung der jungen Reformparteien und die Veränderungen der neu formierten kommunistischen Foren;
- die Verhandlungs- und Wettbewerbsprozesse zwischen den politischen Denkrichtungen und
- die ökonomischen Entwicklungen, die sich auf die Machtverteilung der politischen Parteien und Interessenverbände auswirken.

Entscheidend für die Konsolidierung der Demokratie wird sein, wie stark die verschiedenen Gruppierungen internem und externem Anpassungsdruck ausgesetzt werden.[66] Es wird allgemein vom politischen, sozialen und ökonomischen Umfeld eines Transformationslandes sowie vom Ergebnis parteiinterner Auseinandersetzungen abhängen, ob und wie zügig der Demokratisierungsprozeß fortschreitet. Der Schlüssel zum Erfolg einer demokratischen Transformation, so *Huntington*, liegt dabei in erster Linie in der Fähigkeit der liberalen und demokratischen Reformer, die konservativen Elemente in den kommunistischen Parteien zurückzudrängen.[67] Ob eine substantielle Demokratisierung stattfinden

---

64 Vgl. Vetter, R. (1994), S. 17.

65 Dies hat sich auch bereits in den Folgewahlen vieler Länder in Mittel- und Osteuropa gezeigt. Vgl. Beyme, K., von (1992), passim sowie Meyer, G. (1993), S. 9f. Die Sozialstruktur verändert sich in der Regel von einer weitgehend egalitären Struktur zu einer Struktur mit verschiedenen Bevölkerungsschichten.

66 Vgl. Ishiyama, J.T. (1995), S. 148.

67 Vgl. Huntington, S. (1992), S. 588f. Bislang, so *Ishiyama*, war in vielen Ländern der politische Druck auf die ex-kommunistischen Parteien allerdings eher gering. Das soziale und ökonomische Umfeld habe bestärkend für kommunistische Strömungen ge-

wird, liegt hauptsächlich an der Fähigkeit der demokratischen Kräfte, a) sich auf eine gemeinsame Strategie gegen antidemokratische Strömungen zu verständigen, b) selbst Konflikte, die innerhalb der kommunistischen Parteien ablaufen, für sich zu entscheiden und c) Verhandlungsprozesse zwischen den alten und neuen politischen Akteuren zu initiieren.

Nach den bis hierher insgesamt erörterten Aufgaben und Prozessen - den formalinstitutionellen Veränderungen auf der *einen Seite* und den mehr oder minder informellen Anpassungen auf der *anderen Seite* - kann der in Ostmitteleuropa zu realisierende Umbau des politischen Systems nun in drei verschiedene Phasen zergliedert werden.[68] Dabei handelt es sich um eine

a) *Liberalisierungsphase*, die durch die Abschaffung autoritärer bzw. totalitärer Regeln sowie von Positionskämpfen der Akteure innerhalb des neuen politischen Freiraums gekennzeichnet ist;
b) *Entscheidungsphase*, in der die konstituierenden Elemente des neuen demokratischen Systems implementiert werden, und
c) *Anpassungsphase*, in der sich die Verhaltensweisen der Politiker und Wähler auf die neuen politischen Rahmenbedingungen umstellen, aber in der auch Modifikationen des institutionellen Rahmens vorgenommen werden.[69]

Die hier letztgenannte Phase beschreibt einen Abschnitt, der prinzipiell ergebnisoffen und unsicher ist. Schließlich sind die Lern- und Verhandlungsprozesse, die Machtverschiebungen, Wirtschaftsentwicklungen und allgemeinen Umwelteinflüsse im parteipolitischen Spektrum, die für das Ergebnis der verschiedenen Anpassungsvorgänge entscheidend sind, insgesamt lediglich begrenzt vorhersehbar und steuerbar.[70]

Was bedeuten diese Erkenntnisse über die Transformation des politischen Systems aber nun für die Neuordnung der Wirtschaftssysteme in Mittel- und Osteuropa?

---

wirkt. Trotzdem spricht der Autor von erfolgreichen Adaptionsprozessen dieser Gruppierungen in Polen, Ungarn, Bulgarien, der Slowakei und Litauen. Den tschechischen Altkommunisten wird hingegen Anpassungsunfähigkeit konstatiert. Vgl. Ishiyama, J.T. (1995), S. 163.

68 Ähnliche Phasen für den Übergang zu einer Demokratie hatte im übrigen auch schon *Rustow* Anfang der siebziger Jahre identifiziert. Vgl. Rustow, D.A. (1970).

69 Vgl. Welsh, H.A. (1994), S. 381. Die Anpassungsphase ließe sich gemäß dem durchaus kritischen Ereignis der Erstwahlen auch noch in einen weiteren Zeitabschnitt unterteilen. So geschehen bei Wessels, B., Klingemann, H.-D. (1994), S. 29.

70 Vgl. Wenz, E.M. (1993), S. 30 sowie Poznanski, K. (1992), S. 67.

Wenn, wie oben gesagt, das politische System die Spielregeln für das ökonomische System setzt, bedeutet es zunächst einmal, daß die Wirtschaftstransformation in ihrer Intensität, ihrer Richtung und in ihrem Erfolg signifikant durch das politische System und dessen Wandel beeinflußt wird. Bezüglich der oben insgesamt erörterten intentionalen und evolutionären Vorgänge im Demokratisierungsprozeß heißt das konkret, daß die Wirtschaftstransformation eines Landes beeinflußt wird durch:

(1) die historisch bedingte Sozial- und Interessenstruktur;
(2) die Positionskämpfe der Parteien und Interessengruppen in der Liberalisierungsphase und die sich daraus ergebende Parteien- und Interessengruppenstruktur vor den Erstwahlen;
(3) die konstitutionellen Entscheidungen bezüglich des Wahl- und Regierungssystems und deren Kombination in der Entscheidungsphase;
(4) die intra- und interparteilichen Konsolidierungs-, Konflikt-, Verhandlungs- und Koalitionsprozesse in der Anpassungsphase;
(5) die soziostrukturellen und soziopsychologischen Veränderungen im Verlaufe der Entwicklung der Demokratie bzw. in der Anpassungsphase;
(6) die Zahl und Zielsetzung sich neu formierender politischer Organisationen, Interessenverbände, Assoziationen und Initiativen sowie
(7) die Wahlentscheide in den fortlaufenden Parlaments- und/oder Präsidentschaftswahlen.

In Anbetracht all dieser Einflußfaktoren scheint der Weg Ostmitteleuropas in eine Marktwirtschaft wohl unkalkulierbar. Die zukünftige Entwicklung der Kräfteverhältnisse in der Parteienlandschaft, die Ergebnisse kommender Parlaments- und Präsidentschaftswahlen und die damit zusammenhängenden mentalen und gesellschaftlichen Veränderungen in den Transformationsländern lassen sich, wenn überhaupt, nur vage abschätzen.

Ein Blick in die politische Wissenschaft offenbart allerdings, daß trotz der Komplexität dieser Vorgänge, Aussagen bezüglich der wirtschaftlichen Anpassungen innerhalb eines Demokratisierungsprozesses möglich sind. Es lassen sich typische Entwicklungsverläufe innerhalb dieses politischen Wandels identifizieren, die sodann Rückschlüsse auf die institutionellen Veränderungen innerhalb des Wirtschaftssystems erlauben. An dieser Stelle gilt es daher zunächst zu prüfen, ob die in der Wissenschaft bisher ermittelten allgemeinen Verlaufsmuster auch auf die Transformationssituation in Mittel- und Osteuropa projiziert werden können. Falls dies möglich ist, wäre des weiteren zu eruieren, welche Schlußfolgerungen daraus für die zu Beginn dieser Arbeit angesprochenen Adaptions- und Rekombinationsprozesse im ökonomischen Bereich abgleitet werden können.

Mit diesen Aspekten wird sich die folgende Erörterung nun befassen und dabei insbesondere auf die Überlegungen von *Nelson* eingehen.[71]

Aus ihren Studien über andere Reformregionen resümiert *Nelson*, daß sich die Erneuerung der Wirtschaft kurz nach dem Umbruch - was sowohl dem Zeitraum vor der oben so abgegrenzten Entscheidungsphase als auch danach zugeordnet werden könnte - relativ einfach verwirklichen läßt, wenn die alte Elite aus den zentralen politischen Ämtern verdrängt werden kann. Verglichen mit den politischen Reformen in Lateinamerika hat eine derartige Verdrängung in Mittel- und Osteuropa stattgefunden. Auf der Entscheidungsebene der Transformation sind daher zunächst auch nur geringe Reformwiderstände aufgetreten.[72]

In einer *weiteren Phase* des Umbruchs werden die Veränderungen zur Marktwirtschaft aber tendenziell schwieriger, weil sich in dieser Periode in der Regel ökonomische und politische Entwicklungen einstellen, die für Probleme bei der Umsetzung weiterer Reformen sorgen. Es ergeben sich Probleme, weil:

- Jene politischen Gruppen, die im Moment des Umbruchs in großen Mißkredit geraten waren, in späteren Perioden in der Regel wieder an Stärke gewinnen;[73]
- die Kosten der wirtschaftlichen Transformation in der Regel kurz nach deren Beginn anfallen, die Nutzeneffekte indes erst in späteren Perioden, die nicht genau bestimmbar sind, eintreten;
- die Bereitschaft der Bevölkerung, die Kosten zu tragen, abnimmt und sich insbesondere die Verlierer der Transformation organisieren und Einfluß auf die politischen Entscheidungen auszuüben versuchen;
- die Komplexität der Probleme im Zeitablauf für gewöhnlich zunimmt. Anfängliche Liberalisierungs- und Stabilisierungsmaßnahmen sind administrativ relativ einfach durchzuführen. Die im Zeitablauf hinzukommenden institutionellen Reformen, wie Privatisierung, Arbeitsmarktpolitik, Kreierung von Sozialversicherungs- und Finanzsystemen, erhöhen den Schwierigkeitsgrad aber erheblich;
- sich der politische Kontext durch die Formierung neuer und den Niedergang existenter Interessenparteien stetig weiterentwickelt. Die Regierungen ste-

---

71 Vgl. Nelson, J.M. (1994), S. 54 und dies. (1994a).

72 *Haggard* und *Kaufman* sprechen von einem „Honeymoon-Effekt", der sich in der ersten Phase wirtschaftlicher Reformen einstellt. Hier ist die Bereitschaft, gegenwärtige Einbußen zugunsten späterer Wohlfahrtssteigerungen zu akzeptieren, relativ groß. Vgl. Haggard, S., Kaufman, R.R. (1993), S. 159.

73 Systemtransformationen zeichnen sich gemäß *Karl* und *Schmitter* dadurch aus, daß die Machtposition der alten Kader nicht vollkommen zerstört wird. Insofern besteht in der Regel weiterhin eine Basis, auf der in späteren Perioden verlorene Macht relativ zügig wiedererlangt werden kann. Vgl. Karl, T.L., Schmitter, P.C. (1991), S. 280.

hen dabei tendenziell einem zunehmenden Strom von Partikularinteressen gegenüber, die häufig auf eine Verzögerung, Verhinderung oder Verlagerung von Reformmaßnahmen abzielen.

Diese von *Nelson* auf jegliche Transformationsprozesse in Richtung Demokratie und Marktwirtschaft bezogenen Aussagen gilt es nun bezüglich der Situation in den ostmitteleuropäischen Transformationsländern zu überprüfen. Zudem soll eruiert werden, welche Aussagen daraus für die Entwicklungen des neuen Wirtschaftssystems ableitbar sind.

a) Im Hinblick auf die erstgenannte Entwicklungsthese *Nelsons* ist festzustellen, daß in fast allen Transformationsländern Mittelosteuropas die diskreditierten Kommunisten nach und nach wieder hoffähig wurden und in vielen Staaten sogar wieder an die Regierung kamen.[74] Für die zukünftige Entwicklung in Mittelosteuropa dürfte dies tendenziell eine erschwerte Durchsetzung marktwirtschaftlicher Veränderungen bedeuten. Bei den Prozessen der Adaption, Rekombination und Permutation existenter und neuer Interaktions- und Organisationsmechanismen dürften sich zunehmend Regelungen sozialistischer Prägung etablieren.

b) Bezüglich der Thesen des ansteigenden Unmutes der Bevölkerung und des erhöhten politischen Widerstands der Verlierergruppen der Transformation kann vermerkt werden, daß beides in Mittelosteuropa in verschiedensten Ausprägungen aufgetreten ist. Zum Beispiel weisen öffentliche Umfragen auf eine gedämpfte Euphorie gegenüber dem neuen Wirtschaftssystem hin.[75] Zunehmender Widerstand kann insbesondere für die von Arbeitslosigkeit gefährdeten Personen konstatiert werden, was einen Großteil der Arbeitnehmer in den Staatsbetrieben betrifft. Die Arbeitslosigkeit, die in den ersten Jahren der Transformation in zahlreichen Ländern auf ein hohes Niveau angestiegen ist, hat bei vielen der noch Beschäftigten Angst um den eigenen Arbeitsplatz ausgelöst. Dies liegt primär an der großen Schwierigkeit, nach einer Entlassung eine erneute Beschäftigung zu finden. Die Privatwirtschaft konnte bislang nicht in dem Ausmaß expandieren, wie von den Staatsbetrieben Entlassungen vorgenommen wurden. Demzufolge ist die Langzeitarbeitslosigkeit in nahezu allen Ländern Ostmitteleuropas stark angestiegen.[76] Dies alles kann als ein Grund dafür ange-

---

74 Vgl. Dietrich, V. (1995a). Die Präsidentschaftswahlen in Polen und die Parlamentswahlen in Rußland, die jeweils im Dezember 1995 stattfanden, bieten hierfür ebenfalls ein Beispiel.

75 Vgl. Jermakowicz, W.W. (1993), S. 107, Mlynar, Z. (1994), passim sowie Seifert, W., Rose, R. (1994) passim.

76 Vgl. Blanchard, O.J., Commander, S., Coricelli, F. (1994) und Carlin, W. et al. (1994), S. 64f.

führt werden, daß es im Laufe der letzten Jahre für die Regierungen immer diffiziler wurde, marktwirtschaftliche Veränderungen, wie zum Beispiel die Privatisierung von Staatsbetrieben, die Streichung von Subventionen oder den Abbau protektionistischer Regeln, durchzusetzen. Von den potentiellen Verlierern der Transformation konnte eine immer stärkere Blockierung der Reformen beobachtet werden. Besonders in jenen Transformationsländern, in denen eine starke Arbeiterlobby existiert, führte die abnehmende Bereitschaft der noch Beschäftigten, die Kosten der Transformation zu tragen, zu immer größeren Schwierigkeiten für die Reformpolitiker.[77] Da signifikante positive Veränderungen am Arbeitsmarkt derzeit nicht zu erwarten sind, kann davon ausgegangen werden, daß es von den Belegschaften in den Staatsbetrieben auf mittlere Sicht eine starke Tendenz zur Blockierung von Rationalisierungs- und Restrukturierungsmaßnahmen kommen wird.

Von einer anderen Verlierergruppe, den bereits Arbeitslosen, kann allerdings kein Widerstand gegen eine konsequente Einführung marktwirtschaftlicher Regeln erwartet werden. Gemeinsam mit den in der Privatwirtschaft Beschäftigten dürfte diese Gruppe vielmehr eine starke Pro-Reform-Lobby darstellen. Im Gegensatz zu den noch weiterhin im Staatssektor beschäftigten kann dieser Lobby ein Interesse an einer schnellen und umfassenden Fortführung des Umbaus zu einer Marktwirtschaft unterstellt werden, weil aus ihrer Sicht die Stützung des alten Systems den Aufschwung in der Privatwirtschaft behindert. Und allein im Privatsektor dürften in Zukunft neue Beschäftigungsmöglichkeiten für die derzeit Erwerbslosen entstehen.[78] Dies würde dann der von *Nelson* konstatierten Zuspitzung der Transformationsprobleme im mittleren Zeithorizont insofern entgegenwirken, als sich ein Teil der Verlierer des Umbruchs - nämlich die Arbeitslosen - für eine forcierte Öffnung zur Marktwirtschaft einsetzen. Zu bezweifeln ist allerdings, daß von dieser Gruppe eine große politische Macht ausgeübt werden kann. Von den Gewerkschaften dürften sie nur wenig Unterstützung erhalten. Diese werden sich in erster Linie den Interessen der weiterhin in den Staatsbetrieben Beschäftigten annehmen, weil sich unter ihnen der größte Teil der Gewerkschaftsmitglieder befindet. Die Arbeiterlobby in den Staatsbetrieben und damit in erster Linie transformationskonträre Positionen dürften die größeren Auswirkungen auf die ökonomischen Anpassungsprozesse haben, es sei denn, daß die Akteure innerhalb des Privatsektors zusammen mit den Arbeitslosen bereits ein bedeutendes Gegengewicht zu dieser Gruppe aufbauen konnten.

---

77 Vgl. Aghion, P., Blanchard, O.J. (1993), S. 14.
78 Vgl. Rodrik, D. (1995).

c) Betrachten wir zu guter Letzt noch die oben genannte vierte These von *Nelson*, die auf mittlere Sicht eine zunehmende Komplexität der Reformsteuerung ausdrückt, so kann festgestellt werden, daß diese wohl für alle Transformationsländer zutrifft. Daß dies grundsätzlich mit einer Erschwernis marktwirtschaftlicher Veränderungen verknüpft ist, erscheint jedoch nicht so eindeutig. In Polen konnten zum Beispiel - so wird später noch zu zeigen sein - erst einige Jahre nach Beginn der Transformation wichtige Entscheidungen getroffen und Organisationsprobleme im Bereich der Privatisierung staatlicher Großbetriebe und in der Bekämpfung der Inflation bereinigt werden. Lösungen für eingangs schwierige Probleme können also auch auf mittlerer Wegstrecke der Transformation gefunden und durchgesetzt werden. Die Aufgaben im Stabilisierungs- und Liberalisierungsbereich stellen sich zwar vielfach als komplexer, nicht aber generell als schlechter lösbar dar.

Zusammenfassend kann nach dieser partiellen Prüfung von *Nelsons* Thesen gesagt werden, daß typische, allgemeine Entwicklungsverläufe in Demokratisierungsprozessen nur bedingt für die Bewertung der Zukunft, für den Weg in das neue Wirtschaftssystem sowie für dessen Wesen und Merkmale aussagefähig sind. Allerdings stellt sich der Anpassungsprozeß nicht mehr so unberechenbar dar, wie es in Anbetracht der zunächst aufgeführten Einflußgrößen noch den Anschein hatte.

Allgemein kann analog zu *Nelsons* Thesen konstatiert werden, daß die ökonomischen Reformen auf mittlere Sicht schwieriger werden und es von der Bewältigung der damit verbundenen politischen und sozialen Probleme abhängt, welches Wirtschaftssystem sich in den betreffenden Ländern etablieren wird.

Für eine reale Demokratisierung eines Landes und die Etablierung einer Marktwirtschaft gibt es aber wohl insgesamt keine Garantie. Und dies nicht zuletzt aufgrund der ökonomischen Entwicklungen selbst. Politische und wirtschaftliche Freiheit scheint im Vergleich zur wirtschaftlichen und sozialen Sicherheit einen verhältnismäßig geringen Stellenwert zu besitzen. Solange die Mehrheit der Bevölkerung unter schlechten ökonomischen Bedingungen lebt, die aus eigener Kraft nicht veränderbar erscheinen, dürfte der Wunsch nach Freiheit eher begrenzt sein.[79] Die unerwarteten negativen Effekte der politischen und ökonomischen Freiheit können bewirken, daß sich eine Bereitschaft entwickelt, diese Freiheit mit der Aussicht auf ein gesichertes und gewohnt risikoloses Leben wieder aufzugeben. Je mehr aber von dieser Freiheit aufgegeben wird, desto weniger können sich auch jene Charakterzüge entwickeln, die für eine Marktwirtschaft von wesentlicher Bedeutung sind, nämlich Eigeninitiative, Eigenverant-

---

79 Vgl. Ludwig, M. (1994).

wortung und gegenseitiges Vertrauen.[80] Die wirtschaftliche Entwicklung wird hierdurch tendenziell eher gegen die Akzeptanz einer Marktwirtschaft arbeiten und parallel dazu auf der politischen Ebene für Machtverschiebungen sorgen.

I. 3.2 Umbau und Anpassung im sozio-kulturellen System

Die erfolgreiche Etablierung und ein effektives Funktionieren eines politischen Systems setzen, wie oben dargelegt, entsprechende Einstellungen, Werthaltungen und Verhaltensdispositionen bei den betroffenen Individuen voraus. Ein demokratisches Regime benötigt also neben den entsprechenden Organisationen und Institutionen auch eine demokratische Politkultur.[81]

Auch auf der ökonomischen Ebene spielen kulturelle Faktoren eine maßgebliche Rolle, wenngleich sie nur schwer operationalisierbar und nicht eindeutig in den Handlungen und Entscheidungen der Individuen nachweisbar sind.[82] Insgesamt kann nicht nur von einer Interdependenz zwischen der wirtschaftlichen und politischen Ordnung gesprochen werden. Vielmehr existiert auch eine enge Beziehung dieser Bereiche mit den sozio-kulturellen Gegebenheiten einer Gesellschaft. Alle drei Teilsysteme sind in der Realität untrennbar miteinander verbunden und interdependent.[83]

Die sich aus dieser Verbundenheit ergebenden Konsequenzen für die Systemtransformation in Mittel- und Osteuropa sind offensichtlich: mit der Transformation des Wirtschaftssystems sind unweigerlich auch Veränderungen des sozio-kulturellen Systems verbunden. Für den Aufbau und für ein effektives Funktionieren eines marktwirtschaftlichen Systems sind entsprechende kulturelle Attribute erforderlich. Diese manifestieren sich allgemein in den Normen und Werten, den Verhaltensweisen und Daseinsformen sowie in verschiedenen

---

80 Vgl. Kristol, I. (1979), S. 17. „Wer für eine marktwirtschaftliche Ordnung wirbt," so entsprechend auch *Jeske*, „muß in erster Linie der Gedankenlosigkeit der Menschen, vor allem aber ihrer Vergeßlichkeit entgegentreten. Zum zweiten muß der schillernde Begriff der Freiheit immer wieder erklärt werden." Jeske, J. (1994), S. 13.

81 Vgl. Roller, E. (1992), S. 2 sowie Meyer, G. (1993), passim. Vgl. auch Almond, G.A., Verba, S. (1963), S. 4f. *Almond* und *Verba* sprechen auch von *complementary culture.*

82 Ein Vergleich von *Leibenstein*, der diverse Leistungsmerkmale zweier Produktionsstätten von Ford in England und in der Bundesrepublik gegenüberstellt, mag ein einfaches Beispiel hierfür sein. „Identically designed, and equipped to produce the same quantity of an identical product (...) the German plant produced 50 percent more automobiles with 22 percent less labor." Einen Ford-Sprecher zitierend, weist *Leibenstein* dabei auf die Essenz verschiedener Arbeitskulturen hin: „The difference between the two plants comes down to the attitudes of the workers, and the operations manager of the German plant as it has to do with the mental attitude of our people here. Clearly, in this case, property rights is not the only motivating force." Leibenstein, H. (1983), S. 838.

83 Vgl. Ahrens, J. (1994), S. 2.

Aspekten und Ausprägungen gesellschaftlicher Aktivitäten und Ziele, ökonomischer wie politischer, rechtlicher wie sozialer, künstlerischer wie religiöser, öffentlicher wie privater, vor allem aber in den Köpfen und im Denken von Individuen bzw. einer Gesellschaft.

Diesbezüglich sollen in diesem Abschnitt zwei Aspekte eingehender untersucht werden:

(1) Was bedeutet ein Systemwandel im sozio-kulturellen Bereich in Mittel- und Osteuropa im einzelnen und
(2) Welche Faktoren des sozio-kulturellen Systems besitzen besondere Relevanz für die Entwicklungen im Transformationsprozeß und welche Folgen haben diese Faktoren für den Charakter und Verlauf der Transformation.

(1) Die generelle Problematik einer Transformation im sozio-kulturellen Bereich wird besonders deutlich, wenn das sozialistische Erbe der Transformationsländer genauer betrachtet und den entsprechenden Anforderungen einer Marktwirtschaft gegenübergestellt wird. Entsprechend der zentralistischen Anordnung der Verfügungsrechte über die Produktionsmittel, hat das sozialistische System Verhaltensweisen und Einstellungen erzeugt, die den substantiellen Normen und Werten einer Marktwirtschaft mehr oder minder diametral gegenüberstehen. Auch der Anspruch der kommunistischen Parteien, alle wesentlichen wirtschaftlichen Prozesse hoheitlich zu steuern, Einkommen und Vermögen leistungsunabhängig und gleichmäßig zu verteilen und selbst das Privatleben der Individuen unter Aufsicht zu stellen, ist kontradiktär zu dem, was ein marktwirtschaftliches System beinhaltet. Mit *Krüsselberg* gesprochen, ist die Praxis des Sozialismus ein „Zerrbild eines Anti-Modells zur Theorie der Marktwirtschaft“.[84]

In der ehemaligen Sowjetunion war dieses Zerrbild am deutlichsten ausgeprägt. Hierfür sind drei Faktoren von besonderer Bedeutung: Slawische Traditionen; die Religion in Gestalt der griechisch-orthodoxen Kirche, die sich im Gegensatz zur römisch-katholischen und protestantischen Lehre stark am Kollektiv und kaum am Individuum bzw. am Personalismus orientiert, sowie ein tief verwurzelter Paternalismus.[85] Alle drei Merkmale fanden weit vor Beginn des Kommunismus ihren Ursprung und repräsentieren die wesentlichen Quellen einer ausgeprägten kollektivistischen Einstellung. Sie können dafür verantwortlich gemacht werden, daß eine vergleichsweise starke Einschränkung der wirtschaftlichen Selbstbestimmung, eine sehr begrenzte wirtschaftliche Verantwortung, relativ geringe Leistungsanreize, eine dürftige materielle Ausstattung und wenig

84 Krüsselberg, H.G. (1991), S. 69.
85 Vgl. Miegel, M. (1992), S. 56 und Buss, A. (1989).

Möglichkeiten zur Selbstverwirklichung das Leben der Individuen in diesen Ländern kennzeichneten.[86]

Im Sozialismus Ostmitteleuropas gaben die kommunistischen Parteien vor, was zu tun ist und was getan werden durfte. Sie bestimmten über die Arbeitskraft der Individuen. Der einzelne Arbeiter wurde dabei zum Planungsinstrument. Die Partei legte fest, was gut und was schlecht ist. Sie urteilte über wahr und unwahr, über richtig und falsch, über Moral und Unmoral. Dieser Philosophie ausgesetzt, wurde sie schließlich auch ein Teil des Denkens und Handelns der Individuen.[87] Diese hatten sich daran gewöhnt, sich weitgehend auf die Gesellschaft bzw. den Staat zu verlassen und Direktiven zu erhalten. Staatsherrschaft und Bevormundung wurde zur Normalität bzw. zur Norm. Systemkritik und alternative Ideen gab es kaum; und wenn doch, dann wurden sie von der kommunistischen Führung unterdrückt. Nur der Wille der Machthaber zählte; und dieser wurde, falls erforderlich, auch mit Gewalt, wie sie in den Jahrhunderten des Zarismus nicht vorkam, verteidigt.[88] Kritik durch die Kirche wurde in der Regel durch deren Unterdrückung unterbunden. Der einzelne Bürger wurde praktisch entmündigt. Das Kollektiv und nicht das Individuum sollte in das Blickfeld des individuellen Interesses gerückt werden. Menschliche Grundrechte waren faktisch aufgehoben. Ziel der kommunistischen Machthaber war es, die Menschen in ein soziales Wesen umzuformen, die Psyche des Menschen zu sozialisieren und jeden Konflikt zwischen Gesellschaft und Individuum zu eliminieren.[89]

Die geistigen, kulturellen und sozialen Folgen dieser Züchtung eines neuen Menschentyps - eines *homo sovieticus* - waren beträchtlich. Zum Beispiel wurde die Fähigkeit, Konflikte friedlich auszutragen und Kompromisse zu vereinbaren,

---

86 „The model that is currently prevalent in the Soviet Union is of 'administrative man' to use *Herbert Simon's* term. He is typically used to submission and giving orders, to living in a structure of prevailing vertical links. In his subordinate role, he is likely to show pro forma obedience, turning to actions without rules." Nordhaus, W.D. (1990), S. 295.

87 Vgl. Olson, M. (1992), S. 67.

88 „Bis heute ist schwer verständlich, wie in den Moskauer Prozessen der 30er Jahre starke und intellektuell brillante Persönlichkeiten dazu gebracht werden konnten, unvorstellbare und von ihnen nie begangene Verbrechen zu gestehen. Personen, die in jahrelanger Verfolgung durch den Zarismus körperlichen und psychischen Zwängen widerstanden, fanden sich zur vollständigen Aufgabe ihrer Persönlichkeit bereit." Werner, H. (1989), S. 175.

89 „Generationen von KommunistInnen wurden dazu erzogen, ihre Gedanken in die Floskeln zentraler Referate und Dokumente zu kleiden, Schärfe und Polemik ausschließlich gegen den Gegner zu richten und parteiinterne Diskussionen im wesentlichen in der Form der positiven Ergänzung zu führen. Was der Volksmund 'Parteichinesisch' zu nennen gelernt hat, ist keine unverständliche, sondern eine entsubjektivierte, verdinglichte Sprache, die aus dem permanenten Bestreben aller erwächst, die Einheitlichkeit des Handelns durch Einheitlichkeit des Denkens, Sprechens und Schreibens auszudrücken." Werner, H. (1989), S. 174.

stark gemindert. Letztendlich wurden aber auch das Interesse und der Einsatz für den Staat und die Gemeinschaft eher gemindert als gestärkt. So gab es zum Ende der achtziger Jahre kaum ein Engagement der Bürger, um den Zusammenbruch des Systems zu verhindern. Keine Kirche, keine politische Organisation, keine Gewerkschaft, keine sonstige Institution oder spontane gesellschaftliche Bewegung wollte und konnte dem Zerfall entgegenwirken.[90]

Für eine marktwirtschaftliche Ordnung sind die hier beschriebenen Dispositionen und Attitüden nicht nur hinderlich, sondern geradezu destruktiv. Eine Marktwirtschaft ist vom Engagement, von der Selbständigkeit und von der Kreativität der Individuen abhängig. Als Inhaber privater Verfügungsrechte über Produktionsmittel müssen die Wirtschaftssubjekte in diesem System selbst über Art und Umfang ihrer wirtschaftlichen Aktivitäten bestimmen. Jeder einzelne hat dafür Sorge zu tragen, wie die eigene Arbeitskraft, das eigene Kapital entwickelt und eingesetzt werden. Der Faktor Arbeit kann nicht nur, sondern muß auch zu einem großen Teil eigenverantwortlich organisiert werden. Als weitgehend selbstbestimmtes Individuum entscheidet jeder einzelne gemäß persönlicher Präferenzen über die ökonomischen, politischen und kulturellen Alternativen, die sich in der Gesellschaft bieten. Diese Alternativen sind reichhaltig vorhanden, da die Menschen frei sind zu tun, was sie selbst als vorteilhaft erachten, und diese Vorteilhaftigkeit so subjektiv und vielfältig ist wie die Menschen selbst. Zusammen mit der Bereitschaft zu arbeiten, zu sparen, Risiken und Verantwortung zu übernehmen sowie aus dem direktem Zusammenhang von Leistung und Erfolg, begründet dies den Wohlstands in einem offenen System.[91]

Bei der Transformation von einer Zentralverwaltungswirtschaft zu einer Marktwirtschaft muß somit eine Transformation vom fremdbestimmten zum selbstbestimmten Bürger, vom Bürokraten zum Unternehmer, vom Verwalter zum Eigentümer, vom Gemeinschaftswesen zum Individuum bzw. zur Person im *Kant*'schen Sinne vollzogen werden. Vor allem sind Veränderungen in den Köpfen der Individuen, im Denken, in der mentalen Prägung der Menschen vonnöten. Bislang hat der Staat einen Großteil der Entscheidungen für die Wirtschaftssubjekte getroffen, teilweise auch im Privatbereich. Selbständigkeit, Selbstverant-

---

90 Vgl. Kolakowski, L. (1994). Die fehlende Gegenwehr scheint aber keineswegs einer Unterstützung demokratischer und marktwirtschaftlicher Prinzipien gleichzukommen. Die russisch-orthodoxe Kirche, so *Stricker*, „betet um die Wiedererrichtung des Autokratischen Russischen Zarentums." Eine Sehnsucht nach großsowjetischer Politik verbunden mit antisemitischer Propaganda kennzeichnet die noch stark von Kadern mit KGB-Vergangenheit gelenkte Kirche in Rußland. Vgl. Stricker, G. (1994), S. 26.

91 Vgl. Donges, J.B. et al. (1992), S. 9.

wortung und Eigeninitiative wurden dadurch weitgehend zerstört.[92] Nun muß der einzelne selbst für sich entscheiden. Einzelne Personen oder Personengruppen sind zuständig für die Beschaffung und Auswertung von Informationen und für die Auswahl geeigneter Handlungsalternativen. Entscheidungs- und Risikofähigkeit sind gefordert. In der Gesellschaft muß sich, wie *Giersch* formuliert, eine *Moral des Bürgertums* einstellen.[93] Es muß eine Eigentumsmoral, die die Besitztümer anderer respektiert; eine Vertragsmoral, die auf in Treu und Glauben geschlossenen Vereinbarungen basiert; eine Individualmoral, die sich durch Eigenverantwortlichkeit und Selbstbestimmung illustriert; sowie ein Gemeinsinn, der ein harmonisches Nebeneinander von privatem und öffentlichem Interesse toleriert, entstehen. Wo ein Mindestmaß an Moral fehlt, kann eine Marktwirtschaft nicht funktionieren.

In etablierten Marktwirtschaften sind diese Charakteristika bereits überwiegend eingeübt. Aber auch hier haben sie sich nicht von heute auf morgen entwickelt. Dies hat vielmehr Jahrzehnte gedauert und dauert stets noch an. Es ist ein permanenter Lern- und Sozialisationsprozeß, der zur Formierung der oben angesprochenen Eigenschaften und Einstellungen durchlaufen werden muß. Dieser Prozeß ist analog der allgemeinen Entwicklung des menschlichen Bewußtseins und seiner kognitiven Fähigkeiten inkremental und zeitintensiv.

In den ehemals sozialistischen Planwirtschaften ist diese Anpassung aber ungleich schwieriger, da dort wie in keiner anderen Region eine systematische Entmündigung und Entpersonalisierung der Bürger stattgefunden hat. Und Individualität entsteht nicht einfach, wenn der Zwang zum Kollektivismus entfällt; Eigeninitiative entsteht nicht dadurch, daß Fremdinitiative erlischt, und Eigenverantwortung wird nicht dadurch erzeugt, daß andere sich aus der Verantwortung zurückziehen. Es bedarf Zeit und Erfahrungen mit marktwirtschaftlichen und demokratischen Institutionen, um die hier notwendigen Entwicklungsschritte auf kultureller und kognitiver Ebene zu realisieren.[94]

---

92 Daß diese Charakteristika nicht gänzlich zerstört wurden, zeigen die beständigen und intensiven Aktivitäten auf grauen und schwarzen Märkten, die in allen kommunistischen Staaten einen bedeutenden Umfang annahmen. Aufgrund ihrer Existenz kann jedoch noch nicht von einer marktwirtschaftlichen Kultur der Teilnehmer auf diesen Märkten gesprochen werden. Dafür erscheint das Verhalten zu stark von der offiziellen Wirtschaft geprägt. Letztere kann als Basis des Verhaltens interpretiert werden, auf die alle Individuen stets zurückgreifen konnten. Stets war die Sicherheit aus dem offiziellen System gegeben, so daß die Untergrundaktivitäten eher als zusätzliche, ausgleichende oder komplementäre Tätigkeiten gewertet werden können. Folglich kann auch die Kultur, die auf Schwarzmärkten entwickelt wurde, nur komplementären Charakter haben.

93 Vgl. Giersch, H. (1994), S. 15. Mit *Elias* könnte auch von einem notwendigen Prozeß der Zivilisierung gesprochen werden. Vgl. Elias, N. (1992).

94 Die überdurchschnittliche Zeitintensität kulturellen Wandels spiegelt sich auch in *Dahrendorfs* Vorstellungen über die einzelnen Wandlungsprozesse der Systemtransformation wider. Er geht von einem Zeitbedarf von sechs Monaten für die verfassungspoli-

(2) In der bisherigen Analyse, in der die allgemeine Problematik eines Systemwandels im sozio-kulturellen Bereich mittel- und osteuropäischer Länder aufgezeigt wurde, kamen bereits eine Vielzahl der bei diesem Wandel wichtigen Faktoren zum Vorschein. Nun soll speziell zwei Aspekten, die bislang nur ansatzweise erörtert wurden, größere Aufmerksamkeit gewidmet werden:

a) Die Individualisierung der Gesellschaften Ostmitteleuropas und
b) die mit dem Transformationsprozeß aufkommende Unsicherheit.

Diesen Aspekten kann, wie nachfolgend zu zeigen sein wird, eine besondere Bedeutung für die Veränderungen im sozio-kulturellen System sowie für die Ausformung des neuen Wirtschaftssystems insgesamt beigemessen werden.

(a) Die Vergesellschaftung allen Vermögens und Handelns durch den Sozialismus bedingt, daß im ostmitteleuropäischen Systemwandel intensive Anpassungen im Sinne einer Individualisierung erforderlich sind. Für eine Marktwirtschaft ist es entscheidend, daß eine große Zahl autonom handelnder Akteure existiert. Nur so können die Anreiz- und Kontrollfunktionen der Markt- und Wettbewerbsprinzipien ihre volle Wirkung entfalten. Insofern ist der Prozeß der Individualisierung für die Entwicklung und den Wohlstand einer Gesellschaft von herausragender Bedeutung. Allerdings ist dieser Vorgang für die Länder in Mittel- und Osteuropa in seinem Ausmaß eng limitiert. Dies umschreibt *Miegel* in prägnanter Weise wie folgt:

> „Je höher der Individualisierungsgrad einer Gesellschaft, desto erfolgsorientierter agiert diese Gesellschaft im materiellen Bereich. (...) Der Individualisierungsgrad einer Gesellschaft bzw. einer Region hängt (...) entscheidend von dauerhaften Einflußfaktoren wie der geographischen Lage oder den klimatischen Bedingungen sowie von langfristigen Einflußfaktoren wie der Rechtsordnung oder der Religion ab. Je überschaubarer, je kleinräumiger ein Raum ist, desto größer ist die Bereitschaft zu eigenverantwortlichem Handeln. Je unübersichtlicher der Raum ist, desto stärker ist die Tendenz zur Bildung von Kollektiven. Je stärker eine Gesellschaft Zu- und Abwanderungen und dadurch der Durchmischung mit Fremden ausgesetzt ist - z.B. durch die Tatsache, daß sie an einer historisch wichtigen Handelsstraße liegt -, desto rascher schreitet ihr Individualisierungsprozeß voran. Geographisch isoliert lebende Gesellschaften organisieren sich oft in kollektiveren Formen."[95]

tische, von sechs Jahren für die wirtschaftliche und von sechzig Jahren für die kulturelle Anpassung aus. Vgl. Dahrendorf, R. (1990), S. 90ff.

95 Miegel, M. (1992), S. 58.

Wichtig bleibt zu bemerken, daß die den Individualisierungsgrad bestimmenden Faktoren überwiegend langfristiger Natur sind. Zudem werden diesbezügliche grundlegende Veränderungen nicht nur viele Jahre beanspruchen, sondern in Abhängigkeit der Region auch in ihrem Umfang permanent begrenzt sein. Ein Individualisierungsgrad, wie er in Westeuropa oder in anderen christlichen Glaubenskulturen vorherrscht, kann kaum für Mittel- und Osteuropa erwartet werden. Dies wird ganz besonders für Rußland und weiter östlich gelegene Staaten der ehemaligen Sowjetunion gelten, wobei Rußland wegen seiner Großräumigkeit noch eine zusätzliche Tendenz zur Kollektivierung aufweisen dürfte.

Für die neuen Marktwirtschaften in Ostmitteleuropa wird dies bedeuten, daß es auch in Zukunft eine mehr oder minder große Diskrepanz zu den Normen und Werten der Gesellschaften in Westeuropa geben wird. Es kann nicht erwartet werden, daß das okzidentale Verständnis von Individualismus, Demokratie, Freiheit, Marktwirtschaft und Rechtsstaat in gleicher Weise in allen postkommunistischen Nationen Einzug halten wird. Die Beziehungen zwischen Staat, Gesellschaft und Individuum sind in den einzelnen Ländern über Jahrhunderte ganz anders gewachsen und haben zu einem jeweils anderen Bewußtsein von Ökonomie und Politik und zu anderen Formen von Staat und Wirtschaft geführt. „Ein marktwirtschaftlicher Ansatz", so auch *Böttcher*, „läßt sich nur aus dem jeweiligen soziokulturellen Umfeld entwickeln. Die vorherrschende 'westliche' Wirtschaftstheorie und deren Erkenntnisse zum wirtschaftlichen Ablauf sind häufig nur 'Verdichtungen' oder Abstraktionen auf der Grundlage westlicher historischer Entwicklungen und Einstellungen, die in anderen Regionen wegen anderer Prämissen nur sehr bedingt zum Tragen kommen."[96]

So muß, wie sich auch in verschiedenen Entwicklungsländern gezeigt hat, bei der Anwendung ökonomischer Therapien aus dem westlichen Kulturraum mit anderen Ergebnissen als in der westlichen Welt gerechnet werden. „Wir wissen [...] aus eigener Erfahrung", so der Geschäftsführer der Deutschen Gesellschaft für Technische Zusammenarbeit (GTZ), *Elshorst*, „daß Fachleute diese Unterschiede leicht übersehen und der Illusion erliegen, Technik, Organisation, politische Steuerungsinstrumente hätten überall die gleiche Wirkung. Wir wissen, daß auch oder insbesondere Ökonomen dieser Illusion erliegen und 'richtige' Instrumente der volkswirtschaftlichen Steuerung zum falschen Zeitpunkt oder mit einem zu ehrgeizigen Ziel einsetzen - oft mit verhängnisvollen Folgen, wie im Süden demonstriert wurde."[97] Die jungen Demokratien und Marktwirtschaften

---

96 Böttcher, S. (1991), S. 85f.

97 Elshorst, H. (1993), S. 200. Ähnlich auch *Mann*: „Angesichts der (...) Unterschiede der Völker und Nationen in bezug auf Kultur, Sozialsystem, Wirtschaft, Geschichte, Mentalitäten, Raum und Zeit, Religion und Wertesystem ist auch zu fragen, wie tragfähig eine spezielle Theorie der Systemtransformation für alle osteuropäischen Staaten ist, d.h.

müssen ihren eigenen *Lernprozeß* durchlaufen. Entsprechend den gesellschaftshistorischen Erbschaften, den neuen politischen und wirtschaftlichen Institutionen und der Verfügbarkeit von Ressourcen wird dieser Prozeß in der Regel zu anderen Erkenntnissen führen als in westeuropäischen Industrienationen.

Das Verhalten der Wirtschaftssubjekte wird sich in Anbetracht dieser Lernprozesse und vor dem Hintergrund des sozio-kulturellen Erbes insgesamt nur Zug um Zug verändern. Die Umstellung von einer zentralen Planung und Kontrolle auf eine Koordination der Aktivitäten über Märkte bedingt ein mehr oder minder großes Maß an Zeit und Vertrauen: *Zeit*, da Leistung und Gegenleistung häufig auseinanderfallen; Investitionen müssen getätigt werden, die erst zu einem späteren Zeitpunkt ein Ergebnis erzielen.[98] *Vertrauen*, da dieses Ergebnis unsicher ist und vom Verhalten anderer Marktteilnehmer abhängt. Unsicherheit muß daher ertragen werden können.

(b) Die mit dem neuen Wirtschaftssystem einhergehende Unsicherheit, die hier nun als zweites eingehender diskutiert werden soll, kann insgesamt als ein zentraler Faktor, als elementares Problem im Übergang zu einer marktwirtschaftlichen Ordnung angesehen werden. Die Menschen in den ehemals sozialistischen Staaten genossen eine hohe soziale Sicherheit, die ihnen primär durch eine Beschäftigungs-, Einkommens- und Wohnraumgarantie gewährt wurde.[99] Diese Sicherheit ist anscheinend weit oben in der Bedürfnishierarchie des Menschen angesiedelt, weit höher als das Gut der Freiheit. Dies kann unter anderem in Anbetracht der Ergebnisse der mitt-neunziger Parlamentswahlen, die in den verschiedenen Transformationsstaaten Ostmitteleuropas stattfanden, gefolgert werden. Das dabei beobachtbare Wiederaufleben kommunistischer bzw. sozialistischer Ideen kann wesentlich durch die soziale und ökonomische Krise, die nach den ersten Jahren des Umbruchs eintritt[100] und damit durch große Zukunftsangst und -unsicherheit erklärt werden.

---

wie hoch der Abstraktionsgrad einer Theorie sein muß, die auf die einzelnen Völker und Staaten anwendbar sein soll." Mann, R. (1991), S. 74.

98 Im Bereich des reinen Handels und einfacher Dienstleistungen ist die Zeitspanne zwischen Leistung und Gegenleistung und damit auch die Unsicherheit aus der Geschäftstätigkeit relativ gering. Marktwirtschaftliche Aktivitäten entwickeln sich in diesen Bereichen der Wirtschaft daher vergleichsweise schnell, auch in Ostmitteleuropa. Hier allerdings zunächst nur in begrenztem Umfang, denn eine Dienstleistungsgesellschaft kann in der Regel nicht ohne ein industrielles Fundament entstehen. Investitionen in industrielle und kapitalintensive Produktionen können nicht einfach übersprungen werden. Der Unsicherheit marktwirtschaftlicher Prozesse kann somit im Transformationsprozeß auch nicht aus dem Wege gegangen werden.

99 „Früher war das Leben von der Geburt bis zum Tod durchorganisiert, alles war sicher, irgendwie werden alle vom Staat versorgt." Drozynski, P. (1993), S. 27.

100 Vgl. dazu Winiecki, J. (1991a).

Vertrauen und sichere Erwartungen sind in jedem gesellschaftlichen System zentrale Faktoren für die darin stattfindenden Austauschprozesse.[101] Von diesen Werten gibt es aber im Übergang gerade wenig. Aufgrund der umfassenden sozialen Sicherheit, die das alte System bereitstellte, gehen sogar viele dieser Werte zunächst verloren.[102] Dies gilt insbesondere auch für die geistige Dimension des Gutes Sicherheit, der für die wirtschaftliche Entwicklung eines Landes und somit auch für die beobachtbaren Transformationsprobleme in den neuen Marktwirtschaften eine besondere Relevanz zugeschrieben werden kann. Als geistige bzw. mentale Sicherheit bezeichnet *Kolakowski einerseits* die „Zugehörigkeit zu einer menschlich vertrauten Nische der Kommunikation, die uns verschiedene Organisationsformen des kollektiven Lebens, darunter tribale und nationale Gemeinschaften, liefern." Und *andererseits* ein gewisses „Vertrauen zum Leben", das den „Glauben an eine sinnvolle Ordnung der Welt" und das Gefühl von einem über Generationen hinweg überlieferten verhaltenshistorischen Hintergrund einschließt.[103] Mit letzterem verbindet sich auch ein Zusammengehörigkeitsgefühl bzw. eine Identität des Menschen, die aus Sicht von *Groll* keine reine Illusion, „kein falscher Schein, sondern mythisch, und daher keinesweg irrational erlebte Realität" ist.[104]

Im Transformationsprozeß ist mit einer Verringerung geistiger Sicherheit daher auch ein Identitätsverlust zu vermuten. Dieser bewirkt nach *Ionin* einen „Verlust der Fähigkeit eines Subjekts, sich so zu verhalten, daß die Reaktionen der Außenwelt den eigenen Absichten und Erwartungen entsprechen. Der Mensch sieht und begreift, daß die Welt nicht mehr adäquat auf sein Verhalten reagiert. Die Interaktionspartner, die früher kein Problem bereiteten und wie von selbst da waren, 'erkennen' ihn jetzt nicht mehr. (...) Der Mensch hört gewissermaßen auf, sich im Spiegel der sozialen Welt wiederzuerkennen."[105]

---

101 „Vermögen und Vertrauen," so *Donges et al.*, „das ist nicht nur zu einem kleinen Teil, sondern zum größten Teil dasselbe. (...) Eine Volkswirtschaft mag über große Bodenschätze verfügen, deren Ausbeutung, wenn alles gut geht, enormen Gewinn verspricht. Über den Reichtum dieser Volkswirtschaft sagt das wenig. Unsicherheit der wirtschaftlichen Bedingungen, unter denen die Nutzung der Ausbeutungsrechte steht, kann deren Wert völlig aufzehren." Donges, J.B. et al. (1992), S. 18.

102 Ganz anders war die Situation in der Zentralverwaltungswirtschaft: „Das Verkaufen in Rußland war früher paradiesisch. Es gab klare Strukturen. Kannte man die richtigen Leute, in den richtigen Außenhandelsunternehmen und in einigen Ministerien, und war mit ihnen gut Freund geworden, verbunden mit den üblichen Geschenken und einigen Besuchen in Deutschland, dann konnte man genau sagen, wie sich der Umsatz in den nächsten Jahren entwickelt. Außerdem wurde prompt gezahlt. Dies alles hat sich völlig ins Gegenteil verkehrt." Drozynski, P. (1993), S. 26.

103 Kolakowski, L. (1994).

104 Groll, K.M. (1993), S. 34.

105 Ionin, L. (1994), S. 8ff.

Gehen die genannten Aspekte geistiger Sicherheit - die traditionellen und eingeübten Kommunikationsnischen sowie der Glaube an eine Ordnung und das Gefühl kulturgeschichtlicher Verbundenheit, also die geistige Sicherheit und Identität - verloren, so kommt damit auch eine wesentliche Grundlage kooperativen und innovativen Handelns abhanden. Dieser Verlust scheint im Rahmen einer Systemtransformation zu erfolgen. Dabei kommt der erstgenannte Faktor durch die Erosion alter Beziehungs-, Interaktions- und Herrschaftsstrukturen abhanden. Der zweite Aspekt wird durch die allgemeine Verbannung sozialistischer Werte stark zurückgedrängt. Es ergibt sich, anders formuliert, ein Identitätsverlust aus dem Untergang der sozialistischen Kultur. Der Verlust der Grundlagen kooperativen und innovativen Handelns ist nicht in kurzer Zeit wieder aufzubauen, da es sich hierbei im wesentlichen um Kulturgüter handelt, die sich nur langsam entwickeln.

Insgesamt muß daher noch mit länger andauernden Unsicherheiten für die Individuen innerhalb der jungen Marktwirtschaft gerechnet werden. Erst im Laufe der Zeit können die Erfahrung und das Vertrauen aufgebaut werden, die den Menschen eine Bereitschaft dazu verleihen, die Sicherheit der alten Gemeinschaft zu verlassen und auf individuelle Sicherheitsstrukturen überzugehen. Dies bedeutet auch, daß die Menschen noch einige Zeit in relativ großer Angst leben werden; Angst um den Arbeits- und Ausbildungsplatz, Angst vor Obdachlosigkeit, vor Inflation, vor Kriminalität. Angst, die sich nur selten als guter Ratgeber für ökonomische Entscheidungen erweist und daher wohl auch noch für die eine oder andere verhältnismäßig irrationale Verhaltensreaktion verantwortlich sein dürfte. Bei allen neu und relativ schnell implementierten Regelungsmechanismen dürfte insgesamt zunächst eine Tendenz bestehen, die eingeübten und relativ sicheren Institutionen noch verfügbar zu halten; zumindest solange, bis sich ein befriedigendes Sicherheitsniveau im Umgang mit den neuen Regeln eingestellt hat.

In Anbetracht der in diesem Abschnitt insgesamt angesprochenen Anpassungsprobleme, die sich zusammengefaßt in der Hysteresis sozialistischen Gedankenguts, dem Aufbau einer neuen Bürgermoral und der zuletzt fokussierten Prozesse der Individualisierung sowie der Bewältigung und Akzeptanz der neu aufkommenden Unsicherheiten einer offenen Gesellschaft dokumentieren, erweisen sich die Möglichkeiten eines aktiven Umbaus des hier betrachteten sozio-kulturellen Systems als sehr begrenzt. Sie sind wesentlich begrenzter, als dies in den beiden vorher analysierten Problembereichen der Transformation - der Ökonomie und Politik - der Fall ist. Eine Marktwirtschaft lebt von Werten, die der Staat nicht schaffen kann. Nirgendwo werden die Grenzen des Konstruktivismus und der Steuerbarkeit des Wandels deutlicher als in diesem Bereich der Transformation.

I.4 Das Transformationsproblem als Problem behavioraler Anpassung und institutionellen Wandels

Die vorangegangenen Abschnitte dieses Kapitels haben skizziert, welche Aufgaben und Probleme mit einem Übergang von einer sozialistischen Planwirtschaft zu einer Marktwirtschaft verknüpft sind.[106] Dabei wurde veranschaulicht, daß es sich bei diesem Vorhaben weniger um eine gesteuerte Substitution alter durch neue Spielregeln und Institutionen, sondern vielmehr um die Initiierung von Anpassungs- und Entwicklungsprozessen handelt. Diese werden nicht nur auf wirtschaftlicher Ebene, sondern in allen Bereichen der Gesellschaften ausgelöst.

Die Umstellung auf Funktionsprinzipien einer Marktwirtschaft und Demokratie kann insofern weniger als Ziel, sondern vielmehr als Auslöser bzw. als Mittel eines neuen Entwicklungs- und Lernprozesses angesehen werden. Die Richtung und Intensität dieser Prozesse wird dabei insgesamt durch die Mutationen im und Interdependenzen zwischen dem ökonomischen, politischen und sozio-kulturellen System der Transformationsländer bestimmt. *Hübner* beschreibt diesen Charakter einer Systemtransformation wie folgt:

> „After four years we begin to understand that transformation is not an adjustment to one or another development path, that it is not a target per se but a means to development, that it can create a growth mechanism (market) but it does not automatically create a development mechanism. (...) We begin to understand that transformation is a learning process which requires a permanently improving understanding of combinations of economic factors underlying the change, of ideological underpinning shaping values and behavior of those participating in the change, of adoptability of well known rules and institutions in an uncertain, fluid environment and of the evolutionary character of change, where everything remains in a state of permanent adjustment to ever changing conditions."[107]

Für den Wandel zu einem alternativen Wirtschaftssystem sind nicht nur Modifikationen auf der Strukturebene der betreffenden Gesellschaften erforderlich. Was neben diesen quasi technischen Aspekten[108] noch für eine Transfor-

---

106 Vernachlässigt wurden dabei allerdings die Aufgaben und Probleme, die nach dem Zerfall der Sowjetunion mit der Bildung neuer Nationalstaaten und neuer internationaler Identitäten einhergehen. Vgl. dazu unter anderem Nolte, H.-H. (1995).

107 Hübner, D. (1994), S. 5.

108 *Furubotn* spricht auch von *technical economics*, die sich mit diesen Fragen beschäftigt und die überwiegend die Position so bezeichneter neo-liberaler Wissenschaftler widerspiegelt. Vgl. Furubotn, E.G. (1992), S. 202f.

mation entscheidend ist, sind Verhaltensveränderungen der Menschen bzw. Veränderungen auf der Prozeßebene. Prozesse können dabei als graduelle bzw. inkrementale Veränderungen von Einstellungen, Verhaltensweisen und Interaktionsmustern verstanden werden. In Assoziation mit den Strukturvariablen determinieren sie das Resultat des Wandels.[109]

Anders ausgedrückt, bestimmt nicht nur die Konstruktion formeller Institutionen, sondern auch die Evolution formeller und informeller Gebilde den Wandel zu einem marktwirtschaftlichen System. Während Zentralverwaltungswirtschaften evolutorische Systemkorrekturen praktisch nicht ermöglichen, da diese Systeme das Ergebnis eines starren und oktroyierten Regelwerks darstellen, sind derartige Ausleseprozesse ein immanenter Bestandteil marktwirtschaftlicher Ordnungen. Dies liegt im Wesen dieser Wirtschaftsverfassung begründet, die jedes Individuum dazu anregt, frei und mit Blick auf den eigenen Wohlstand zu agieren. Mit der damit verbundenen Ansammlung von Wissen und Erfahrung wird dann gleichsam auch eine Anpassung des Verhaltens an subjektiv besseres Wissen bewirkt. Zukünftiges Wissen ist aber ungewiß, was bedeutet, daß sich die Systemtransformation letztendlich als ein unkalkulierbarer, im Ergebnis offenen Anpassungsprozeß darstellt.[110]

Der Wechsel von einer Zentralverwaltungswirtschaft zu einer Marktwirtschaft ist kein wohlstrukturiertes Problem, kein Problem mit deterministischen Wirkungszusammenhängen, wohldefinierbaren Handlungsalternativen oder einer eindeutigen Lösung.[111] Ein marktwirtschaftliches System kann daher weder dupliziert noch wie ein elektronischer Schaltplan installiert werden, sondern ist stets das Ergebnis eines Anpassungs- und Entwicklungsprozesses.[112]

Welche Konsequenzen können aus diesen Erkenntnissen für die Untersuchung des Transformationsproblems insgesamt sowie für die Erarbeitung von Möglichkeiten für dessen Handhabung nun gezogen werden, um die es ja in dieser Arbeit letztlich gehen soll?

---

109 Vgl. Furubotn, E.G., Richter, R. (1992), S. 2.

110 „Die 'offene Gesellschaft' (...) kennt kein Ziel, keinen Endzustand, sondern ist - gerade wegen ihrer Offenheit - zwar der Verbesserung fähig, aber sie ist nicht mit der Garantie einer schließlich erreichbaren allgemeinen Glückseligkeit oder eines Endzustandes ausgestattet." Watrin, C. (1994), S. 5. Vgl. auch Popper, K.R. (1992), S. 304.

111 „The East European reformer faces a genuine conundrum: he does not really know where he is starting from, where he wants to arrive, and, last but not least, how to get there." Frydman, R., Rapaczynski, A. (1991), S. 23.

112 Selbst wenn die Inkraftsetzung einer neuen formellen Wirtschaftsverfassung zu einem Stichtag gelänge, zum Beispiel durch die vollständige Kopie eines Musters oder durch einen Beitritt zu einem bereits bestehenden System, wie es im Fall der ehemaligen DDR geschehen ist, wird dies nicht ohne Anpassungsprozesse vonstatten gehen. In einem solchen Fall wurde zunächst nur die Strukturebene, nicht aber die Prozeßebene transformiert. Auf letzterer Ebene sind intensive Anpassungsvorgänge unausweichlich.

Aus der obigen Analyse ergibt sich unmittelbar die Redundanz, große Anstrengungen für die Identifizierung einer Idealkonzeption der Transformation aufzuwenden. Ein „nutzenoptimales Übergangsprofil", wie dies *Delhaes et al.* auch nennen, kann von den Verantwortlichen der Transformationspolitik ex ante nicht ermittelt werden. Für die Bewertung von Reformmaßnahmen sind lediglich „Musteraussagen von der Art, wie sie die Ordnungstheorie liefert, wenn sie - ausgehend von bestimmten Rahmenbedingungen - auf Marktergebnisse zu schließen versucht", möglich.[113] In dieser Situation, die mancherorts auch als Chaos[114] bezeichnet wird, „kann man nicht mit Ratschlägen wirken, die eine funktionstüchtige Ordnung schon voraussetzen. Für den notwendigerweise überwiegend spontan ablaufenden Prozeß, in dem aus dem Chaos eine neue Ordnung entsteht, gibt es, wenn es denn eine freiheitliche Ordnung sein soll, wohl keine Regel." Deshalb ist auch, wie *Donges et al.* weiter formulieren, „ein Hilfsangebot, das unter die Kondition eines Reformprozesses in ganz bestimmter Form gestellt wird, (...) wenig mehr als die Verweigerung von Hilfe."[115] Und auch wenn eine Optimallösung gefunden werden könnte, würde sie nur von begrenzter Bedeutung sein, da das Verständnis von Optimalität im Transformationsprozeß selbst als dynamisch charakterisiert werden muß.[116]

Gleichwohl ist eine sorgfältige Konstruktion bestimmter Basisinstitutionen einer Marktwirtschaft unerläßlich. Eine denkbar schlechte Lösung wäre es, wenn sich der Staat nur oberflächlich dieser Aufgabe annehmen würde und seine Reformaktivitäten nach dem Rückzug aus der Wirtschaft auf ad hoc-Operationen begrenzt. Eine gründliche Planung des neuen Institutionengefüges dürfte nicht nur den Vorteil haben, daß die Zahl der vermeidbaren Schwierigkeiten minimiert werden kann. Zudem kann ein sorgsam ausgearbeitetes Konzept ein wichtiges Signal für die Wirtschaftssubjekte darstellen. Es signalisiert die Ernsthaftigkeit des angegangenen Vorhabens und welche wesentlichen Charakterzüge die neue Wirtschaftsordnung aufweisen wird. Damit wird eine größere Klarheit und Berechenbarkeit bezüglich des zukünftigen Systems sowie der möglichen und

113 Delhaes, K., von, Fehl, U. (1991), S. 458.

114 Der Zusammenbruch des Sozialismus ist nach Meinung *von Beymes* „ein klassischer Anwendungsfall von Chaostheorien. (...) Der allgemeine Satz, daß aus einem Chaos neue Ordnung hervorgeht, war nirgendwo richtiger als in Osteuropa." Beyme, K., von (1994), S. 15.

115 Donges, J.B. et al. (1992), S. 7. Als ein derartiges Hilfsangebot wird auch oftmals die Kreditvergabepolitik des IMF kritisiert: Gemäß *Herrmann-Pillath* zeigt sich, daß „insbesondere die Modellannahmen, die den vom IWF formulierten Politikempfehlungen zugrunde liegen, implizit eine bereits funktionsfähige Marktwirtschaft voraussetzen und damit bei Transformationsökonomien Analyse und Prognose fehlleiten." Herrmann-Pillath, C. (1991a), S. 18.

116 Vgl. Grosfeld, I. (1993), S. 147.

erfolgversprechenden Aktivitäten geschaffen, was als wesentliche Grundlage für das Verhalten von Individuen erachtet werden kann.

Ziel transformationspolitischer Maßnahmen sollte es sein, zu Beginn des Umbruchs relativ zügig einen grundlegenden und möglichst umfassenden marktwirtschaftlichen Institutionenrahmen zu formieren. Dieser sollte den neuen Handlungsraum für die Wirtschaftsakteure bestimmen, aber auch gleichzeitig Feinanpassungen oder Neuordnungen in der Zukunft nicht ausschließen. Im Gegenteil: In dieser auch als *Kern-* oder *Konstituierungsphase*[117] bezeichenbaren Periode gilt es, grundlegende marktwirtschaftliche Institutionen und Mechanismen zu implementieren, die so gestaltet sind, daß die daraufhin zu erwartenden Verhaltensreaktionen in Richtung einer Stabilisierung und Ausweitung des neuen Systems wirken.[118]

Die zentrale Aufgabe der Transformation liegt aber in der anschließenden Periode, die hier und im weiteren Verlauf der Arbeit als *Anpassungs-* oder *post-Kernphase* bezeichnet wird. In diesem Zeitabschnitt ist es das wesentliche Ziel, die zwei unterschiedenen Dimensionen - bewußte Konstruktion und ungeplante Evolution von Systemregeln - zu koordinieren.[119] In der zu Beginn des Systemwandels ablaufenden Konstituierungsphase können aus technischen, zeitlichen, politischen oder sonstigen Gründen nicht alle notwendigen wirtschaftspolitischen Maßnahmen getroffen werden. Einige Prozesse beider Phasen verlaufen daher parallel, weil diverse formale Institutionen erst im Verlaufe der Zeit, wenn andere Anpassungsvorgänge bereits begonnen haben, implementiert werden können. Insgesamt umschließt die hier so abgegrenzte Phase der Anpassung daher die geplante und spontane Herausbildung weiterer Regeln bzw. die Verfeinerung der institutionellen Infrastruktur innerhalb der neuen Ordnung.[120]

---

117 *Schüller* identifiziert insgesamt vier Phasen der Transformation. Zusätzlich zur Kernphase noch eine Vorlaufphase, in der sich die Auslöser der Transformation akkumulieren, eine Antizipationsphase und eine Anpassungphase. Vgl. Schüller, A. (1992), Anhang, S. 57-60.

118 „The stage of design in the reform program must assume a process of evolutionary development in the next stage. (...) Design (...) must (...) operate on the assumption that its main function is to make sure that the incentives created by the design will make it more likely that further evolution will proceed in the direction of greater openness. (...) It should be capable of self-correction in the future." Frydman, R., Pistor, K., Rapaczynski, A. (1994), S. 2f.

119 Vgl. Frydman, R., Rapaczynski, A. (1991), S. 20.

120 Die hier unterschiedenen Phasen können allerdings nur eine schemenhafte Darstellung des betrachteten Transformationsprozesses liefern. Es sind weder klare Phasenbeginn- und -endzeitpunkte, noch überschneidungsfreie Abgrenzungen der einzelnen Perioden bestimmbar. Ein derartiges Phasenkonzept kann jedoch insofern als zweckmäßig erachtet werden, als es die inhaltliche und zeitliche Dimension der Transformationsproblematik verdeutlichen und auf die übermäßige Strukturzentriertheit in der Transformationsdiskussion aufmerksam machen kann.

Diese Anpassungsphase könnte auch als Kombination von *Buchanans* Vertragskonstruktivismus und *von Hayeks* Evolutionismus gesehen werden, die ansonsten eher als konträr und unvereinbar angesehen werden.[121] Gemäß *Vaughn* besteht aber kein Grund, „den 'individualistisch-kontrakt-theoretischen' und den 'individualistisch-evolutionistischen' Ansatz als alternative, einander ausschließende Konzeptionen zu betrachten. Man sollte in ihnen vielmehr zwei miteinander zu vereinbarende und einander ergänzende sozial-theoretische Perspektiven sehen, die - ausgehend von gleichartigen Grundannahmen - jeweils typisch unterschiedliche Prozesse der Herausbildung und Veränderung sozialer Strukturen betonen: Den Prozeß organisierten, planvoll koordinierten Handelns einerseits und den Prozeß spontaner wechselseitiger Anpassung andererseits."[122]

Die Koordination dieser zwei Prozesse innerhalb der Anpassungsphase kann als entscheidende Herausforderung der gesamten Systemtransformation betrachtet werden. Schließlich entscheidet sich in dieser Periode, welche institutionellen Reaktionen sich aus der Dynamik und dem Zusammenspiel ökonomischer, politischer und sozio-kultureller Elemente ergeben, ob die neuen Basisregeln akzeptiert und respektiert werden und ob die Handlungen und Entscheidungen der einzelnen Wirtschaftssubjekte das neue System zu einer stabilen marktwirtschaftlichen Ordnung hinbewegen. Die Aufgabe der Koordination erweist sich im Transformationsprozeß allerdings als äußerst schwierig, da die osteuropäischen Reformer - neben diversen anderen bereits genannten Problemen - wenn überhaupt nur über geringe Erfahrungen mit der marktwirtschaftlichen Dynamik bzw. mit spontanen Evolutionsprozessen innerhalb des Wirtschaftsgefüges verfügen. Und Erfahrungen aus ähnlichen Situationen in anderen Regionen sind aufgrund der spezifischen Hysterese-Effekte nicht ohne weiteres auf Ostmitteleuropa übertragbar. Im Vergleich zu etablierten Marktwirtschaften ist es daher diffizil, mögliche Anpassungsreaktionen zu antizipieren und im Design des Institutionengefüges zu berücksichtigen.

Diese Reaktionen aber deshalb unberücksichtigt zu lassen und sich - wie es oftmals mit dem vermeintlich negativen Attribut 'neoliberal' belegt wird - auf die Grundprinzipien einer freien Marktwirtschaft und deren Problemlösungskraft zu beschränken, sollte für die Wissenschaft keine Alternative sein. Gerade diese

---

121 Vgl. dazu auch Vanberg, V. (1981).

122 Vaughn, K.I. (1983), S. 126. Ähnliches kann auch aus der Systemtheorie entnommen werden. Dort können gemäß *Willke* weder die *hierarchische Steuerung* noch das andere Extrem der *evolutionären Selbststeuerung* als geeignete Lösungen für soziale Systeme gelten. Nur ein System *dezentraler Kontextsteuerung*, d.h. ein System, in dem dezentrale Einheiten innerhalb eines Gesamtrahmens eigenständig operieren und der Gesamtrahmen durch einen institutionalisierten Diskurs stetig weiterentwickelt wird, kann langfristig die Probleme einer modernen Gesellschaft lösen. Siehe dazu Willke, H. (1989), S. 57ff.

Anpassungsreaktionen können, wie oben erörtert, als wesentliche Einflußfaktoren für den Verlauf und das Ergebnis der Transformation angesehen werden. Vielmehr gilt es daher, die beobachtbaren Verhaltensweisen und die damit zusammenhängenden institutionellen Vorgänge oder, anders formuliert, den Prozeß behavioraler Anpassung und institutionellen Wandels im Detail zu analysieren.

Mit dieser Aufgabe werden sich die weiteren Teile dieser Arbeit befassen. Dabei kommt man allerdings nicht daran vorbei, die in diesem ersten Kapitel aufgezeigte Komplexität der Anpassungs- und Wandlungsvorgänge auf einige wesentliche Aspekte zu reduzieren. Veränderungen auf der sozio-kulturellen Ebene und deren Verhaltenswirkungen kann bedingt durch große Operationalisierungsprobleme nur schwer Rechnung getragen werden. Trotzdem wird versucht, diese in den Handlungsmotiven der Wirtschaftssubjekte zu berücksichtigen. Im wesentlichen werden aber in den nachstehenden Ausführungen politische und ökonomische Faktoren und Anpassungsprozesse sowie deren Interdependenzen analysiert. Folgende Fragen stehen dabei im Mittelpunkt:

- Welche Faktoren spielen in der Anpassungsphase der Systemtransformation eine Rolle und wie lassen sie sich hinsichtlich ihrer Wirkungseinflüsse spezifizieren?
- Gibt es, da nur geringe oder überhaupt keine relevanten Erfahrungswerte verfügbar sind, theoretische Ansätze, die die zentralen Entwicklungs- und Anpassungsprozesse im Systemwandel zu erfassen und zu erklären vermögen?
- Können bestimmte Verlaufsmuster von Anpassungs- und Entwicklungsprozessen im Rahmen einer Systemtransformation identifiziert werden?
- Sind, wenn die Systemtransformation im Grunde als ein offener Prozeß angesehen wird, zumindest Aussagen darüber möglich, wann ein Land den Übergang zu einer Marktwirtschaft geschafft hat? Kann, anders formuliert, gesagt werden, wann eine kritische Grenze der behavioralen Anpassung und institutionellen Neuordnung überschritten wurde, die einen Rückfall in eine von sozialistischen und planwirtschaftlichen Prinzipien dominierte Wirtschaft sehr unwahrscheinlich macht?

KAPITEL II

Determinanten behavioraler Anpassung im Systemwandel

> „Previous beliefs that we have found the final answer to economic problems have been disappointed. There are people who think the answer has now been found in the varieties of capitalism that exist today (...). The disillusionment this time may be less painful than in earlier cases. But we will discover (...) problems for which this formula is inadequate. We will have to adapt, and we will."[1]

II.1 Behaviorale Anpassung im Transformationsprozeß

Anpassung bedeutet Veränderung. Existierendes wird durch bislang noch nicht existierendes ergänzt oder ersetzt; altes wird durch neues angereichert oder verdrängt. Konstellationen, Konstitutionen, Institutionen, Positionen, Relationen, Kognitionen und dergleichen werden modifiziert und modernisiert. Derartige Prozesse sind im Rahmen einer Systemtransformation unumgänglich, wie auch die vorangegangene Analyse gezeigt hat. Sie sind in diesem Prozeß immanent und beinhalten eine Anpassung an das durch die Transformation neu geschaffene wirtschaftliche Umfeld.

Von Anpassung ist in der Ökonomie vornehmlich die Rede, wenn es um Veränderungen von Güter- und Faktorproportionen einer Volkswirtschaft geht. Dabei wird auf reale Entwicklungen des Wirtschaftsprozesses abgestellt, die sich zum Beispiel an Produktionswerten oder finanzwirtschaftlichen Kennziffern orientieren. Auch in bezug auf die Transformationsprozesse in Mittel- und Osteuropa stützte sich die Anpassungsforschung stark auf eine derartige Analyse.[2] Aber „die gegenwärtigen Transformationsprozesse, die Probleme des Umbruchs und deren Bewältigung sind keinesfalls nur eine Frage des 'Objektiven', wie beispielsweise des Arbeitsplatzangebots (...)."[3] Im Gegenteil: Die Art und Weise, in der sich die objektiven, realen Größen ändern ist maßgeblich eine Folge

---

1 Stein, H. (1989), S. 25.

2 Vgl. unter anderem Krakowski, M. (1991). Reale Anpassungsverläufe - Stichwort J-Kurve - dominierten zunächst die Diskussion bezüglich der Veränderungen in den Transformationsländern.

3 Hradil, S. (1995), S. 3.

von Mutationen der subjektiven Ebene. Veränderte Einstellungen, Interessen und Zukunftserwartungen sowie deren Effekt auf das Verhalten der Wirtschaftssubjekte sind Faktoren, die für den zählbaren Erfolg einer Ökonomie verantwortlich sind.[4] Problematisch ist allerdings die Handhabung von Anpassungsvorgängen auf dieser Ebene bzw. deren analytische Erfassung. Diesbezüglich können Unschärfen auftauchen, die sich zum Beispiel dahingehend äußern, wie Verhaltensveränderungen gemessen werden und welche systematischen Wirkungszusammenhänge dabei existieren.

Entgegen der genannten Unzulänglichkeiten, aber gerade wegen der im vorangegangenen Kapitel aufgezeigten Bedeutung für den Verlauf und das Ergebnis einer Systemtransformation, soll dem Verhalten bzw. einigen zentralen Determinanten des Verhaltens von Wirtschaftssubjekten nun besondere Aufmerksamkeit gewidmet werden. Das vorliegende Kapitel ist darauf ausgerichtet, behaviorale Anpassung im Systemwandel Mittel- und Osteuropas zu operationalisieren und einer analytischen Betrachtung zugänglich zu machen. Es ist das Ziel, weitere Erkenntnisse bezüglich der eingangs formulierten Fragen zu finden, welche Faktoren und Wirkungszusammenhänge in der Anpassungsphase der Systemtransformation eine zentrale Rolle spielen und wie sich diese auf den Verlauf dieses Prozesses auswirken.

Diesbezüglich werden zwei Faktoren hinsichtlich ihres Einflusses auf den Anpassungsprozeß im Systemübergang analysiert: a) die Verhaltensdispositionen und b) die wirtschaftlichen und sozialen Interessen und Handlungsmotivationen der Wirtschaftssubjekte. Konkret werden die folgenden Fragenkomplexe untersucht.

(1) Durch welche Denk- und Handlungsmuster waren die Individuen bis vor dem Zusammenbruch des Realsozialismus geprägt und wie beeinträchtigen diese den Übergang zu einem marktwirtschaftlichen Wirtschaftssystem?
(2) Welche grundsätzlichen ökonomischen Positionen und Interessen haben die verschiedenen Wirtschaftssubjekte bezüglich des eingeleiteten Systemwechsels und welche Auswirkungen sind daraus im Transformationsprozeß zu erwarten?

Der erste Fragenkomplex (Kapitel II.2) basiert auf der Erkenntnis, daß das Verhalten von Wirtschaftssubjekten und damit auch die behavioralen Anpassungsvorgänge keineswegs nur auf aktuelle Systemkonfigurationen zurückgeführt werden können. Wie auch aus der *Theorie der Pfadabhängigkeit* hervorgeht, sind

---

4 Vgl. Denzau, A.T., North, D.C. (1994).

derartige Veränderungen signifikant von der spezifischen Vergangenheit eines Individuums bzw. einer gesamten Gesellschaft geprägt. Ein Teil dieses Kapitels wird sich daher damit befassen, welche Erbschaften das sozialistische System mit sich gebracht hat und welchen Einfluß diese auf die Richtung und Intensität im Systemwandel haben.

Der zweite Fragenkomplex (Kapitel II.3) thematisiert die grundsätzlichen Ziele, Einstellungen und Interessen verschiedener sozialer Gruppen im Transformationsprozeß, die sich aus theoretischen Überlegungen herleiten lassen. Diese Aspekte sind von besonderer Relevanz, weil sie als zentrale Handlungsmotive der Menschen angesehen werden können. Sie zu ergründen, kommt damit einer Ursachenforschung bezüglich des Verhaltens, der Richtung von Verhaltensänderungen sowie einer Grundlagenforschung bezüglich potentieller Verhaltensmanipulationsstrategien im Transformationsprozeß gleich. In diesem Sinn sollen unterschieden nach den Mitgliedern der Bürokratie sowie den Managern, Belegschaften und Belegschaftsorganisationen, die dominanten Verhaltensmotive dieser Gruppen herausgearbeitet und neben den kognitiven und institutionellen Erbschaften des Sozialismus als zweite Basis der hier zu analysierenden Anpassungsprozesse zugrunde gelegt werden.

II.2 Behaviorale Anpassung und die Bedeutung institutioneller und kognitiver Erbschaften des Sozialismus

Nachdem in der Diskussion bezüglich der Notwendigkeit des Umbaus des sozio-kulturellen Systems sozialistischer Gesellschaften bereits auf generelle Verhaltensdispositionen der Individuen dieser Länder eingegangen wurde, sollen an dieser Stelle nun institutionelle und kognitive Erbschaften speziell in bezug auf deren Implikationen für die Entwicklung des Institutionengefüges einer marktwirtschaftlichen Ordnung eruiert werden. Für die ökonomische Analyse stellt dies einen Versuch dar, das Verhalten eines nutzenmaximierenden Individuums zusätzlich um historische Erfahrungen und um die Eingebettetheit eines Individuums in ein soziales Netz zu erweitern. Es ist ein Versuch zu erörtern, wie sich die Vergangenheit auf die Evolution innerhalb eines grundlegend neuen Systems auswirkt.

Historische Faktoren auszublenden, muß gerade im Zusammenhang mit einer Systemtransformation zu beträchtlichen Erklärungslücken bzw. Verhaltensanomalien führen.[5] Aufgrund der orthodoxen und sozialistischen Prägung stoßen die vor diesem Hintergrund entstandenen und im Prinzip langfristig angelegten Denk- und Handlungsweisen, Lebenserfahrungen und vielleicht sogar Menschenbilder auf ein grundlegend andersartiges Gesellschaftsmodell. Es treffen alte Normen und Werte auf eine neues formelles Regelwerk, die bei Annahme gegenseitiger Abhängigkeit beiderseits relevant für die Entwicklung und das Ergebnis der zu transformierenden Gesellschaft sind.[6]

Die institutionellen und kognitiven Erbschaften des Sozialismus sind zahlreich. Aufgrund ihres zentralen Charakters für die Existenz und das Wirtschaften im Sozialismus allgemein und in den Staatsbetrieben der Transformationsländer im besonderen, werden hier zwei Attribute besondere Aufmerksamkeit erhalten. Dies sind *zum einen* die weichen Budgetrestriktionen (Kapitel II.2.1) und *zum anderen* die Reformen im Sozialismus (Kapitel II.2.2). Diese zwei Aspekte gilt es nun bezüglich ihrer Wirkung auf das Verhalten der Individuen im Transformationsprozeß bzw. innerhalb des neuen marktwirtschaftlichen Umfeldes näher zu untersuchen.

II. 2.1 Behaviorale Anpassung im Schatten weicher Budgetrestriktionen und alter Beziehungsnetze

Anlehnend an *Nelson* und *Winters* Studien über die grundlegenden Reaktionen und Verhaltensweisen in einem sich wandelnden wirtschaftlichen Umfeld kann von bestimmten Verhaltensroutinen ausgegangen werden, die die Wirtschaftssubjekte in einem konkreten organisationalen Gefüge zur Erledigung ihrer Aufgaben entwickeln.[7] Derartige Routinen sind im Grunde langfristiger Natur und ändern sich daher auch nicht parallel zu einem sich abrupt wandelnden Handlungsumfeld. Im Bestreben, Ungewißheiten und aufwendige Suchprozesse nach neuen Prozeduren zu verhindern, implizieren diese Routinen also, daß alte

---

5 „Wenn man versuchen würde," so auch *Eucken*, „die Geschichte auszustreichen (...), so würde man an den Tatsachen selbst scheitern. (...) Die Wirtschaftspolitik hat die Neigung, entweder in einen unrealistischen Doktrinarismus zu verfallen, welcher die jeweilige historische Situation nicht berücksichtigt, oder in einen ungrundsätzlichen Punktualismus, welcher die Wirtschaftspolitik zu einem Chaos unzusammenhängender (...) Maßnahmen macht. In jedem Falle wird das Ziel verfehlt." Eucken, W. (1990), S. 251.

6 „When (...) the analysis focuses on institutional development, reform, and comparative country performance, the historical legacy, in politics and society, as well as in economics, has to be an important explanatory factor. (...) If the economics of transition does not engage these broader elements, the energetic reformer coming to a country seeing it as a tabula rasa, ripe for the application of the latest economic theory, will be continually surprised." Murrell, P. (1995), S. 177.

7 Vgl. Nelson, R.R., Winter, S.G. (1982), S. 14-19, passim.

Handlungsmuster zunächst fortgeführt werden, auch wenn sich die Umwelt erneuert. Es bedarf geraumer Zeit sowie intensiver trial und error-Prozesse, bis alternative Handlungsformen in das eingeschliffene Repertoire aufgenommen oder alte verdrängt werden.[8]

Aufgrund dieser Überlegungen stellen sich zwei Fragen, die anschließend erörtert werden:

- Welches waren wichtige Routinen im Sozialismus bzw. in sozialistischen Betrieben und welche Denk- und Verhaltensweisen haben diese Routinen in der Gesellschaft und in den Wirtschaftseinheiten hervorgerufen?
- Welche Auswirkungen können daraus für die Systemtransformation, wie wir sie seit Ende der 80er Jahre in Mittel- und Osteuropa erleben, abgeleitet werden?

(1) Für das Verhalten und die Verhaltensroutinen der Akteure in den sozialistischen Betrieben - die hier repräsentativ für das Verhalten in der Wirtschaft im Mittelpunkt der Betrachtungen stehen - sind in erster Linie *weiche Budgetrestriktionen* bzw. *soft budget constraints* als kennzeichnend zu erachten. *Weiche Budgets* sind gegeben, wenn die Handlungen und Entscheidungen der Wirtschaftssubjekte nicht durch finanzwirtschaftliche Restriktionen eingeschränkt sind; wenn also für ein Unternehmen andauernde Verluste keine Entscheidung über Leben oder Tod derselben herbeiführen und das Wachstum einer Unternehmung nicht durch dessen finanziellen Erfolg bestimmt wird.[9]

Für Betriebe in sozialistischen Systemen bedeuten weiche Budgets, daß Einnahmen und Ausgaben, Kosten und Preise, Gewinne und Verluste praktisch keine Bedeutung für die Geschäftstätigkeit haben. Der Staat stellt stets Finanzmittel in Form von Krediten, Steuerbefreiungen oder Subventionen zur Verfügung. Finanzielle Risiken und Selektionsmechanismen sind hierbei für die Akteure vollkommen ausgeschaltet.[10] Geld hat im Sozialismus insgesamt keine Steuerungsfunktion; es dient lediglich als Transaktionsmittel.

---

8 Siehe auch Swaan, W., Lissowska, M. (1992), S. 3.

9 Weiche Budgets liegen vor, „when the strict relationship between expenditure and earnings has been relaxed, because excess expenditure over earnings will be paid by some other institution, typically by the State.“ Kornai, J. (1986), S. 4. Vgl. auch ders. (1979), S. 803. Das Adjektiv ‘weich’ ist somit im Sinne von dehnbar, der Terminus ‘weiches Budget’ entsprechend als Ausdehnbarkeit eines vorgegebenen Finanzmittelvolumens zu verstehen.

10 In diesem Sinne wird die kapitalistische Marktwirtschaft auch als Geldwirtschaft bezeichnet, da Geld hier knapp ist und die wirtschaftlichen Aktivitäten koordiniert und steuert. In Planwirtschaften ist es indes der Produktionsplan, der die wirtschaftlichen Aktivitäten koordiniert. Siehe hierzu unter anderem Riese, H. (1990).

Ein Grund für die Existenz weicher Budgets in sozialistischen Wirtschaftssystemen kann darin gesehen werden, daß es im Vergleich zu kapitalistischen Marktwirtschaften praktisch keine privaten Verfügungsrechte an Produktionsmitteln gibt und alle Gewinne und Verluste dem Staat als Produktionsmitteleigentümer zufallen. Die Akteure in den Betrieben müssen ihre Handlungen letztlich nicht persönlich verantworten und haben daher auch keine Anreize, effizient mit den Ressourcen umzugehen. Es besteht stets die Möglichkeit, sich bei Liquiditätsschwierigkeiten über die Planungsbürokratie zu finanzieren.

Die Weichheit bzw. Dehnbarkeit des Budgets ist im wesentlichen dadurch bestimmt, wie gut es ein Unternehmen versteht, Subventionen, Steuererleichterungen und Kredite zu erhalten und/oder Verrechnungspreise positiv für sich zu beeinflussen. Abhängig ist dies von der Fähigkeit der Betriebsmanager, in Verhandlungen mit den Entscheidungsträgern der Planungs- und Verteilungsbürokratie einzutreten und persönliche Beziehungen mit der Bürokratie zu knüpfen.

Aus diesen Gründen entwickelt sich in Systemen mit weichen Budgetbeschränkungen ein immer feineres informelles Beziehungsgeflecht zwischen einzelnen Betrieben *einerseits* und Betrieben und den Organen der Bürokratie *andererseits*. Lobbyismus, Korruption, Betrug, Schwarzhandel und andere systemunterlaufende Aktivitäten werden schließlich zu einem dominanten Merkmal des Handlungsrepertoires der Individuen. Und diese Instrumente und Aktivitäten werden stetig weiterentwickelt und verfeinert. Die von *Olson* so bezeichneten *special interest groups* können ihre Fähigkeiten, auf die Wirtschaftsplanung und -steuerung Einfluß zu nehmen, kontinuierlich steigern. Sie bewirken, daß sich der Produktionsapparat im Sozialismus von einem offiziell streng hierarchischen Planungssystem zu einem iterativen Verhandlungssystem entwickelt.[11] Insgesamt etabliert sich immer stärker ein intensiver rent seeking-Prozeß einzelner Industrien, Regionen und Gemeinden zur Erlangung von Investitionskapital, Subventionen, Preis- und Lohnerhöhungen.[12]

(2) Was kann dies nun für den Übergang zu einer Marktwirtschaft bedeuten? Oder anders gefragt: Welche Folgewirkungen ergeben sich aus den oben genannten Aspekten für eine Situation nach mehr oder minder starker Liberalisierung und Stabilisierung sowie nach initiierter Privatisierung einer sozialistischen Wirtschaft?

---

11 Vgl. Nagy, A. (1991), S. 274. Insbesondere die Rüstungsindustrie entwickelte im Laufe der Zeit eine sehr starke Lobby mit entsprechendem Einfluß auf die Planvorgaben.

12 Ähnlich auch *Kornai:* „This is a bargaining society. All issues [concerning, D.D.] entry, exit, appointment, output, input, price, wage, tax, subsidy, credit and investment are subject to meticolous negotiations, fights, lobbying, the influence of open or hidden supporters and opponents.“ Kornai, J. (1986a), S. 1700.

Aus dem Prinzip der weichen Budgetbeschränkung können für den Systemübergang viele Verhaltensweisen abgeleitet werden. In der ersten Phase der Anpassung sind dies zum Beispiel schwache Reaktionen auf Nachfrageveränderungen oder geringe Anreize zur Suche nach Kosteneinsparungen. Diese Aspekte, die an anderer Stelle bereits diskutiert wurden,[13] stellen aber lediglich Verhalteneffekte auf einer operativen Ebene des Wirtschaftslebens dar. Wegen ihrer größeren Relevanz für den - hier im Vordergrund stehenden - grundsätzlichen Charakter der post-sozialistischen institutionellen Infrastruktur, konzentriert sich die folgende Analyse auf die Auswirkung des Prinzips weicher Budgetvorgaben auf:

- die post-sozialistischen Beziehungen zwischen Individuen, Unternehmen und Staat und die damit implizierte Einstellung und Erwartung der Wirtschaftsakteure gegenüber bürokratischer Steuerung in der Wirtschaft und
- den Willen und die Fähigkeit der privaten Wirtschaftssubjekte, Risiken und Verantwortung ihres Handelns zu übernehmen sowie die daraus zu erwartenden Prozesse behavioraler Anpassung im Transformationsprozeß.

(a) In den ehemaligen sozialistischen Staaten Ostmitteleuropas haben sich, wie oben dargelegt, enge Beziehungen zwischen den Managern der Staatsbetriebe und den Akteuren der Staatsbürokratie aufgebaut. Stets hat der Staat die finanziellen Risiken für die Aktivitäten in den Unternehmen übernommen und den Akteuren soziale Sicherheit gewährt. Enge Verbindungen bestanden auch zwischen den Unternehmen selbst. Diese dienten unter anderem der Kompensation von Engpässen an Inputgütern, maschinellen Ausrüstungen und Ersatzteilen. Zudem sollten diese Beziehungen Reaktionsmöglichkeiten auf schwer vorhersehbare Interventionen von Politik oder Gewerkschaftskadern gewähren.

Im Transformationsprozeß dürften sich diese Beziehungsnetze nicht unmittelbar auflösen, sondern zunächst weiter in beträchtlichem Ausmaß bestehenbleiben. Dies kann einmal darauf zurückgeführt werden, daß viele Akteure in der Bürokratie und in den Unternehmen nicht direkt nach dem Umbruch ausgetauscht werden. Aber selbst das Ausscheiden vieler Personen aus dem gehobenen Staatswesen dürfte nur einen begrenzten Effekt auf diese Beziehungsstrukturen ausüben. Viele der alten Kader können sich zum Beispiel im Rahmen der spontanen Privatisierung Leitungspositionen in privaten Unternehmen verschaffen und über diese weiterhin innerhalb der alten Netzwerke agieren.[14]

---

13 Siehe Swaan, W., Lissowska, M. (1992), S. 11 und passim, die sich diesbezüglich mit Ungarn und Polen befassen. Erklärungen für ein eher destruktives und defensives Verhalten zu Beginn der Transformation liefert auch Olson, M. (1992) und (1992a).

14 Vgl. Wagenlehner, G. (1995), S. 11 oder auch Bogetic, Z., Hillman, A.L. (1995).

Insgesamt wird die offizielle Beendigung bürokratischer Planung und Steuerung der Wirtschaft sowie die Liberalisierung der Preise im Systemwandel in der Regel nicht zu einem unmittelbaren Übergang auf ein marktpreisgesteuertes Wirtschaftssystem führen. Dies würde voraussetzen, daß eine einfache Komplementaritätsbeziehung zwischen diesen beiden Koordinationsmechanismen - bürokratische Steuerung und Marktpreiskoordination - besteht. Davon kann aber nicht ausgegangen werden, denn der Bürokratieapparat und insbesondere die darin eingebundenen sozialistischen Unternehmen waren keineswegs nur Organisationen mit produktionstechnischen Zielen und Inhalten. Die Betriebe waren vielmehr soziale Systeme, in denen ein beträchtlicher Teil des gemeinschaftlichen Lebens stattfand. Unternehmen waren ein wichtiger Anbieter gesellschaftlicher Infrastruktur, die unter anderem Wohnraum, Sport- und Freizeitanlagen sowie medizinische Einrichtungen beinhaltete. Insgesamt hat sich ein wesentlicher Teil sozialistischer Lebenskultur in den Staatsbetrieben manifestiert; und diese Kultur war mit den bürokratischen Systemen dieser Länder eng verbunden.[15]

Die Lücke, die durch die Abschaffung direkter bürokratischer Planung und Steuerung entsteht, wird daher nicht einfach durch den Markt ausgefüllt. Vielmehr beginnt zunächst vielerorts eine Suche nach alternativen bürokratischen Mechanismen, um einen Ausgleich für die verlorengegangenen Koordinierungsprinzipien zu schaffen. Dies liegt darin begründet, daß die Aktivitäten und deren Ergebnisse innerhalb der neuen Marktstrukturen mit großen Unsicherheiten verbunden sind, der bürokratische Apparat im Hinblick auf seine Funktionsweise und der Bereitstellung von Gütern und Geldern aber große Berechenbarkeit verspricht. Sind die Unsicherheiten des Marktes sehr hoch, wie es im Systemwandel als wahrscheinlich anzusehen ist, so dürfte sich für die Wirtschaftssubjekte in der Regel ein negativer Erwartungsnutzen aus der Transformation einstellen. Entsprechend dieser Erwartung müssen Marktaktivitäten als inferiore Alternative der Bedürfnisbefriedigung erachtet werden.

Neben den hiermit zusammenhängenden Wissens- bzw. Informationsdefiziten, haben viele Akteure aber auch nicht den Willen, ihre Bedürfnisse in Eigenregie zu befriedigen. Außerdem ist der Zugang zu zahlreichen Ressourcen über den Markt in vielen Ländern und besonders zu Beginn der Transformation noch vergleichsweise unterentwickelt. Viele Realgüter und Finanzmittel sind kurz nach dem Wandel weiterhin nur durch den alten Verwaltungsapparat erhältlich. Des

15 Ebenso wie die Dichotomie zwischen Markt und Hierarchie, auf die häufig im Rahmen der Theorie der Firma abgestellt wird, eine theoretische Fiktion darstellt, kann nicht von einer einfachen Alternativbeziehung zwischen der bürokratischen Steuerung und der Marktkoordination gesprochen werden. Zur Markt versus Hierarchie Diskussion siehe zum Beispiel Coase, R.H. (1937) und Williamson, O.E. (1975). Eine kritische Analyse dazu findet sich bei Dunn, M.H. (1992), S. 114ff.

weiteren kann die Rechtslage innerhalb des neuen Umfeldes als noch relativ unsicher gelten. Im Rahmen der alten Verteilungssysteme herrscht hingegen Sicherheit bezüglich der Regeln und Durchsetzbarkeit der eingegangenen Interaktionen. Die ökonomische und politische Freiheit einer Marktwirtschaft wirkt sich insofern insgesamt für viele Akteure als wirtschaftliche Eingeschränktheit aus.

Die Bürokratie bzw. der Staatsapparat dürfte insgesamt auch in Zukunft noch in viele Aktivitäten in der Wirtschaft involviert bleiben, weil die Akteure die neue Eingeschränktheit zu umgehen versuchen. Den Unternehmen und Individuen kann ein verinnerlichtes Bedürfnis nach sozialer Sicherheit und eine Aversion gegen hohe Risiken nachgesagt werden. Die Bürokratie hat außerdem ein Interesse daran, dieses Bedürfnis zu fördern, da das Wohlfahrtsniveau dieser Gruppe unter anderem davon abhängt, wie stark der Bedarf nach administrativer Lenkung und Sicherheit ausgeprägt ist. In diesem Zusammenhang spricht *Kornai* auch von einem Selbstreproduktionsprozeß der Bürokratie, der in den ehemals sozialistischen Ländern zu beobachten ist:

> „A self-reproduction of bureaucracy can be observed in the sense that, if it is eliminated at some place, in one particular form, it will reappear at another place in some other form. (...) The persistance of the bureaucracy is a spontaneous and natural outgrowth of the system as well. (...) A change has taken place in the form, but not in the intensity of the dependence.“[16]

In diesem Zusammenhang könnte auch von einem ausgeprägten Paternalismus gesprochen werden, der weiterhin das Verhalten vieler Individuen in den Transformationsstaaten lenkt. Eine derartige Verhaltensprägung dürfte in den betrachteten Ländern auch mittelfristig nicht entfallen, da sich hierin kein einfacher Handlungsmechanismus, sondern ein kulturelles Merkmal bzw. eine Tradition dieser Gesellschaft ausdrückt. Diese kulturelle Prägung impliziert, daß weniger Individualismus und Autonomie von den Wirtschaftsakteuren, sondern in großem Maße die Obhut des Staates und Konformität mit hierarchischen Strukturen das Verhalten vieler Akteure beeinflußt.

(b) Nachdem in der vorangegangenen Erörterung auf die Auswirkungen der weichen Budgetrestriktionen des alten Systems auf die Beziehungen zwischen den Individuen, den Unternehmen und dem Staat nach Beginn eines Systemwandels eingegangen wurde, gilt es nun, die daraus ableitbaren Folgen für das Engagement der Individuen in der neuen Wirtschaftsumgebung und damit auch für die hier im Mittelpunkt stehenden Prozesse behavioraler Anpassung zu thematisieren.

---

16 Kornai, J. (1990), S. 14.

Für die institutionelle Entwicklung im Transformationsprozeß dürfte die oben als zentrale Verhaltenserbschaft post-sozialistischer Transformationsländer identifizierte Selbstreproduktion der Bürokratie und der damit im weitesten Sinne verknüpfte Paternalismus tendenziell zweierlei bedeuten: *Erstens,* daß sich durch die nach dem Zusammenbruch der Zentralverwaltungswirtschaft aufkommende Unsicherheit nur wenige Wirtschaftssubjekte aktiv an der Gestaltung der neuen Marktwirtschaft beteiligen werden. Demgegenüber kann angenommen werden, daß sich viele Individuen auf bekannte und sichere Routinen und Traditionen zurückziehen. Zur Durchführung ihrer Wirtschaftsaktivitäten dürften sie dementsprechend vorzugsweise auf bekannte Organisationsformen, vertikale Interaktionsstrukturen und Verhandlungsprozesse mit der Bürokratie zurückgreifen.

Dies ist *zum einen* auf rein rationale Beweggründe zurückzuführen, da sich für viele Akteure mit den alten Routinen ein höheres Nutzenniveau ergibt als mit den neuen; insbesondere bei hoher Zeitpräferenz. *Zum anderen* dürfte sich diese Reaktion daraus ergeben, daß weiche Budgets nicht nur eine finanzielle, sondern allgemein auch eine sozio-ökonomische und psychologische Bedeutung haben.[17] Diese manifestiert sich insbesondere in einem Gefühl der Sicherheit vor sozialen Konsequenzen, einem Schutz vor unkalkulierbaren und vom Verhalten anderer Personen abhängigen Ereignissen. Mit harten Budgetbeschränkungen geht den Menschen ein Stück Sicherheit bzw. Systemvertrauen verloren. Diesen Werten kann ein hoher Nutzen zugeschrieben werden, den die Menschen versuchen, zu erhalten.

Zweitens dürfte die oben angeführte Tendenz zur Aufrechterhaltung alter Beziehungsnetze und bürokratischer Strukturen sowie die damit einhergehende Tendenz zur Kollektivierung von Risiko und Verantwortung *einerseits* und die Schwächung von Wettbewerbsmechanismen *andererseits* bedeuten, daß die Wirtschaft insgesamt weiterhin stark von *clan-Strukturen* durchzogen sein wird. Das heißt, es kann mit Kooperationen von rechtlich autonomen Akteuren gerechnet werden, die nur begrenzt an ökonomischer Effizienz und vielmehr an Sicherheit in einer Gemeinschaft orientiert sind. Viele Weichen auf dem Weg zu einer Marktwirtschaft werden dann weniger durch ökonomische Rationalität als vielmehr durch politische Prozesse, rent seeking und alte Routinen gestellt.[18]

Insgesamt kann aus der Existenz weicher Budgetbeschränkungen abgeleitet werden, daß sich die Wirtschaftsakteure weiterhin der in diesem Zusammenhang etablierten Handlungsroutinen und Beziehungsstrukturen bedienen, um ihre wirtschaftlichen Bedürfnisse zu befriedigen. Sowohl die Risiken und Nutzenein-

---

17 Vgl. Kornai, J. (1986), S. 8.

18 Als Beispiel sei hier die Fortführung der Kreditvergabe von Banken an unwirtschaftliche Betriebe genannt, die auch nach einer Bereinigung alter Kreditbestände (stock problem) noch weitergeführt werden (flow problem). Vgl. Dittus, P. (1994).

bußen, die mit einem ausschließlichen Engagement innerhalb der neuen marktwirtschaftlichen Umgebung einhergehen, als auch die Nutzenpotentiale, die die alten bürokratischen Strukturen beinhalten, werden zu diesem Verhalten anregen. Die Akteure dürften insofern im Transformationsprozeß weiterhin stark mit verteilungsbezogenen Aktivitäten beschäftigt sein, die sich bereits zuvor innerhalb des sozialistischen bargaining-Systems etabliert und bewährt hatten.

Insofern kann auch von einem „status quo bias“ bzw. einer „Status-quo-Präferenz“ gesprochen werden, die sich in den Transformationsländern Mittel- und Osteuropas manifestiert.[19] Dieser bias bzw. diese Voreingenommenheit bewirkt, daß die Individuen im Rahmen ihrer wirtschaftlichen Handlungen und Entscheidungen dazu neigen, den bekannten und sicheren Zustand sowie eingeschliffene Verhaltensmuster einer unbekannten und neuen Technik der Bedürfnisbefriedigung vorzuziehen. Unterschiedliche Handlungssituationen werden also danach bewertet, inwiefern sie den Status quo wiederspiegeln oder eine Veränderung von Verhaltensroutinen implizieren. In dem hier betrachteten Fall der Systemtransformation bedeutet dies ganz besonders, daß die Inhaber nutzenträchtiger bürokratischer Beziehungen eine höhere Motivation aufweisen, diese Beziehungen auch nach dem Umbruch aufrechtzuerhalten, als sie gegen neue Wege der Nutzengenerierung über Märkte zu ersetzen.[20]

II. 2.2 Die Reformen im Sozialismus und deren Folgen für das Verhalten der Individuen im Transformationsprozeß

> Jede Herrschaft findet früher oder später ihr Ende; dieses lasse sich manchmal hinauszögern, aber niemals verhindern.
> (Justus Lipsius 1547-1606)

Der Übergang von einer sozialistischen Zentralverwaltungswirtschaft zu einer Marktwirtschaft kann als ein Vorgang der Übertragung bislang zentral gelenkter ökonomischer Aktivitäten an eine Vielzahl privater und autonomer Entscheidungsträger interpretiert werden. Privatakteuren wird ein großer Teil der Verfügungsgewalt über die bislang unter der Kontrolle der Staatsorgane stehenden Produktionsmittel überlassen und das System administrativer Steuerung durch marktwirtschaftliche Instrumente substituiert.

---

19 Vgl. dazu auch Fernandez, R., Rodrik, D. (1991), Kahnemann, D. et al. (1991) sowie Samuelson, W., Zeckhauser, R. (1988).

20 Aus Sicht der neoklassischen Nutzentheorie stellt dies allerdings ein irrationales Verhalten dar, weil es das Axiom der einfachen Nutzenmaximierung verletzt. Vgl. Herrmann-Pillath, C. (1993), S. 16.

Das Problem einer derartigen Interpretation des Transformationsprozesses ist allerdings, daß hierbei von einem klassischen bzw. idealen Modell einer sozialistischen Planwirtschaft ausgegangen wird. Wie auch in vielen Lehrbüchern zur Wirtschaftstheorie so dargestellt, wird dabei die Lenkungs- und Entscheidungsmacht über die Ressourcen der Wirtschaft vollständig den Organen des Staatsapparates bzw. der kommunistischen Partei eines jeweiligen Landes zugeschrieben. Die Akteure in den Betrieben gelten hingegen in der Regel ausschließlich als Entscheidungsempfänger und ausführende Organe des Produktionssystems.

Während diese Charakterisierung für die erste Periode des Realsozialismus durchaus als angemessen beurteilt werden kann, ist dies aber für die späteren Jahre dieses Systems problematisch. Bei dieser Beschreibung bleibt ungeachtet, daß sich das von *Lenin* in der Sowjetunion eingeführte und später auch auf andere Länder Mittel- und Osteuropas oktroyierte Wirtschaftssystem im Laufe der Zeit stetig weiterentwickelt hat. Unter anderem wurden in der siebzigjährigen Geschichte des realen Sozialismus zahlreiche Reformen durchgeführt, die wohl nur noch bedingt eine stilisierte Betrachtung dieser Wirtschaftsordnung zulassen.

Für die hier angestrebte Analyse zentraler Einflußfaktoren und Wirkungszusammenhänge des Systemwandels ist es erforderlich festzustellen, welche Veränderungen der Sozialismus im Laufe seiner Existenz erfahren hat und welche Wirkungen daraus für das Verhalten der Akteure erwartet werden können. Es gilt genauer zu ergründen, auf welcher institutionellen sowie kognitiven Ausgangsbasis die aktuellen Transformationsprozesse begonnen wurden. Es ist zu vermuten, daß große Abweichungen vom klassischen Modell einer Zentralverwaltungswirtschaft auch große Unterschiede in bezug auf die im Mittelpunkt dieser Arbeit stehende behaviorale Anpassung der Akteure bedeuten werden. Diese Unterschiede müssen aufgedeckt werden, um bei der Analyse der Entwicklungsdynamik zu sinnvollen Ergebnissen zu gelangen. Nachfolgend sollen daher zwei Fragen beleuchtet werden:

- Welche institutionellen Veränderungen haben sich durch die sozialistischen Reformen in den Unternehmen der Länder Ostmitteleuropas etabliert?
- Welche Effekte können aus den identifizierten Veränderungen für den Prozeß behavioraler Anpassung und institutionellen Wandels in Richtung einer Marktwirtschaft erwartet werden?

Zur Darstellung der institutionellen Veränderungen im Sozialismus sollen hier zunächst Art und Charakter der systeminternen Reformen in Ostmitteleuropa dargelegt werden (Kapitel II.2.2.1). Anschließend werden die daraus ableitbaren Attitüden und Verhaltensweisen auf ihre Auswirkungen für den Prozeß behavioraler Anpassung und für die Institutionenbildung innerhalb der Systemtransformation analysiert (Kapitel II.2.2.2).

II. 2.2.1 Reformzyklen und Reformtrends im Sozialismus Mittel- und Osteuropas

Die Geschichte der Reformen im Sozialismus beginnt bereits in den 20er Jahren in der ehemaligen Sowjetunion, kurz nach der Inkraftsetzung der sowjetischen Verfassung in 1918. In dieser Zeit kam es nach einer umfassenden Verstaatlichung von Produktionskapital, einer Zentralisierung der Verwaltung und Wirtschaftslenkung sowie der Übertragung der entsprechenden Befehlsmacht auf den Obersten Volkswirtschaftsrat schnell zum Zusammenbruch des gesamten Planungssystems. Es war in dieser sogenannten *Phase des Kriegskommunismus* nicht gelungen, einen einheitlichen und in sich geschlossenen Wirtschaftsplan zu erstellen. Daraufhin wurde in der von *Lenin* eingeleiteten Phase der *Neuen Ökonomischen Politik* eine weitreichende Dezentralisierung, Liberalisierung und Reprivatisierung der Wirtschaft durchgeführt. Planungskompetenzen wurden an lokale Organe der Wirtschaftsverwaltung vergeben. Privatinitiative wurde gefördert, besonders in der Landwirtschaft.[21] Die Privatwirtschaft verbreitete sich dadurch in enormem Umfang. Zentrale Wirtschaftsbereiche, wie die Schwerindustrie, das Transportwesen und der Außenhandel, blieben jedoch weiterhin in den Händen der Parteiführung und auf oberster Ebene konzentriert.

Einige Zeit nach dem Tod Lenins und der Gründung der UDSSR im Jahre 1924[22] wurde die Privatwirtschaft indes rigoros gestoppt. Eine neue *Phase der Industrialisierung und Kollektivierung* der Landwirtschaft wurde eingeleitet, die im Jahre 1928 in den ersten gesamtwirtschaftlichen Fünfjahresplan mündete. Unter dem neuen Herrscher *Stalin* erfolgte zunächst also eine starke Sozialisierung und Bürokratisierung der Wirtschaft. Diese brachte Anfang der 30er Jahre auch ein hohes Wachstum hervor.[23] Die großen Versorgungsmängel und wirtschaftlichen Ungleichgewichte konnten damit allerdings nicht beseitigt werden.

Infolge des Zweiten Weltkriegs gerieten dann auch andere Länder Ostmitteleuropas, wie z.B. Polen, Ungarn, ex-Jugoslawien, Bulgarien, Rumänien und die ehemalige Tschechoslowakei unter sowjetischen Einfluß. Was zunächst als Sicherheitsglacis Moskaus gegen Europa gedacht war, führte schließlich zu einer

---

21 Dort stieg der Anteil der privaten Produktion am Gesamtagraroutput im Jahre 1923/24 auf ein Niveau von 99 vH.Vgl. Brock, B. (1971), S. 29.

22 Bis einschließlich 1923 existierte die Russische Sozialistische Föderative Sowjetrepublik (RSFSR).

23 Vgl. Fischer, A., Lindemann, M. (1992), S. 28.

Oktroyierung sozialistischer Ideologien auf diese Staaten und zu einer Umgestaltung der einzelnen Wirtschaftssysteme nach sowjetischem Muster.[24] In Polen führte diese Periode des kompromißlosen Stalinismus dazu, daß in 1947 alle mittleren und großen Betriebe verstaatlicht wurden. Dem verbleibenden Privatsektor, der ca. noch ein Prozent der Erwerbsbevölkerung umfaßte, wurden strenge Restriktionen auferlegt. Diese kamen in einer restriktiven Steuer- und Preispolitik, in Lizensierungvorschriften sowie Zugangsbeschränkungen zu Auslandsvaluta und Produktionsgütern zum Ausdruck. Private Unternehmen hatten unter diesen Bedingungen nur geringe Überlebenschancen.

Gleich nach dem Tod Stalins im Jahre 1953 mußte die Sowjetunion private Viehhaltung und Landwirtschaft zulassen bzw. anregen, um die bis dahin zusammengebrochene Versorgung der Bevölkerung wieder gewährleisten zu können. Das Ende der Herrschaft Stalins bedeutete auch für alle anderen Staaten Ostmitteleuropas eine zunehmende Liberalisierung des Privatsektors.

In 1957 kam dann *Chruschtschow* an die Macht. Er setzte den laufenden Wirtschaftsplan ab und führte gegen große Widerstände eine Verwaltungsreform durch. Durch diese wurde ein Großteil der Verfügungsrechte an staatliche Großbetriebe delegiert und insgesamt eine Liberalisierung und Agrarreform eingeleitet. Einige Industriezweige wurden sogar vollständig in die Verantwortung einzelner Sowjetrepubliken übergeben.[25]

Die *Rezentralisierung* ließ jedoch nicht lange auf sich warten. Unbefriedigende Ergebnisse der vorangegangenen Veränderungen führten Anfang der 60er Jahre zu einer intensiven Diskussion über notwendige Abwandlungen des Systems. Ein weiterer Grund erneuter Veränderungen waren die stärker gewordenen Wirtschaftsinteressen einzelner Regionen und die Befürchtung der kommunistischen Partei, zunehmend an Macht zu verlieren. Nach dem Sturz Chruschtschows in 1964 sorgte die neue Staatsführung unter *Podgornyj, Breschnew und Kossygin* wieder für eine Rückkehr vom Regional- zum Zentralverwaltungsprinzip. Dabei wurden auch marktähnliche Steuerungsmechanismen und ein neues Rechnungswesen eingeführt.

Anfang der 70er Jahre fanden in der Sowjetunion weitere Reformen statt. Dabei wurden im wesentlichen Prämiensysteme installiert, die den Managern in

---

24 Vgl. Schlüter R. (1988), S. 13. Einen Überblick über die vorsozialistische Wirtschaftsentwicklung in Polen, Jugoslawien, Bulgarien, Rumänien und der Tschechoslowakei liefert Solimano, A. (1991), insbes. S. 8-15.

25 Vgl. Brock, B. (1971), S. 33, 39. Von *Chruschtschow* konnte sogar später vernommen werden, daß „man dem Betrieb größere Möglichkeiten geben [muß, D.D.], über den Gewinn zu verfügen und ihn weitgehender als Anreiz zur guten Arbeit seiner Belegschaft, zur Erweiterung der Produktion, zu nutzen." Chruschtschow, N. (1963), S. 22.

den einzelnen Betrieben stärkere Leistungsanreize geben sollten.[26] Allerdings wurde dies von einer wiederholten Rezentralisierung begleitet, die dem Ziel der Kostensenkung und der Verhinderung einer zu starken Verselbständigung betrieblicher Aktivitäten galt.[27]

Insgesamt nahmen aber die wirtschaftlichen Probleme in den 70er und 80er Jahren kontinuierlich zu und konnten immer weniger durch die erwähnten systemerhaltenden Korrekturmaßnahmen bereinigt werden. Theoretisch ist dies auch kaum überraschend, handelte es sich bei den Reformen doch im Prinzip jeweils nur um Zentralisierungs- und Dezentralisierungsmaßnahmen, die an den eigentlichen Anreiz- und Kontrollproblemen der Wirtschaft nichts änderten. Es kann hierbei auch von *Reformzyklen* gesprochen werden, die in der ehemaligen Sowjetunion von ca. 1918 an bis hin zu den 80er Jahren stattfanden und bei denen privateigentums- und wettbewerbsbedingte Verhaltensanreize kaum zur Wirkung kamen.

In 1985 begann unter *Gorbatschow* eine neue Reformära, die weltweit sehr schnell unter dem Namen *Perestroika* bekannt wurde. Durch sie gelangte ein bedeutender Teil der Verfügungsrechte über die Produktionsmittel von der Ebene der Ministerien auf die Ebene der einzelnen Betriebe. Insbesondere das Gesetz über Staatsbetriebe von 1987, mit dem vielen Unternehmen die Möglichkeit zur Einführung einer Arbeiterselbstverwaltung gegeben wurde, bedeutete einen starken Autoritätsverlust für die Zentralplaner. Allerdings wurde dabei nicht den Arbeitern, sondern in erster Linie den Managern die Kontrolle über die Betriebe zuteil. Die Unternehmensleitung konnte nun zum Beispiel über die Beschaffung und den Vertrieb von Gütern sowie über die Beschäftigungs- und Lohnpolitik bestimmen. Dabei verloren zwar die formalen vertikalen Beziehungen enorm an Bedeutung, aber die informellen Verhandlungen, insbesondere die zwischen einzelnen Unternehmen, gewannen stärker an Gewicht. Nach dem Zusammenbruch des Sozialismus und insbesondere nach Einleitung eines Transformationsprogramms in 1992 verlor der Staat dann nahezu vollständig die Macht über die Aktivitäten in den Unternehmen. Die Kontrolle über die betrieblichen Ressourcen ging, bedingt durch die im Rahmen der Voucherprivatisierung ermöglichte Mehrheitsbeteiligung der Unternehmensinsider, noch stärker als zuvor an die Manager über.

---

26 Eine gelungene Darstellung dieser *incentive systems* findet sich bei Berliner, J.S. (1975), insbesondere in Kapitel 14: General Incentives and Decision Rules. Siehe dazu auch Weitzman, M.L. (1976).

27 Dies traf sowohl für die Sowjetunion als auch für andere Ostblockstaaten zu.

Eine derartige Verlagerung betrieblicher Verfügungsrechte an die Unternehmensinsider zeichnete sich in anderen Ländern des Sowjetblocks und speziell in den Visegrád-Staaten schon wesentlich früher ab. Insofern kann hier von den 60er Jahren an vielfach nicht mehr von Reformzyklen gesprochen werden. Vielmehr war ein *Reformtrend* zu beobachten, bei dem die Verfügungsrechte über die wirtschaftlichen Ressourcen graduell von der Staatsebene auf die Betriebsebene verlagert wurden.[28] Weniger graduell verlief diese Verlagerung allerdings in ex-Jugoslawien. Dort wurde das Zentralverwaltungssystem zu Beginn der 60er Jahre mehr oder minder direkt durch ein System der Arbeiterselbstverwaltung ersetzt.

Ausgangsbasis dieses Entwicklungstrends waren die wenig erfolgreiche Wirtschaftspolitik des Sowjetsozialismus in der ersten Nachkriegsperiode und die allgemeine Abschwächung des politischen Terrors nach dem Tod Stalins. Der totalitäre Charakter des sowjetischen Systems blieb zwar nach diesem Ereignis zunächst weiterhin erhalten, jedoch traten grundlegende Liberalisierungstendenzen innerhalb der Politik mit den Anreinerstaaten ein. Als wesentlich ist dabei die Anerkennung größerer Autonomie einzelner Länder zu nennen, die eine Individualisierung der Systeme ermöglichen sollte.[29] Im Jahre 1956 versuchten Polen und Ungarn, diesen Spielraum unmittelbar zur Kreierung eines eigenen Sozialismus zu nutzen. In Polen sollte das System der straffen Zentralisierung und detaillierten direkten Planung aufgehoben und durch Verlagerung von Entscheidungskompetenzen für die Unternehmen ersetzt werden. Die Arbeiter in den Betrieben sollten einen Großteil der Verfügungsrechte erhalten.

Ein ähnlicher Trend begann in den 50er Jahren in Ungarn. Das kommunistische Monopol in der Politik wurde aufgehoben, und den Unternehmen sollten Entscheidungsfreiräume bezüglich Beschaffung, Produktion und Verkauf von Gütern eingeräumt werden. Zusammen mit dem geplanten Ausstieg aus dem Warschauer Pakt waren diese Maßnahmen aus Sicht der Machthaber in der Sowjetunion allerdings ein zu großer Schritt der Liberalisierung und der Entsagung von den bisherigen Prinzipien. Analog zu Polen wurde diese Reformbewegung daher zunächst von den Machthabern im Kreml unterdrückt.[30]

In der ehemaligen Tschechoslowakei zeigte sich die Entwicklung zu einem dezentral gelenkten Wirtschaftssystem erst ab Mitte der 60er Jahre. In dieser Zeit sollte es zu einem Übergang zu einem demokratischen System des Sozialismus,

---

28 Vgl. Poznanski, K.Z. (1993), S. 401f. *Poznanski* betont, daß die klassische Vorstellung bezüglich der Produktionsentscheidungen in einer Planwirtschaft nicht der tatsächlichen Verfügungsrechtsanordnung in einigen sozialistischen Staaten in 1989 entspricht.

29 Vgl. Mlynar, Z. (1994), S. 10.

30 Vgl. Lindemann, M. (1992).

einem 'Dritten Weg' eines Wirtschaftssystems, kommen.[31] Mit zu großen qualitativen Veränderungen im politischen Sektor und der Beseitigung des totalitären Charakters des Systems einhergehend, zogen diese Pläne aber großen Unmut der Sowjetführung auf sich. Es kam zur Durchsetzung der *Breschnew*-Doktrin, die 1968 die militante Niederschlagung des Reformvorhabens - bekannt als Prager Frühling - zur Folge hatte.[32]

Die Unterdrückung der Reformversuche in Polen, Ungarn und der ehemaligen Tschechoslowakei verhinderte bis Anfang der 70er Jahre viele der reformkommunistischen Entwicklungen. Allerdings konnte dadurch die allgemeine Tendenz zu einem „von unten" gesteuerten Wirtschaftssystem lediglich gebremst, nicht aber aufgehalten werden. Insbesondere in Ungarn und Polen fanden in den Folgejahren eine Verlagerung von Entscheidungsrechten von der zentralen Staatsebene auf die Unternehmensebene sowie der Einbau von Marktmechanismen zur Koordinierung der Wirtschaftsaktivitäten statt.[33] Im Zuge der Einführung des *Neuen Ökonomischen Mechanismus* in 1968 erfolgte in Ungarn die Abschaffung einer Vielzahl verbindlicher Planvorgaben. Die Produktionsplanung und -steuerung wurde mehr und mehr über Marktpreismechanismen koordiniert und den Unternehmen in einem gewissem Grad formelle Unabhängigkeit gewährt. Dabei wurde ein Großteil der Güterpreise liberalisiert, das heißt von staatlicher Administration befreit. Der Staat blieb aber weiterhin Eigentümer der Unternehmen. Im Anschluß daran folgten im Abstand einiger Jahre weitere Reformen, die in den 70er Jahren zum Teil auch Rezentralisierungsmaßnahmen beinhalteten.[34] Eine der wichtigsten Veränderungen der 80er Jahre war die in 1984 beschlossene Einführung von Betriebsräten in einer großen Zahl von Unternehmen. Dadurch verlor der Staat nahezu die gesamte Kontrolle über die Betriebe. Diese gelangte in den meisten Fällen in die Hände der Manager und nur in kleineren Unternehmen ging sie auf die neu formierten Betriebsräte über.[35]

---

31 Über die Reformen in der ehemaligen Tschechoslowakei informiert unter anderem Kosta, J. (1990).

32 Vgl. Schlüter R. (1988), S. 20. Die entscheidende Wende zur Marktwirtschaft und Demokratie bezeichnen *Tietzel et al.* auch als Übergang von der Breschnew-Doktrin zur „Sinatra-Doktrin" Ende der 80er Jahre. Sie beinhaltete die Gewährung von Souveränität für die einzelnen Warschauer-Pakt-Staaten und das Ablassen von militärischer Bedrohung durch die Sowjetunion. Vgl. Tietzel, M. et al. (1991), S. 50.

33 Ungarn und Polen setzten sich an die Spitze der Unabhängigkeitsbewegung in Ostmitteleuropa. Bulgarien und Rumänien reagierten erst mit großer Verzögerung. Vgl. Kirsch, B. (1995), S. 7.

34 Vgl. Grabher, G. (1994), S. 12.

35 Vgl. Aoki, M., Kim. H.-K. (1995), S. 20. Für eine genaue Darstellung der Reformprozesse in Ungarn siehe Berend, I.T. (1990).

In Polen nahm die Bewegung „von unten“ erst zu Beginn der 80er Jahre konkrete institutionelle Formen an. In dieser Zeit konnte die Arbeiterlobby in Gestalt der *Solidarnosc*-Gewerkschaft großen Einfluß auf die Wirtschaftspolitik ausüben und vielen ihrer Interessen in den Unternehmen Geltung verschaffen. Im Unterschied zu Ungarn war die ‘Entstaatlichung’ der Betriebe also das Resultat eines politischen Konflikts, der zwischen der kommunistischen Regierung und der *Solidarnosc* ausgetragen wurde. Außerdem gingen die Verfügungsrechte an den Produktionsmitteln nicht an die Manager, sondern an die Arbeiter bzw. die Arbeiterräte in den Unternehmen über. Die *Solidarnosc* setzte durch, daß derartige Räte in jedem Staatsbetrieb eingerichtet werden konnten und sodann wichtige Entscheidungsfunktionen zugewiesen bekamen. Private Aktivitäten entwickelten sich in Polen bis 1988 aber nur sehr zögerlich, da durch das zu Beginn der 80er Jahre erlassene Kriegsrecht strenge Restriktionen für private Unternehmen galten.[36] Und abgesehen von einigen Lebensmitteln, wurden die Preise für Verbrauchsgüter weiterhin vom Staat kontrolliert.

Im Gegensatz zu den Entwicklungen in Ungarn und Polen vermochte es die kommunistische Führung in der ehemaligen Tschechoslowakei, sich einem Machtverlust gegenüber den Unternehmensinsidern zu widersetzen. Nach dem Prager Frühling setzte vielmehr eine Rezentralisierungsbewegung ein, auf die auch in den 70er und 80er Jahren keine signifikante Dezentralisierung mehr folgte. Hier konnte sich also mehr oder weniger die typische Zentralverwaltungswirtschaft aufrechterhalten. Zwar existierten in den Unternehmen dieses Landes auch Betriebsräte, allerdings hatten diese nur geringe Verfügungsmacht. Ihre Entscheidungen konnten in der Regel einfach von der Regierung abgelehnt und durch andere Beschlüsse ersetzt werden. Interventionen der kommunistischen Führung in alle innerbetrieblichen Angelegenheiten waren stets möglich.[37]

Ähnlich war die Situation in Bulgarien, Rumänien sowie der ehemaligen Deutschen Demokratischen Republik (DDR). Alle drei Länder blieben bis zum Umbruch im Jahre 1989/90 im großen und ganzen klassische Zentralverwaltungswirtschaften. Im Gegensatz zu Polen und Ungarn wurden weder in be-

---

36 Nach Stalins Tod wurden in Polen viele Restriktionen gegenüber dem Privatsektor gelockert, was in kurzer Zeit die Gründung von ca. 10.000 Privatbetrieben mit ca. 30.500 Beschäftigten bewirkte. Von 1958 bis 1964 kam es jedoch wieder zu einer starken politischen Diskriminierung privater Aktivitäten. Nach einer kurzen Liberalisierungsphase von 1965 bis 1968 fand sich die Privatwirtschaft wiederholt großer Repression ausgesetzt, die bis zum Jahr 1972 praktisch für deren Eliminierung sorgte. Durch die immer stärker werdende Arbeiterlobby wurde in 1976 eine Reliberalisierung erwirkt. Diese fiel jedoch 1981 der Einführung des Kriegsrechts zum Opfer. Private Aktivitäten konnten sich daher bis 1988 nur geringfügig entwickeln. Vgl. Webster, L.M. (1993), S. 17f.

37 Vgl. Phelps, E.S. et al. (1993), S. 5.

deutendem Umfang marktwirtschaftliche Mechanismen eingeführt, noch gingen Verfügungsrechte an die Akteure in den Betrieben über. In Rumänien schlug der 1979 gestartete Versuch, das System durch neue ökonomische Mechanismen zu modernisieren, nicht nur fehl, sondern führte letztendlich sogar in ein noch strengeres System zentraler Planung und Steuerung. Rumänien war daher zu Beginn der Transformationsperiode eines der am stärksten zentralisierten und regulierten Länder Ostmitteleuropas.[38]

Hinsichtlich des Erfolgs der hier skizzierten systeminternen Reformen kann festgehalten werden, daß unabhängig davon, auf welche Art und Weise sie durchgeführt wurden, letztendlich keine signifikante Verbesserung der wirtschaftlichen Situation oder der ökonomischen Effizienz eintrat. Ob weiterhin eine klassische Zentralverwaltungswirtschaft existierte oder sich zunehmend eine „Selbstverwaltungswirtschaft" oder eine sozialistische Marktwirtschaft etablierte, hatte letzten Endes keinen wirklichen Einfluß auf die Wohlfahrtssituation innerhalb der betroffenen Länder.[39] Allerorts vergrößerte sich die Lücke zwischen Anspruch und Realität stetig und führte schließlich Ende der 80er Jahre im gesamten Ostblock zur Verwerfung des Kommunismus und Sozialismus und zur Systemtransformation.

Was sich allerdings mit den Reformen in den einzelnen Ländern gravierend wandelte, war das institutionelle Profil der Wirtschaftssysteme. In Polen und Ungarn - sowie später auch in der Russischen Föderation - erlangten die Akteure in den Staatsbetrieben eine dominante Entscheidungsposition, die praktisch das gesamte Wirtschaftssystem stark beeinflußte. In diesen zwei Ländern wurde praktisch ein Dritter Weg eines Wirtschaftssystems eingeschlagen und Marktmechanismen zur Koordination einzelner Aktivitäten eingesetzt. Länder, die einen derartigen Entwicklungstrend aufweisen, werden in den nachstehenden Ausführungen auch als *Systeme vom Typ T* - für *Trend* - definiert. Sie sind von jenen Staaten, in denen sich die oben beschriebene Verlagerung von Verfügungsrechten nicht eingestellt hat und in denen im wesentlichen eine streng zentral gesteuerte Planwirtschaft aufrechterhalten wurde, zu trennen, weil die hier zu eruierende kognitive und institutionelle Ausgangsbasis des Systemwandels bei beiden Systemen als signifikant unterschiedlich erachtet werden kann. Weil in den weiterhin als klassische Zentralverwaltungswirtschaften typisierbaren Volkswirtschaften in der Regel systeminterne Reformen stattfanden, die sich durch alter-

38 Vgl. Borensztein, E.R., Demekas, D.G., Ostry, J.D. (1992), S. 17.

39 Vgl. Brus, W. (1987), S. 423. Daß es in Polen trotz der Einführung von Marktmechanismen und der Dezentralisierung zu einer der schwersten Krisen innerhalb des sozialistischen Ostmitteleuropas kam, führt *Poznanski* auf eine Paradoxie zurück. Diese liegt darin, daß jeder Produktivitätszuwachs in der Privatwirtschaft durch einen Effizienzverlust im Staatssektor überkompensiert wurde. Vgl. Poznanski, K.Z. (1993), S. 396.

niernde Maßnahmen der Zentralisierung und Dezentralisierung von Verfügungsrechten auszeichneten, werden diese Länder im folgenden auch als *Systeme vom Typ Z* - für *Zyklus* - bezeichnet.

Nehmen wir nun *erstens* die gerade erörterte Klassifizierung in Systeme vom Typ T und Typ Z sowie *zweitens* die zuvor im Hinblick auf deren Reformen im Sozialismus charakterisierten Länder Mittel- und Osteuropas und fügen diesen Informationen noch weitere, mit der Typisierung mehr oder weniger zusammenhängende Merkmale dieser Länder hinzu, so lassen sich die wesentlichen Erbschaften bzw. die zentralen Faktoren der strukturellen und institutionellen Ausgangslage der Systemtransformation in diesen Ländern in den nachstehenden *Abbildungen 1 und 2* wie folgt zusammenfassen.[40]

Abbildung 1:
Strukturelle und institutionelle Ausgangslage der Systemtransformation in Ländern vom Typ Z

	Transformationsland		
	ex CSFR	Rumänien	Bulgarien
Staatseigentum	praktisch 100 vH	praktisch 100 vH	praktisch 100 vH (außer 15 vH des Agrarsektors)
de facto Verfügungsrechte in Staatsbetrieben	[..........bei den Zentralplanern und Ministerien..........]		
Preisadministrierung	100 vH	100 vH	100 vH
Institutionelle Reformen vor 1989	keine	keine	1987, limitiert
Politische Macht der Arbeiterschaft	Schwache Gewerkschaften	Starke Gewerkschaften, besonders im Bergbau und in der Schwerindustrie	Starke Gewerkschaften
Beginn der Transformation	Jan. 1991	April 1991	Febr. 1991

40 Vgl. auch Balcerowicz, L, Gelb, A.H. (1994), S. 43f. sowie Bruno, M. (1993), S. 15.

Abbildung 2:
Strukturelle und institutionelle Ausgangslage der Systemtransformation in Ländern vom Typ T

	Transformationsland		
	Polen	Ungarn	Rußland (ca. ab 1985)
Staatseigentum	70 vH	90 vH	praktisch 100 vH
de facto Verfügungsrechte in Staatsbetrieben	bei den Arbeitern bzw. Arbeiterräten (Typ Ta)	vielfach bei Managern (Typ Tm)	ab 1985 oft bei den Managern (Typ Tm)
Preisadministrierung	nahezu 100 vH (außer bei Lebensmitteln)	85 vH der Preise liberalisiert	praktisch 100 vH
Institutionelle Reformen vor 1989	ab 1981 partielle Reformen	ab 1968	Perestroika ab 1985
Politische Macht der Arbeiterschaft	Sehr starke Gewerkschaften und Arbeiterräte in Staatsbetrieben	Schwache Gewerkschaften	Schwache Gewerkschaften
Beginn der Transformation	Jan. 1990	Jan. 1991	Jan. 1992

Wichtig für die Unterscheidung dieser Systemtypen in bezug auf den Anpassungsprozeß einer Transformation ist nun folgendes: Für das Ergebnis des Übergangs im Systemtyp T haben die Entscheidungen der Reformregierung im Vergleich zum Systemtyp Z einen relativ begrenzten Einfluß. Die Fähigkeit der Politiker zur Steuerung der Transformation ist in erstgenannten Systemen maßgeblich durch die Akteure in den Betrieben eingeschränkt. Letztere können über die Richtung und Geschwindigkeit sowie über die Veränderungen innerhalb des Systems insgesamt beträchtlich bestimmen, falls die Staatsführung die Verfügungsrechte über die Betriebe nicht wieder an sich ziehen kann. Die Ziele und Interessen der Entscheidungsträger in den Betrieben werden damit zu einem wesentlichen Bestimmungsfaktor für die Entwicklung in der Anpassungsphase eines Systemwandels. *Mlynar* formuliert dies in prägnanter Weise wie folgt:

> „Die politischen Umwandlungen/Revolutionen in Ostmitteleuropa 1989 gleichen der Befreiung der Gesellschaft aus der Umklammerung der totalitären Systeme. Für die weiteren Entwicklungsalternativen ist jedoch entscheidend, was für eine Gesellschaft befreit worden ist, und wonach diese Gesellschaft unter den Bedingungen der erlangten Freiheit vor allem streben wird."[41]

Dort, wo eine Gesellschaft quasi-autonom wirtschaftender Unternehmensakteure von einem nach wie vor streng totalitären Kommunismus befreit wird, ist zu erwarten, daß die Anpassung in der post-Kernphase der Transformation anders verlaufen wird als dort, wo eine „Lehrbuch-Kommandowirtschaft" liberalisiert wird. Worin sich diese Andersartigkeit (Typ Z versus Typ T) manifestieren dürfte, wird daher ein wichtiger Aspekt der nachstehenden Untersuchung sein, die sich, wie eingangs angekündigt, nun den Effekten der Evolution des Sozialismus auf die behaviorale Anpassung im Systemübergang zuwendet.

Ein zweiter Aspekt wird sich mit den allgemeinen Auswirkungen der Reformen im Sozialismus auf die Attitüden der Wirtschaftssubjekte befassen. Ungeachtet dessen, welcher Typ von Sozialismus sich in den einzelnen Transformationsländern etabliert hat, dürfte allein die Vielzahl der durchgeführten Reformversuche eine Auswirkung auf das Verhalten der Wirtschaftssubjekte mit sich gebracht haben. Die ungezählten Veränderungen zeigen an, daß die sozialistische Wirtschaftsweise in Mittel- und Osteuropa, so *Wünsche*, insgesamt wohl nichts anderes als ein Experiment war. Dieses beinhaltete eine Aneinanderreihung von disparaten Maßnahmen, schwankend zwischen dogmatischer Politik zur Verwirklichung eines Ideals und Pragmatismus zur Bewältigung immerfort neu entstehender Krisen.[42] Experimente haben die Eigenschaft, daß sie unabhängig von deren Ergebnis immer auch ein Stück Erfahrung, ein Stück unnegierbaren Wissens implizieren; und das sowohl bei denjenigen, die die Experimente konzipieren und arrangieren, als auch bei denjenigen, die ihnen ausgesetzt sind. Welche Effekte daraus für den derzeitigen Transformationsprozeß abgeleitet werden können, soll innerhalb des nachstehenden Abschnitts ebenfalls aufgezeigt werden.

II. 2.2.2 Die Auswirkungen der Reformen im Sozialismus auf den Transformationsprozeß

Im vorangegangenen Abschnitt wurde verdeutlicht, daß die systeminternen Reformen, die in durchweg allen Ländern des vormals sozialistischen Mittel- und Osteuropas stattgefanden, zum Teil beträchtliche Modifikationen des Institutionengefüges verursacht haben. Den bislang aber erst sehr grundsätzlichen Ausfüh-

41 Mlynar, Z. (1994), S. 60.
42 Vgl. Wünsche, H.F. (1990a), S. 34.

rungen bezüglich dieses Einflusses, soll in diesem Abschnitt nun noch eine genauere Analyse hinzugefügt werden. Insbesondere soll dabei den zwei folgenden Fragen nachgegangen werden:

- In welcher Art und Weise dürfte sich das Scheitern der vergangenen Reformexperimente auf die Attitüden der Akteure im aktuellen 'Transformationsexperiment' auswirken bzw. bereits ausgewirkt haben?
- Welche Effekte können dem in verschiedenen Ländern identifizierbaren Reformtrend für das Verhalten und die Verhaltensanpassung in der aktuellen Transformationsperiode zugeschrieben werden?

(1) Insbesondere in den Ländern vom so bezeichneten Typ Z kann nach der Vielzahl der gescheiterten Reformversuche und den zyklisch wiederkehrenden Zentralisierungs- und Dezentralisierungsmaßnahmen nicht nur mit Skepsis gegenüber den herkömmlichen, ordnungskonservierenden Reformen gerechnet werden. Vielmehr ist von Mißtrauen gegenüber jeglichen Vorhaben dieser Art einschließlich der aktuellen Systemtransformation auszugehen.[43] Zwar besteht aus Sicht der Wirtschaftstheorie ein gravierender Unterschied zwischen den früheren Ansätzen der Systemveränderung und dem jetzigen, jedoch dürfte diese Tatsache nur für einen begrenzten Einstellungswandel bei den Akteuren sorgen. Schließlich wurde den Menschen damals wie heute vermittelt, daß die verfügten Reformen ihren Vorläufern klar überlegen sind und kein Zweifel an ihrer wohlfahrtssteigernden Wirkung besteht. Für die Beurteilung weiterer Reformprojekte oder ähnlicher Absichtserklärungen ist daher zu erwarten, daß inhaltliche Aspekte dieser Aktivitäten nur eine limitierte Bedeutung besitzen. Allein aus der formellen und/ oder intentionellen Analogie zu früheren Vorhaben dürften die Erfahrungen aus der Vergangenheit eine Bewertungsrelevanz für aktuelle Ereignisse erlangen. Die negativen Erfahrungen aus den letzten Jahren dürften daher auch derzeit noch Bedeutung haben.[44]

---

43 Auch in dem als Typ T gekennzeichneten System Ungarns fanden innerhalb der 70er und 80er Jahre politische Eingriffe mit dem Ziel der Zentralisierung statt. Daher könnte auch hier auf einen Teil dieses Mißtrauens der Systeme vom Typ Z geschlossen werden. Aufgrund der politisch starken Position der Unternehmensinsider in Polen kann diesbezüglich indessen ein verhältnismäßig geringes Mißtrauen konstatiert werden. Die Belegschaften sind schließlich in großem Umfang selbst für die Veränderungen verantwortlich.

44 Die vielerorts bekundete Euphorie der Menschen in Ostmitteleuropa widerlegt diese These nicht. Sie kann auf den wahrgenommenen und außergewöhnlichen Umschwung auf politischer Ebene zurückgeführt werden. Das schwache Vertrauen in wirtschaftliche Reformen hat sich aber darin gezeigt, daß dieser Politikbonus und die allgemeine Positivstimmung bezüglich der Transformation schon nach kurzer Zeit aufgezehrt war. Man kann das oben angeführte Mißtrauen auch mit der für die Bundesrepublik in 1994 oftmals konstatierten Politikverdrossenheit vergleichen. Dabei kann gesagt werden, daß diese primär eine Mißgunst bezüglich der Prozesse und Strukturen in der Politik im all-

Die Erkenntnis darüber, ob es sich bei den derzeitigen Veränderungen nicht wieder um eine der herkömmlichen sozialistischen Reformen handelt, muß aber insgesamt als bedeutsam bezeichnet werden. Zuvorderst dürfte dies für Systeme vom Typ Z gelten, weil diese der Willkür der Staatsführung hilflos ausgesetzt waren. In jenen Ökonomien, die sich im Sozialismus in Richtung einer Selbstverwaltungswirtschaft entwickelt hatten - Länder vom Typ T -, verfügten die Akteure in den Unternehmen indes über eine beträchtliche politische Machtposition und standen daher den Eingriffen des Staates bzw. den Reformen „von oben" nicht mittellos gegenüber.

Für eine grundlegende Verhaltensänderung scheint es aber in beiden Systemen eine notwendige - keineswegs aber hinreichende - Bedingung, daß den Menschen klar wird, daß die aktuelle Systemtransformation ein bislang einmaliges Projekt mit ebenfalls einmaligen Erfolgschancen darstellt. Dies ist Voraussetzung dafür, daß sich Eigeninitiative, langfristiges, investives und kooperatives Handeln etc. seitens der Wirtschaftsakteure entfaltet. Je weniger dieser Eindruck während der Transformationsperiode aufrechterhalten werden kann - das heißt, je weniger die mit einer neuartigen Reform verbundenen Erwartungen auf Wohlstandsverbesserungen erfüllt werden können -, umso geringer muß die Wahrscheinlichkeit dafür angesetzt werden, daß alte Einstellungen und Verhaltensmuster, wie zum Beispiel rent seeking Aktivitäten, geändert werden.[45] Glaubt eine große Zahl der Menschen an einen lediglich kleinen oder überhaupt keinen qualitativen Unterschied zu den systemimmanenten Reformen früherer Tage[46] oder halten viele gar ein wiederholtes Scheitern der Reformen für wahrscheinlich, so dürfte nicht nur die Unterstützung dieses Vorhabens ausbleiben. Vielmehr ist auch mit einem verstärkten opportunistischen Ausnutzen kurzfristiger Nutzenpotentiale zu rechnen. Der Grund dafür ist, daß bedingt durch die unter anderem von *Olson* angeführte Schwächung allgemeiner Verhaltenskontroll- und -sanktionsmechansimen im Übergang bzw. versuchten Übergang zu einer Marktwirtschaft die Möglichkeit besteht, *narrow interests* in großem Umfang aber ohne entsprechende Konsequenzen verwirklichen zu können.[47] Mit anderen Worten, ergibt sich in dieser Situation für viele Akteure die Chance, sich ohne Gefahr von Sanktionen auf Kosten der Gemeinschaft zu bereichern.

---

gemeinen ausdrückte und weniger auf die Inhalte und interne Logik der politischen Maßnahmen im einzelnen bezogen war.

45 Wie wichtig die Glaubwürdigkeit wirklicher Erneuerungen für das Verhalten der Wirtschaftssubjekte und den Erfolg von Reformen ist, zeigen auch Funke, N. (1991) und Nunnenkamp, P. (1995), insb. S. 107.

46 Anders als in den Visegrád-Staaten scheint die Frage nach der Qualität der Veränderungen in den östlichen, an China angrenzenden ehemaligen Republiken der Sowjetunion durchaus noch relevant. Zur politischen und ökonomischen Entwicklung in diesen Staaten siehe unter anderem Bozdag A. (1993).

47 Vgl. Olson, M. (1992), S. 58f. oder ders. (1992a),S. 27f.

Entsprechend wahrgenommen, kann der neu eingeschlagene Weg zu einer Marktwirtschaft für die Bevölkerung zwar einen echten Ausweg aus der Krise darstellen, jedoch ist diese Einstellung aufgrund der Erfahrungen mit früheren Reformen kaum mit einer veränderten Vertrauensbasis und der Bereitschaft, persönliche Risiken einzugehen, gleichzusetzen. Vielmehr kann von der oben bereits angeführten Skepsis gegenüber jeglichen Reformen ausgegangen werden, die diese Bereitschaft neutralisiert und die Individuen gemäß alter 'soft-budget-Routinen' nach wie vor zu rentensuchenden Aktivitäten motiviert. Mit der Anzahl der miterlebten Reformversuche dürfte dieses Verhalten tendenziell zunehmen.[48]

Bezüglich der Relevanz der Reformzyklen für das Verhalten der Wirtschaftssubjekte im aktuellen Transformationsprozeß kann somit als *erstes Ergebnis* festgehalten werden, daß, selbst wenn von einer positiven Erwartungshaltung gegenüber den Veränderungen zu einer Marktwirtschaft ausgegangen wird, die betroffenen Menschen kaum freiwillig alles Notwendige dafür einsetzen dürften, um dieses System zum Erfolg zu führen. Indes kann angenommen werden, daß viele Individuen in einer Warte- bzw. rent-seeking-Position bleiben, da sie zahlreiche gescheiterte Reformversuche und entsprechend viele Enttäuschungen durch die Politik erlebt haben.[49] Eine Wiederaufbaumentalität, wie sie zum Beispiel für das Nachkriegsdeutschland konstatiert wird, kann aufgrund der spezifischen Reformvergangenheit für Ostmitteleuropa nicht angenommen werden.

Dieses Verhalten dürfte auch mit jenem Phänomen zusammenhängen, das als *rule obedience* bzw. Regelgehorsam bezeichnet wird.[50] Im Sozialismus waren diese Attitüden eher gering ausgeprägt und es hatte sich vielmehr eine extensive *shirking*-Kultur entwickelt. Diese manifestierte sich vornehmlich in den Bemühungen der Wirtschaftssubjekte, Planvorgaben zu umgehen, das Arbeitsniveau zu minimieren, Informationen zu verbergen, Fehlinformationen zu verbreiten und sich vielfach schlichtweg anders zu verhalten, als es die formalen Regeln und die Staatsführung vorsahen.

Im Zeitalter der systemimmanenten Reformen wurde es für die Machthaber immer schwerer und schließlich nahezu unmöglich, die Maßnahmen durchzusetzen, die angesichts der wirtschaftlichen Probleme vorgesehen waren. Das Ausmaß regelkonformen Verhaltens wurde zunehmend geringer, was sowohl als das Resultat steuerungstechnischer als auch motivationsbezogener Entwicklungen

---

48 Ähnlich argumentiert auch *Díaz-Alejandro*: „The longer the history of failed stabilization plans, the smaller the chances of success (...) of any new plan." Díaz-Alejandro, C. (1981), S. 120.

49 Vgl. Wünsche, H.F. (1990a), S. 35. Dieses Verhalten könnte auch wiederum als status quo bias bezeichnet werden.

50 Vgl. Clague, C.K. (1993a).

angesehen werden kann. Was die Steuerungsmöglichkeiten der Wirtschaft anbelangt ist festzustellen, daß die kommunistischen Hierarchie- und Repressionsmechanismen bis in die 60er Jahre hinein relativ effektiv eingesetzt werden konnten. Dies war möglich, weil in den ersten Jahren nach dem Zweiten Weltkrieg vergleichsweise primitive Wirtschaftsstrukturen und geringfügig entwickelte soziale Beziehungsnetze existierten. Die Zentralplanung konnte daher innerhalb des bürokratischen Systems wirkungsvolle Kontrollstrukturen aufbauen und einen hohen Planerfüllungsgrad erreichen. *Olsons* Terminologie folgend, konnte die sowjetische Regierung in dieser Nachkriegsperiode ihre *encompassing interests* in hohem Maße durchsetzen. Das Verhalten der übrigen Wirtschaftssubjekte konnte über nationale Grenzen hinweg durch Vorschriften sowie durch Androhung von Bestrafungen weitgehend kontrolliert werden.[51] Mit zunehmender Komplexität der Produktions- und Kommunikationsstrukturen nahm jedoch die Befähigung zur Koordination der gesamtwirtschaftlichen Aktivitäten immer mehr ab. Lokales Wissen gewann stetig an Bedeutung und konnte nicht mehr wie bisher von der Regierung unberücksichtigt bleiben. Gleichzeitig verloren auch die Informations- und damit die Kontrollmechanismen an Wirkung. Ein Teil der Handlungs- und Entscheidungsmacht, die bislang ausschließlich in den Händen der Parteifunktionäre lag, war in einem gewissen Umfang auf die neue Klasse der Betriebsmanager, die *apparatchiks*, und teilweise sogar auf Arbeitergruppen übergegangen.[52] Ein Evolutionsprozeß kann ergo durchweg für alle sozialistischen Länder konstatiert werden, auch für jene, die bislang als Länder vom Typ Z bezeichnet wurden. Vielfach blieb dieser Prozeß aber ohne entsprechende formelle Veränderungen im Verfügungsrechtsystem. Mit den Entwicklungen in Richtung eines Systems vom Typ T ist dieses daher nicht gleichzusetzen.

Was die motivationsbedingte Zunahme der Probleme der Regierung, wirtschaftspolitische Maßnahmen wie geplant durchzusetzen, anbetrifft, kann gesagt werden, daß das existente sozialistische System durch die geringen Wohlfahrtseffekte und die Häufigkeit einschneidender Reformversuche bei den Individuen tendenziell an Wert und Vertrauen verlor. Dies liegt darin begründet, daß gesellschaftliche Institutionen in der Regel nur dann handlungswirksam sind, wenn sie einen stabilen und langfristigen Charakter aufweisen. Sie müssen Unsicherheiten der komplexen Realität ausräumen bzw. sichere Erwartungen bezüglich des Ergebnisses eigener Handlungen und des Verhaltens anderer Individuen impli-

---

51 Encompassing interest definiert *Olson* im übrigen wie folgt: „If an individual, or an organization with enough coherence and discipline to act with rational self-interest, obtains a substantial portion of any increase in the output of a society and bears a large proportion of any drop in this social output, then that individual or organization has an *encompassing interest* in that society". Olson, M. (1992), S. 56. Nicht Altruismus, sondern die Verfolgung von Eigennutz durch die Steigerung des Gemeinwohls charakterisiert also encompassing interests. Siehe auch Murrell, P., Olson, M. (1991).

52 Vgl. Kolakowski, L. (1994).

zieren, um eine entsprechende Lenkungsfunktion für das Verhalten der Akteure einzunehmen. Nur dann ist es sinnvoll, sie zu befolgen. Sichere Erwartungen konnten aber bei den zahllosen Reformen und willkürlichen Staatsinterventionen in der Wirtschaft Mittel- und Osteuropas kaum aufkommen. Im Gegenteil: je stärker ein Land von Reformen betroffen war, umso mehr Unsicherheit und Instabilität dürfte dies tendenziell hervorgerufen haben. Ist die Stabilität bzw. Trägheit einer Institution gering, so ist auch deren Bedeutung und Handlungseffektivität entsprechend eingeschränkt. Normen und Gesetze dürften also in den ehemals sozialistischen Ländern Ostmitteleuropas im Laufe der Jahre immer stärker an Verhaltenswirksamkeit eingebüßt und Ignoranz der Wirtschaftsakteure provoziert haben.

Aus diesen Gründen können auch die Regeln, die im Zuge der Systemtransformation in Wirtschaft und Gesellschaft implementiert wurden und noch werden, nicht mit effektiv angewendeten und befolgten Regeln gleichgesetzt werden. Im Übergang zur Marktwirtschaft kann nicht davon ausgegangen werden, daß sich die über Jahre hinweg herausgebildeten Attitüden unmittelbar mit der politischen Entscheidung für ein neues System grundlegend ändern. Vielmehr handelt es sich hierbei um mehr oder minder kulturelle Werte bzw. um eine Verhaltenskultur, die sich nur langsam und langfristig anpaßt. Hinzu kommt, daß die Transformationsländer Ostmitteleuropas weder über die personelle noch über die organisatorische Struktur verfügen, um die neu implementierten Gesetze und Regeln unverzögert und unverwässert umsetzen. Von einer Möglichkeit der Kontrolle dieser Regeln und Gesetze kann sogar noch weniger die Rede sein.

Als ein weiterer wichtiger und mindestens teilweise den Reformen im Sozialismus zurechenbarer Effekt auf das Verhalten der Akteure im Transformationsprozeß kann die Verkürzung des Planungshorizonts bzw. die verstärkte Kurzsichtigkeit bei den Akteuren angeführt werden. In Systemen vom Typ T kann dies theoretisch daran festgemacht werden, daß die Insider es vorziehen, die Erträge des Unternehmens für Einkommenszahlungen anstatt für Investitionen zu verwenden. Aus letzteren können sie zum Beispiel keinen Nutzen mehr schöpfen, nachdem sie aus dem Berufsleben oder dem betreffenden Betrieb ausgeschieden sind. In Systemen vom Typ Z läßt sich eine Myopie in erster Linie aus der erhöhten Planungsunsicherheit ableiten, die wiederum durch den häufigen und willkürlichen Wandel von Verfügungsrechten innerhalb der Reformzyklen begründet werden kann. Der Planungshorizont der Akteure in den sozialistischen Betrieben kann daher trotz der faktischen Eliminierung von nachfrage- und modebedingten Produktionsschwankungen als relativ begrenzt gelten. Die Reformverfügungen haben gezeigt, daß stets mit einer die ökonomischen Rahmenbedingungen der Betriebe modifizierenden Neuregelung der Regierung gerechnet werden mußte.[53] Zukünftiges Vermögen war daher stets mit außerordentlich hohen politischen Risiken verbunden und dürfte folglich nur mit einem geringen Wert bemessen worden sein. Intertemporale Nutzentransfers, die sich allein schon durch die systembedingte Wertneutralisierung des Geldes als subtil erwiesen, wurden durch die Eingriffe in die Verfügungsrechte auch im Güterbereich erschwert. Strategisches Handeln hatte somit kaum eine Basis, um sich zu entfalten. Eine Ausnahme kann für den inoffiziellen bzw. informellen Sektor konstatiert werden. Hier kann von strategischem Handeln, zum Beispiel durch die Knüpfung informeller Beziehungen oder die Anhäufung von Sicherheitsreserven im Produktionssystem, gesprochen werden. Lediglich hier konnte ein befriedigender und von politischen Interventionen unbeeinflußter Erwartungsnutzen als gegeben gelten.

Als *zweites Ergebnis* ist somit festzuhalten, daß im Transformationsprozeß von einer überlieferten allgemeinen Rationalität für kurzsichtige Handlungen und Entscheidungen ausgegangen werden kann. Verstärkt dürfte diese Einstellung zur Geltung kommen, wenn unklar ist, in welchem institutionellen Gefüge die Transformation letztlich enden wird. Angesichts der vielerorts zu beobachtenden stetigen Gesetzesnovellen und Regierungswechsel ist dieser Effekt wohl auch für zahlreiche Länder Mittel- und Osteuropas wirksam. Zudem dürfte eine myopische Einstellung dann bestärkt werden, wenn sich viele der alten Kader auch im neuen System noch in Führungspositionen von Wirtschaft und Politik befinden. In diesem Fall kann wenig Vertrauen in die politische Führung vermutet werden, da sich mit den früheren Politikern in der Regel die sozialistischen Prinzipien und die wirtschaftlichen Resultate des alten Wirtschaftssystems verbinden.

Beide hier bezüglich der Verhaltenswirkungen der Reformen im Sozialismus ermittelten Ergebnisse - limitierte Risikobereitschaft und Rückzug auf alte Routinen *einerseits* sowie hohe Zeitpräferenz *andererseits* - deuten darauf hin, daß ein schnelles Umsteigen auf marktwirtschaftliche Aktivitäten in den Transformationsländern eher die Ausnahme als die Regel sein wird. Privatwirtschaftliche, auf eigenes Risiko durchgeführte Aktivitäten können nicht in großem Umfang und mit ähnlicher Selbstverständlichkeit wie in Ländern mit einem relativ stabilen Systemhintergrund erwartet werden. Vielmehr dürfte durch die relativ große Unsicherheit bezüglich der zukünftigen Systementwicklung und durch einen eher kurzfristigen Planungshorizont der Individuen eine Tendenz zur Beharrung auf alten Routinen - *Status quo bias* -[54] sowie zur Kollektivierung und Abwälzung von Verantwortung auf den Staat oder eine Gemeinschaft vorherrschen.

---

53 Vgl. Apolte, T., Gradalski, F. (1991), S. 7.
54 Vgl. Fußnote 19, dieses Kapitels.

Geprägt durch eine *soft-budget*-Mentalität, muß daher zunächst stark mit rentensuchendem Verhalten gerechnet werden.

(2) Während sich die bisherigen Effekte besonders stark - aber nicht exklusiv - in Wirtschaftssystemen vom Typ Z manifestieren dürften, also in Gesellschaften, die quasi bis zum Zusammenbruch des Realsozialismus Reformzyklen ausgesetzt und klassische Zentralverwaltungswirtschaften waren, soll nun noch den spezifischen Anpassungsbedingungen der Länder vom Typ T Aufmerksamkeit gewidmet werden. Es gilt zu ergründen, welche zentralen Auswirkungen von den institutionellen Veränderungen in Richtung einer von Unternehmensinsidern dominierten und partiell marktgesteuerten Wirtschaft auf den Systemwandel zu erwarten sind.

Wird die Unfähigkeit der Staatsregierung zur kurzfristigen Rückgewinnung der Verfügungsrechte an den Staatsbetrieben angenommen, so bedeutet dies zuerst einmal, daß die Eigentumstransformation wesentlich von den Entscheidungen und Handlungen der Unternehmensaktivisten determimiert wird. Einfache Vermögensumverteilungen können durch die Regierung in der Regel nicht durchgeführt werden, weil sie einen beträchtlichen Teil der Verfügungsgewalt über die Vermögenswerte der Gesellschaft verloren hat. Das Überwechseln vom Sozialismus zu einer modernen Marktwirtschaft wird vielmehr - im Vergleich zum Typ Z - von außerordentlichen Verteilungskonflikten zwischen den sozialen Gruppen in den Betrieben und den Reformpolitikern begleitet sein. Dies beruht *zum einen* auf der Tatsache, daß die Privatisierung in Richtung einer westlichen Marktwirtschaft für die Mitglieder eines selbstverwalteten Betriebs einer Entziehung von Gütern und Nutzen gleichkommt. Unter Annahme des Strebens nach Maximierung dieser Werte muß dieses Vorhaben entsprechenden Widerstand hervorrufen.

Neben dieser größeren Motivation kann *zum anderen* eine größere Fähigkeit zur Behinderung und Unterminierung von Eigentumsumwandlungen konstatiert werden. Der Prozeß der Entstaatlichung, der im Zeitalter des Sozialismus insbesondere in Gesellschaften vom Typ T stattfand, ist letztendlich nichts anderes als ein Entmachtungsprozeß der zentralstaatlichen Planungs- und Steuerungsbehörden. Verfügungsmacht geht dabei auf die Subjekte in den Betrieben über, die dadurch auch eine größere Fähigkeit haben, das Ausmaß und die Richtung der Gestaltung der neuen Wirtschaft zu kontrollieren.

Setzen die Unternehmensinsider ihre Motivation und Fähigkeit zur Blokkierung von Privatisierungsmaßnahmen ein, so kann außerdem mit Wirkungseinbußen von Liberalisierungs- und Stabilisierungsmaßnahmen gerechnet werden. In diesem Fall ist zu vermuten, daß sich die wirtschaftlichen Entscheidungen in erster Linie nicht an einem effizienten Einsatz des Unternehmenskapitals und der Steigerung des Unternehmensvermögens, sondern an der Maximierung der Wohlfahrt der Unternehmensakteure ausrichten. Eine Orientierung an den Signalen von Märkten kann dabei als eingeschränkt gelten.

Es kann somit festgehalten werden, daß diejenigen Reformen im Sozialismus, die sich als Trend in Richtung selbstverwalteter und dezentral gesteuerter Unternehmenseinheiten manifestiert haben, die politischen Probleme einer Systemtransformation erhöhen und ökonomische Steuerungsmechanismen beeinträchtigen werden. Insgesamt ergibt sich aus der Analyse der in diesem Teil zu erörternden Erbschaften des Sozialismus, daß die kognitive und institutionelle Ausgangssituation der Systemtransformation in Ostmitteleuropa als ein wesentlicher Einflußfaktor für den Verlauf der zu Beginn erwähnten Adaptions-, Rekombinations- und Rekonfigurationsprozesse angesehen werden kann. Insbesondere konnte gezeigt werden, welche Bedeutung sozio-kulturelle und politische Aspekte für den Anpassungsprozeß besitzen.

Diese Aspekte noch stärker zu verdeutlichen, wird Inhalt des kommenden Abschnitts sein. Dabei gilt es, eine genauere Analyse einzelner sozialer Gruppen und deren Interessen vorzunehmen und daraus deren Verhalten in der post-Kernphase der Transformation abzuleiten.

II.3 Behaviorale Anpassung im Interessenspektrum von Bürokratie und Wirtschaft

Die Transformation von einer sozialistischen Planwirtschaft zu einer Marktwirtschaft ist ein sehr lukratives Geschäft. Dies gilt vornehmlich für den Part der Privatisierung. In keinem anderen Bereich kann auf so schnelle und einfache Weise Besitz und Vermögen erlangt werden. Der Staat zieht sich in großem Umfang aus der Wirtschaft zurück und überläßt bislang staatliche bzw. kollektive Vermögenswerte privaten Wirtschaftssubjekten.

Im Transformationsprozeß findet insgesamt eine Vermögensumverteilung statt, die mit Wohlfahrtsgewinnen und -verlusten für verschiedene soziale Gruppen der betreffenden Gesellschaft einhergeht. Dementsprechend werden auch Konflikte zwischen diesen Gruppen hervorgerufen. Diejenigen, die sich auf der Verliererseite sehen, werden versuchen, Wohlfahrts- und Machteinbußen zu verhindern. Dieses Ziel wird wahrscheinlich selbst dann bestehen, wenn sie den Übergang zu einer Marktwirtschaft im Grundsatz befürworten. Diejenigen, die sich auf der Gewinnerseite sehen, werden versuchen, die Reformen zu unterstützen und zu forcieren sowie den Einfluß von Opponenten zu minimieren.

Insgesamt kann von verschiedenen Interessen und Interessenkonflikten gesprochen werden, die als Handlungsmotive eine wesentliche Basis für potentielle Anpassungsprozesse behavioralen Charakters darstellen. Diese dürften das taktische und strategische Verhalten der Individuen im Rahmen des Systemübergangs determinieren.[55]

In diesem Abschnitt sollen daher die Interessen diverser Wirtschaftssubjekte und deren spezifische Verhaltenswirkung näher analysiert werden. Es soll dargelegt werden, welche wesentlichen Interessengruppen existieren, welche Ziele sie verfolgen und warum und auf welche Art sie den Transformationsprozeß unterstützen oder sabotieren. Des weiteren gilt es zu erörtern, welche Schlußfolgerungen daraus für den Verlauf sowie den Charakter der Anpassungsprozesse der Systemtransformation gezogen werden können. Zunächst wird dazu die Gruppe der in der Staatsbürokratie beschäftigten Personen näher betrachtet (Kapitel II.3.1). Anschließend werde ich mich mit den Handlungsmotiven der Subjekte in den sozialistischen Unternehmen auseinandersetzen (Kapitel II.3.2).

II. 3.1 Interessen und Verhalten in der Bürokratie im Übergang zu einer Marktwirtschaft

In autoritären Gesellschaftsordnungen erzielen die Mitglieder des bürokratischen Apparates ihren Wohlstand aus öffentlichen Kassen und aus der Verfügungsmacht über die vom Staat kontrollierten Ressourcen.[56] Insbesondere sorgt das Prinzip der zentralen Planung für ein komplexes System von Privilegien für die Bürokratie, in erster Linie für die Funktionäre in höheren Führungspositionen. Zu diesen Privilegien zählt *einerseits* die Versorgung der Mitglieder dieser Gruppe mit Wohnraum, mit medizinischen Leistungen, mit Konsum- und Freizeitgütern etc. in erhöhter Menge oder Qualität, zu günstigen Preisen oder sogar umsonst. *Andererseits* gehören dazu die Möglichkeit der Besetzung lukrativer Ämter im Parteiapparat und im Management staatlicher Unternehmen sowie der Erhalt von Zusatzeinkommen durch die von den Entscheidungen der Hierarchie betroffenen Akteure im Produktionssystem.[57]

---

55 Vgl. Müller, K. (1991), S. 288.

56 Zur Bürokratie können all jene Personen gerechnet werden, die direkt oder indirekt von den Entscheidungen der Regierung abhängen und nicht an der Herstellung marktfähiger Güter und Dienstleistungen beteiligt sind. Im Sozialismus erscheint es des weiteren wichtig, zwischen der Nomenklatura-Bürokratie, zu der Funktionäre in leitenden Positionen zu zählen sind, und den übrigen tausenden - in großen Ländern sogar Millionen - von Verwaltungsangestellten ohne bedeutende Entscheidungsbefugnis zu unterscheiden. Letztere können nur unwesentlich in den Transformationsprozeß eingreifen. Der Nomenklatura kann hingegen das Wissen und die Möglichkeiten zugeschrieben werden, sowohl auf politische als auch auf ökonomische Veränderungen Einfluß nehmen zu können.

57 Vgl. Winiecki, J. (1990).

Die sozialistische Bürokratie ist für die offizielle Güter- und Faktorallokation zuständig, die zu einem beträchtlichen Teil nach subjektiven Kriterien der Bedürftigkeit der sozialistischen Betriebe erfolgt. Um die Anerkennung von Bedürftigkeit entfacht für gewöhnlich ein Wettbewerb, bei dem die Entscheidungsträger in den Behörden ihre Monopolposition durch persönliche geldwerte Vorteile ausnutzen können. Weitere *side-payments* können die gehobenen Mitglieder der Wirtschaftsverwaltung auf inoffiziellen Märkten in der Schattenwirtschaft erzielen. Dort haben sie eine beträchtliche Machtposition, denn die nachgefragten Güter auf diesen Märkten können häufig nur aus bürokratischen Kanälen abgezweigt werden.[58] All dies beschert den Angestellten der sozialistischen Bürokratie ein zeit- und risikoloses Einkommen für sich, Verwandte und Freunde.

Die Transformation zu einer demokratisch geleiteten Marktwirtschaft und insbesondere die Privatisierung von Staatsbetrieben bewirkt eine starke Beschneidung oder Zerschlagung der oben genannten Verfügungs- und Einkommensrechte. Viele Rechte der sozialistischen Bürokratie - die im übrigen nur relativ unscharf von der Partei- und Regierungshierarchie abgegrenzt werden kann - gehen auf die neuen Unternehmer, Kapitalgeber und Bürger des entsprechenden Landes über. Der Systemwandel stellt somit eine Gefährdung des sozialen Status der Verwaltungsangestellten - insbesondere für die Nomenklatura - dar. Viele Aufgaben und Positionen der Administration entfallen im Zuge der Liberalisierung und Privatisierung ersatzlos. Bisherige Steuerungsfunktionen der Bürokratie werden nun von Märkten und privaten Akteuren übernommen. Viele Quellen von Zusatzeinkommen drohen zu versiegen.

Ein grundsätzliches Problem ergibt sich nun daraus, daß eine Systemtransformation ein überwiegend politisch und bürokratisch gesteuerter Prozeß ist. Als Entscheidungsträger des Staates ist die Regierung dafür verantwortlich, die Rahmenbedingungen und Strategien der Transformation festzulegen. Als ausführendes Organ der Regierung ist indes die Bürokratie für die Umsetzung dieser Politik zuständig. Von der Unterstützung insbesondere der oberen Bürokratieebene ist es bedingt, ob die Aufgaben der Transformation unverzögert und unverfälscht erledigt werden. Der Erfolg hängt somit von jenen Personen ab, deren

---

58 Betrachtet man lediglich das Geldeinkommen der Verwaltungsangestellten in diversen ehemals sozialistischen Ländern, so läßt sich auf den verschiedenen Hierarchieebenen kein signifikanter Vorteil gegenüber dem Durchschnittslohn eines Arbeitnehmers feststellen. Offiziell mußte schließlich der Gleichheitsgrundsatz gelten. Aber Geld in Inlandswährung bietet in diesen Systemen nur begrenzte Möglichkeiten zur Erlangung von Gütern und Dienstleistungen und ist für Wohlstandsunterschiede ein relativ schlechter Indikator. Das Geldeinkommen stellt nur den Wert dar, mit dem über Güter der offiziellen Märkte verfügt werden kann. Diese sind aber streng rationiert und geben Geldvermögen nur in begrenztem Ausmaß Kaufkraft.

Wohlstand und Zukunftschancen in der neuen Ordnung gefährdet sind. Ein zentrales *Dilemma der Transformation* besteht folglich darin, daß die Bürokratie sich bei einer uneingeschränkten Unterstützung des Systemwandels selbst vieler Privilegien entledigen und vielleicht sogar den eigenen Arbeitsplatz wegrationalisieren müßte. Widerstand von seiten dieser Interessengruppe kann insofern nicht überraschen. Es kann theoretisch als primäres Ziel dieser Gruppe erachtet werden, die bisherigen Privilegien zu erhalten und wenn möglich auszuweiten.

Durch die allgemeine Verbannung des Totalitarismus bzw. totalitären Kommunismus in Ostmitteleuropa konnte aber bereits eine wesentliche Reform- und insbesondere Privatisierungsbarriere überwunden werden.[59] In allen Bereichen der Gesellschaft, auch in der Administration, fand eine mentale Abkehr vom alles dominierenden Staat, von Hegemonie und Absolutismus statt. Dadurch wurde auch die von der marxistischen Lehre bekämpfte Alternative privater Eigentumsrechte am Produktionskapital prinzipiell wieder salonfähig. Allerdings sind damit die Widerstände der Beamtenkader gegen eine Gefährdung ihres eigenen Wohlstands keineswegs eliminiert. Mag sich das Gesellschaftsideal der Individuen insgesamt zwar gewandelt haben, so bleibt es doch für jeden einzelnen Staatsdiener weiterhin erstrebenswert, die noch verfügbaren Privilegien zu verteidigen. Zumindest solange, wie nicht für einen mindestens gleichwertigen sozialen Status innerhalb des neuen Systems gesorgt ist.[60]

Eine Verteidigung ihrer Privilegien können die bürokratischen Kader auf verschiedene Weise anstreben. Hier sollen drei Strategien unterschieden werden:

- Die Verhinderung oder Verzögerung einzelner Maßnahmen der Transformation, insbesondere der Privatisierung von Unternehmen;
- die Hinüberrettung von Privilegien in die neue Wirtschaftsordnung; beispielsweise durch Erreichen, daß weiterhin verschiedene Elemente bürokratischer Steuerung bestehen bleiben und
- die Bereicherung an der Reorganisation gesellschaftlicher Ressourcen, unter anderem durch Transformation bisheriger *rent rights* des alten Systems in legale *property rights* des neuen Systems.

---

59 Vgl. Winiecki, J. (1991), S. 5.

60 Dies gilt gemäß *Gordon* insbesondere für die von ihm so bezeichnete mittlere Schicht der Nomenklatura, die im alten System regionale Führungsfunktionen bekleidete. Vgl. Gordon, L.A. (1991), S. 26f. Ein Statusausgleich könnte durch ein fiktives System finanzieller Transfers zwischen Gewinnern und Verlierern erfolgen, bei dem die Bürokratie Geld für die Zustimmung und Förderung der Reformen von deren Gewinnern erhält. Mit derartigen Kompensationsmodellen befaßt sich insbesondere die Public Choice-Theorie. Siehe unter anderem Brennan, G., Buchanan, J.M. (1985), S. 134ff.

Für die Wahl einer Primär- oder Kombinationsstrategie können dabei die jeweilig erwarteten Erfolgsaussichten und Einflußmöglichkeiten einer Bürokratiegruppe als maßgebend beurteilt werden. Im folgenden sollen zwei der als zentral erachtbaren Reaktionen genauer erörtert werden. Dabei handelt es sich um die Bereicherung durch die Nomenklatura sowie die Aufrechterhaltung oder Intensivierung alter Beziehungen.

(a) Die Strategie der persönlichen Bereicherung an den neu zu verteilenden gesellschaftlichen Vermögenswerten kann als Verhaltensmaxime der Nomenklatura-Bürokratie angesehen werden. Zu diesem Verhalten dürfte es besonders dann kommen, wenn sich für die Entscheidungsorgane der oberen Hierarchieebene herausstellt, daß dem Verfall der marxistisch-leninistischen Ideologie nichts mehr entgegenzusetzten ist und die Privatisierung nicht mehr aufgehalten werden kann. Die oben als drittes angeführte Strategievariante gilt dann als die beste Alternative, um die Aufrechterhaltung oder Erweiterung der Privilegien zu realisieren.[61]

Die Möglichkeiten für diese Strategie sind prinzipiell günstig, da die Nomenklatura im Vergleich zu den Verwaltungsangestellten der unteren und mittleren Ebene aktiv auf die Umverteilung Einfluß nehmen kann. Die Eigentumsreformen bieten der bürokratischen Führung besondere Chancen, um persönliche Vorteile aus der Systemtransformation zu ziehen. Als formal legitimierte Stellen für die Verleihung von Rechtsgültigkeit einzelner Privatisierungsvorhaben können die bürokratischen Entscheidungsorgane zum Beispiel zuerst jenen Projekten Zustimmung gewähren, aus denen ihnen ein persönlicher Nutzen entsteht. Dabei betrifft dies nicht nur finanzielle Zuwendungen, sondern auch lukrative Beschäftigungsmöglichkeiten in Unternehmen bzw. die Erlangung von Macht und Einfluß innerhalb des neuen Systems allgemein.[62] Diejenigen Projekte, die am ehesten in die Wohlfahrt der Entscheidungsträger eingreifen, wie zum Beispiel die Korporatisierung oder der direkte Verkauf von Unternehmen, können innerhalb der Arbeitsorganisation mit der geringsten Priorität versehen werden. Auf diese Weise können mit mehr oder weniger legalen Mitteln die dritte Strate-

---

61 Vgl. Grigoriev, L. (1991), S. 12. Für sehr ausgeprägt hält *Wagenlehner* dieses Verhalten in Rußland. Er spricht deshalb auch von einem „Nomenklatura-Kapitalismus“, der sich dort etabliert. Die alte Führungselite beherrscht die Privatwirtschaft und damit verbundene Institutionen, wie z.B. Aktienbörsen und Banken. Vgl. Wagenlehner, G. (1995), S. 11.

62 Ein derartiges Erschleichen von Ämtern kann aber auch eine Katalysatorwirkung für den Privatisierungs- und Transformationsprozeß haben. Die Erfahrungen der alten Nomenklatura auf dem Gebiet der Betriebsführung erweisen sich oftmals als förderlich, manchmal sogar als notwendig, um Unternehmen zu privatisieren, neu zu gründen und zum Erfolg zu führen. Vgl. Rumer, B. (1991), S. 21f.

gie - Selbstbereicherung - und die erste Strategie - Verzögerung des Wandels - miteinander verknüpft werden.[63]

(b) Eine weitere wichtige Reaktion der Bürokratie dokumentiert sich in der Aufrechterhaltung und Bestärkung informeller Beziehungsstrukturen mit der Wirtschaft.[64] Derartige Strukturen hatten sich schon im Sozialismus als hervorragendes Mittel zur Erschließung offiziell nicht verfügbarer Wohlfahrtsquellen herauskristallisiert. Im Transformationsprozeß sind sie ein Ersatz für entfallene direkte Anweisungen und eine berechenbare Alternative zu den noch unausgereiften und unsicheren Marktbeziehungen. Sie dienen dazu, ein gewisses soziales Niveau zu sichern bzw. auszubauen. Dabei orientieren sich - wenn von einer dreischichtigen Hierarchieformation ausgegangen wird - die Kader des mittleren und gehobenen Staatsapparates weniger an der neuen politischen Führung, als vielmehr an den alten und neuen Managern der Staatsunternehmen. Die reziproken Interessen von Bürokratie und Betriebsführung und die eher oppositionellen Interessen von Bürokratie und Regierung können hierfür als primäre Ursache gelten. Im folgenden soll dies an den zwei möglichen Beziehungstypen noch näher erläutert werden.

(b.1) Für die *Regierung* oder den *Staatspräsidenten* gilt es, ein Mindestmaß an Zustimmung und Unterstützung aus der Wahlbevölkerung und der erweiterten politischen Führung und zu generieren. Diesem Ziel entsprechend gilt es, innerhalb des neuen demokratisch-marktwirtschaftlichen Gesellschaftsgefüges die zur Verfügung stehenden finanz- und fiskalpolitischen Instrumente einzusetzen. Dabei setzt die Wahlbevölkerung für die Regierung nun die primären Restriktionen,[65] die sich in erster Linie auf materiellen Wohlstand und wirtschaftliche Stabilität beziehen. Die Interessen von Regierung und Bürokratie - insbesondere auf territorialer und regionaler Ebene - stehen sich dabei insofern gegenüber, als die Regierung eine umfassende Überwachung der öffentlichen Verwaltung anstrebt, die Verwaltungsangestellten hingegen versuchen, die wahre Produktions- und Kostenfunktion ihrer Tätigkeit zu verbergen.[66] Die Mitglieder der Verwal-

---

63 Vgl. Hoffer, F. (1994), S. 509.

64 Dieses Verhalten könnte als Mischung aus der so abgegrenzten ersten (Verhinderung und Verzögerung) und zweiten (Hinüberrettung von Privilegien) Verhaltensoption bezeichnet werden und dürfte bis hinunter zu mittleren Administrationsebenen zu finden sein.

65 Vgl. Krug, B. (1993), S. 298. Im Kommunismus unterliegt die Regierung nahezu keiner Kontrolle durch die Bevölkerung. Sie kann sich daher exzessiv am Vermögen des Staates bereichern.

66 Wie lähmend die Überlebensversuche des Verwaltungsapparates für den gesamten Transformationsprozeß sein können, wird besonders in Rußland deutlich. Dort wurden von den diversen Regionaladministrationen unter anderem gesonderte Privatisierungs-, Preisliberalisierungs-, Export-, Import- sowie Steuerabführungsregelungen gefordert

tung sind an möglichst geringen Leistungskontrollen sowie an einem umfassenden diskretionären Handlungsspielraum interessiert, um den innerbürokratischen Konsum maximieren zu können. Dieser Konsum schmälert aber Einfluß und Vermögen der Regierung, was aus Sicht dieser Gruppe entsprechend verhindert werden soll. Letzteres gilt im Prinzip unabhängig von der vorherrschenden Wirtschaftsordnung. Daß die Kontrolle in Zentralverwaltungswirtschaften aber bedeutend schlechter funktioniert als in demokratisch-marktwirtschaftlichen Gesellschaftssystemen, hat mindestens zwei Ursachen: *Erstens* ist der Umfang der Staatsbürokratie erheblich geringer und daher auch einfacher zu überwachen. *Zweitens* besteht aufgrund eines restriktiveren Haushaltsbudgets und der Abhängigkeit gegenüber der Wahlbevölkerung ein höherer Anreiz für den Staat, effizient zu wirtschaften und die staatlichen Ressourcen zu überwachen. Zudem können für die Überwachung der Administration verstärkt marktwirtschaftliche Mechanismen eingesetzt werden. In sozialistischen Planwirtschaften können diese aufgrund eines ideologisch begrenzten Repertoires wirtschaftspolitischer Instrumente hingegen nur geringfügig zur Anwendung kommen. Durch den betrachteten Transformationsprozeß erfährt die Bürokratie somit insgesamt eine Verengung der Möglichkeiten, um Nutzen aus Beziehungen mit der Politelite zu ziehen.

(b.2) Da sich viele der Vermögenswerte und Profitquellen in den Staatsbetrieben befinden und diese nur langsam in privaten Besitz übergehen, scheint es für die Bürokratie aber ohnehin effektiver, sich auf eine Intensivierung der Kontakte mit den *Unternehmensmanagern* zu konzentrieren. Dabei erweist sich eine Kooperation zwischen den Eliten aus Bürokratie und Wirtschaft im Transformationsprozeß für beide Parteien als zweckmäßige Antwort auf den drohenden Verlust von Privilegien.[67] Aus Sicht der Bürokratie kann so die Selbständigkeit der Unternehmen untergraben werden, die ansonsten zu einer mehr oder weniger großen Bedeutungslosigkeit der Behörden und einem entsprechendem Verlust von Sonderrechten führen würde. Die Unternehmen können durch informellen Kontakt mit der Verwaltung weiterhin weiche Budgets auskosten und ökonomische Zwänge von Märkten mäßigen.[68]

---

und vielfach auch durchgesetzt. Staatspräsident *Jeltsin* mußte aufgrund des starken Drucks der einzelnen Territorien sogar seinen in 1993 eingebrachten Gesetzesentwurf der Privatisierung staatlicher und kommunaler Betriebe zurückziehen. Über Konflikte, die zwischen der Zentralregierung und verschiedenen Regionaladministrationen entstehen können, berichtet ausführlich Anulova, G. (1993).

67 Vgl. Schenk, K.-E. (1992), S. 107.

68 Vgl. Winiecki, J. (1992), S. 11. Für die Manager der noch nicht effektiv privatisierten Unternehmen kann eine weitere Zusammenarbeit mit der Bürokratie die Sicherung des Arbeitsplatzes bedeuten. Eine graduelle Reform, so das Ergebnis der von *Apolte* auf das Transformationsproblem projizierte Theorie der Regulierung, treibt die Unternehmen

An einer wirklichen Kontrolle der Betriebe haben die Bürokraten ferner nur ein begrenztes Interesse, da hiermit Kosten verbunden sind. Diese aufzuwenden, lohnt sich nur dann, wenn sie durch einen zusätzlich erwirtschafteten Ertrag in den Unternehmen bzw. einem Teil davon wieder kompensiert werden. Die Gewinne der Staatsbetriebe fließen jedoch oftmals dem öffentlichen Haushalt zu, aus dem die jeweiligen Verwaltungsstellen und deren Mitarbeiter in der Regel ein fixes Einkommen beziehen. Aus diesem Grunde lohnt es sich für die Administration, die Kontrollen über Unternehmen auf ein Minimum zu beschränken. Darüber hinaus ist es sinnvoll, individuelle Vereinbarungen mit den Betriebsleitern abzuschließen, um an deren, aus der Unterlassung von Kontrolle erwachsenen, diskretionären Handlungsspielraum und Nutzenzuwachs zu partizipieren. Von den Managern kann erwartet werden, daß sie auf derartige Vereinbarungen eingehen, wenn für sie ebenfalls ein persönlicher Nettonutzen entsteht. Dieser dürfte in Anbetracht der neuen Risiken, denen man sich auf freien Märkten und innerhalb eines wettbewerblichen Umfeldes ausgesetzt sieht, häufig gegeben sein.

Zusammenfassend kann hinsichtlich des hier zu untersuchenden Verhaltens der Mitglieder der Bürokratie und deren Auswirkungen auf den Transformationsprozeß gesagt werden, daß weder der gesellschaftlich optimale Weg von Stabilisierung, Privatisierung und Restrukturierung noch die allgemeine Effizienz der Wirtschaft, die Aktivitäten einer Mehrheit der Bürokratie bestimmen dürften. Vielmehr ist davon auszugehen, daß die primäre Aufmerksamkeit darauf gerichtet wird,

a) die eigene Position und Privilegien in der Bürokratie langfristig zu sichern oder durch sie eine lukrative Stellung im Privatsektor zu erschleichen;
b) die bürokratische Abhängigkeit der Betriebe aufrechtzuerhalten und somit deren effektive Privatisierung zu unterbinden und
c) insgesamt den eigenen Informationsvorsprung und Handlungsspielraum zu nutzen, um aus der Umbruchphase persönliches Kapital zu schlagen.

Weniger die Verwirklichung einer alternativen wirtschaftlichen Ordnung als vielmehr der Kampf um Macht und Wohlstand dürfte das Verhalten der staatlichen Bürokratie im Transformationsprozeß kennzeichnen. Die Handlungsmaxime der Staatsdiener ist im allgemeinen weniger an der wirtschaftlichen Notwendigkeit als vielmehr an der politischen Zweckmäßigkeit der verschiedenen Maßnahmen orientiert. Und diese macht auch vor Korruption und Unterschlagung nicht halt. Derartige Aktivitäten haben zwar auch schon das sozialistische Wirt-

---

sogar in die Hände der Bürokraten. Dies geschieht theoretisch umso mehr, je stärker der Wettbewerbsdruck auf den existenten Märkten ist. Vgl. Apolte, T. (1992), S. 61ff.

schaftssystem gekennzeichnet. In der Phase des Übergangs gewinnen sie aber verstärkt an Attraktivität, weil zunächst noch viele Verfügungsrechte ungeklärt und neu zu definieren sind.[69]

II. 3.2 Interessen und Verhalten in Unternehmen im Übergang zu einer Marktwirtschaft

Hinsichtlich der Interessen und Verhaltensweisen der Manager staatlicher Großbetriebe im Transformationsprozeß wurden in der obigen Erörterung bereits einige Feststellungen gemacht. Als potentielle Verlierer eines Wandels zur Marktwirtschaft besteht für diese Personengruppe ein genereller Anreiz zur Unterminierung der Reformen und zur Intensivierung informeller Kontakte mit der Bürokratie. Dies allein ist jedoch unzureichend, um das Verhalten der Betriebsführung zu beschreiben. In der Realität können auch noch andere kennzeichnende Reaktionen dieser Interessengruppe beobachtet werden. Die obige Analyse ist ferner unzulänglich, um die Verhaltensanpassung seitens der Staatsunternehmen insgesamt zu erfassen, da es neben den unternehmensexternen auch andere Interessen in den Betrieben und interne Beziehungen zu beachten gibt. So sind in Systemen vom oben so abgegrenzten Typ T vielfach die Interessen der Arbeiter bzw. der Arbeiter- oder Betriebsräte ausschlaggebend für die unternehmerischen Entscheidungen. Die alleinige Analyse der Interessen der Manager greift in diesem Fall zu kurz.

Im folgenden sollen die hier angesprochenen Verhaltensaspekte und die damit einhergehenden Auswirkungen auf die Anpassungsprozesse und institutionellen Entwicklungen im Systemwandel näher beleuchtet werden. Dazu werden zuerst die prinzipiellen Ziele und Reaktionen von Managern erörtert (Kapitel II.3.2.1). Im Anschluß daran wird das Augenmerk auf die Verhaltensmotive der Arbeitnehmer und Arbeitnehmerorganisationen gerichtet (Kapitel II.3.2.2).

II. 3.2.1 Managerverhalten bei Privatisierung und Kommerzialisierung von Unternehmen

Ein wesentlicher Teil einer Transformation von einer sozialistischen Zentralverwaltungswirtschaft zu einer kapitalistischen Marktwirtschaft betrifft den Umbau der Eigentumsordnung und damit insbesondere die Umverteilung der Verfü-

---

69 „Sogar die KPdSU und der KGB haben eine Reihe von Unternehmen geschaffen, indem sie sich zu einem Spottpreis (den Preis haben sie selbst bestimmt!) oder gar kostenlos das Staatsvermögen angeeignet haben." Schulus, A. (1993), S. 251. Zu Strategien zur Linderung des Widerstands seitens der Bürokratie siehe Shleifer, A. (1995).

gungsrechte in den bisherigen Staatsunternehmen. Es ist dies eine Aufgabe, die weit mehr als die Stabilisierung und Liberalisierung in den bisherigen Status der sozialistischen Unternehmen und ihrer Mitglieder eingreift.

Für die Manager in den sozialistischen Betrieben, die bislang im Dienste des Staates die operativen und taktischen Geschäfte der Betriebe geführt haben, kann der Abschluß der einen oder anderen Privatisierungsmaßnahme dreierlei bedeuten:

a) Einem erneuerten, zu harten Budgetbeschränkungen tendierenden Staat als Eigentümer zu unterstehen;
b) neuen, nicht partei- und staatsabhängigen Eigentümern gegenüberzustehen, die anhand marktwirtschaftlicher Bewertungsmaßstäbe über die Tätigkeiten, Leistungskriterien und berufliche Zukunft der Manager befinden, oder
c) selbst unternehmerisch tätig zu werden und die neuen Bewertungskriterien auf eigene Mitarbeiter anzuwenden.

Nach Freigabe der Preise für Güter und Dienstleistungen sehen sich die Manager aber in jedem Fall - auch ohne Privatisierung - einem neuen ökonomischen Regime, dem Wettbewerb und Marktpreissystem, gegenüber. Nach dessen Maßgabe anstatt nach direkter Anweisung sind nun die Produktionshandlungen und -entscheidungen vorzunehmen.

Mag die Wohlfahrtswirkung dieser Veränderungen langfristig und gesamtwirtschaftlich positiv sein, für viele der Manager in den Staatsbetrieben ist sie es nicht. Zumindest nicht kurzfristig und im Lichte rein ökonomischer Wertmaßstäbe. Insgesamt gesehen, gibt es aber Gewinner und Verlierer unter den Managern. Die Wohlfahrtsposition wird bei denjenigen Wirtschaftsführern gestärkt, die sich innerhalb der neuen Ordnung vergleichsweise schnell eine lukrative Marktposition erarbeiten können. Dies betrifft zum Beispiel Akteure, die entweder mit einer bestehenden oder neuen Unternehmung ein positiv bewertetes und intensiv nachgefragtes Gut produzieren und mit Gewinn veräußern können. Die Wohlfahrtsposition wird hingegen für jene Manager negativ beeinflußt, die aufgrund der realen Anpassungskrise oder aufgrund des Führungsanspruchs der neuen Eigentümer ihre Arbeitsstelle oder Machtposition einbüßen. Ein negativer Nutzeneffekt ergibt sich aber auch schon dann, wenn aufgrund des neuen Systems schlichtweg mehr Leistung bei nicht entsprechend angepaßtem Einkommen erbracht werden muß.

In Abhängigkeit der Verlierer- oder Gewinnerposition bzw. von den jeweiligen Zukunftserwartungen und -ängsten kann insgesamt von verschiedenen Verhaltensweisen der Führungskräfte in Staatsunternehmen ausgegangen werden.

In Anlehnung an *Schmieding* sollen dabei nun drei mögliche Reaktionen differenziert werden:[70]

(1) *Wait and see,* das heißt, die Akteure warten ab, ob sich die angestrebte marktwirtschaftliche Ordnung tatsächlich etablieren kann oder ob die Reformen nicht doch nur wie bislang von systemkonservierender Qualität sind. Zweifel am Erfolg der Transformation gibt den Managern keinen Anreiz, die bisherigen Verhaltensroutinen zu verändern. Außerdem gelten eine hohe Beschäftigtenzahl, Aktivitäten auf Untergrundmärkten und Streben nach Subventionen als rationale Alternativen, um den eigenen Wohlstand und Arbeitsplatz zu sichern.[71]

(2) *End games,* das heißt, es wird versucht, die Transformation zu stoppen oder zum Scheitern zu bringen. Diese Strategie drückt nicht nur Zweifel und Pessimismus, sondern vielmehr Angst der Manager vor einer erfolgreichen Realisierung der Transformation und den daraus entspringenden persönlichen Folgen aus. Dazu zählen die Angst um den Arbeitsplatz, den vergleichsweise freien Zugriff auf betriebliche Ressourcen und die eigene Existenz als Ganzes.

(3) *Reputation building,* das heißt, es wird angestrebt, das eigene Unternehmen nach Maßgabe marktwirtschaftlicher Erfolgskriterien zu führen, es für die neue Ordnung wettbewerbsfähig zu machen und durch unternehmerische Erfolge den eigenen Marktwert auf dem Arbeitsmarkt zu steigern. Manager ergreifen diese Strategie, wenn sie für sich große Chancen innerhalb der Markt- und Privatwirtschaft sehen. Dies gibt ihnen einen Anreiz, sich dem neuen System zu öffnen und es aktiv zu unterstützen.[72]

Für den Transformationserfolg ist insbesondere das letztgenannte, das reputationssuchende Verhalten erforderlich. Letztendlich wird nur hierdurch volkswirtschaftlich effizientes Wirtschaften impliziert. Mit einem derartigen Verhalten

---

70 Vgl. Schmieding, H. (1991), S. 104.

71 Eine Studie über die Reformen in der Tschechischen und Slowakischen Republik von *Matesová* zeigt, welche anderen Gründe noch für ein zögerliches Verhalten von Managern bei der Umsetzung von Restrukturierungsmaßnahmen verantwortlich sein können: „a) Managers do not know what to do; b) Managers are afraid of strong conservatism of the new stake holders and the media; c) Managers wanted to postpone changes until the business environment becomes more certain; d) Managers are satisfied with the achieved; and e) Managers think: Why make any changes, as long as the enterprise is producing?" Matesová, J. (1994), S. 9f.

72 *Aghion et al.* bezeichnen dieses Verhalten auch als *restructure* und die Gegenposition als *maintain status-quo*. Letzteres ist vergleichbar mit *Schmiedings* wait and see-Strategie. Restrukturierung kann dabei interpretiert werden als Stillegung unproduktiver Unternehmensbereiche bzw. Desinvestition, Rationalisierung von Produktionsabläufen, Entlassung von Arbeitnehmern und Neuausrichtung der Produktion an der Nachfrage. Vgl. Aghion. P., Blanchard, O.J., Burgess, R. (1993), S. 5ff.

kann im wesentlichen in kleinen und mittelständischen Unternehmen - insbesondere im Dienstleistungs-, Konsumartikel- und Handelssektor - gerechnet werden. *Erstens* bestehen für diese Unternehmen aufgrund einer hohen Flexibilität im Produktionsbereich, geringer Anreiz- und Kontrollprobleme, niedrigen Kapitalbedarfs und schwachen Widerstands seitens der Gewerkschaften verhältnismäßig günstige Bedingungen für eine zügige Neuausrichtung der Aktivitäten an ein marktwirtschaftliches Umfeld.[73] Eine Motivation für *reputation building* ist daher als relativ groß einzuschätzen. *Zweitens* ist aufgrund der genannten Bedingungen eine Transformation der Eigentumsstruktur dieser Betriebe vergleichsweise einfach zu bewerkstelligen. Das grundsätzliche Streben der Akteure nach Maximierung der verfügbaren Ressourcen und Vermögenswerte kann dadurch rasch auf ausschließlich profitsuchende Tätigkeiten gelenkt werden, da sich der Staat innerhalb kurzer Frist aus der Verantwortung für unwirtschaftliches Verhalten zurückziehen kann.[74]

In Großbetrieben, die die Produktionslandschaft der sozialistischen Länder dominiert haben, ist die oben genannte dritte Reaktion - wenn überhaupt - in wesentlich beschränkterem Ausmaß zu erwarten. Die bereits genannten politischen und ökonomischen Bedingungen für erfolgreiches Wirtschaften in einer Marktwirtschaft und für eine Eigentumstransformation sind hierbei in der Regel bedeutend ungünstiger.[75] Sie bieten daher eher Anreize und Potential für abwartendes oder destruktives Verhalten der Unternehmensführung. Die Akteure dieser Gruppe laufen bei effektiver Privatisierung nicht nur Gefahr, ihren Arbeitsplatz zu verlieren, da aufgrund der immensen Unwirtschaftlichkeit der Großbetriebe wesentliche Teile der Produktion stillgelegt oder zumindest rationalisiert werden müßten. Vielmehr steht auch die Anbieterstellung auf Schattenmärkten auf dem Spiel, aus der die Betriebsleiter bis dato erhebliche Macht und ein hohes

---

73 Vgl. Frydman, R., Rapaczynski, A. (1993), S. 10.

74 In vielen ostmitteleuropäischen Ländern ist die kleine Privatisierung auch nahezu abgeschlossen. In der Slowakischen und Tschechischen Republik verlief dieser Prozeß vergleichsweise zügig. Bis Mitte 1993 war die kleine Privatisierung vollzogen, und ca. 9.000 bzw. 26.000 Betriebe wurden transformiert. Auch in Rußland, Ungarn und Polen ist dieser Teil der Transformation praktisch abgeschlossen. In anderen ehemals sowjetischen Republiken hat die kleine Privatisierung hingegen vielfach erst in 1992 und 1993 begonnen. So beispielsweise in Tajikistan, Slowenien, Georgien, Azerbaijan, Belarus und der Ukraine. Vgl. EBRD (1993a), S. 33-38.

75 Die Privatisierung von Großunternehmen verläuft in sehr vielen Ländern relativ schleppend. Bis Mitte der 90er Jahre war durchweg nicht einmal für die Hälfte dieser Betriebe eine formale Eigentumstransformation erfolgt. Während in Ungarn von 20 vH privatisierter Staatsbetriebe zum Ende 1993 ausgegangen wird, hatte die große Privatisierung in verschiedenen anderen Ländern bis Mitte 1993 noch nicht einmal begonnen. So etwa in Albanien, Armenien, Azerbaijan und Georgien. Dank einer Massenprivatisierung konnten in Rußland ca. 15 vH des Nominalvermögens aller Staatsunternehmen innerhalb von nur sechs Monaten in 1993 in private Hände übergeben werden. Vgl. Jermakowicz, W.W. (1993), S. 117f.

Einkommen geschöpft haben. Den Managern kann daher ein breites Interesse daran nachgesagt werden, jede Form der realen Privatisierung sozialistischer Staatsbetriebe zu unterminieren oder gar zu verhindern bzw. eine *wait-and-see-* oder *end-games*-Strategie zu verfolgen. Aus ihrer Sicht kann es als sinvoll gelten, eine effektive externe Kontrolle der Unternehmen zu verhindern. Ein Großteil der Rechte und Privilegien dieser Personengruppe würde ansonsten entfallen oder auf ein geringes Maß reduziert, ohne daß ein künftig besserer sozialer Status in Aussicht gestellt wird.[76] Dies betrifft insbesondere Betriebe in Systemen vom Typ T. Hier würde den Unternehmensinsidern durch eine Eigentumstransformation nach dem Muster kapitalistischer Marktwirtschaften in beträchtlichem Ausmaß Verfügungsmacht entzogen. Insbesondere würde den Betroffenen auf diese Weise ein Großteil ihrer sozialen Macht entzogen, die es ihnen bislang vielfach auch ermöglichte, strategische Interaktionen zugunsten ihrer langfristigen Wohlfahrtsposition zu kontrollieren.

Die Manager können aber in der Regel nicht verhindern, daß eine Liberalisierung der Preise und des Handels erfolgt. Die Verhinderung dieser Maßnahmen liegt allerdings auch nicht unbedingt im primären Interesse des Managements. Im Gegenteil: Wenn davon ausgegangen wird, daß bürokratische Zuwendungen weiter durch Beziehungen zu erlangen sind, stellen diese Maßnahmen für die Unternehmen eher eine zusätzliche Möglichkeit dar, um Nutzen zu generieren. Verstärkte Aktivitäten auf Märkten sind dann zu vermuten, wenn es möglich erscheint, die eigene Wohlfahrtsposition bzw. die des Unternehmens zu verbessern. Von einem Ablassen von rentensuchendem Verhalten bzw. einem freiwilligen Verzicht auf Einkommensmöglichkeiten aus öffentlichen Kanälen kann aber deshalb nicht ausgegangen werden. Aus letzteren können weiterhin die allerorts geschätzte ökonomische Sicherheit gewonnen und für zahlreiche Staatsbetriebe, die nicht über marktfähige Produkte verfügen, das Überleben ermöglicht werden. Insgesamt kann es daher als zentrale Strategie von Managern erachtet werden, die bislang auf Verhandlungen mit der Bürokratie konzentrierten Aktivitäten um ein Engagement auf Märkten auszuweiten, um zusätzliche Vermögensquellen zu erschließen.[77] Theoretisch dürfte dabei der Grenzertrag der einen oder anderen Alternative darüber entscheiden, wie die Aktivitätsstruktur der Manager in den Unternehmen beschaffen sein wird. Vom Ertragspotential auf Märkten

---

76 Viele Top-Manager sind primär durch ihre Parteimitgliedschaft in betriebliche Führungspositionen gelangt. Für sie sind die Chancen auf Weiterführung der bisherigen Tätigkeit daher relativ gering. In der Tschechischen Republik, wo das Parteibuch ebenfalls von großer Bedeutung war, wurden gemäß *Matesová* in den Jahren 1990 und 1991 beinahe alle Top-Managementpositionen neu besetzt. Vgl. Matesová, J. (1994), S. 10.

77 Vgl. Swaan, W., Lissowska, M. (1992a), S. 35.

wird es abhängen, in welchem Umfang die Suche nach bürokratischen Zuwendungen durch Wettbewerbsaktivitäten substituiert bzw. komplementiert wird.

Ein müheloser und hoher Ertrag auf Märkten läßt sich durch die Erhöhung der Produktpreise erzielen. Diese Strategie läßt sich zunächst durchführen, weil die zu Beginn des Umbruchs vielfach noch stark monopolistisch ausgeprägten Angebotsstrukturen in den Transformationsländern kaum kurzfristige Ausweichreaktionen der Nachfrager zulassen.[78] Dabei ist nicht zu erwarten, daß es zu einer gewinnmaximierenden Ausbalancierung von Produktionsmenge und Preis kommt, wie es theoretisch von einem Monopolisten in Marktwirtschaften angenommen wird. Vielmehr dürfte sich die Beibehaltung der routinierten Kalkulationspraxis, des *cost-plus* oder *cost-based pricing* bzw. des direkten Kostenumlageverfahrens einstellen,[79] weil für das Maximierungsproblem detaillierte Marktkenntnisse erforderlich wären. Für die Aneignung dieser Kenntnisse müßten in den Transformationsländern in der Regel zunächst enorme Informationskosten aufgewendet werden. Erst durch intensive Lernprozesse im Umgang mit den neuen Interaktionsmechanismen ist zu erwarten, daß diese Kosten ihren prohibitiven Charakter verlieren.

Zur Erlangung hoher bürokratischer Zuwendungen, zum Beispiel in Form von impliziten und expliziten Subventionen, Steuererleichterungen oder Inputgütern, dürfte es aus Sicht der Manager sinnvoll sein, an einer großen Belegschaft festzuhalten.[80] Dies kann damit begründet werden, daß eine hohe Beschäftigtenzahl früher stets bedeutendes Gewicht hatte, wenn zwischen den Managern und der Bürokratie um Ressourcen verhandelt wurde. Außerdem hatte für die Wirtschaftsführer niemals eine wirtschaftlich relevante Interdependenz zwischen Outputschwankungen und Beschäftigung bestanden.[81] Es existierte ein besonderes Verhältnis zwischen Management und Belegschaft, das weniger eine von Leistung bestimmte Funktionsbeziehung als vielmehr eine von Kooperation gekennzeichnete Sozialbeziehung darstellte. Für eine Auflösung dieser Beziehung

---

78 Vgl. Blejer, M.I., Gelb, A. (1993), passim.

79 Was cost-based pricing genau bedeutet, kann ein interessanter Vergleich von *Welfens* aufzeigen: „The equation 'market price = marginal costs' holds both in socialist and in market economies. However, in market economies the equation is read not from right to left, but from left to right: the market price informs any potential supplier whether it is worthwhile to stay in, or enter into, a market. As long as the marginal costs faced by the firm are lower than the market price, expected profits encourage production: at the level of the individual firm, higher costs do not entail higher market prices, whereas the socialist firms used cost increases to obtain higher state-administered prices." Welfens, P.J.J. (1991), S. 216.

80 In vielen Transformationsländern kann festgestellt werden, daß der Rückgang des Outputs nicht von einer entsprechenden Reduzierung der Beschäftigung begleitet wurde. Vgl. Blanchard, O.J. et al. (1994).

81 Vgl. Winiecki, J. (1993), S. 15.

dürfte es insofern nicht genügen, daß sich die ökonomischen Bedingungen der Geschäftstätigkeit eines Unternehmens verändern.

Dies alles deutet darauf hin, daß der Wandel im Verhalten des Managements staatlicher Großbetriebe in den ersten Jahren der Transformation begrenzt sein dürfte; und dies unabhängig davon, ob ein eher gradueller oder eher radikaler Systemübergang gewählt wird. Es zeichnet sich ab, daß das Verhalten vieler Manager in den Staatsbetrieben während der Systemtransformation durch die folgenden Ziele geprägt sein wird:

(1) Erzielung persönlichen Wohlstands, langfristiger sozialer Sicherheit und Macht;
(2) Erlangung von materiellen und finanziellen Ressourcen für das Unternehmen, durch:
   a) Erschließung bürokratischer bzw. öffentlicher Geld- und Güterquellen;
   b) Verhinderung effektiver Privatisierung bzw. Managementkontrolle durch externe Investoren und
   c) Verlagerung von Aktivitäten auf Märkte, wenn dabei im Vergleich zu den bürokratischen Zuwendungen hohe Erträge möglich sind.

Die Aktivitäten auf Märkten sind dabei insofern nicht auf eine *reputation building*-Strategie zurückzuführen, als diese kaum mit Rationalisierungs- und Restrukturierungsmaßnahmen der Unternehmen einhergehen. Die Intention ist vielmehr, ohne große Risiken und die Aufgabe angesammelter sozialer Verfügungsrechte zusätzliche, einfach zu erschließende Erfolgspotentiale zu nutzen. Dominantes Verhalten der Wirtschaftsführer dürfte es allgemein sein, den neuen Problemen innerhalb des Umbruchs zunächst mit herkömmlichen Mitteln zu begegnen. *Erstens,* weil sie nur wenig mit den Techniken und Wirkungen marktwirtschaftlicher Systeme vertraut sind, die dementsprechend hohen Aufwand erfordern würden. *Zweitens*, da die Privatisierung von Großbetrieben relativ langsam vonstatten geht und daher oftmals noch unklar ist, wie die Zukunft des eigenen Unternehmens aussehen wird.[82] Und *drittens*, weil sich neue Beziehungsnetze und Vertrauen zwischen den Wirtschaftsakteuren nur langsam etablieren. Die alten Verbindungsstrukturen mit der Bürokratie sind insofern wesentlich unproblematischer.

82 Vgl. Jermakowicz, W.W. (1993), S. 120.

II. 3.2.2 Positionen und Reaktionen der Arbeitnehmer und Arbeitnehmerorganisationen im Systemwandel

Der Übergang von einer sozialistischen Planwirtschaft zu einer Marktwirtschaft hat ebenfalls erhebliche Konsequenzen für die nicht-leitenden Angestellten in den Betrieben. Die diesbezüglich theoretisch ableitbaren Positionen und Interessen dieser Gruppe gilt es in diesem Abschnitt näher zu ergründen.

Eine wesentliche Folge des Wandels für einfache Arbeitnehmer ist, daß viele von ihnen ihre Anstellung verlieren, und daß von diesen wiederum etliche damit rechnen müssen, auf Dauer keinen Platz mehr im aktiven Wirtschaftsleben zu finden. Alle müssen überdies einen Verlust eines wichtigen Teils ihrer sozialen Sicherheit hinnehmen und dauerhaft mit dem Risiko der Arbeitslosigkeit leben.[83]

In bezug auf die Beschäftigung und allgemeine soziale Sicherung sind die Folgen des Systemwandels für die Arbeiter somit größtenteils identisch mit denen der Manager und Verwaltungsangestellten. Allerdings ist das Risiko der Arbeitslosigkeit bei den nicht-leitenden Mitarbeitern als weitaus größer einzuschätzen. Manager sind vergleichsweise rar und besitzen für gewöhnlich eine höhere Ausbildung. Sie finden daher üblicherweise relativ schnell wieder eine Anstellung oder können ihre Fähigkeiten für eine selbständige Tätigkeit nutzen.[84] Das Risiko trifft aber prinzipiell alle drei der hier genannten Gruppen. Deren Reaktionen auf eine drohende Restrukturierung und reale Privatisierung sind folglich allesamt eher von Widerstand als von Unterstützung geprägt.

Ähnliches kann im Grunde auch von Gewerkschaften und Arbeiterräten in den Transformationsländern erwartet werden. Schließlich sind diese Organisationen zur Vertretung von Arbeitnehmerinteressen nominiert und erfahren erst dadurch ihre Legitimation. Von den Arbeitnehmerorganen ist zudem mit Widerstand zu rechnen, weil auch für diese Interessengruppe eine über lange Jahre erarbeitete Machtposition in den Betrieben und auf Untergrundmärkten auf dem Spiel steht. Mit einer Privatisierung würden viele Entscheidungsrechte, etwa bezüglich der Lohn- und Personalpolitik beschnitten oder ersatzlos entfallen. Entsprechendes gilt für viele aus der Position erwachsene persönliche Privilegien.[85]

Widerstand gegen eine nicht entsprechend kompensierte Privatisierung wird diesbezüglich nicht nur von den betroffenen Funktionären selbst ausgehen. Wie die Arbeitnehmerorganisationen den Arbeitnehmern zur Durchsetzung ihrer Inter-

---

83 „It is reasonable to expect that a substantial part of the unemployment (...) is temporary - while another substantial part is permanent." EBRD (1993a), S. 102. Vgl. auch Burda, M.C. (1993), S. 2.

84 Vgl. Belka, M. et al. (1993), S. 45.

85 Vgl. Lipton, D., Sachs, J. (1990), S. 305.

essen verhelfen, so kann im Gegenzug auch mit einer entsprechenden Unterstützung dieser Organe durch die Arbeitnehmerschaft gerechnet werden. Diese Unterstützung scheint aus Sicht der Belegschaft die einzige Chance zu sein, um den eigenen Interessen Geltung zu verschaffen. Dieser Gedanke dürfte sich besonders in den Köpfen der polnischen Arbeiterschaft verankert haben. Dort war es die *Solidarnosc*-Gewerkschaft, die wie keine andere gesellschaftliche Gruppe in Polen und in ganz Ostmitteleuropa den erfolgreichen Kampf gegen die Obrigkeiten des kommunistischen Systems repräsentiert. Dieser Erfolg läßt den gewerkschaftlichen Kampf für Arbeitnehmerinteressen daher zunächst einmal als rationale Strategie für alle ähnlichen Situationen erscheinen. Alle sonstigen plausiblen Handlungsalternativen werden solange in den Hintergrund gedrängt, bis Mißerfolge die Sinnhaftigkeit dieser Vorgehensweise relativieren. Erst dann dürfte es zu Verhaltensanpassungen kommen.

Gewiß wird es unter den Arbeitnehmern auch Gewinner der Systemtransformation geben. Dies dürfte besonders für Mitarbeiter kleiner bzw. mittelständischer Unternehmen zutreffen, die es aufgrund der bereits genannten Vorteile im Privatisierungsprozeß schaffen, sehr rasch eine lukrative Marktposition zu erobern. Gleiches sollte auch für Mitarbeiter gelten, die selbst unternehmerisch tätig werden und damit erfolgreich sind. Allerdings kann der Anteil der Beschäftigten, die durch den Wandel einer schnellen Verbesserung der wirtschaftlichen Situation entgegenschauen und dementsprechend eine resolute Transformationspolitik befürworten, als relativ gering angesetzt werden.[86] Schließlich dominierten nicht kleine und flexible, sondern große und chronisch unproduktive Unternehmen die Wirtschaften in Mittel- und Osteuropa.

In einigen Ländern - häufig jene vom Typ T - dürfte sich als positiv herausstellen, daß einige wirtschaftliche Aktivitäten bereits zu Zeiten des Sozialismus dezentral und über Marktmechanismen abgewickelt wurden. Dadurch wurden Lernprozesse initiiert, und es konnte sich bereits eine Infrastruktur kleiner und mittlerer Betriebe aufbauen. Diese ziehen aus dem Systemübergang in der Regel bedeutende Vorteile und können daher als eine wichtige Pro-Reform-Lobby angesehen werden. In Systemen vom Typ T stellen jedoch - wie bereits erörtert

---

86 Für die Tschechische und Slowakische Republik konstatiert *Matesová*, daß Unternehmen, die durch die Transformation *severe shocks* erleiden - Unternehmen der von ihr so definierten Gruppe C - auch die große Masse der national Beschäftigten repräsentieren. Unternehmen, die direkt von der Transformation profitierten - Gruppe A - oder die *manageable shocks* erleiden - Gruppe B - umfassen demgegenüber nur einen geringen Teil der Gesamtbeschäftigten des Landes. Dieser sei dann im wesentlichen in kleinen und mittelständischen Betrieben zu finden. Die Zahl der Unternehmen, die sich *disastrous shocks* ausgesetzt sehen - Gruppe D - und nicht überleben werden, sei Anfang 1993 ebenfalls gering. Vgl. Matesová, J. (1994), S. 28f.

wurde - die dabei induzierten Machtverschiebungen von unternehmensexterner zu unternehmensinterner Ebene - also von Parteipolitikern und Bürokraten zu Management und Arbeiterräten - ein äußerst subtiles Hindernis für die anstehenden Privatisierungs- und Restrukturierungsaufgaben dar. Weniger die Reformpolitiker als vielmehr die Akteure in den Staatsbetrieben können dann über die tatsächlichen Veränderungen befinden. Die Interessen der Unternehmensinsider können dabei zwar als konvenient mit der Abschaffung staatlicher Planvorgaben und mit größerer Selbständigkeit der Unternehmen beurteilt werden. Aus den oben genannten Gründen dürften sie indes kontradiktär zu einer effektiven Privatisierung und Restrukturierung sein.

Insgesamt kann es als Oberziel der Arbeitnehmerschaft erachtet werden, ihren Arbeitsplatz und damit ihre soziale Sicherheit und Machtposition langfristig aufrechtzuerhalten. Vielfach ist dies damit gleichzusetzen, die Beschäftigung innerhalb eines Staatsbetriebs zu sichern. In Unternehmen vom Typ T ist dies nicht nur durch die damit verbundene Einkommens-, sondern auch durch die quasi-Eigentümerposition begründet. Im Übergang zur Marktwirtschaft reicht allerdings der besagte Widerstand gegenüber Privatisierungen nicht aus, um den langfristigen Erhalt des Arbeitsplatzes bzw. des Unternehmens zu gewährleisten; zumindest dann nicht, wenn die Regierung die Alimentierung der Betriebe stoppt oder deutlich einschränikt. In diesem Fall sind in der Regel zusätzliche Anstrengungen der Arbeiter vonnöten, weil neben einer effektiven Privatisierung auch der mit dem neuen System eingeführte Wettbewerb die Unternehmen und damit die Wohlfahrtsposition der Belegschaft gefährdet. Es drohen Verluste und Konkurs, wenn die neuen Spielregeln der Marktwirtschaft nicht zu einem Mindestmaß beachtet werden. Für ein Verhalten, wie es theoretisch einer klassischen arbeitergeleiteten Unternehmung nachgesagt wird, gibt es insofern nur begrenzten Spielraum, aber auch nur begrenzten Anreiz.[87] Zum Beispiel dürften die Unternehmensinsider ein Interesse daran haben, eine Einkommens- und Personalpolitik zu betreiben, die es ermöglicht, das Überleben ihrer Unternehmung zu sichern. Je geringer die Beschäftigungsmöglichkeiten außerhalb des bisherigen Unternehmens sind, umso stärker sollte insgesamt die Bereitschaft der Arbeitnehmer sein,

---

87 Eine klassische *labor-managed firm* wird in der Theorie insbesondere dadurch gekennzeichnet, daß die Mitglieder primär die Einkommenszahlungen maximieren, daß daher Investitionen relativ gering sind und dann in der Regel nur kurzfristige und risikolose Projekte umfassen und daß das Personalmanagement stark von Eigentums- und weniger stark von Produktivitätsfragen bestimmt wird. Vgl. Hansmann, H. (1990), Meade, J.E. (1972) sowie Sirc, L. (1979). Die klassische selbstverwaltete Unternehmung gab es aber auch insofern in sozialistischen Ländern, wie zum Beispiel in Polen, nicht, als sie je nach Profitabilität eines Unternehmens zu stark differierenden Löhnen der Individuen geführt hätte. Dies war wegen des Gleichheitsgrundsatzes nicht möglich. Die Lohnhöhe wurde daher in der Regel reguliert. Vgl. Swaan, W., Lissowska, M. (1992a), S. 14.

kurz- oder mittelfristige Nutzeneinbußen zu akzeptieren um langfristige Nutzenpotentiale zu sichern.[88] Besteht eine hohe Wahrscheinlichkeit, daß durch dieses Verhalten eine Illiquidität nicht abgewendet werden kann oder eine Privatisierung unvermeidbar ist, muß mit gegenteiligem Verhalten, nämlich Selbstbereicherung gerechnet werden, denn in dieser Situation gibt es für die Arbeiter nichts zu verlieren.[89] Der diskretionäre Handlungsspielraum dürfte dann auch, solange er noch vorhanden ist, zu einer Dekapitalisierung des Unternehmens - *asset stripping* - eingesetzt werden, um die eigene Nutzenposition zu verbessern.[90]

Die Darstellung der Interessen und Verhaltensweisen der Belegschaften und Arbeitnehmerorganisationen, aber auch der Manager, muß insofern noch differenziert werden, als die Ziele innerhalb einer Interessengruppe nicht immer als homogen eingestuft werden können. Das Interesse der Belegschaft und der Manager an Restrukturierung und Privatisierung wird auch dadurch bestimmt sein, ob die eigene Geschäftseinheit selbständig überlebensfähig ist und welche Organisationsform vorliegt. *Aghion et al.* argumentieren, daß die typische Organisation einer sozialistischen Unternehmung eine oder mehrere Produktionseinheiten, verschiedene Serviceeinheiten sowie zentrale Funktionsbereiche umfaßt.[91] Von diesen können theoretisch einige Bereiche überlebensfähig und rentabel, andere hingegen unwirtschaftlich sein. Es können Konflikte auftreten, wenn sich Manager und Beschäftigte selbständig überlebensfähiger Unternehmenssparten für Reformen einsetzen, Manager unproduktiver Sparten oder Topmanager in geschäftsfeldübergreifenden Funktionen indessen gegen eine Restrukturierung opponieren. Topmanager sind im Fall einer Entflechtung der einzelnen Geschäftsbereiche eines *divisional* strukturierten Unternehmens entbehrlich. Sie werden daher voraussichtlich gegen ein derartiges Vorgehen eingestellt sein, sofern sie keine alternative Beschäftigungsmöglichkeit sehen. Dies könnte sogar dazu führen, daß sie ihre Möglichkeiten, in den Produktionsprozeß einzugreifen, nutzen, um die Überlebensfähigkeit der produktiven Einheiten und damit deren Motivation für Unabhängigkeit zu schwächen. Für das Votum des Arbeiterrates könnte es dabei ent-

---

88 Bei Rationalisierungen der Produktion sind zunächst beschäftigungsneutrale Veränderungen zu erwarten. Wenn die finanziellen Mittel dafür bereitstehen, kann daher in erster Linie mit Ersatzinvestitionen gerechnet werden, oder mit Modernisierungen, die nicht über das Ausmaß natürlicher Fluktuationen Arbeitsplätze vernichten. Vgl. Frydman, R., Wellisz, S. (1991), S. 154.

89 Vgl. Lewandowski, J., Szomburg, J. (1989), S. 258.

90 „Enterprises may start eating their (working) capital, either as a final desperate move, or as a conscious action of the employees (...) to anticipate a change of ownership.“ Swaan, W., Lissowska, M. (1992), S. 22.

91 Vgl. Aghion, P., Blanchard, O.J. (1993), S. 12ff.

scheidend sein, auf welcher Seite die Mehrheit der repräsentierten Arbeitnehmerschaft steht.[92]

In *funktional* organisierten Betrieben sind die nicht-produzierenden Serviceeinheiten üblicherweise die Verlierer einer Umstrukturierung, denn mit den Produktionseinheiten verlieren sie ihre Existenzgrundlage. Droht eine Zerschlagung des Unternehmens, kann daher erwartet werden, daß die Topmanager in ihrer Antireformpolitik von den Mitarbeitern in den nicht-produzierenden Bereichen unterstützt werden.

Für die Ziele und Interessen eines Großteils der Arbeiter und Arbeiterräte kann zusammenfassend konstatiert werden, daß die Rationalisierung und Privatisierung der Staatsbetriebe eher auf Widerstand als auf Unterstützung stoßen wird. Das primäre Anliegen dieser Akteure - Arbeitsplatz und soziale Sicherheit - ist durch die Transformation zu einer Unternehmens- und Verfügungsrechtsstruktur etablierter westlicher Marktwirtschaften enorm gefährdet. Speziell in Unternehmen vom Typ T verlieren die Insider einen wesentlichen Teil ihrer bisherigen Kontrolle über ihre aktuelle und strategische Wohlfahrtsposition. Sie können nicht mehr über wichtige Aspekte der Unternehmenspolitik, insbesondere im Personal- und Finanzbereich, entscheiden. Insgesamt dürfte nicht allein die Vergütung, sondern die Gesamtheit aus Arbeitsplatzsicherheit, Einkommen und - primär in Unternehmen vom Typ T - Kontrolle über die eigenen Lebensumstände in der Gesellschaft die Zielfunktion der Arbeiter formieren.

II. 3.3 Behaviorale Anpassung im Lichte kollektiver Rationalität

Die vorangegangene Analyse der Interessen- und Motivationslage wesentlicher Akteursgruppen hat gezeigt, daß in Ostmitteleuropa im Übergang zu einer Marktwirtschaft mit beträchtlichen sozialen Konflikten und Abwehrreaktionen gegen die damit verbundenen Veränderungen zu rechnen ist. Weder die Mitglieder der Bürokratie, noch die Manager und Arbeiterlobby haben ein ausgeprägtes Interesse daran, Wettbewerb und Marktwirtschaft in ihrem Bereich kon-

92 Für eine zu wählende Strategie der Privatisierung bedeutet diese Interdependenz zwischen der Organisationsform einer Unternehmung und Restrukturierung zweierlei: *Erstens,* daß es leichter sein dürfte, ein nach Produktlinien organsiertes (M-Form) als ein nach Funktionen organisiertes Unternehmen (U-Form) zu restrukturieren. Der Grund dafür ist, daß die Verselbständigung von einzelnen Produktsparten im Gegensatz zu einzelnen Funktionsbereichen ökonomisch sinnvoll und voraussichtlich weniger von Widerstand durch unternehmensinterne Interessengruppen begleitet ist. *Zweitens*, daß eine Reorganisation von Unternehmen von hierarchischen zu divisionalisierten Industriebetrieben ein effektiver Schritt zur Vorbereitung weiterer Restrukturierung und Privatisierung ist. Nicht zuletzt deshalb, weil auf diese Weise die Mitglieder des mittleren Managements stärker für bestimmte Anreizmechanismen zugänglich werden.

sequent zu verwirklichen. Zusammengefaßt lassen sich die wesentlichen Ziele der verschiedenen sozialen Akteure noch einmal wie in Abbildung 3 darstellen.

Diese Interessen und Ziele der hier untersuchten sozialen Gruppen sind gesamtwirtschaftlich alles andere als förderlich, da sie weniger auf eine spontane Erneuerung und Substituierung als vielmehr auf eine Konservierung alter Verteilungsmechanismen und politischer Steuerung hinwirken. Im Extremfall könnte diese Motivationslage sogar die Etablierung einer funktionsfähigen Marktwirtschaft insgesamt in Frage stellen. Dies könnte zum Beispiel dann eintreten, wenn das opportunistische Ausnutzen des neuen Handlungsspielraums und der gemeinsame Privatisierungswiderstand von Managern und Arbeiterräten in den Unternehmen zu einer Verschärfung der ökonomischen Krise und zu einer anschließenden Reorientierung zu sozialistischen Wirtschaftsprinzipien führt. Besonders auch aufgrund der demokratischen Grundordnung und der vorliegenden rent-seeking-Kultur bewegen sich die Transformationsländer auf einem schmalen Grat zwischen marktwirtschaftlicher Erneuerung und Rückfall in alte bürokratische Herrschaftsstrukturen.

Abbildung 3: Zielsystem verschiedener Wirtschaftsakteure im Transformationsprozeß

Mitglieder der Bürokratie	Manager in Staatsbetrieben	Arbeiter und Arbeiterorganisationen
- Sicherung der beruflichen Stellung und der bürokratischen Privilegien - Aufrechterhaltung der Abhängigkeit der Staatsbetriebe - eigene Bereicherung am Vermögen des Staates	- Erzielung persönlichen Wohlstands und Macht - Stärkung der materiellen und finanziellen Position des eigenen Betriebs - Kontrolle im Privatisierungsprozeß	- Sicherung von Arbeitsplatz, Einkommen und sozialem Status - Erhalt und Ausbau der Verfügungsrechte in den Betrieben bzw. in der Gesellschaft insgesamt

Bei den obig beschriebenen Interessenpositionen und Verhaltensweisen handelt es sich insgesamt um eine Motivationslage, die in Anbetracht der teilweise neidvollen Blicke auf westlichen Wohlstand sowie des Kampfes der Menschen in Mittel- und Osteuropa für ein offenes System und gegen die wirtschaftlichen und politischen Zwänge paradox erscheinen müssen. Wenn, wie oben dargelegt, tatsächlich eine überwiegende Zahl der Bürokraten, Manager und Arbeitnehmer und damit ein dominanter Teil der Gesamtbevölkerung in den Transformationsländern gegen einen fundamentalen Umbau der Gesellschaft in Richtung einer Marktwirtschaft eingestellt sind, ist kaum verständlich, daß es zum Systemumbruch kommen konnte. Zumindest von der nicht privilegierten Bevölkerung sollte eine eindeutige Zustimmung zu der Transformation zu erwarten sein. Gerade diese Gruppe dürfte sich in ihrer Position als Konsument positive Wohlfahrtseffekte erhoffen und durch eine Beschneidung der Privilegien der Nomenklatura mehr soziale Gerechtigkeit erfahren.

Die Gründe für dieses widersinnig anmutende Verhalten wurden bereits aus der vorangegangenen Analyse der Interessen- und Motivationslage der verschiedenen sozialen Gruppen in den Transformationsländern deutlich. Darüber hinaus löst sich das obige Paradoxon auf, wenn neben der individuellen Motivation einzelner Interessengruppen auch die kollektive Rationalität im Transformationsprozeß in Augenschein genommen wird. Das Verhalten läßt sich also dann erklären, wenn für einzelne Gruppen und Individuen neben dem Ziel, absolute Nutzennachteile aus dem Übergang zu verhindern oder gar Vorteile daraus zu erzielen, auch das Bestreben, Nutzennachteile gegenüber anderen Teilen der Gesellschaft zu vermeiden, berücksichtigt wird.

Das oben beschriebene, einen erfolgreichen Systemwechsel mehr oder weniger stark beeinträchtigende Verhalten kann dann durchaus als individuell bzw. gruppenspezifisch rational angesehen werden. Die Rationalität ergibt sich neben einer individuellen Angst vor den sozialen Folgen des Umbruchs auch aus der Vorteilhaftigkeit einer Trittbrettfahrerposition für einzelne Personen oder Gruppen, also aus nicht-kooperativem Verhalten. Diese Position ist allerdings nur dann zu erreichen, wenn die Mehrheit der Gesellschaft sich kooperativ bzw. in bezug auf die Systemtransformation konform zu den neuen marktwirtschaftlichen Regeln verhält. Insofern ist es für die Manager, Arbeiterräte und Belegschaften einzelner Staatsbetriebe sowie für die Mitglieder der Wirtschaftsverwaltung sinnvoll, einen Wandel zur Marktwirtschaft generell zu befürworten, gleichzeitig aber für sich selbst die zu erwartenden Wohlfahrtseinbußen durch nicht-konformes Verhalten zu verhindern.[93]

Anders formuliert, löst sich der obige Widerspruch auf, wenn neben dem allgemein angestrebten Ziel der Marktwirtschaft auch die wechselseitigen Beziehungen und Abhängigkeiten der Interessenparteien sowie deren Einfluß auf das

93 „The paradox here is that it is rational for 'X' [single individuum of the group of ordinary, non-privileged people] to defect (e.g. by striking), which is her dominant strategy, even though she might be better off in the long run with a completed transformation." Weber, M., Glapinski, A. (1991), S. 32.

jeweilige Verhalten berücksichtigt werden. Wenn davon ausgegangen wird, daß die Akteure die Reaktionen bzw. die erwarteten Reaktionen anderer Akteure in die eigene Entscheidungsfunktion einbeziehen, läßt sich also die festgestellte Kontraposition zum neuen Wirtschaftssystem begründen.

Für ein Individuum oder eine Interessengruppe ist Kooperation im Sinne marktkonformer und transformationsfördernder Handlungen nur dann sinnvoll, wenn zusätzlich zu dem allgemein als wohlfahrtsfördernd erachteten Charakter dieses neuen Systems mindestens zwei Bedingungen erfüllt sind:

(1) Kooperatives Verhalten muß auch von anderen erwartet werden; das heißt, es muß klare Anzeichen dafür geben, daß keine Partei eine Trittbrettfahrerposition anstrebt und auf diesem Wege versucht, das Wohlwollen anderer Interessengruppen auszunutzen.

(2) Es muß gewährleistet sein, daß die Lasten des Übergangs mittelfristig nicht überwiegend von der eigenen Person oder Interessengruppe getragen werden müssen; ansonsten würde es letztlich nichts anderes als der erste Fall bedeuten; nämlich die eigene Schlechterstellung zum Nutzen anderer.

Die Realität spricht allerdings im Prinzip gegen die Erfüllung dieser Prämissen. *Erstens* sind bestimmte Gesellschaftsgruppen nicht nur mittel-, sondern voraussichtlich auch langfristig übermäßig stark von den Nachteilen der Transformation betroffen. Diese haben daher - ohne Kompensationszahlungen - einen Anreiz nicht zu kooperieren. Ein dadurch drohendes Scheitern der Transformation dürfte nur dann zu einem kooperativen Verhalten führen, wenn von der transformationsbedingten Verliererposition kein geringerer Wohlstand erwartet wird als von einem alternativen sozialistischen System. *Zweitens* gibt es keine Möglichkeiten, um Trittbrettfahren effektiv zu überwachen. Auch daher ist es für viele Wirtschaftssubjekte zunächst rational, sich nicht-kooperativ zu verhalten und davon auszugehen, daß auch andere Subjekte diese Strategie verfolgen.

Das Verhalten der einzelnen Gruppen der Gesellschaft im Übergang zur Marktwirtschaft kann insgesamt wohl nicht nur als Funktion der einzelnen Interessenpositionen und Motivationen angesehen werden.[94] Wechselseitige Beziehungen und Erwartungen zwischen den Akteuren sind in dem hier analysierten Prozeß vielmehr als ein signifikanter Verhaltensparameter zu erachten. Es kann davon ausgegangen werden, daß die Menschen - und das nicht nur im Systemwandel - *Differenzenspiele* spielen. Das heißt, sie berücksichtigen bei ihren Handlungen nicht nur das absolute Niveau der Auszahlungen, sondern gleichzeitig auch die Auszahlungs- bzw. Nutzendifferenzen zu anderen Individuen oder

---

94 Vgl. Tietzel, M. (1991), S. 11f.

sozialen Gruppen der Gesellschaft. Dies kann sowohl für kurz- als auch für langfristige Handlungsperspektiven angenommen werden, wobei in letzterem Fall die Maximierung des Sozialkapitals, also der Macht, zukünftige Interaktionen und soziale Entscheidungen zu kontrollieren, als Zielgröße angesehen werden kann. Aufgrund von trade-offs zwischen lang- und kurzfristigen Spielkonsequenzen muß dabei aber unter anderem über eine konkrete Gewichtung der Resultate befunden werden.[95]

Kooperatives Verhalten im Sinne einer Akzeptanz und Unterstützung des neuen Regelwerks kann dabei besonders in einem veränderten institutionellen Umfeld, wo alte Handlungsmuster, Handlungsmotive und Verhaltensnormen entfallen, neue aber noch nicht etabliert sind, kaum erwartet werden. Dort, wo die bisherigen Erfahrungen bezüglich des Verhaltens anderer Akteure nur noch bedingte Relevanz besitzen und Erwartungen hinsichtlich des zukünftigen Verhaltens der Mitmenschen extrem unsicher sind, ist für viele zunächst der Rückzug auf Altbewährtes und die Ablehnung von Neuem die geeignetere Strategie. Ein selbststeuernder Anpassungsprozeß in Richtung einer Marktwirtschaft kann daher kaum erwartet werden.

II.4 Essenz und Eigenart behavioraler Anpassung im Transformationsprozeß

In diesem Kapitel war es das Ziel, wesentliche Determinanten des Prozesses behavioraler Anpassung im Übergang von einer sozialistischen Planwirtschaft zu einer Marktwirtschaft zu spezifizieren. Es galt, verhaltenstheoretische Kernaspekte einer Systemtransformation und deren Effekt auf die Entwicklungen innerhalb der neuen Systemumwelt in Ostmitteleuropa zu analysieren. In diesem Sinn wurden zwei Aspekte, die kognitiven und institutionellen Erbschaften des Sozialismus sowie die Interessen und Reaktionen der Akteure innerhalb der Bürokratie und Wirtschaft, daraufhin geprüft, in welcher Weise sie Einfluß auf den Verlauf der Transformation und die Entwicklung des Wirtschaftssystems ausüben.

Dabei wurde deutlich, warum der Prozeß behavioraler Anpassung an ein neu formiertes marktwirtschaftliches Rahmengefüge nur teilweise einem von externen

---

95 Vgl. Herrmann-Pillath, C. (1993), S. 13f. Der Begriff des „Sozialkapitals“ orientiert sich dabei an den einschlägigen Ausführungen von *Coleman*. Hierbei kann nach tangiblen und intangiblen Vermögenswerten differenziert werden. Ersteres umfaßt Real- und Geld-(Nominal-)kapital; zweiteres betrifft im wesentlichen die Reputation, den Informationsstand und die Organisiertheit einer Gruppe. Siehe Coleman, J.S. (1990).

Strukturen und Institutionen autonom gelenkten und kaum einem *circulus creativus* entspricht. Mindestens zwei Gründe sind dafür zu nennen: *Erstens* werden die Entscheidungen und Handlungen der Individuen im Transformationsprozeß signifikant durch die in der kommunistischen Vergangenheit konditionierten Denk- und Verhaltensmuster sowie durch die überlieferten Interaktionsstrukturen beeinflußt.[96] Diese Beeinflußung hat für die Entstehung und Konsolidierung marktwirtschaftlicher und wettbewerblicher Mechanismen eine tendenziell negative Wirkung. Sie wirkt negativ, weil dadurch kaum eigenverantwortliches und eigeninitiiertes, sondern vielmehr passives, alte Routinen beibehaltendes und rentensuchendes Verhalten bei den Akteuren hervorgerufen wird. Sie hat zudem einen negativen Effekt, da die Reformen im Sozialismus unter anderem Mißtrauen, geringe Regelkonformität und Kurzsichtigkeit erzeugt haben. Dies wirkt sich in einem auf überwiegend spontanen und freiwilligen Interaktionen beruhenden Wirtschaftssystem in erster Linie repressiv aus.

Zweitens wird der Systemübergang maßgeblich durch die Interessen und Einstellungen der Wirtschaftssubjekte sowie durch unternehmensinterne Koordinations- und Organisationsvorgänge determiniert. Dabei haben die Wirtschaftsakteure in den Unternehmungen vielfach Zielsetzungen, die dem Übergang zu einer Marktwirtschaft entgegenstehen. Der Grund dafür ist, daß dieser Übergang oftmals kurzfristig große Nutzeneinbußen verursacht, ohne mittelfristig eine entsprechende Kompensation erwarten zu lassen. Bei einer Systemtransformation entstehen somit Interessenkonflikte, die sich für den Verlauf und die Realisierung dieses Prozesses als hemmend erweisen. Allein die Tatsache, daß eine Marktwirtschaft langfristig große Vorteile für die Gesellschaft als Ganzes in Aussicht stellt, reicht für einzelne negativ tangierte Akteure nicht aus, um ihre Widerstandsposition aufzugeben und auf ein kooperatives Verhalten überzuwechseln.

Ein Blick auf die Verhaltensmotivationen einzelner Akteure und Interessengruppen im Gesellschaftskontext weist des weiteren darauf hin, daß die Entscheidungen im Systemübergang nicht nur durch individuelle bzw. gruppenspezifische Interessenpositionen bestimmt sind. Eine nicht geringe Bedeutung muß ebenfalls dem erwarteten Verhalten anderer Individuen und Interessengruppen zugeschrieben werden. Die Analyse dieser Aspekte zeigt, daß aufgrund der Trittbrettfahrerproblematik und der insgesamt großen Erwartungsunsicher-

---

96 Analog auch *Korsun* und *Murrell*: „A (...) major determinant of enterprise behavior is the set of relationships between economic agents and the internal structure of influence inherited from the socialist era. Because every large enterprise is part social system, relying on networks and customs for its functioning, old internal relationships will be resistant to change, and new ones will form only slowly." Korsun, G., Murrell, P. (1995), S. 5. Für eine ähnliche Argumentation vgl. Nelson, R.R., Winter, S.G. (1982).

heiten kooperatives Verhalten im Sinne eines Überwechselns auf marktwirtschaftliche Interaktionsmechanismen zunächst kaum zu erwarten ist.

Verallgemeinert kann somit festgehalten werden, daß ebensowenig wie die Gewinnmaximierungs- bzw. Verlustminimierungshypothese dem Verhalten von Unternehmen in etablierten wettbewerblichen Marktsystemen gerecht werden kann,[97] eine von Personen und deren Dispositionen und Motivationen abstrahierende Betrachtung des hier zu untersuchenden Systemübergangs gehaltvolle Erkenntnisse über deren Wesen und Inhalt zu liefern imstande sein wird. Aus der Sicht behavioraler Anpassung ist die Transformation eines sozialistischen Wirtschaftssystems wesentlich mehr als ein ökonomisches und ordnungstechnisches Problem. Dadurch, daß Individuen bzw. Gruppen von Individuen mit unterschiedlichen Einstellungen und Interessen den mehr oder weniger umfassend konstruierten marktwirtschaftlichen Handlungsrahmen mit Leben füllen müssen, erhält der Systemwandel vielmehr eine stark subjektive und politische Komponente. Dieses sorgt nicht nur dafür, daß sich der Prozeß behavioraler Anpassung im Transformationsprozeß zu einem nationalen Verteilungskampf zwischen den verschiedenen politischen Gruppierungen entwickelt. Ebenfalls wird dadurch verhindert, daß sich stets nur ökonomisch rationale Institutionen etablieren und daß ex ante bestimmbar ist, in welchem Institutionengefüge die Abwandlungen münden werden.

Eine Abstraktion von mikropolitischen Verhaltenseffekten erscheint nur dann gerechtfertigt, wenn Transformationsmaßnahmen thematisiert werden, die ausschließlich einer höheren Entscheidungsebene zuzurechnen sind. Als Beispiel hierfür kommen Maßnahmen bezüglich der Geld- und Währungsordnung sowie bezüglich der Stabilisierungs- und Liberalisierungspolitik in Betracht. Bei Analyse der Eigentumstransformation ist eine Abstraktion von politökonomischen Aspekten bzw. von Verhaltensmotiven und gesellschaftlichen Konfliktbeziehungen am wenigsten angebracht und sehr problematisch. Bei dieser Aufgabe sind die Wohlstandspositionen der Akteure sehr stark betroffen und die Möglichkeiten der Reformpolitik erheblich von deren Reaktionen abhängig.

---

97 Vgl. Röpke, J. (1977), S. 165f.

Kapitel III

Systemtransformation und behaviorale Anpassung aus Sicht der Institutionenökonomie

„There is an urgent need to model the behavior of micro units (and micro-micro units) under a new and changing institutional framework. There are many important questions that require answers.“[1]

III.1 Systemtransformation und Institutionenökonomie

Nachdem in den vorangegangenen Kapiteln der Anpassungs- und Entwicklungscharakter der in Ostmitteleuropa stattfindenden Transformationsprozesse näher erörtert wurde, soll nun nach grundsätzlichen theoretischen Zusammenhängen dieser Vorgänge geforscht werden. Es gilt, einen theoretischen Rahmen zu ermitteln, der geeignet ist, die Motivationen und Reaktionen der Individuen in der Anpassungsphase zu erfassen und damit Wesen und Verlauf des Systemübergangs genauer zu erklären. Ein derartiger Rahmen sollte die logischen Zusammenhänge von Übergangsszenarien noch mehr erhellen und für die Formulierung einer Transformationspolitik in der Anpassungsphase dienlich sein. Die bisherigen theoretischen Überlegungen können insofern als unbefriedigend angesehen werden, als ihnen ein analytisches Gesamtkonzept fehlt. Dem soll im folgenden entgegengewirkt werden.

Aus der Fülle der bisherigen Abhandlungen zur Transformationsökonomik kann der Theorie institutionellen Wandels im speziellen und damit der Theorie der Institutionen im allgemeinen ein besonderes Eignungsprofil für diese Zielsetzung beigemessen werden. Nach Meinung vieler Wissenschaftler ist die Institutionenökonomie sogar ein zentraler Baustein bei der theoretischen Aufarbeitung der Systemtransformation. Wie von *Schiavo-Campo*, so wird von vielen Forschern betont, „that institutional change is key to a successful transition to market-oriented economies“.[2] „Recent events in Eastern Europe have made crystal-clear“, so auch *Coase*, „that an economic theory which does not incorporate institutions is for many purposes largely useless.“[3]

---

1 Eggertsson, T. (1994), S. 43.
2 Schiavo-Campo, S. (1994), S. 5f.
3 Coase, R.H. (1993), S. 360. Eine Vernachlässigung institutioneller Aspekte wird sehr häufig dem IWF vorgeworfen: „The Fund has been rather blind to institutional issues and theories contained in public choice theory, the property rights school, and new in-

Im Vergleich zur klassischen und neoklassischen Denkschule der Ökonomie muß die Theorie der Institutionen für das Problem der Systemtransformation als besonders geeignet erachtet werden. Bei diesem Ansatz werden neben rein funktionalen auch verhaltensbezogene Aspekte, wie Interessenkonflikte, unvollkommene Information, Unsicherheit und Opportunismus, in die Analyse einbezogen, die ein weitaus präziseres Bild der realen Welt und ökonomischer Aktivitäten liefern. Von der Institutionenökonomie können daher auch Ergebnisse mit höherer praktischer Relevanz für den Transformationsprozeß erwartet werden, wo derartige Faktoren, wie in den vorstehenden Kapiteln dokumentiert wurde, eine zentrale Rolle spielen. Die reine Neoklassik kann im Gegensatz dazu nicht als adäquates Instrument zur Abbildung, Erklärung und Formulierung einer Politik im Transformationsprozeß erachtet werden. Sie blendet durch ihre - wie *Buchanan* es formuliert - teleologische Denkweise rationalitätsbeeinträchtigende Faktoren aus und läßt Lern- und Anpassungsprozesse vollständig außer Betracht.[4]

Gehen wir mit *Kloten* weiter davon aus, daß eine die Systemtransformation abbildende und erklärende Theorie die dabei auftretenden Anpassungsprozesse sowohl auf prozeß- als auch auf ordnungstheoretischer Ebene erfassen sollte,[5] so steht überdies die Frage nach einer ordnungstheoretischen Untersuchung des Übergangs zu einer Marktwirtschaft zur Diskussion. Eine derartige Untersuchung impliziert allerdings gravierende Probleme: *Erstens* ist die Ordnungstheorie sehr stark auf die Verhaltenswirkungen der zwei Idealtypen von Wirtschaftsordnungen, der Wettbewerbsordnung und der Zentralverwaltungswirtschaft, fokussiert. *Zweitens* zielt dieser Ansatz in erster Linie darauf ab, die Bedingungen, unter denen die eine oder andere Wirtschaftsordnung funktionieren kann, herauszustellen. Die Ordnungstheorie ist kaum in der Lage, die Anpassungsreaktionen und Triebkräfte während der Phase des Übergangs zu eruieren und die Entstehung potentieller hybrider Ordnungsformen zu erklären.[6] Zudem hat sich diese Theorie zum überragenden Leitbild einer Privateigentumsordnung entwickelt, was eine

---

stitutionalism. The common characteristics of these theoretical approaches is that they provide useful tools for examining (...) the question of how existing economic regimes differ from an 'ideal' capitalist system." Mizsei, K. (1994), S. 4.

4 Die Neoklassik ignoriert verhaltenswissenschaftliche Aspekte in Handlungs- und Entscheidungssituationen von Individuen. Sie geht von einer Scheinrationalität der Individuen aus, d.h. von Individuen, die jedes Handeln auf der Grundlage vollständiger Information vornehmen. Anpassungs- und Lernprozesse sind daher nicht relevant; die Individuen wissen bereits alles. „The mainframe of the [neoclassic, D.D.] theory", so auch *Etzioni*, „is well characterized as comparative static. That is, it contains characterizations of states but no conceptions of the processes that lead to a transition from one state to the other and, above all, what may shape and modify these processes." Etzioni, A. (1992), S. 41. Zur Kritik an der Neoklassik siehe auch Dietz, R. (1992).

5 Vgl. Kloten, N. (1989), S. 100.

6 „Die dualistische Ordnungstheorie", so auch *Herder-Dorneich*, „kann Mischformen funktional nicht denken (...)." Herder-Dorneich, P. (1991), S. 30.

fehlende Wertfreiheit gegenüber alternativen Systemen vermuten läßt.[7] Gerade die Institutionenanalyse, so die Meinung vieler, könne diese Zusammenhänge in angemessener Schärfe darstellen und damit sogar ein theoretisches Fundament für die Ordnungstheorie liefern.[8]

Die Novität der Ereignisse in Mittel- und Osteuropa hat jedoch auch die Institutionenökonomie erst seit einigen Jahren ernsthaft mit dem Problem der Systemtransformation konfrontiert. Zu der Sachlage, daß selbst die Entwicklung einer allgemeinen Institutionentheorie erst in den Anfängen begriffen ist,[9] kommt demnach noch eine weitere Unwegsamkeit im Hinblick auf das Ziel einer institutionentheoretischen Aufarbeitung von Systemtransformationen hinzu, und zwar, daß wir über die möglicherweise existierenden transformationsspezifischen Wandlungsvorgänge und -probleme von Institutionen nur sehr geringe Erkenntnisse haben.

Diesbezügliche Analysedefizite können *erstens* darin gesehen werden, daß institutioneller Wandel bislang vielfach nur aus relativ statischer Sicht betrachtet wurde. Zwar wurden Veränderungen von Regelungsmechanismen für bestimmte ökonomische Probleme diskutiert und erklärt. Die ordnungsbegründenden Rahmeninstitutionen einer Wirtschaft wurden bei diesen Untersuchungen aber in der Regel als konstant erachtet. Die Institutionenwahl orientierte sich also auf ein gegebenes Ordnungsgefüge, das aber in der Transformationssituation gerade nicht vorliegt. Das Problem, auf welche Art und Weise sich ökonomische Institutionen in einem sich wandelnden institutionellen Umfeld bzw. wie sich marktwirtschaftliche Institutionen in einem nicht-marktwirtschaftlichen System herausbilden, fand bislang nur wenig Aufmerksamkeit.

Zweitens zeichnet sich die Theorie institutionellen Wandels überwiegend durch eine Fokussierung auf ökonomische Institutionen aus. Wie in den vorangegangenen Teilen dieser Arbeit gezeigt wurde, sind ökonomische Institutionen aber nicht die einzige Verhaltensdeterminante in einer Gesellschaft. Ökonomische Institutionen sind eng und in der Realität untrennbar mit sozio-kulturellen und politischen Regeln und Normen verbunden. Diese und damit zum Beispiel auch die vorher diskutierten Erbschaften eines alten Institutionengefüges in die Analyse institutionellen Wandels einzubeziehen, ist nicht nur gerechtfertigt, sondern

---

7 „Ganz wertsteril (...)", so aber *Tietzels* Kritik an der Institutionenökonomie, „geht es (...) auch unter Institutionalisten nicht zu." Hierbei lasse sich ebenfalls eine Präferenz für Aktivitäten in Privatunternehmen sowie für eine Bewertung anhand der Allokationseffizienz erkennen. Besonders gelte dies für die vergleichende Theorie der Institutionen. Tietzel, M. (1991), S. 31.

8 Vgl. Tietzel, M. (1991), S. 25ff.

9 „We are just beginning the serious study of institutions. The promise is there. We may never have definitive answers to all our questions. But we can do better." North, D.C. (1990), S. 140.

auch notwendig, um die Entwicklungen bei derartigen Wandlungsprozessen verstehen und erklären zu können.[10] Rein ökonomische Analysen und Lösungskonzepte werden der dreidimensionalen Transformationsproblematik in Ostmitteleuropa - Politik, Wirtschaft, Kultur - nicht gerecht.[11] Eine multidisziplinäre Analyse des Transformationsproblems ist unabdingbar.

Schließlich hat sich im Neuen Institutionalismus - wie in vielen anderen Bereichen der Wirtschafts- und Sozialwissenschaften auch - weitgehend ein individualistischer Ansatz zur Erklärung menschlichen Handelns durchgesetzt. In diesem werden die Individuen als rationale Maximierer subjektiver Nutzenwerte unter Beschränkungen charakterisiert. Als Beschränkungen informeller Art werden dabei zum Beispiel die in der Soziologie besonders hervorgehobenen gesellschaftlichen Normen und Werte behandelt.[12] Ob dieses Rationalitätskonzept die allgemeine Realität in angemessener Weise wiedergibt und insbesondere die Entscheidungsprozesse im institutionellen Wandel einer Systemtransformation mit der notwendigen Genauigkeit erklären kann, ist jedoch zweifelhaft. *Zum einen* kann davon ausgegangen werden, daß die Akteure nicht nur den Nutzen in einer bestimmten „Spielsituation“ maximieren, sondern auch die Anhäufung von sozialer Macht bzw. Sozialkapital anstreben, um in zukünftigen Situationen Nutzenpotentiale ausschöpfen zu können. Damit wird das Konzept einfacher, subjektiver Nutzenmaximierung aus dem Entscheidungsmodell verdrängt, weil mit der Zielvariable „Sozialkapital“ eine strategische und in bezug auf den sozialen Kontext objektive bzw. intersubjektive Größe in das Handlungssystem der Wirtschaftsakteure Einzug erhält.[13] *Zum anderen* werden Entscheidungen bezüglich des Wirtschaftssystems in der Regel nicht von Individuen, sondern von Gruppen getroffen. Dementsprechend dürften primär kollektive Phänomene die Entscheidungen und somit die behaviorale Anpassung beeinflussen.

In den weiteren Abschnitten dieses Kapitels soll ergründet werden, ob und wie die hier angesprochenen Unzulänglichkeiten aufgearbeitet werden können und welche Erkenntnisse institutionenökonomische Überlegungen für den Systemwandel insgesamt zu liefern imstande sind. Es gilt zu prüfen, ob der Institutionalismus geeignet ist, die transformationsbedingten Anpassungsvorgänge,

---

10 Vgl. North, D.C. (1994), S. 359.

11 „The economics of institutions reminds us not to consider institutional change or reforms in isolation from political factors. All institutional change creates winners and losers, and the losers, operating through economic and political organizations, will work to prevent changes that harm them.“ Eggertsson, T. (1994), S. 45. Analog *Lindenberg*: „The situation in Eastern Europe is clearly one that calls for an extended theory of institutions that integrates economic and sociological aspects.“ Lindenberg,S. (1992), S.129.

12 So unter anderem in der North'schen Institutionenökonomik. Vgl. North, D.C. (1990).

13 Vgl. Herrmann-Pillath, C. (1993), S. 11f. Objektität bzw. Intersubjektivität kommt hierbei insofern zum Tragen, als sich der Faktor Sozialkapital auf Fähigkeiten relativ zu anderen Subjekten einer Gesellschaft bezieht.

deren Einflußgrößen und Wirkungszusammenhänge zu erfassen und zu erklären und eventuell auch wirtschaftspolitische Strategien daraus abzuleiten.

Die Neue Institutionenökonomik besteht allerdings nicht aus einem einzigen theoretischen Konzept. Vielmehr stellt dieser Denkansatz eine Gesamtheit verschiedener Anreiz- und Beziehungssysteme bzw. Sichtweisen dar, die jeweils spezifische Zusammenhänge und Aspekte wirtschaftlicher Handlungen und Handlungssysteme beleuchten. Als zentrale Konzepte der Institutionenökonomik haben sich die Property Rights- bzw. Verfügungsrechtstheorie, die Vertragstheorie und die Transaktionskostentheorie (im folgenden TKT) erwiesen. Der zentralen Bedeutung der TKT für die Institutionenökonomie und die Auswahl von Institutionen entsprechend, wird speziell dieser Ansatz in der folgenden Analyse erörtert. Es soll untersucht werden, inwieweit die institutionellen Entwicklungen im Systemübergang als Ergebnis tk-orientierter Handlungen interpretierbar sind. Die folgenden Fragen werden dabei im Mittelpunkt stehen:

- Welche Aussagen kann die TKT für den Verlauf und das Ergebnis des Systemübergangs und insbesondere bezüglich behavioraler Anpassung in diesem Prozeß machen?
- Wie entwickeln sich die Transaktionskosten (im folgenden TK) im Transformationsprozeß?
- Stellt die TKT ein geeignetes Analyseinstrumentarium bereit, um die zentralen Einflußgrößen und Wirkungsinterdependenzen im Rahmen der Systemtransformation abbilden und erklären zu können?

Aufbauend auf der Analyse des Erklärungspotentials bzw. einer Annahmenkritik der TKT wird erörtert, welche konzeptionellen Anforderungen eine institutionentheoretische Analyse erfüllen sollte, um den wesentlichen Entwicklungsprozessen einer Systemtransformation gerecht werden zu können. In diesem Zusammenhang wird gezeigt, daß es eines die sozialen Konflikte, Lern- und Evolutionsprozesse erfassenden Ansatzes bedarf, um die zentralen Einflußvariablen und Wirkungsinterdependenzen institutionellen Wandels offenzulegen und zu erklären. Zwecks Darstellung der wesentlichen Ziele und Aussagen der Theorie der Institutionen, des institutionellen Wandels und der TK erfolgt aber zunächst eine Einführung in deren Grundbegriffe und -inhalte.

III.2 Institutionen, institutioneller Wandel und Transaktionskosten

Institutionen werden im folgenden als allgemein akzeptierte Regeln und Normen verstanden, die dafür verantwortlich sind, wie sich Wirtschaftssubjekte in rekurrenten und multipersonellen Entscheidungs- und Handlungssituationen verhalten und welches Verhalten von anderen Individuen erwartet wird.[14] Institutionen existieren nicht nur in formeller Form, sondern sind zu einem bedeutsamen Teil auch formungebundener bzw. informeller Natur. Informelle Institutionen entstehen ohne explizite Vereinbarung und schriftliche Fixierung, sondern lediglich aus den Erfahrungen des Zusammenlebens bzw. aus impliziten Übereinkünften in der Gemeinschaft.[15] In ihren Funktionen sprechen Institutionen kognitive Phänomene an. Verhaltensentscheidungen finden in den Köpfen von Individuen stattfinden und sind in der Regel das Ergebnis von Denk- und Bewußtseinsprozessen. Daneben sind Institutionen aber auch von emotiver Bedeutung. Regelkonformes Verhalten wird für viele Individuum Wohlbefinden, Regelinkonformität üblicherweise Unbehagen oder sogar Gewissenskonflikte erzeugen.[16]

Ein wesentliches Merkmal von Institutionen ist, daß sie für die Entscheidungen der Menschen notwendige Informationssignale aussenden, Verhaltensunsicherheiten reduzieren und dadurch Handlungen und Entscheidungen der Akteure erst ermöglichen. Sie beschränken den ansonsten unüberschaubaren Verhaltensspielraum und führen dadurch erst zu regelmäßigen Interaktionen zwischen den Wirtschaftssubjekten. Das Institutionengefüge definiert den Wahlbereich des einzelnen durch formgebundene und formungebundene Beschränkungen und konstituiert eine Verhaltensanreiz-, Kontroll- und *penalty-reward*-Struktur.

Institutionen können durch bewußte Konstruktion oder durch spontane Interaktionen zwischen Individuen im Rahmen der Bedürfnisbefriedigung entstehen.[17]

---

14 „We may say that institutions consist of a set of constraints on behavior in the form of rules and regulations; a set of procedures to detect deviations from the rules and regulations; and, finally, a set of moral, ethical behavioral norms which define the contours that constrain the way in which the rules and regulations are specified and enforcement is carried out." North, D.C. (1984), S. 8. Andere Interpretationen des Begriffs Institution beschreibt unter anderem Matthews, R.O.C. (1986), S. 904f..

15 Gemäß *North* stellen formelle bzw. formgebundene Regeln im Gegensatz zu informellen bzw. formlosen Regeln einen vergleichsweise kleinen Teil der Handlungsrestriktionen einer Gesellschaft dar. Selbst in primitivsten sozialen Systemen gibt es seiner Meinung nach eine größere Anzahl formloser Beschränkungen, z.B. Ideologien, Sitten, Religionen oder Gebräuche, die das alltägliche ökonomische Handeln stark beeinflussen und die Anreizstruktur der Individuen determinieren. Vgl. North, D.C. (1990), S. 36f.

16 Vgl. Elsner, W. (1986), S. 240f.

17 Analog identifiziert *von Hayek* zwei Arten der Ordnung: die geplante Ordnung, die er Organisation nennt, und die spontane Ordnung, die evolutionären Charakter hat. Letztere entsteht aus der unbeabsichtigten Konsequenz beabsichtigter Handlungen. Vgl. Hayek, F.A., von (1969), S. 34.

Ersteres geschieht durch Regelsetzungsorgane, zum Beispiel eine Staatsregierung. Eine spontane Entstehung von Institutionen ist hingegen eine Folge personeller Interdependenzen. In einem Mehrpersonenkontext realisieren die Individuen den Vorteil einer Berücksichtigung anderer Interessen und den Nachteil unkoordinierter Interessenkonflikte. Im Laufe der Zeit, das heißt mit Wiederkehr von Entscheidungssituationen, findet ein Lernprozeß statt, bei dem die Akteure erkennen, daß ein abgestimmtes, auf einen diskreten Wahlbereich beschränktes Verhalten langfristig einen höheren Nutzen hervorbringt als eine gesellschaftlich unkoordinierte, lediglich den eigenen Werten und Zielen folgende Handlungsstrategie. Auf diesem Wege werden die Interaktionen verschiedener Akteure bestimmten Regeln unterworfen und damit institutionalisiert.[18]

Von besonderem Interesse für den Transformationsprozeß ist der Prozeß *institutionellen Wandels*. Beide Prozesse nehmen Bezug auf Veränderungen gesellschaftlicher Verhaltensregeln und weisen daher ein gemeinsames Erkenntnisobjekt auf. Institutioneller Wandel ist ein komplexer Vorgang, da er das Ergebnis einer großen Anzahl interdependenter formgebundener und formloser Faktoren ist. Derartige Veränderungen sind aber nicht nur in der Modifikation bereits bestehender Regeln und Normen, sondern auch in deren Entstehung und Aussterben zu sehen. Institutioneller Wandel ist damit sowohl als Institutionenemergenz als auch als Institutionenanpassung zu interpretieren.[19]

Eine genauere Analyse dieser Thematik bedarf aber nun der Frage, welche Faktoren und Prozesse für institutionellen Wandel verantwortlich sind. Es gilt zu erörtern, wodurch und in welcher Art und Weise Veränderungen auf institutioneller Ebene hervorgerufen werden.

Um diese Fragen aufzuklären, bedarf es spezieller Theorieansätze. Mit ihnen müssen Motivation und Richtung von institutionellen Veränderungen operationalisiert werden können. Einen solchen Erklärungsansatz liefert die *Theorie der Transaktionskosten* (TKT), die im Rahmen der Institutionenökonomie und der Theorie institutionellen Wandels eine zentrale Stellung eingenommen hat.[20]

---

18 Dieser Prozeß läßt sich gemäß *Schotter* oder *Elsner* in geeigneter Weise mit Hilfe eines *Prisoners-Dilemmas* abbilden. Dabei lernen die beteiligten Spieler, daß das Erreichen einer Pareto-superioren Situation nur über gegenseitige Abstimmung möglich ist. Durch diese Abstimmung entstehen Institutionen. Siehe Schotter, A. (1981), S. 22ff, 54ff. sowie Elsner, W. (1987), S. 7. Die Spieltheorie kann in diesem Sinne auch als Theorie der Institutionenemergenz bezeichnet werden, was in einem späteren Teil dieser Arbeit, in Kapitel IV, noch genauer thematisiert wird.

19 Vgl. Elsner, W. (1987), S. 6f.

20 *Matthews* behandelt die Institutionenökonomie und die TKT sogar als „single approach". Vgl. Matthews, R.C.O. (1986), S. 907. Insofern könnte die Analyse der Relevanz der TKT im Transformationsprozeß sogar als Prüfung der zentralen Thesen der Institutionenökonomie insgesamt bewertet werden, zu deren Entwicklung insbesondere

Dabei sind Transaktionskosten (TK) als Abbild subjektiver Kosten zu verstehen, die sich primär aus unvollständigen Informationen ergeben. Konkret formuliert, fallen sie bei der Suche, Anbahnung, Durchführung, Kontrolle und Durchsetzung von Leistungsaustauschen zwischen Wirtschaftsakteuren an.[21] Im Zentrum dieser Austausche stehen Verfügungsrechte bzw. Property Rights, die darüber bestimmen, wie die Rechte der Nutzung (usus), der Aneignung der Früchte (usus fructus), der Veränderung von Form und Substanz (abusus) sowie der Veräußerung an einem Gut angeordnet sind. Gegenüber der neoklassischen Theorie, die eine derartige Differenzierung nicht vornimmt und von kostenlosen Markttauschen und Informationen ausgeht, hat die TKT einen erkenntnistheoretisch wertvollen Beitrag zum Verständnis real existierender Eigentums- und Organisationsformen geleistet. Die TKT hat gezeigt, daß die oben genannten Kostenarten einen signifikanten Einfluß auf die wirtschaftlichen Anreize haben. Damit hat sie verständlicher gemacht, von welchen Faktoren die Allokation von Ressourcen abhängt und welche Antriebskräfte bei der Entstehung ökonomischer Institutionen, wie zum Beispiel verschiedener Interaktions- und Organisationsformen, wirksam sind. Um zu erklären, welche Entwicklungstendenzen bzw. welche Adaptions-, Permutations- und Rekombinationsprozesse in Ostmitteleuropa auftreten können, bringt die TKT somit einige wichtige Voraussetzungen mit.
Den Annahmen des Neuen Institutionalismus folgend, unterstellt die TKT:

a) Den methodologischen Individualismus, der Individuen als Objekt der Analyse und individuelles Verhalten zur Erklärung von sozialen Regeln heranzieht;
b) die Maximierung des subjektiven Nutzens als Handlungsziel der Wirtschaftssubjekte;
c) den Wirtschaftssubjekten begrenzte kognitive Fähigkeiten, um die Komplexität der realen Welt verarbeiten zu können bzw. *bounded rationality*;
d) opportunistisches Verhalten der Individuen; was impliziert, daß eigene Interessen wenn nötig auch zum Nachteil anderer durchgesetzt werden, sowie
e) stabile Präferenzen der Individuen, die eine konstante Struktur der Nutzenfunktion mit ebensolchen Bedürfnissen implizieren.

Innerhalb dieses Analyserahmens erfolgt institutioneller Wandel dann, wenn dadurch die TK von Bedürfnisbefriedigungsaktivitäten gesenkt werden können. Institutionelle Veränderungen sind somit das Ergebnis einer stetigen Suche der

---

Ronald H. Coase und *Oliver E. Williamson* beigetragen haben. Vgl. Coase, R.H. (1937, 1960) und Williamson, O.E. (1985).

21 Vgl. Coase, R.H. (1960), S. 15. Über alternative Definitionen von TK informiert unter anderem Dahlman, C.J. (1979).

Wirtschaftsakteure nach tk-reduzierenden Verfügungsrechts-, Organisations- und Kontraktformen.

Die TKT operiert ergo mit einem Konzept der relativen Effizienz von Institutionen, aus der letztendlich die Antriebskräfte institutionellen Wandels resultieren.[22] Es wird ermittelt, ob ein gewünschtes Handlungsziel bei gegebenen Produktionskosten mit geringeren TK erreicht werden kann. Als effizient kann insofern jede Institution gelten, die die Kosten einer spezifischen ökonomischen Aktivität minimiert. Die wesentlichen Kosteneinflußgrößen sind dabei Unsicherheit, Komplexität und Häufigkeit von Transaktionen.[23] Die TK sind im allgemeinen umso niedriger:

- Je geringer die Unsicherheit bezüglich der Ergebnisse eigenen Verhaltens ist, das heißt, je größer der Wissens- und Erfahrungsschatz mit diversen ökonomischen und sozialen Aktivitäten ist und je risikoärmer diese Aktivitäten sind;
- je geringer die Unsicherheit bezüglich des Verhaltens und der Reaktionen anderer Wirtschaftssubjekte ist, oder anders ausgedrückt, je eindeutiger die Rechtsstrukturen sind und je größer das Vertrauen in das soziale, ideologische und wirtschaftliche Umfeld ist;
- je geringer die Komplexität im Sinne der Anzahl möglicher Umweltsituationen, Handlungsoptionen und Austauschbeziehungen ist und
- je häufiger eine bestimmte Transaktion durchgeführt wird.

Die Art und Weise, in der sich diese Kosteneinflußgrößen im Übergang von einer Zentralverwaltungswirtschaft zu einer Marktwirtschaft entwickeln, wird - so kann aus der TKT abgeleitet werden - für das Verhalten der Individuen in den Transformationsländern entscheidend sein. Mehr noch: Bezogen auf das Ergebnis dieses Verhaltens werden die TK in der post-Kernphase des Systemübergangs für den Prozeß institutionellen Wandels und die Anordnung von Property Rights bestimmend sein.

Im folgenden sollen daher typische TK-Verläufe in der Anpassungsphase der Transformation aufgedeckt und deren Auswirkung auf das Institutionengefüge und damit auf das neu entstehende Wirtschaftssystem insgesamt eruiert werden. Es soll geprüft werden, ob TK eine wesentliche Einflußgröße institutionellen Wandels einer Systemtransformation repräsentieren.

---

22 Der Begriff der Effizienz stößt in der Institutionenökonomik allerdings auf Probleme, da hier nicht mehr von einer *zero-transaction-cost*-Welt ausgegangen wird. Der Idealtypus einer neoklassischen first-best-Lösung ist also nicht mehr als Maßstab anzusehen und Effizienz daher nicht mehr eindeutig definierbar. Vgl. Richter, R. (1990), S. 580.

23 Darüber hinaus hat *Williamson* die Bedeutung der *asset specificity* bzw. des Ausmaßes der von einer Vertragspartei durchgeführten transaktionsspezifischen Anlageinvestitionen für die Höhe der TK erörtert. Vgl. Williamson, O.E. (1979).

III.3 Aussagen und Relevanz der Transaktionskostentheorie im Prozeß institutionellen Wandels einer Systemtransformation

III. 3.1 Institutioneller Wandel, Transaktionskosten und Verhaltensreaktionen im Transformationsprozeß

In der Institutionenökonomie wird institutioneller Wandel überwiegend als ein evolutionärer und inkrementaler, das heißt, ein in kleinen Schritten ablaufender Erneuerungsprozeß beschrieben. Im Gegensatz dazu kann im Rahmen der hier betrachteten Transformationsproblematik zunächst von einer diskontinuierlichen und konstruierten Veränderung von Institutionen gesprochen werden. Diskontinuierlich und konstruiert insofern, als formale Basisinstitutionen einer Marktwirtschaft zu einem Zeitpunkt und nicht in einem Zeitraum neu geschaffen werden. Bislang gültige fundamentale Regeln müssen mittels politischer Entscheidung zu einem Stichtag außer Kraft gesetzt und auf gleiche Weise gegen alternative Regeln ersetzt werden. Zu Beginn des Systemwandels muß ein qualitativer Sprung bezüglich der konstituierenden Wirtschaftsordnungselemente vollzogen werden, unabhängig davon, ob ein eher gradueller oder ein eher radikaler Übergang angestrebt wird.[24] Die neu installierten Basisinstitutionen bilden den Rahmen der Anreiz- und Kontrollstruktur für ökonomische Handlungen und Entscheidungen bzw. den formellen Wahlbereich für das Verhalten der Wirtschaftsakteure.

Aus der Sicht der TKT bedeutet die Konstruktion eines neuen und Destruktion des alten Institutionenrahmens eine exogene Änderung der relativen Preise für die Handlungsalternativen der Wirtschaftssubjekte. Die sich in den Institutionen manifestierenden impliziten und expliziten Preisrelationen werden verändert. Je nach Umfang der Erneuerung des formellen Regelwerks bringt dies eine mehr oder weniger abgewandelte Kosten-Nutzen-Situation für die Bedürfnisbefriedigungsaktivitäten der Individuen mit sich. Dadurch werden Verhaltensänderungen ausgelöst, falls die bislang realisierten Handlungen nicht mehr die subjektiv optimale Relation von Kosten und Nutzen darstellen.

Die relativen Preisänderungen, die den Wirtschaftssubjekten innerhalb eines neu implementierten marktwirtschaftlichen Institutionensystems in aller Regel gegenüberstehen, stellen sich nahezu ausnahmslos als ein enormer Anstieg von TK dar.[25] Dieser basiert entscheidend auf einer:

---

24 Hierin unterscheiden sich die Reformen im Sozialismus von einer Systemtransformation. Bei ersteren wurde der qualitative Sprung nicht vollzogen, aber auch nicht beabsichtigt. Bei einer Transformation ist er hingegen das primäre Ziel.

25 Vgl. unter anderem Kloten, N. (1991), S. 27.

(1) beträchtlichen Zunahme von *Unsicherheit* bezüglich eigener Aktivitäten und den Reaktionen anderer Subjekte. Die Möglichkeiten der Erwartungsbildung über die Zukunft sowie interpersonelles und systembezogenes Vertrauen werden damit stark eingeschränkt;
(2) signifikanten Erhöhung von *Komplexität* bezüglich des Handlungs- und Entscheidungsspektrums der Wirtschaftsakteure. Die Ursache-Wirkungs-Zusammenhänge und die Entscheidungsprozesse werden vielschichtiger; mehr Informationen und Interessen müssen koordiniert werden;
(3) erheblichen Zunahme von *Instabilität* bezüglich des sozialen, politischen und ökonomischen Umfeldes. Das zuerst noch unvollständige Regelwerk verändert sich spontan sowie in Abhängigkeit der Transformationspolitik ständig weiter; wohin es sich verändert, ist allerdings ungewiß.

In der betrachteten Transformationssituation bedeutet dies, daß die Aktivitäten innerhalb der neuen marktwirtschaftlichen Ordnung im Vergleich zum vorher existierenden sozialistischen Wirtschaftssystem zunächst einhergehen mit:

a) hohen *Informationskosten* für die Sammlung und Bewertung von Informationen zur Verringerung der Unsicherheit und Komplexität; die vorrangig durch das neue ökonomische Informationssystem, das Marktpreissystem, entstanden ist, sowie zur Verbesserung der Kontrolle der eigenverantwortlich eingegangenen Vertragsbeziehungen;
b) hohen *Risikokosten* in Form von Preisaufschlägen, zum Ausgleich der erhöhten Unsicherheit und Instabilität, sowie
c) hohen *Entscheidungs- und Verhandlungskosten* zur Durchsetzung eigener Verfügungsrechte und zur Bewältigung der erhöhten Komplexität durch sich nun verstärkt horizontal gegenüberstehende Interessenparteien.[26]

Aufgrund der hier skizzierten TK-Entwicklung und des Bestrebens der Akteure, diese Kosten zu minimieren, kann erwartet werden, daß die Individuen versuchen, die neuen marktwirtschaftlichen Institutionen so weit wie möglich zu umgehen. Es ist davon auszugehen, daß die Akteure alternative Wege zur Durchführung ihrer wirtschaftlichen Aktivitäten aufsuchen werden.

Für die Wirtschaftsakteure ist ein starker Anstieg der Informations-, Risiko- und Verhandlungskosten vermeidbar, wenn die wirtschaftlichen Unternehmungen nicht auf den neu eingeführten Märkten bzw. auf der Grundlage des neuen Marktpreissystems, sondern weiterhin betriebs- oder branchenintern mit Hilfe der vielfach noch bestehenden vertikalen und horizontalen Beziehungsnetze organisiert

26 Vgl. auch Krug, B. (1991), S. 47ff.

werden. Auf diese Weise kann zum Beispiel die Güterangebots- und -nachfragesituation durch feste Vereinbarungen gemäß Menge und Preis geregelt werden. Die Akteure sind dann nicht den Schwankungen des Gütermarktes ausgesetzt. Bei einem derartigen Vorgehen existiert auch weiterhin ein firmeninterner Arbeitsmarkt. Die mit einer Nutzung des externen Arbeitsmarktes verbundenen und wiederholt auftretenden Kosten - zum Beispiel für die Suche und Auswahl der Arbeitgeber und -nehmer oder für die Aushandlung von Arbeitsverträgen - werden dabei vermieden. Im Hinblick auf die Finanzwirtschaft sorgt das Beibehalten eines internen Kapitalmarktes im wesentlichen für geringere Risiken und niedrigeren Informationsbedarf. Es fallen daher bedeutend niedrigere Risikoabgeltungs- und Informationskosten an, als dies in einem Markt mit autonomen und anonymen Kapitalanbietern und -nachfragern der Fall wäre.

Diese und andere Alternativen, weiterhin innerhalb der Institutionen des alten Systems zu agieren, bleiben bestehen, da es nicht möglich ist, sie im Transformationsprozeß unmittelbar außer Kraft zu setzen. Diese überwiegend informellen Verhaltensnormen können, wie oben bereits angedeutet, nicht mit einem Mal ungültig gemacht werden. Sie sind für gewöhnlich direkter Manipulation und externer Kontrolle unzugänglich.

Anreize zur Umgehung der neu bereitgestellten Institutionen einer Marktwirtschaft gehen besonders von den zwischen den einzelnen Betrieben oder den Betriebsmanagern und der Bürokratie noch existierenden informellen Beziehungen aus. Ihren institutionellen Charakter rezipieren diese Beziehungen aus inhärenten Autoritätsstrukturen, die in erster Linie für eine Einschränkung potentieller Entscheidungs- und Koordinationsschwierigkeiten sowie der Haftungsrisiken sorgen. Sie erweisen sich als relativ tk-günstige Institutionen, da sie langjährige Routinen bzw. Traditionen beinhalten sowie eine sichere Erwartungsbildung und eine breite Informationsbasis implizieren. Diese Beziehungen weiter aufrechtzuerhalten, ja sogar auszubauen, ist daher im Transformationsprozeß als eine rationale Reaktion zu erachten.

Ein Festhalten an den Abläufen des sozialistischen Systems dürfte sich ganz besonders für jene Wirtschaftsakteure positiv auswirken, die sich zu den Verlierern des Wandels rechnen müssen. Dazu gehören vornehmlich jene Akteure, deren Fähigkeiten speziell auf das sozialistisch-planwirtschaftliche System zugeschnitten sind, im Sinne *Williamsons* also einer hohen *asset specificity* unterliegen.[27] Für diese Individuen sind *einerseits* die TK für Bedürfnisbefriedigungsaktivitäten innerhalb des sozialistischen Regelwerks außerordentlich gering, weil dafür umfangreiche Spezialkenntnisse vorhanden sind. *Andererseits* ist für diese

---

27 Mehr zur asset specificity bei Williamson, O.E. (1979) und (1995).

Personen ein Wechsel in ein von Grund auf neues wirtschaftliches Umfeld mit überdurchschnittlich hohen TK verbunden, da der hohe Spezialisierungsgrad einen Wandel im Denken und Handeln sehr schwierig macht. Die Kosten eines Wechsels zu einem neuen Wirtschaftssystem sind, allgemein ausgedrückt, umso höher, je weniger die Attribute des alten Systems in der neuen Handlungsumgebung anwendbar sind.

Daraus läßt sich folgern, daß für die breite Masse der Mitglieder der ehemaligen sozialistischen Bürokratie ein Wechsel zu marktwirtschaftlichen Institutionen mit relativ hohen TK verknüpft ist. Ihre Fähigkeiten waren auf Tätigkeiten ausgerichtet, die innerhalb des neuen Systems - wenn überhaupt - nur noch geringen Wert besitzen. Die Gefahr der Arbeitslosigkeit bei konsequenter Durchführung einer Systemtransformation ist für diese Personengruppe als sehr hoch einzuschätzen. Die genauen Kenntnisse im Hinblick auf die Stärken und Schwächen des sozialistischen Verwaltungsapparates sowie die hierin geknüpften informellen Beziehungen beschert den Bürokraten hingegen große TK-Vorteile innerhalb dieses Systems. In einer marktwirtschaftlichen Umgebung würden diese Vorteile für viele Mitglieder der Administration entfallen.[28]

Die Durchführung ökonomischer Transaktionen innerhalb des bekannten institutionellen Rahmens reduziert auch die Notwendigkeit einer kognitiven Umorientierung. Es verringert das Ausmaß mentaler Unsicherheit, die in der Regel mit einem Eintritt in ein neues Handlungssystem aufkommt. Die kognitive Umorientierung und Unsicherheitsbewältigung kann dabei als umso tk-trächtiger eingeschätzt werden, je weniger die Wirtschaftssubjekte eines Transformationslandes bereits mit den neu installierten Marktmechanismen vertraut sind. Der kognitive Wandel ist umso kostenintensiver, je schwieriger die Erwartungsbildung bezüglich des Ergebnisses des eigenen Verhaltens und der Reaktionen der anderen Akteure ist.[29]

Der formalinstitutionelle Übergang von einer Zentralverwaltungswirtschaft zu einer Marktwirtschaft ist jedoch nicht nur dadurch gekennzeichnet, daß neue Regeln des angestrebten Systems installiert und deren Vorläufer substituiert

---

28 Dies läßt darauf schließen, daß im Vergleich zu den Visegrád-Staaten in Rußland mit besonders großen Transformationsproblemen zu rechnen ist. Hier war ein überdurchschnittlich hoher Anteil der Aktivitäten und des Know-how auf die administrative Lenkung und den nicht-zivilen Bereich der Güterproduktion ausgerichtet. Gerade diese Aktivitäten werden aber innerhalb des neuen Systems erheblich reduziert.

29 In diesem Sinne sind insbesondere die Reformen im Sozialismus relevant. Die Einführung von Marktmechanismen und die partielle Dezentralisierung unternehmerischer Entscheidungen, wie sie vor allem in Ländern des so abgegrenzten Typs T realisiert wurden, dürften im Transformationsprozeß eine Reduzierung vieler TK, zuvorderst von Informations- und Risikokosten, bedeuten.

werden. Aufgrund der zahlreichen Freiheitsgrade für individuelles Verhalten, die eine Marktwirtschaft charakterisieren, geht die Außerkraftsetzung sozialistisch-planwirtschaftlicher Ordnungselemente nicht mit einer ähnlich umfassenden Implementierung formeller Regeln marktwirtschaftlicher Prägung einher. Vielmehr kommt es zu einer Abschaffung vieler Regulierungen des alten Systems, die in der Kernphase der Transformation nicht unmittelbar ersetzt werden. Dabei werden diverse Anreiz-, Kontroll- und Kooperationsinstitutionen eliminiert, ohne dafür einen direkten Ersatz zu schaffen.

Dort, wo Verhaltensrestriktionen wegfallen und nicht durch neue ersetzt werden, kann aus Sicht der TKT ebenso von relativen Preisänderungen der damit verbundenen Handlungen gesprochen werden, analog zu denjenigen Fällen, in denen eine vollständige, formelle Substitution erfolgt. Aus einem derartigen, nicht unmittelbar kompensierten Wegfall ökonomischer Institutionen können sich erhöhte, aber auch reduzierte Preise für verschiedene Verhaltensweisen einstellen. Eine Erhöhung von TK kann nach Abschaffung der zentralen Planung zum Beispiel für die interbetriebliche Koordination der Warenströme, die in die Zuständigkeit der einzelnen Betriebe übergegeht, konstatiert werden. Informationssammlung und -verarbeitung ist dabei ein Bereich, für den ein insgesamt höherer Aufwand für die Betriebe zu erwarten ist.

Eine enorme Verringerung der TK kann hingegen für Aktivitäten auf Untergrundmärkten bzw. mit Marktsurrogaten registriert werden. Hier müssen weder rechtliche Bestimmungen und Vorschriften erfüllt werden, noch sind umfangreiche Koordinations- und Verhandlungsaktivitäten erforderlich. Außerdem werden im Systemübergang viele restriktive Regeln, Verbote und polizeistaatliche Barrieren zum Beispiel bezüglich des Handels mit Gütern national und international gelockert. Die Kontrolle und Sanktionierung illegaler Geschäfte wird durch den allgemeinen Rückzug staatlicher Autorität aus vielen Bereichen der Wirtschaft deutlich geschwächt. Die Risiken aus der Strafverfolgung und das Strafmaß eines zivilisierten Staatsapparates können insgesamt als geringer erachtet werden. Die Risikoprämien für illegale Aktivitäten sind folglich verhältnismäßig gering. Demgegenüber sind aber auch die Kosten der Durchsetzung von Verträgen mitunter sehr hoch, da es auf dieser Ebene keine rechtlich verbindlichen Regeln gibt. Sind die Schwarzmarktaktivitäten jedoch weitgehend routiniert, wie es in den ehemals sozialistischen Ländern der Fall war, können diese Kosten als verhältnismäßig gering angesehen werden.

Die im betrachteten Systemwandel insgesamt vergleichsweise geringen TK für schattenwirtschaftliche Aktivitäten führen aus Sicht der Institutionenökonomie zu einer entsprechenden Zunahme derartiger illegaler Geschäfte.[30] In der Realität läßt sich dieses Ergebnis anhand einer enormen Zunahme der Kriminalität und Korruption in vielen Transformationsländern Mittel- und Osteuropas bestätigen.[31] Dies kann auch darauf zurückgeführt werden, daß mit dem Zusammenbruch der sozialistischen Ideologie ein drastischer Verfall bzw. Umsturz ethischer Werte erfolgt ist, die bislang als Barrieren individuellen Handelns fungierten. Veränderungen dieser Art können ebenfalls für eine relative Preisverschiebung bzw. eine Verschiebung des Wahlbereichs für verschiedene Handlungen sorgen. Diese kann als Verschiebung in Richtung einer 'Verbilligung' unmoralischen Verhaltens interpretiert werden.

Zusammenfassend kann gesagt werden, daß die Versuche, nicht auf Basis der neuen marktwirtschaftlichen, sondern vielmehr innerhalb von Marktsurrogaten und alter sozialistischer Institutionen zu agieren und Widerstand gegen die Reformen zu aktivieren, durch die TKT erklärbar sind. Diese Reaktionen stellen nichts anderes als organisatorische Lösungen zur Umgehung hoher TK dar. Für die Individuen stellen diese Lösungen ein Mittel, um die wirtschaftlichen Handlungen effizienter - da subjektiv tk-günstiger - zu gestalten und insofern rationale Handlungsstrategien dar.

Aus gesamtwirtschaftlicher Perspektive müssen die über Untergrundmärkte und vererbte bürokratische Beziehungsnetze abgewickelten Wirtschaftsaktivitäten allerdings als inferiore Entwicklung bezeichnet werden, da durch sie ein funktionsfähiger Wettbewerb ausgehebelt wird. Es werden die Funktionen der Kontrolle wirtschaftlicher Macht, der effizienten Ressourcenallokation und Einkommensverteilung sowie der Innovation in beträchtlichem Maß behindert. Dieses könnte den Systemwandel nicht nur verzögern, sondern unter Einrechnung politischer Konsequenzen auch gefährden.[32] Im Vergleich zu einem funktionierenden marktwirtschaftlichen Koordinierungssystem, würde dies ein Beharren oder einen Rückfall auf relativ ineffiziente wirtschaftliche Institutionen bedeuten, der man sich durch den Systemwechsel eigentlich zu entledigen beabsichtigte.[33]

---

30 Mit der Zunahme illegaler Geschäfte geht einher, daß sich deren Attraktivität entsprechend erhöht. Je mehr Wirtschaftssubjekte sich in der Untergrundwirtschaft engagieren, umso geringer wird das Risiko, gefaßt und bestraft zu werden, da die Kapazitäten der polizeilichen Aktivitäten in der Regel nicht entsprechend mitwachsen. Vgl. Sachs, J.D. (1994), S. 9 sowie Sah, R.K. (1991).

31 Vgl. Krug, B. (1991a), S. 112 und Bonus, H. (1995), S. 10.

32 Dies kann sogar soweit gehen, daß eine vom Staat erzwungene formelle Zerschlagung von Branchenmonopolen nicht zu mehr Wettbewerb führt, weil sich die neuen einzelnen Unternehmen nun auf eine informelle Zusammenarbeit einigen. So geschehen in Polen, wie *Lipton* und *Sachs* berichten. Vgl. Lipton, D., Sachs, J.D. (1990a), S. 107.

33 Zum Vergleich von Transaktionskosten in sozialistischen und marktwirtschaftlichen Wirtschaftssystemen siehe Wegehenkel, L. (1981).

III. 3.2 Grenzen der Transaktionskostenökonomie und Konsequenzen für eine Analyse institutionellen Wandels im Transformationsprozeß

In der obigen Analyse konnte gezeigt werden, daß sich aus der Theorie der TK zahlreiche der im zweiten Kapitel untersuchten Verhaltensmotive und -reaktionen im Transformationsprozeß ableiten und erklären lassen. Aus tk-ökonomischer Sicht können die oftmals destruktiven oder defensiven Handlungen der Wirtschaftssubjekte als Ergebnis rationaler Entscheidungen zur Minimierung der individuellen TK bzw. der Unsicherheiten, Risiken und Komplexität wirtschaftlicher Aktivitäten interpretiert werden.

Inwiefern, so muß allerdings im Hinblick auf die zu Beginn gestellten Fragen nun geprüft werden, stellen TK eine wesentliche Einflußgröße im Prozeß behavioraler Anpassung und institutionellen Wandels dar und inwieweit geben sie die realen Wirkungszusammenhänge dieser Prozesse wieder? In diesem Zusammenhang werden nachfolgend drei Fragen eruiert:

- Lassen sich die im Transformationsprozeß beobachtbaren Prozesse behavioraler Anpassung und institutionellen Wandels in dem Modell- bzw. dem Prämissenrahmen der TKT angemessen darstellen?
- Welche Probleme sind im allgemeinen mit einer auf Kostengrößen gestützten Verhaltensrationalität verbunden?
- Welche Probleme sind insgesamt mit der herkömmlichen Analyse institutionellen Wandels verknüpft?

(1) Die am Schluß des vorigen Abschnitts beschriebene Herausbildung tk-inferiorer Institutionen im Transformationsprozeß wirft zunächst die Frage auf, ob diese Entwicklung mit den Grundannahmen der TKT vereinbar ist. Dies erscheint fraglich, wenn man davon ausgeht, daß aus dem in der TKT zugrunde gelegten methodologischen Individualismus auch das Entscheidungsverhalten von Personenmehrheiten aus dem individuellen Verhalten zu erklären sein müßte.[34] In beiden Fällen - einzel- und volkswirtschaftlich - müßte tendenziell eine Auslese der relativ effizienteren Institutionen erfolgen; es müßten insgesamt effiziente Entwicklungs- und Anpassungsprozesse stattfinden. Die oben beschriebenen Reaktionen führen aber scheinbar nicht zu *institutioneller Effizienz,* die gemäß *Bohnet* und *Reichhard* dort lokalisiert ist, wo die Differenz zwischen dem Nutzen der (zunehmenden) Koordination in Form eines höheren oder höherwertigen Outputs und den gesamtwirtschaftlichen TK - also insgesamt der Nettonutzen - am

34 Vgl. Tietzel, M. (1991), S. 11.

größten ist.[35] Kann eine auf TK begründete Theorie institutionellen Wandels aber dann überhaupt grundsätzliche Aussagen darüber machen, auf welches Institutionengefüge sich die Länder Mittel- und Osteuropas zubewegen? Oder sind bis zur Initiierung entsprechend gerichteter Ausleseprozesse bestimmte Zeiträume erforderlich, die zum jetzigen Zeitpunkt noch kein endgültiges Urteil zulassen? Diese Fragen müssen hier wohl gestellt werden, wo doch die Entscheidungen bezüglich des neuen Institutionengefüges vielfach in einem kollektiven Kontext gefällt werden und die TKT davon ausgeht, daß sich die institutionelle Entwicklung nur in Richtung TK-Minimierung fortbewegt.

Ohne Zweifel ist eine Aggregation individuellen Verhaltens oder die Annahme, daß sich aus der Summe der individuellen TK auch das Verhalten der Gesellschaft ableitet, eine unrealistische und ergebnisverzerrende Hypothese, nicht nur im Transformationskontext.[36] Diese These läßt wechselseitige Beziehungen und Handlungen zwischen verschiedenen Gesellschaftsgruppen sowie nach politischen Regeln ablaufende Entscheidungen unberücksichtigt. Für den institutionellen Wandel im Rahmen einer Systemtransformation bekommen diese Prozesse aber ein besonderes Gewicht. Und dies allein schon deshalb, weil ein bedeutender Teil der neuen Institutionen formeller Natur ist und auf gesellschaftlicher Ebene geschaffen werden muß. Hierbei sind weniger einzelne Individuen und die diesbezüglichen individuellen TK relevant. Die neuen Institutionen werden vielmehr durch kollektive, politische Entscheide kreiert, bei denen Preise oder ähnliche Selektionskriterien nur eine eingeschränkte Relevanz besitzen.[37]

Existenz und Wandel von Institutionen müssen daher nicht notwendigerweise effizient sein. Sie müssen nicht die tk-günstigsten bzw. tk-günstigeren Regelsysteme ihrer Art darstellen. Die kollektiven Entscheidungen für eine Abwandlung von Institutionen hängen von den Machtverhältnissen und gegenseitigen Erwartungen bezüglich des Verhaltens der Vertragspartner in einer Gesellschaft ab. Institutionen dienen mitunter ausschließlich den Interessen derer,

---

35 Vgl. Bohnet, A., Reichhardt, M. (1992), S. 16.

36 „Wenn etwas zu einem System geworden ist, verhält es sich jedoch völlig anders als vorher seine Teile, es bekommt gänzlich neue Eigenschaften. Denn ein System ist immer ein *Ganzes* und das Ganze ist *mehr* als die Summe seiner Teile. Das 'Mehr' ist die Struktur, die Organisation, das Netz der Wechselwirkungen." Vester, F. (1993).

37 Durch einen vereinbarten Handel bzw. trade-off, in dem zum Beispiel die Zustimmung für bestimmte Institutionen von Beteiligten durch die Gewährung anderweitiger Vorteile erkauft wird, sind theoretisch alle beliebigen Lösungen möglich. Dazu zählen auch solche, die aus der Sicht übriger Beteiligter ineffizient sind. Die TKT kann aber weder derartige Verteilungs- oder Umverteilungsvorgänge noch die Implementierung kostenträchtiger institutioneller Veränderungen durch voll informierte, eigennützige Akteure erklären.

die die politische Macht besitzen, um das institutionelle Gefüge zu gestalten.[38] Dann hängt es von den Kosten-Nutzen-Kalkülen der mächtigsten Gruppen oder Organisationen ab, welche Regeln sich durchsetzen können.

In den Bereichen, in denen Institutionen über politische Regelsetzungsverfahren geschaffen werden, können die Selektionskriterien nicht einfach durch ökonomische Effizienz in Übereinstimmung mit den individuellen Präferenzen formuliert werden. Es kann zwar nicht davon ausgegangen werden, daß TK-Überlegungen für den politischen Selektionsprozeß irrelevant sind. Die dabei erforderliche Aggregation der Präferenzen von Interessen- oder Wählergruppen läßt allerdings nur einen losen Bezug des Selektionsergebnisses zu den individuellen Präferenzen und zu den Kriterien der wirtschaftlichen Effizienz erkennen.

Die Entscheidungen bezüglich institutioneller Veränderungen hängen insgesamt mit den Interessenverflechtungen bzw. der gegenseitigen Abhängigkeit der Kosten- und Nutzenwirkungen zwischen den Gesellschaftsmitgliedern zusammen. Institutionen und institutioneller Wandel besitzen aufgrund der inhärenten sozialen Verflechtungen vielfach den Charakter eines öffentlichen Gutes und gehen als solche in die Handlungen der Individuen ein. Dies bedeutet, daß die individuellen Handlungen nicht ausschließlich das Resultat autonomer Individuen, sondern auch das Produkt der relativen Vor- und Nachteile sowie von Erwartungen im Gruppenkontext darstellen. Es handelt sich also nicht lediglich um ein Koordinationsproblem, daß uns im Falle institutionellen Wandels in der Systemtransformation gegenübersteht und spontan zu einer Lösung findet. Vielmehr gleicht diese Situation einem auf mangelndem Vertrauen und Unsicherheit fußenden Kooperationsdilemma, das eine spontane und effiziente Herausbildung von Institutionen nicht selten verhindert oder beeinträchtigt.[39] Von den Prämissen des methodologischen Individualismus und der Effizienzorientierung auszugehen bedeutet daher, wesentliche Probleme institutionellen Wandels im Transformationsprozeß auszublenden.

(2) Aber auch ungeachtet dieser *collective choice*-Problematik, ist die TKT nur in begrenztem Umfang zu Aussagen bezüglich der Entstehung und Auswahl von Institutionen befähigt. Die in Kapitel III.3.1 erörterten Verhaltensweisen sind insofern in ihrer Aussagekraft eingeschränkt, als theoretisch jedes Verhalten ex

---

38 „Institutions are an expression of power relations, and the forms they take are not determined by the interests of all members of society bargaining it out among themselves, but by the interests of the stronger group only." Pollard, S. (1984), S. 19.

39 Vgl. Leipold, H. (1991), S. 29.

post auf höhere TK zurückgeführt werden könnte. Schließlich handelt es sich um subjektiv bewertete Kosten, die große Interpretationsspielräume beinhalten.[40]

Institutioneller Wandel, der das Resultat tk-minimierender Entscheidungen darstellt, ist prinzipiell mit einem gegebenen Institutionenrahmen, das heißt mit einem systemspezifischen Rechenzusammenhang verbunden. Dieser begründet sich auf einen gegebenen Institutionenrahmen und entsprechend abschätzbaren positiven und negativen Sanktionsmechanismen. Im Systemwandel ist dieser Rechenzusammenhang mit den sich darin manifestierenden relativen Preisbewegungen erst dann bezifferbar, wenn die neuen Regeln in Kraft sind. Dies liegt darin begründet, daß sich durch die institutionellen Veränderungen die Preisrelationen der neuen Regeln selbst verschieben. Die Preise einzelner Reglements ergeben sich nicht unabhängig vom Gesamtsystem; sie stellen keinen absoluten, sondern einen relativen Wert dar. TK sind dabei, so könnte anders formuliert werden, eine Folge einer gewählten Institution, nicht aber deren Bestimmungsgrund.[41]

Dabei ist nicht die formelle, sondern vielmehr die reale Veränderung von Institutionen von entscheidender Bedeutung für den genannten Rechenzusammenhang. Da aber in allen Transformationsländern viele Verfügungsrechtspositionen auch nach Ende der Konstituierungsphase noch mehr oder weniger unsicher sind, können die Entscheidungen der Individuen nur bedingt auf die TK einzelner Regeln zurückgeführt werden. Erst im Laufe der Anpassungsphase werden sich im institutionellen Gefüge ausreichend scharfe Kosten-/Nutzen-Strukturen herauskristallisieren, die eine tk-bewußte Entscheidungsfindung erlauben. In der Transformationssituation werden die Individuen mit grundlegend neuen Mechanismen der Bedürfnisbefriedigung konfrontiert, so daß auch kaum eine Orientierung an Schätzgrößen möglich ist. Zum Zeitpunkt der Auswahl eines Regelungsmechanismus sind die TK-Effekte nur wenig oder gar nicht bekannt, weil nahezu keine Erfahrungen im Umgang mit den neuen Institutionen vorliegen.

Nach dieser allgemeinen Analyse der Probleme einer auf Kostengrößen gestützten Verhaltensrationalität bleibt festzuhalten, daß der TK-Ansatz nicht als kausaler Erklärungsansatz für die Institutionenemergenz gelten kann. Eine TK-Analyse kann lediglich ex post zur vergleichenden Effizienzanalyse von Regelungsmechanismen dienen.[42] Eine tk-minimale Institutionenwahl könnte nur von

---

40 TK sind kein rein quantitativer Maßstab, wie von vielen, die das Fehlen exakter TK-Berechnungen beanstanden, mißverstanden wird. TK spiegeln im Grunde qualitative Kostenwerte wider. Sie können pagatorische Kosten, aber auch Opportunitätskostenwerte repräsentieren, wie zum Beispiel Zeitkosten. TK ergeben sich „als eine subjektive Größe, die nicht allgemeingültig definiert und deren Höhe nicht objektiv ermittelt werden kann." Brand, D. (1990), S. 124.

41 Vgl. Schneider, D. (1985), S. 1242.

42 Vgl. Herrmann-Pillath, C. (1991a), S. 35.

einem allwissenden Subjekt getroffen werden, das aber schon per definitione in der TK- und Institutionenökonomie und zweifellos auch in der Realität nicht existiert.[43]

(3) Ein damit zusammenhängendes, grundlegenderes Problem der vorherrschenden Institutionenökonomie ist, daß sie in der Regel von einem gegebenen wettbewerblichen und von Entscheidungsfreiheit geprägten Systemhintergrund ausgeht.[44] Wie dieser aber entsteht bzw. entstehen kann, wird vielfach nicht thematisiert. Gerade diese Frage ist aber im Fall der Systemtransformation von besonderer Relevanz.[45] Institutioneller Wettbewerb, der durch

a) eine große Zahl von Wettbewerbern bezüglich eines gemeinsamen Ressourcenvorrates,
b) institutionelle Alternativen, die nur nach deren Verteilungseffekt differenziert sind,
c) vollkommene Information über diese Alternativen und
d) geringe TK

gegeben wäre, ist in der Regel und speziell in der Transformationssituation nicht existent. Ein wesentlicher Grund dafür ist, daß Institutionen nicht bzw. nur selten die Eigenschaftsmerkmale von Gütern besitzen. Institutionen sind Verhaltensregeln für zwischenmenschliche Beziehungen. Sie können nicht beliebig zwischen verschiedenen Personengruppen ausgetauscht werden, weil sie im allgemeinen beziehungsspezifisch sind. Zudem können Beziehungen nicht kurzfristig bei Änderungen im Preisgefüge reorganisiert oder ausgetauscht werden, wie es üblicherweise bei Gütern möglich ist.[46] Institutionen sind notwendigerweise träge Gebilde, weil sie ansonsten kaum zur Beseitigung von Unsicherheiten im gesellschaftlichen Zusammenleben beitragen können. Würden Institutionen sich parallel zu Preisänderungen entwickeln, dann würden sie einen Hauptzweck

---

43 Die Analyse *gesamtwirtschaftlicher Koordinationskosten*, die von *Bohnet* und *Reichhardt* als potentielle Alternative einer tk-fokussierten Institutionenbildung im Systemwandel geprüft wird, ist mit ähnlich großen Operationalisierungsproblemen belegt wie die TKT selbst. Eine derartige Analyse bietet daher keine wesentlichen Fortschritte, wie die genannten Autoren auch selbst bemerken. Vgl. Bohnet, A., Reichhardt, M. (1992), S. 26. Diese Erkenntnis dürfte wohl für jede andere kostenorientierte Untersuchung institutionellen Wandels auch gelten.

44 „Bisher“, so reklamiert zudem *Schenk*, „ist die Institutionenökonomie sehr stark darauf ausgerichtet, ‘operative’ Institutionen ‘an der Basis’ zu untersuchen, die in einem sehr ähnlichen verfassungsmäßigen und ordnungspolitischen Rahmen tätig sind. (...) Der institutionenanalytische Ansatz dieses Typs kann somit als ‘ökonomisch orientiert’ bezeichnet werden.“ Schenk, K.-E. (1992a), S. 346.

45 Vgl. Paraskewopolus, S. (1991), S. 20

46 Und im Gegensatz zu Gütern gibt es in der Regel eine eng limitierte Anzahl von Regelungsmechanismen, die in den einzelnen sozialen Situationen anwendbar sind. Vgl. Knight, J. (1992), S. 116f. sowie Matthews, R.O.C. (1986), S. 915f.

ihrer Existenz verlieren bzw. von vornherein keinen institutionellen Charakter haben. Die von *Leipold* offenbar gepriesene Einsicht der ökonomischen Theorie, „daß Institutionen in gleicher Weise wie andere Güter einer ökonomischen Analyse zugänglich sind und mit dem gleichen mikroökonomischen Instrumentarium analysierbar sind“[47], scheint demnach ein weit weniger fruchtbarer Fortschritt zu sein. Während sich diese „Einsicht“ in manchen Fällen als brauchbar erweisen mag, kann sie in anderen Fällen, in denen Institutionen weit vom Eigenschaftsprofil herkömmlicher Güter entfernt sind, auch zu irrigen Ergebnissen führen.

Aber selbst wenn institutioneller Wettbewerb und/oder ein stabiler Systemrahmen existieren würden, könnten sich ineffiziente Institutionen etablieren. Dies wird im übrigen in der Neuen Institutionenökonomik auch nicht bestritten, geht sie doch von Anfang an von unvollkommenen Informationen aus. Für tk-ineffiziente Entwicklungen gibt es mindestens drei Gründe:

1) Den Akteuren fehlt es an Wissen und Informationen, um die effizienten Institutionen zu bilden;
2) die Kosten der Schaffung effizienter Institutionen sind prohibitiv und
3) eine dritte Partei, zum Beispiel der Staat, deren Mitglieder eine eigene Nutzenfunktion haben, schafft gesellschaftliche Regeln oder sorgt für deren Durchsetzung. Effiziente Lösungen können dabei durch die Interessen der dritten Partei verhindert werden.[48]

Auf den Transformationsprozeß übertragen bleibt zu bemerken, daß hierbei alle der drei genannten Aspekte relevant sind und daher die Etablierung ineffizienter Institutionen praktisch unausweichlich ist.

In der Institutionen- und TK-Ökonomie wird als Kriterium der relativen Effizienz aber vielfach auch das weniger stringente Pareto-Kriterium[49] unterstellt. Die dabei zugrunde gelegte These, daß institutioneller Wandel nur dann erfolgt, wenn das Ergebnis dieses Wandels Pareto-superior zu der bisherigen institutionellen Anordnung ist, hat aber zwei bedeutende Schwachstellen: Es akzeptiert weder, daß ein als möglich erkannter Pareto-superiorer Wandel nicht durchgesetzt werden kann, noch daß ein Wandel durch Umverteilung vonstatten geht

---

47 Leipold, H. (1991), S. 20.

48 Vgl. North, D.C. (1990), S. 73. Analog auch *Eggertsson,* der als Ausnahmen für die „*working rule* that low-cost organizations tend to supersede high-cost ones“ ebenfalls drei Faktoren anführt: hidden benefits, interest of the state und uncertainty. Vgl. Eggertsson, T. (1990), S. 213f.

49 So zu Beispiel von Schotter, A. (1981). Die geringere Stringenz ergibt sich daraus, daß Pareto-optimale Institutionen nicht (gesellschaftlich) effiziente Institutionen sein müssen.

und/oder ein Pareto-inferiores Ergebnis produziert wird.[50] Ersteres kann aber dann eintreten, wenn Individuen sich einem gesellschaftlich wohlfahrtserhöhenden Wandel wirksam verweigern, weil sie dafür allein die Kosten zu tragen hätten. Und Pareto-inferiore Entwicklungen können zum Beispiel durch zunehmende Korruption oder Koalitionenbildung zustande kommen.[51]

Was aber heißt das nun für die Analyse der Transformationsprozesse mit Hilfe einer Theorie von Institutionen bzw. einer Theorie institutionellen Wandels? Oder anders gefragt: Wie muß der eingangs gesuchte theoretische Rahmen gestaltet sein, um die derzeit in Mittel- und Osteuropa stattfindenden Wandlungs- und Anpassungsvorgänge in ihren zentralen Einflußgrößen und Wirkungszusammenhängen erfassen zu können?

Insgesamt kann aus den bisherigen Erkenntnissen und den Ausführungen in den vorangegangenen Kapiteln das folgende Fazit gezogen werden: Zur Analyse der Transformationsprozesse in Ostmitteleuropa ist weniger eine Institutionenökonomie, die ihre Ergebnisse aus individual-rationalen Kausalbeziehungen oder Effizienzhypothesen ableitet, sondern vielmehr ein Ansatz, der auch die dabei auftretenden kollektiven Verhaltenseffekte und Entscheidungsmechanismen sowie trial-and-error-Prozesse einbezieht, notwendig. Ein angemessener theoretischer Rahmen dürfte also weniger in einem Aussagesystem neoklassischer Prägung als vielmehr in einem auf soziale Konflikte sowie Lern- und Evolutionsvorgänge abgestellten Institutionalismus zu finden sein. Das Paradigma des rationalen Aktors, auf dem sich neoklassisch orientierte Analysen in der Regel stützen, mag vor dem Hintergrund hoch entwickelter Ökonomien und Märkte eine hinreichend genaue Abbildung der realen Entscheidungssituationen darstellen. Hierbei kann unterstellt werden, daß sich die Wirtschaftssubjekte ihrer Interessen und Handlungsoptionen bewußt sind und dementsprechend handeln. In Gegenwart großer Unsicherheiten, durch die viele der zentralen politischen und ökonomischen Ent-

---

50 Pareto-optimal ist ein Institutionengefüge, bei dem jeder durch institutionellen Wandel erzeugte Nutzen eines Individuums nur zu Lasten eines anderen Individuums möglich ist. Das Pareto-Optimum ist insofern ein absolutes Bewertungsmaß. Demgegenüber ist eine Institution Pareto-superior, wenn diese im Vergleich zu einer anderen Institution mindestens einer Person einen höheren Nutzen beschert, ohne die Wohlfahrt einer anderen Person zu beeinträchtigen. Pareto-Superiorität ist demzufolge ein relatives Kriterium.

51 Ängste, Haß oder religiöser Glaube können des weiteren für eine besondere, von wirtschaftlichen Kriterien und von Kostengrößen nur bedingt abhängige Entwicklung von Institutionen sorgen. Insgesamt lassen sich viele Entwicklungen in der Wirtschaftsgeschichte nicht durch ökonomische Rationalität bzw. durch TK-Minimierung erklären. Vgl. Pollard, S. (1984), S. 19.

scheidungen im Rahmen einer Systemtransformation charakterisiert sind, liegt diese Annahme indes wohl weit von der Realität entfernt.[52]

Zweifelsohne bietet eine von diesen Problemen oder von Pareto-inferioren Verhaltensweisen abstrahierende Theorie institutionellen Wandels ein höheres Maß an Funktionalität sowie Formalisier- und Operationalisierbarkeit. Allerdings ist das Problem einer derartigen Vereinfachung der Realität, daß sich damit nur ein Teil der dabei beobachtbaren Phänomene beschreiben und erklären läßt. Im Transformationsprozeß würde dies, wie auch die vorigen Kapitel gezeigt haben, die Aussonderung eines entscheidenden Teils von Einflußgrößen und Wirkungsinterdependenzen bedeuten. Die als zentral erachtbaren Konflikt-, Lern- und Evolutionsprozesse in eine Theorie institutionellen Wandels zu integrieren, sollte daher als ein Ziel wissenschaftlicher Analyse angesehen werden. Unter anderem bedeutet dies, daß neben den Allokationsaspekten auch Verteilungsaspekte in die Untersuchungen einzubeziehen sind. Dazu sollen die folgenden Ausführungen einen grundlegenden Beitrag leisten.

III.4 Grundzüge einer Theorie institutionellen Wandels im Transformationsprozeß

Für das Verhalten und die Entscheidungen von Individuen oder Gruppen von Individuen ist eine Vielzahl von Aspekten von Bedeutung. Eine eingehende Analyse und Diskussion all dieser Einflußfaktoren ist an dieser Stelle aber weder möglich noch sinnvoll. Wichtig ist es, sich mit jenen Kriterien und Bereichen auseinanderzusetzen, die für den institutionellen Wandel im Transformationsprozeß Ostmitteleuropas als charakteristisch bezeichnet werden können und die das Ergebnis des Wandels im wesentlichen bestimmen.[53] Die Ausführungen der vorherigen Kapitel haben gezeigt, daß diesbezüglich die folgenden Gesichtspunkte besondere Relevanz aufweisen:

- Der zunächst diskontinuierliche, abrupte Wandel bezüglich der institutionellen Infrastruktur;
- die Interessenkonflikte und Verteilungskämpfe sozialer Gruppen sowie

---

52 Vgl. North, D.C. (1995), S. 7.

53 Analog dazu *Eggertsson*: „The theory of institutions seeks not to explain simultaneously the entire framework of institutions but consider isolated aspects of institutions and marginal institutional change." Eggertsson, T. (1994), S. 39f. *Eggertssons* isolierte Betrachtungen zum Transformationsproblem beschränken sich dabei übrigens auf commercial morality, the structure of political organization sowie the dynamics of economic policy. Auffallend ist dabei, daß politische und kulturelle Aspekte einen mindestens ebenso großen Stellenwert einnehmen wie ökonomische.

- die sozialstrukturellen und sozialpsychologischen Veränderungen im Transformationsprozeß.

Aufgrund dieser als zentral erachtbaren Einflußgrößen eines Systemwandels ist es wichtig - wie noch zu zeigen sein wird -, bei der Erarbeitung einer institutionentheoretischen Grundlage dieser Problematik drei Aspekten besondere Aufmerksamkeit zu schenken. Diese umfassen:

(1) Die verschiedenen Ebenen und Formen institutionellen Wandels;
(2) die Interdependenzen und Konflikte zwischen den Ebenen und Formen institutionellen Wandels sowie
(3) die Interaktionen zwischen sozialen Interessengruppen und deren Einfluß auf institutionelle Wandlungsprozesse.

Diese Aspekte sind keineswegs neu. Sie basieren zum Teil auf Überlegungen, die schon vor einigen Jahren in der Institutionenökonomie angestellt wurden. Aus mindestens zwei Gründen ist aber hier eine weitere Erörterung erforderlich: *Erstens*, weil die allgemeine Diskussion hinsichtlich der Kombination dieser Einflußfaktoren erst wenig ausgereift ist. Und *zweitens*, weil sich in der mittel- und osteuropäischen Transformationssituation ein neuer und spezifischer Problemhintergrund manifestiert hat, der nur unzureichend durch die bisherigen Abhandlungen erfaßt und erklärt wird. In den folgenden Abschnitten dieses Kapitels, die näher auf die drei genannten Aspekte eingehen, sollen diese Defizite aufgearbeitet werden.

III. 4.1 Ebenen und Formen institutionellen Wandels

Im Hinblick auf den zunächst zu realisierenden Sprung in ein neues institutionelles Gefüge und die sich anschließend dezentral und spontan vollziehende Vervollständigung dieses Gefüges, liegt ein entscheidender Schritt zur Erforschung institutioneller Wandlungsprozesse im Systemwechsel in der Differenzierung zweier *Ebenen institutionellen Wandels*. Man könnte hier auch von Ebenen gesellschaftlicher Entscheidungsfindung sprechen, die analysiert werden müssen.[54] Diese stehen insofern in Beziehung zueinander, als die jeweils übergeordnete Ebene einen Institutionenrahmen festlegt (choice of rules), in dem die Akteure auf einer jeweils untergeordneten Ebene dann ihre Entscheidungen treffen (choice within rules).

---

54 *Tietzel* unterscheidet zum Beispiel Individuum, Kollektive und Staat. Vgl. Tietzel, M. (1991), S. 13ff.

Durch diese Differenzierung ist die Institutionenökonomie besser in der Lage, die Anpassungsreaktionen im Transformationsprozeß zu analysieren, da auf diese Weise eine schärfere Abgrenzung zwischen intentionalen und spontanen Veränderungen vorgenommen werden kann. Anders formuliert, können auf diese Weise besser die verschiedenen *Formen institutionellen Wandels* untersucht werden, die sich als Veränderungen *einerseits* formeller und *andererseits* informeller Regeln darstellen. Dies kann als wichtig beurteilt werden, weil die Veränderungen dieser Formen in der Regel auf unterschiedlichen Entscheidungsebenen mit jeweils anderen Gesetzmäßigkeiten stattfinden. Soziale Konflikte entstehen im Transformationsprozeß in erster Linie dann, wenn es um konstruierten bzw. *intentionalen Wandel* von Institutionen geht. Hierbei handelt es sich für gewöhnlich um staatlich erwirkte, allgemein gültige und formelle Veränderungen, bei denen asymmetrische Machtverhältnisse und Verteilungsinteressen große inhaltliche Relevanz besitzen.[55] Ein spontaner bzw. *nicht-intentionaler Wandel* tangiert hingegen normalerweise informelle Institutionen bzw. Normen. Dieser Prozeß erfolgt auf dezentraler Ebene und in gegenseitigem Einverständnis der betroffenen Individuen.

Die Unterscheidung von verschiedenen Ebenen und Formen institutionellen Wandels ist zudem bedeutsam, weil die Spannungen zwischen diesen Sphären eine entscheidende Größe für die Effektivität und das Ergebnis des Systemwandels in Ostmitteleuropa darstellen. Spannungen kommen dabei insbesondere zwischen dem in der Kernphase der Systemtransformation gesetzten formellen Institutionenrahmen einer Marktwirtschaft *einerseits* und den bisherigen informellen Institutionen der Wirtschaftssubjekte *andererseits* auf. Dabei wird der neue formelle Wahlbereich nur bedingt die Aktivitäten der Individuen und Interessengruppen begrenzen, je nachdem, ob dieser mit den Interessen und Normen der Individuen vereinbar ist und/oder ein Übertreten effektiv kontrolliert und sanktioniert werden kann. Die alleinige Installierung des formellen Institutionengefüges ist dafür keine hinreichende Voraussetzung.[56] Mindestens ebenso wichtig - wahrscheinlich aber eher wichtiger - für die Effektivität des neuen Systems ist, inwiefern der neu gesetzte formelle Wahlbereich in den formlosen Institutionen, den Konventionen, Traditionen, Überzeugungen und Zielen der Akteure zur Geltung kommt. Die formlosen bzw. informellen Institutionen sind letzten Endes für die Akzeptanz der formalen Regeln und für die Interessen der Individuen bestimmend.[57]

---

55 Vgl. auch Knight, J. (1992), S. 171.

56 Vgl. Grosfeld, I. (1993), S. 148.

57 Interessant sind diesbezüglich unter anderem die Langzeitstudien von *Putnam*. In seiner Untersuchung über Italien stellt er fest, daß sich trotz nahezu gleicher formeller Rahmenbedingungen, die verschiedenen Regionen des Landes signifikant hinsichtlich der

Ein wesentliches Kennzeichen dieser Interdependenzen zwischen formellen und informellen Institutionen ist, daß eine Internalisierung bzw. Konditionierung der formellen Institutionen für gewöhnlich nicht mit gleicher Geschwindigkeit wie deren Einführung vor sich geht. Ungeachtet der Motivation für eine derartige Internalisierung, wird dies unter anderem durch die begrenzten kognitiven Kapazitäten der Wirtschaftsakteure und die damit einhergehende Präferenz für bekannte und erprobte Handlungsweisen verhindert.[58] Ein Wandel informeller Institutionen geschieht vielmehr in einem zeitintensiven und von *trial-and-error* gekennzeichneten Lern- und Erkenntnisprozeß. Dieser läuft im allgemeinen als zeitversetzte Reaktion auf die formalen Änderungen der Rahmeninstitutionen ab. Dabei treten dann in der Regel auch Rückkopplungseffekte auf, die sich auf die Akzeptanz und Anpassung der formellen Institutionen auswirken.

Hinsichtlich verschiedener Ebenen und Formen institutionellen Wandels gibt es noch eine andere wichtige Unterscheidungsvariante zu nennen. Aus ihr, so soll gezeigt werden, können des weiteren die für die institutionelle Erneuerung im Transformationsprozeß als wesentlich erachtbaren sozialen Konflikte und Wirkungsinterdependenzen wesentlich schärfer analysiert werden. Es handelt sich um die Unterscheidung zwischen Institutionen und Organisationen einer Gesellschaft.[59] Eine ähnliche Differenzierung hatte vor einigen Jahrzehnten bereits *Lachmann* vorgenommen, der in diesem Zusammenhang von *inneren* und *äußeren Institutionen* spricht.[60] Die (äußeren) Institutionen bilden den institutionellen Rahmen, in dem sich die Organisationen (innere Institutionen) bewegen können. Dieser Rahmen umschließt sowohl formelle Restriktionen, wie z.B. die Staatsverfassung und Gesetze, als auch informelle bzw. formlose Restriktionen, wie z.B. generelle Verhaltensnormen und Sitten sowie deren Durchsetzung.[61] Organisationen bzw. innere Institutionen beschränken ebenfalls durch formelle und informelle Regeln die Handlungen der Wirtschaftsakteure. Diese Regeln betreffen aber dann die Beziehungen *innerhalb* von Organisationen, die sowohl politische,

---

Regeln und Gesetze unterscheiden. *Putnam* zeigt, daß dieses auf die informellen Institutionen zurückzuführen ist, die letztendlich dafür verantwortlich sind, wie sich die formellen Regeln entwickeln. Vgl. Putnam, R.D. (1993).

58 Vgl. Swaan, W., Lissowska, M. (1992), S. 2.

59 Analog *Schiavo-Campo*: „The distinction between institution and organization - and the interplay between the two - is key to understanding the full dimensions of the transformation underway in Eastern Europe and the former Soviet Union." Schiavo-Campo, S. (1994), S. 5.

60 Vgl. Lachmann, L. (1963). Daß eine derartige Unterscheidung bereits eine längere Tradition hat, zeigen auch *Davis* und *North*, die diesbezüglich von *institutional environment* und *institutional arrangement* sprechen. Vgl. Davis, L., North, D,C. (1971), S. 6f.

61 „If institutions are the rules of the game, organizations and their entrepreneurs are the players. (...) It is the interaction between institutions and organizations that shapes the institutional evolution of an economy." North, D.C (1994), S. 361.

z.B. Parteien und Behörden, und wirtschaftliche, z.B. Unternehmen, Verbände und Gewerkschaften, als auch sonstige gesellschaftliche, z.B. Vereine und Kirchen und edukationale Körperschaften, z.B. Schulen, Universitäten und Institute, umfassen können.

Organisationen können als Ergebnis einer Anpassung an die jeweiligen äußeren Institutionen gelten, von denen letztere durch den Staat gesetzt werden. Organisationen üben aber umgekehrt auch Einfluß auf die Entwicklung des institutionellen Rahmens aus. Von den Interessen der Mitglieder innerhalb der Organisationen und deren Fähigkeit, eigene Ziele durchzusetzen, hängt es dabei ab, welche Richtung und Intensität institutioneller Wandel aufweist. Damit wird durch diese Prozesse ebenfalls bestimmt, wie sich das äußere Institutionengefüge langfristig entwickelt.

Die Interdependenzen zwischen inneren und äußeren Institutionen dürften im Rahmen einer Systemtransformation einen bedeutend größeren Stellenwert für die gesellschaftliche Entwicklung erlangen als in etablierten Wirtschaftssystemen. Wie erörtert, kann das Verhalten in Organisationen - zum Beispiel in den Unternehmen der einzelnen Transformationsländer - noch als mehr oder minder stark durch sozio-kulturelle, kognitive und institutionelle Erbschaften des Sozialismus beeinflußt erachtet werden. Diese dürften aufgrund der immensen Divergenzen verhältnismäßig große Spannungen mit dem neu installierten marktwirtschaftlichen (äußeren) Regelwerk erzeugen. Insofern entsteht ein Konflikt, der auch zwischen den oben differenzierten formellen und informellen Institutionen bereits beschrieben wurde.[62] Aber auch die Formulierung und Implementierung äußerer Institutionen wird keine *tabula rasa*-Operation sein. Begründet durch die mannigfachen Überlieferungen des Sozialismus wird sich dieser Prozeß nicht in einem organisationalen Vakuum ereignen. In den Transformationsländern hat sich dies vorwiegend im Rahmen der Eigentumstransformation dokumentiert, die allerorts von extensiven Diskurs- und Verhandlungsprozessen zwischen den Regierungsorganen und diversen sozialen Interessengruppen geprägt war und noch immer ist.

Als Zwischenergebnis auf dem Weg zu einer Theorie institutionellen Wandels kann festgehalten werden, daß die Demarkation unterschiedlicher Entscheidungsebenen und Formen institutionellen Wandels eine analytische Basis für die Erfassung der spezifischen Entscheidungs- und Anpassungsprozesse im

62 Nichtsdesto weniger sind beide Differenzierungen - formelle versus informelle, sowie innere versus äußere Institutionen - hier notwendig, weil die Termini *Institutionen* und *Organisationen* jeweils sowohl formelle als auch informelle Institutionen umfassen. Ein Konflikt zwischen Institutionen und Organisationen (äußeren und inneren Institutionen) muß demzufolge nicht notwendigerweise zwischen formellen und informellen Institutionen stattfinden. Er könnte sich auch zwischen den formellen Institutionen der (äußeren) Institutionen und den formellen Institutionen der Organisationen abspielen.

Transformationsprozeß liefert. Insbesondere kündigt sich dadurch ein besseres Verständnis bezüglich der Inhalte und Strukturen von Anpassungs- und Interaktionsprozessen sowie von sozialen Konflikten an. Im Übergang von einer Zentralverwaltungs- zu einer Marktwirtschaft dürften diese Aspekte von außerordentlicher Tragweite und sogar für das Institutionengefüge insgesamt richtungsbestimmend sein. Schließlich wird bei diesem Übergang ein Großteil der gesellschaftlichen Institutionen erneuert und viele Vermögenspositionen neu angeordnet. Neuen Interaktionsstrukturen und Verteilungskämpfen kann daher ein wesentlich höherer Stellenwert beigemessen werden als in etablierten Systemen.

Aus den bisherigen Erörterungen kann noch ein weiterer Schluß gezogen werden. Dieser beinhaltet, daß sich für die Erforschung der Beziehung zwischen formellen und informellen Institutionen sowie zwischen Institutionen und Organisationen weniger die vielfach eingenommene *top-down-* als vielmehr die entgegengesetzte *bottom-up-Perspektive* eignet.[63] Damit wird ausgedrückt, daß nicht die Effekte, die von den mit Staatsgewalt neu eingeführten Regelungen auf die informellen Normen und Konventionen ausgehen, im Fokus der Untersuchung institutionellen Wandels des Transformationsprozesses stehen sollten. Vielmehr ist denjenigen Wirkungen und Einflüssen analytische Priorität einzuräumen, die:

a) von informellen Institutionen auf die *Effektivität* der formellen Institutionen sowie von Organisationen auf die *Effektivität* der äußeren Institutionen ausgehen und
b) von Organisationen auf den Prozeß der *Auswahl* und Implementierung formeller (äußerer) Institutionen ausgehen.

Demgemäß ist auch weniger die Fokussierung auf die am Anfang einer Transformation anstehende Installation der Basisinstitutionen einer Marktwirtschaft, wie sie oftmals in wirtschaftstheoretischen Schriften beobachtet werden kann, angebracht. Um sich ein Bild von der entstehenden Institutionenlandschaft in den betroffenen Ländern machen zu können, muß der Untersuchung der Folgeperiode und der Reaktionen der Akteure innerhalb des neuen formellen Rahmens die größere Bedeutung zukommen. Im folgenden sollen daher die für eine bottom-up-Analyse wesentlichen Einflußgrößen und Entwicklungsprozesse skizziert werden. Besondere Aufmerksamkeit wird dabei auf die sozialen Konflikte sowie auf die Lern- und Evolutionsprozesse im Systemübergang gerichtet.

---

63 Als top-down-Ansatz kann z.B. die Analyse von *Ostrom* gelten. Für den Prozeß institutionellen Wandels identifiziert sie drei Entscheidungsebenen: operational, collective choice und constitutional-choice. Das Hauptaugenmerk wird dabei auf die Analyse der Regeln der oberen Ebene, der constitutional-choice gelegt. Welche Reaktionen sich dabei auf der operativen Ebene, d.h. der Ebene einzelner Wirtschaftssubjekte und sozialer Gruppen abspielen, wird hingegen nicht betrachtet. Vgl. Ostrom, E. (1990), S. 50ff.

III. 4.2 Soziale Konflikte, Lernprozesse und Evolution als zentrale Triebkräfte institutionellen Wandels im Transformationsprozeß

In der in diesem Abschnitt zu erörtern beabsichtigten bottom-up-Analyse werden die informellen Institutionen als die Haupteinflußgrößen im Prozeß institutionellen Wandels angesehen. Daher ist es zunächst wichtig, die Bedeutung und das Eigenschaftsprofil informeller Regelungsmechanismen klar herauszustellen. Aufgrund des zu Beginn erwirkten formalinstitutionellen Sprungs im Systemwandel sind dabei insbesondere die Wirkungen, die von informellen Institutionen auf formelle Institutionen ausgehen, von Belang. Diese können wie folgt charakterisiert werden:[64] Informelle Institutionen:

- sind das Fundament, auf dem sich formelle Regeln begründen;
- bestimmen die Art und Weise, wie formelle Institutionen sich entwickeln und welche Wirkung sie haben;
- können die Zahl möglicher Alternativen, aus denen formelle Institutionen gebildet werden, begrenzen;
- beharren, auch wenn sie mit formellen Veränderungen konfrontiert werden;
- beeinflussen die Verteilung von Ressourcen, die sich im Gegenzug wieder auf die Machtasymmetrien im Konflikt über die Durchsetzung formeller Regeln auswirkt.

Wird zusätzlich zu diesen Eigenschaftsmerkmalen bedacht, daß viele der informellen Institutionen, die die Menschen im Sozialismus internalisiert hatten, den Funktionsprinzipien eines marktwirtschaftlichen Systems diametral gegenüberstehen, so kann - wie bereits angedeutet wurde - kaum überraschen, daß im Systemübergang massive soziale Konflikte auftreten. Intensive Konflikte aus der Kollision der neuen formellen und bestehenden informellen Institutionen sind zudem programmiert, weil eine Akzeptanz des neuen formellen Regelwerks in der Regel mit Wohlfahrtseinbußen und großer Unsicherheit einhergehen. Lösungen für diese Konflikte zu finden bedeutet, sich innerhalb der Gesellschaft auf allgemein akzeptierte Regeln des Zusammenlebens zu verständigen. Die Handhabung und/oder Bereinigung der Konflikte kann daher als ein primärer Faktor dafür angesehen werden, welche Gestalt die zukünftige Institutionenstruktur in den Transformationsländern annehmen wird.

Aus Sicht der Wirtschaftssubjekte ist dabei eine Handhabung und/oder Bereinigung der auftretenden sozialen Konflikte möglich, wenn:

---

64 Vgl. Knight, J. (1992), S. 172.

- die informellen Regeln den neuen formellen Regeln angenähert werden;
- die neuen formellen Regeln vollständig oder partiell ignoriert werden und /oder
- bereits installierte oder noch geplante formelle Regeln durch Einfluß auf die Regelsetzungsorgane revidiert, korrigiert oder blockiert werden.

Welche zentralen Prozesse hinter diesen verschiedenen Mechanismen der Konfliktbereinigung lokalisiert werden können und welche Faktoren dabei eine Rolle spielen, soll in diesem Abschnitt aufgezeigt werden.

(1) Eine *Annäherung der informellen an die formellen Regeln* kann zum Beispiel dann erfolgen, wenn erstere nur auf der Basis des alten Institutionengefüges Bestand hatten und im Übergang auf eine neue Ordnung ihre Relevanz verlieren. Dies kann der Fall sein, wenn - um auf eine frühere Diskussion zurückzugreifen - mit dem alten System auch die Erwartungen auf willkürliche Eingriffe seitens der politischen Machthaber entfällt. Dann könnte die in einem vorangegangenen Abschnitt konstatierte myopische Einstellung der Individuen entfallen und damit verbundene Verteilungskonflikte lösen. Zu nennen wären dabei insbesondere Konflikte, die auf Mißtrauen und einer starken Abdiskontierung zukünftiger Nutzenwerte basieren.[65]

Allgemein kann auch von *Lernprozessen* als zentraler Faktor für die Annäherung informeller und formeller Institutionen gesprochen werden. Auch der zuvor genannte Bewußtseinsprozeß kann hierunter subsumiert werden. Lernen bedeutet Informationsverarbeitung und eine Verringerung von Unsicherheit. Es bedeutet, daß das Wissen im Umgang mit den identifizierten Problemen wächst; daß alte Erfahrungen mit neuen angereichert werden und dadurch bisherige Erkenntnisse diesen Erfahrungen angepaßt werden.[66] Durch Lernprozesse werden Informationen generiert, die es den Wirtschaftssubjekten ermöglichen, die Effekte eigener Handlungen und die Reaktionen anderer Individuen genauer zu verstehen. Dies gibt ihnen bessere Möglichkeiten, Transaktionen zu kontrollieren und demzufolge auch verstärkte Anreize, innerhalb des gegebenen Systems zu interagieren, Risiken einzugehen und Unsicherheiten zu akzeptieren. Zum Beispiel ist der Anreiz für die Entscheidungsträger (agents) eines Unternehmens, sich effizient im Sinne der Unternehmenseigner zu verhalten, umso größer, je höher das Informa-

---

65 In der Spieltheorie liegt hierin der Unterschied zwischen einer einmaligen Spielsituation und einem *supergame*. Im Fall eines Übergangs auf eine mehrperiodige Spielsituation tritt ein Iterationseffekt ein, der Verhaltenswirkungen auf informeller Ebene auslöst.

66 „The most fundamental long-run source of change is learning by individuals and entrepreneurs of organizations. (...) The speed of economic change is a function of the rate of learning." North, D.C. (1994), S. 362.

tionsniveau letzterer ist. Der Grund dafür ist, daß die Eigner durch bessere Informationen auch bessere Möglichkeiten zur Kontrolle der agents besitzen und damit opportunistisches Verhalten seitens der agents gezielter sanktionieren können. Lernprozesse ermöglichen den Anteilseignern, effizienter mit ihrem Vermögen umzugehen. Lernen erweitert das Potential, höherwertige Verwendungsmöglichkeiten für Kapitalgüter aufzudecken und sie effektiver vor unberechtigter Nutznießung zu schützen.[67]

Lernen bewirkt eine Verschiebung der Preisrelationen und Kosten alternativer Aktivitäten, zum Beispiel für deren Suche, Evaluierung, Vereinbarung sowie Durchsetzung und Überwachung. Hierdurch werden neue Kenntnisse mit den Möglichkeiten und Formen der Bedürfnisbefriedigung erworben, die tendenziell eine verbesserte Nutzung von Ressourcen erlauben. Lernen könnte insofern auch als Senkung von TK interpretiert werden und entsprechend als Antriebskraft für die institutionelle Entwicklung in Richtung relativ tk-günstigerer Aktivitäten gelten.

Lernen findet nicht nur bei Individuen, sondern auch auf gesellschaftlicher Ebene statt. Hierbei werden Erfahrungen über Generationen hinwegtransportiert und das Kultur- und Normengefüge einer sozialen Gemeinschaft stetig weiterentwickelt. Mit *Tanzi* kann auch von einer *ecological balance* zwischen dem Wissen und den Institutionen einer Gesellschaft bzw. zwischen Lernen und Evolution gesprochen werden.[68] Das bedeutet, daß sich im Laufe von Lernprozessen praktisch zwangsläufig das Institutionengefüge verändert bzw. anpaßt. Lernen kann insofern als mittelbarer institutioneller Wandel ausgelegt werden. Es findet ein Wandel auf informeller Ebene statt, der Änderungen von Einstellungen, Ideologien, Zielen, Handlungsweisen und dergleichen involviert. Selbst eine eingeschränkte Nutzung der neuen Marktmechanismen, wie sie ein Ausweichen auf Marktsurrogate im Transformationsprozeß impliziert, oder Erfahrungen anderer Individuen können Lernprozesse auslösen oder vorantreiben. Auch hieraus kann Anpassungspotential für institutionelle Gegebenheiten entstehen.

---

67 „The ability to operate as an effective owner or agent to the owner of a private firm is not given by nature, but has to be acquired through individual and social learning processes. This even holds for agents operating in the former second economy, whose conceptional framework is determined by the shortage economy and whose operation is characterized by very narrow patterns and weak mutual cooperation.“ Swaan,W., Lissowska, M. (1992), S. 9.

68 Vgl. Tanzi, V. (1993a), S. 1f. Wenn Evolution als unbeabsichtigte institutionelle Konsequenz einer absichtlichen Handlung verstanden wird, dann werden die unbeabsichtigten Konsequenzen insofern durch Lernen beeinflußt, als dieses die Möglichkeiten für absichtliches bzw. zielgerichtetes Handeln verbessert.

(2) Die *vollständige oder partielle Ignoranz* der neu installierten formellen Institutionen stellt eine alternative Möglichkeit zur Handhabung des oben genannten Konflikts dar. In diesem Zusammenhang ist es allerdings weniger angebracht, weiter von einem Konflikt zwischen formellen und informellen Institutionen zu sprechen. Die hier betrachteten Prozesse lassen sich treffender als Dispute zwischen Institutionen und Organisationen sowie zwischen verschiedenen Organisationen selbst charakterisieren. Organisationen stellen reale, handlungsfähige Subjekte bzw. Personengruppen mit bestimmten Interessen dar, von denen letztendlich die Entscheidung bezüglich einer vollständigen oder partiellen Nichtbeachtung ausgeht.

Allgemein bietet sich die Option der Nichtbeachtung formeller Regeln an, wenn für die vorhandenen Institutionen keine wirksamen Sanktionsmechanismen existieren. Die Wirtschaftssubjekte sehen sich dann nicht gezwungen, die für sie meistens mit sofortigen Wohlfahrtsminderungen verbundenen neuen Regeln zu befolgen. Zur Vermeidung von Nutzeneinbußen ziehen sie es vor, so weit wie möglich ihren bisherigen Routinen zu folgen, sofern diese noch immer ein komparativ besseres Resultat erwarten lassen.[69] Im Rahmen der Systemtransformation sind die Sanktionsmechanismen oftmals relativ schwach ausgeprägt, was auf mindestens zwei Gründen beruht:

a) Es liegt im Interesse der Bürokratie, weiterhin ihre Funktion und diverse illegale Einnahmequellen aufrechtzuerhalten. Insofern werden den Unternehmen Möglichkeiten zur Umgehung offizieller Regeln gegeben und
b) für die Regierung ist es vielfach unmöglich, die neuen Gesetze auf allen Ebenen zu kontrollieren und durchzusetzen.[70]

Unabhängig von der Funktionsfähigkeit von Sanktionsmechanismen, basiert die Nichtbeachtung oder partielle Befolgung der neuen formellen Regeln aber grundlegend auf negativen Erwartungen bzw. großer Unsicherheit bezüglich der zukünftigen Wohlfahrtsposition. Schließlich kann bei positiven Zukunftserwartungen - bzw. einem prognostizierten Nettonutzenvorteil aus der Transformation - ein systemkonformes Verhalten erwartet werden, auch wenn keine effektiven Sanktionsmechanismen gegeben sind. Nichtkonformes Verhalten käme in diesem Fall einer selbstauferlegten Nutzeneinbuße gleich. Haben die Akteure aber eine hohe Risikoaversion und diskontieren zukünftige Nutzenwerte sehr stark, stellt konformes Verhalten gegenüber dem neuen Regelwerk vielfach eine Schlechter-

69 Grund einer Ignorierung von neuen formellen Regeln kann schlichtweg auch eine stark verwurzelte Erwartungshaltung bzw. ein fundamentaler Konservatismus sein, der sich durch lang überdauernde Institutionen formiert hat. Vgl. Kuran, T. (1988), S. 144.

70 Vgl. Shleifer, A. (1995), S. 100f. Die Bürokratie zu reformieren, ist daher für *Shleifer* eine erstrangige Aufgabe, um zu effizienten Verfügungsrechtsstrukturen zu gelangen.

stellung dar. Zu guter Letzt kann die Entscheidung bezüglich der Ignoranz oder Akzeptanz der neu installierten formellen Regeln auch auf die erwartete Regelkonformität anderer Interaktionspartner zurückgeführt werden. Alleiniges Abweichen vom alten Reglement kann große Interaktionsprobleme oder wirtschaftliche Isolation verursachen. Für die Akteure ist die Wahrscheinlichkeit einer solchen Entwicklung folglich mitbestimmed dafür, ob man sich den neuen Koordinationsmechanismen anschließt oder nicht.

(3) Während die vollkommene oder partielle Ignoranz der neuen formellen Regeln als eine eher passive Form der Auseinandersetzung erachtet werden kann, stellt sich die nun näher zu beleuchtende dritte Variante als eine aktive Konfliktlösungsstrategie dar. Die *Revidierung, Korrigierung oder Blockierung formeller Institutionen* verlangt von den Akteuren, daß sie versuchen, ihre Interessen auf politischer Ebene durchzusetzen. Dabei findet ein Konflikt um die Gestaltung des neuen Institutionenrahmens statt. Dieser Konflikt wird in direkter Art und Weise mit den Regierungspolitikern geführt, denn sie können als ausführendes Organ und damit als verantwortliche Akteure für die sozialen Folgen der Transformation betrachtet werden. Die Regierung ist daher in der Mißgunst derer, die die Folgen des Wandels zu tragen haben. Außerdem ist allein die politische Führung zur Fixierung der (äußeren) formellen Institutionen befähigt, von denen die Wohlfahrtswirkungen für die diversen sozialen Gruppen ausgehen. Sie ist daher ein primärer Fixpunkt von sozialen Auseinandersetzungen im Transformationsprozeß.

Die Regierung ist aber auch ein Brennpunkt für indirekte soziale Konflikte. Bei diesen finden Verteilungskämpfe zwischen verschiedenen Organisationen oder Interessengruppen statt, die nicht durch die konträren Parteien selbst, sondern durch die Regierung im Rahmen der Wirtschaftspolitik entschieden werden. Dabei versuchen die verschiedenen sozialen Gruppen die Entscheidungen der Regierung zum eigenen Vorteil zu beeinflussen.

Die Organisationen bzw. Interessengruppen - und zwar nicht nur diejenigen, die auf der Verliererseite der Systemtransformation stehen - werden insgesamt versuchen, durch aktiven Einfluß auf die Transformationspolitik eine möglichst vorteilhafte Wohlfahrtsposition in der neu zu formenden Gesellschaft zu erzielen. Dies kann auf mindestens dreierlei Weise erreicht werden:

a) Die Abschaffung vorteilhafter Institutionen, zum Beispiel von staatlichen Preisregulierungen, Verfügungsrechten innerhalb von Unternehmen oder Importbeschränkungen gegenüber ausländischen Konkurrenten, kann teilweise oder vollkommen verhindert werden;
b) neue Verteilungsmechanismen, die eine Wohlstandsverbesserung implizieren, können durchgesetzt werden und

c) die Wiedereinführung benefitiärer Regeln, die zu Beginn des Wechsels abgeschafft wurden, kann erzielt werden.

Insgesamt kann davon ausgegangen werden, daß sich eine Mehrheit der Interessengruppen für Verteilungsregelungen einsetzt, die sich nicht oder nur bedingt mit marktwirtschaftlichen Prinzipien vereinbaren lassen. Nur auf diese Weise lassen sich die enormen Wohlfahrtseinbußen eindämmen oder verhindern, die für viele mit dem Transformationsprozeß einhergehen. Hohe Kosten für die Organisation politischen Widerstands werden dabei insbesondere die Verlierer der Transformation nicht davon abhalten, ihren Zielen durch Konflikte mit der Regierung Nachdruck zu verleihen. Den hohen Kosten stehen bei den Verlierergruppen im Erfolgsfall auch relativ hohe und konkrete Nutzengewinne bzw. verhinderte Nutzeneinbußen gegenüber.

Die Regierung wird sich den Forderungen der Interessengruppen nur insoweit entziehen können, wie ihr politisches Überleben dadurch nicht gefährdet erscheint. Die Handlungen und Entscheidungen des Staates orientieren sich also, wie auch die Public Choice-Theorie gezeigt hat, nicht nur am Kriterium der Effizienz, sondern auch an einer bestimmten Verteilungspolitik. Die Staatsführung ist abhängig von der Wahlbevölkerung und daher häufig gezwungen, deren Interessen in das eigene Zielsystem zu integrieren. Diese Interessenlage kann im Prozeß der institutionellen Erneuerung als ein wichtiger Einflußfaktor für die Richtung und Geschwindigkeit des Transformationsprozesses gelten. Insbesondere der intentionale Wandel wird hiervon betroffen sein, weil dieser durch die Regierung selbst gestaltet wird.

Die Mitglieder der Regierung haben aber auch eigene Interessen. Im ökonomischen Bereich kann diesbezüglich von der Erlangung maximalen persönlichen Wohlstands, im politischen Bereich von der Realisierung sozialer und ökonomischer Maßnahmen in der Gesellschaft gesprochen werden. Dies beinhaltet auch die Aufrechterhaltung eines ökonomischen Wohlstands in der Gesellschaft, mit dem jene Gesellschaftsgruppen zufriedengestellt werden können, die für den Machterhalt notwendig sind. Das Interesse an persönlichen Vorteilen wird dabei im allgemeinen als ein stark effzienzmindernder Faktor beurteilt. Gerade im Transformationsprozeß gibt es aber auch verschiedene Gründe, die für ein effizientes Verhalten der Politiker sprechen. Die Transformation einer sozialistischen Planwirtschaft in eine funktionsfähige Marktwirtschaft ist mit außerordentlich viel Prestige verbunden, national wie international. Mehr oder weniger die gesamte Welt blickt derzeit auf die Länder in Ostmitteleuropa. Das erfolgreichste Transformationskonzept und die dafür verantwortlichen Personen können daher mit erheblicher sozialer Anerkennung rechnen. Indirekt kann damit auch ein ökonomischer Nutzen verbunden sein. Mit dem gewonnenen Renommee wächst die Wahrscheinlichkeit, auch mit anderen, materiell lukrativen Aufgaben bedacht zu werden. Ökonomische Gründe lassen sich des weiteren aus der Beziehung zwischen der Effizienz sozialer Institutionen und dem materiellen Nutzen für die politischen Entscheidungsträger ableiten. Die Schaffung effizienter Institutionen und Wirtschaftsmechanismen kann für die Regierung eine Verbesserung der ökonomischen Gesamtsituation des Landes und damit des Haushaltsbudgets bedeuten. Durch letzteres wird für gewöhnlich auch der Wohlstand der Politiker positiv beeinflußt.

Zusammenfassend kann gesagt werden, daß auf der Basis der zuerst vorgenommenen Unterscheidung verschiedener Ebenen und Formen institutionellen Wandels in diesem Abschnitt verdeutlicht werden konnte, welche wesentlichen Prozesse bei der Gestaltung des neuen Wirtschaftsgefüges mitwirken. Es wurde gezeigt, welche Faktoren und Wirkungszusammenhänge in der post-Kernphase einer Systemtransformation differenziert werden können und wie sich in dieser Periode das an früherer Stelle bereits angesprochene Aufeinandertreffen von Konstruktion und Evolution, von gesteuertem und spontanem Wandel, analytisch in einem institutionenökonomischen Rahmen erfassen läßt. Die sozialen Konflikte können dabei als eine wesentliche Einflußgröße erachtet werden. Durch sie wird der formelle bzw. intentionale Wandel von Institutionen in direkter Weise beeinflußt.

Diese Konflikte und deren Einwirkung auf das Ergebnis der betrachteten Systemtransformation sollen im folgenden näher beleuchtet werden. Besondere Aufmerksamkeit wird dabei einigen zentralen Interaktions- und Machtstrukturen in der Ökonomie gewidmet und gezeigt, welche typische Dynamik sie im Transformationsprozeß aufweisen. Von den damit verbundenen Veränderungen wird es in hohem Maße abhängen, welche institutionellen Regelungen sich innerhalb des neuen Wirtschaftssystems etablieren werden.

III. 4.3 Interaktionsstrukturen, Macht und Transformationspolitik im institutionellen Wandel

Die bisherigen Erfahrungen in den Ländern Ostmitteleuropas haben gezeigt, daß ein entscheidender Teil des institutionellen Wandels im Transformationsprozeß durch politische Auseinandersetzungen bestimmt wird. Es sind die sozialen Konflikte zwischen den verschiedenen Interessengruppen und der Regierung bezüglich der Auswahl und Einführung formeller Regeln, aber auch die indirekten Dispute zwischen den nicht-staatlichen Wirtschaftssubjekten selbst, die die Ausgestaltung des neuen Wirtschaftssystems bedingen.[71] Die Interessen und Bedürfnisse verschiedener sozialer Gruppen und Organisationen treffen dabei aufeinander und drängen auf deren Durchsetzung und Abstimmung.

Der Transformationsprozeß zeichnet sich besonders dadurch aus, daß viele Interessen und Bedürfnisse nach dem Sprung in ein neues Ordnungsgefüge einem grundlegenden Wandel unterliegen. Dies bringt zwei Effekte mit sich:

(1) Es entstehen neue Interessenorganisationen und damit auch insgesamt neue Interaktionsstrukturen und
(2) es entsteht ein Bedarf an der Etablierung neuer Abstimmungsmechanismen innerhalb dieses veränderten Interessen- und Interaktionsgefüges.

Diese Effekte zu thematisieren und zu analysieren, kann als ein wichtiger Baustein einer Theorie institutionellen Wandels im Systemwandel beurteilt werden. Dementsprechend sollen in dem vorliegenden Abschnitt typische Entwicklungen in der Interaktionsstrukturenlandschaft der Transformationsländer erfaßt und die daraus hervorgehenden Abstimmungsprobleme und -prozesse erörtert werden (Punkt A). Es soll das Zusammenspiel von sich reorganisierenden Interaktionsstrukturen, Interessenabstimmung und institutionellem Wandel eruiert werden. Anschließend wird untersucht, welche potentiellen Einflüsse auf dieses Zusammenspiel von der Privatisierungspolitik und den durch sie initiierten Lernprozessen ausgehen (Punkt B). Summa summarum gilt es zu verdeutlichen, daß die Gesamtheit aus evolutorischen, politökonomischen und transformationspolitischen Aspekten den institutionellen Wandel einer Systemtransformation determiniert. Dies wird in einem anschließenden vierten Abschnitt dieses Kapitels noch einmal zusammenfassend erörtert.

(A) Zunächst aber zu wesentlichen Veränderungen im Interaktionsgefüge eines Transformationslandes, bei denen sich die folgenden Ausführungen auf zwei Bereiche konzentrieren: Veränderungen der Wirtschaftsstruktur sowie der Beziehungsstrukturen zwischen den Sozialpartnern. Bezüglich der Sozialpartner soll besonders der Aspekt politischer Macht diskutiert werden.

(a) Innerhalb der Wirtschaftsstruktur kann es als zentrale Neuerung erachtet werden, daß dieses Gefüge nun durch Interaktionen zwischen einer legalen und sich stetig ausbreitenden Privatwirtschaft und den alten Staatsbetrieben gekenn-

---

71 *Sachs* konstatiert gar, daß „rather than seeing the Eastern European elections as great referenda on the market system, or on capitalism versus communism, or even as protest votes against harsh reforms, one can see that the elections in Eastern Europe have become almost exactly like elections in Western Europe and the United States: dominated by interest group politics." Sachs, J.D. (1995), S. 2.

zeichnet ist. Treten dabei große Staatsunternehmen neu formierten, kleinen Privatunternehmen gegenüber, so werden sich aufgrund der unterschiedlichen Machtverhältnisse in der Regel die alten Geschäftspraktiken der staatlichen Betriebe durchsetzen. Diese Situation wird im betrachteten Systemwandel zunächst häufig auftreten. Aufgrund der vererbten sozialistischen Industriestruktur werden zahlreiche kleine und mittelständische Privatbetriebe von staatlichen Großbetrieben in ihrer Funktion als Zulieferer oder Abnehmer abhängig sein. In vielen Produktionsbereichen der Transformationsländer wird es nach dem Umbruch noch vielfach einige dominierende, quasi-Monopolunternehmen geben.[72] Die *short-side power*, von der *Bowles* und *Gintis* sprechen,[73] liegt daher in der Regel auf seiten der Staatsbetriebe; und das zunächst auf unabsehbare Zeit. Die Interessen von Privatunternehmen sowie marktwirtschaftliche Vertragskonditionen kommen dadurch oftmals zu kurz.

Eine Anpassung hin zu stärker marktwirtschaftlichen Interaktionsmechanismen kann erwartet werden, wenn einseitige wirtschaftliche Abhängigkeiten abnehmen. Hierfür sind mindestens zwei Faktoren wichtig: *Erstens* die zahlenmäßige und strukturelle Entwicklung im Privatsektor; und *zweitens* der Wettbewerbsdruck für staatliche Großbetriebe. Bei größerer Konkurrenz auf einem Markt und nahezu harten Budgetbeschränkungen kann auch ein größerer Staatsbetrieb die Interessen anderer Marktteilnehmer nicht ignorieren. Vom Erfolg der neuen Privatwirtschaft und deren Fähigkeit, sich gegen noch existierende sozialistische Institutionen zu behaupten, wird es insgesamt abhängen, in welchem Ausmaß und in welche Richtung sich institutioneller Wandel vollziehen wird.

(b) Ein zweiter bedeutender Interaktionsbereich, in dem fundamentale Veränderungen in den Transformationsländern programmiert sind, betrifft die Beziehungen zwischen Arbeitgeber- und Arbeitnehmerorganisationen. Dies liegt vornehmlich darin begründet, daß sich die Strukturen dieser Organisationen im Übergang zu einer Marktwirtschaft grundlegend wandeln. Diese Vorgänge zu erörtern, wird einen Schwerpunkt dieses Abschnitts darstellen. In ihnen spiegelt sich eine wesentliche Quelle sozialer Konflikte und deren Ausgang wider, die hier für den Prozeß institutionellen Wandels als besonders bedeutend erachtet werden.

---

72 Dies trifft ganz besonders für große Länder wie zum Beispiel Rußland zu, weil entsprechend der Größe eines Landes für gewöhnlich auch dessen Unternehmen dimensioniert sind. In Estland, Lettland oder Littauen ist dieses Ungleichgewicht daher als wesentlich unproblematischer für die notwendigen Anpassungsprozesse einzuschätzen. Vgl. Nellis, J. (1994).

73 Die short-side power beschreibt die Macht, die bei zwei Interaktionspartnern demjenigen zufällt, der bezüglich der angestrebten Transaktion die geringere Nachfrage hat. Wichtig dabei ist, daß die short-siders die Macht über die long-side-Partner haben und ihre Interessen durchsetzen können. Vgl. Bowles. S., Gintis, H. (1993), S. 90.

Innerhalb des Systems industrieller Beziehungen besteht die *Arbeitgeberseite* kurz nach Beginn der Transformation in der Regel fast ausschließlich aus Vertretern der Staatsbetriebe. Diese können zunächst weiterhin als dominante Akteure des Wirtschaftslebens in den Transformationsländern erachtet werden. Erst nach Verabschiedung entsprechender Gesetze und zunehmender Privatisierung von Betrieben dürften sich in erhöhtem Maße auch private Arbeitgeber in den Arbeitgeberverbänden einfinden. Neben den existenten Zusammenschlüssen der Arbeitgeberlobby werden sich dann unter anderem auch neue Organisationen dieser Art bilden.

Im Laufe der Anpassungsphase können üblicherweise auch Variationen im Lager der *Arbeitnehmerlobby* beobachtet werden. Dabei werden alte Gewerkschaften an Bedeutung verlieren oder gewinnen; sie werden sich auflösen oder in ihrer Struktur erneuern.[74] Mitunter werden sich auch neue Gewerkschaften formieren.

Insgesamt erfolgt eine Veränderung der Interessen- und Interaktionsstrukturen auf dem Arbeitsmarkt. Für sie gilt es, neue Ausgleichsmechanismen zu finden, weil hierfür entweder Regelungen fehlten oder alte Regelungen nicht mehr angemessen sind. Insgesamt müssen sich also neue Arbeitsmarktinstitutionen etablieren. Dabei wird es vom Einfluß der einzelnen Organisationen sowie von Lobbying- und Verhandlungsprozessen abhängen, welche Entscheidungsmechanismen und -systeme innerhalb des neuen Interessenspektrums institutionalisiert werden. Auf diese Weise wird wiederum bestimmt, welche Intensität die Anpassungs- und Entwicklungsprozesse in den Transformationsländern aufweisen und welchen Pfad sie nehmen werden. Eine Entwicklung zu sowohl mehr als auch weniger Markt, zu mehr oder weniger Staat ist dabei im Bereich des Möglichen.[75]

---

74 Beispiele hierfür liefern unter anderem Polen und Rußland. In Polen hat sich die vormals geschlossen auftretende Gewerkschaft *Solidarnosc* in verschiedene Lager aufgespalten. Außerdem hat die Gewerkschaft OPZZ enorm an Einfluß gewonnen. In Rußland hat sich die FNPR (Föderation der Unabhängigen Gewerkschaften Rußlands) neu gegründet. Sie ist aus der früheren WZSPS hervorgegangen. Seit 1992 ist in Rußland durch gesetzliche Regelung auch die Bildung freier Gewerkschaften möglich. Vgl. Hoffer, F. (1994), S. 512.

75 Ein wichtiger Faktor für die zukünftige Machtverteilung wird dabei die Bevölkerungsentwicklung sein, bei der sich schon jetzt eine bestimmte Tendenz erkennen läßt: In praktisch jedem Transformationsland geht das Bevölkerungswachstum stark zurück, so daß ältere Generationen tendenziell einen immer stärkeren Einfluß auf die Politik ausüben werden. Schon in den ersten Jahren nach dem Umbruch ist in vielen Ländern Ostmitteleuropas der Anteil der älteren Bevölkerung stark gewachsen und relativ groß. Weil für diese Gruppe eine Anpassung an neue Gegebenheiten vergleichsweise schwierig ist, hat sich damit bereits heute eine starke Lobby für eine Einschränkung marktwirtschaftlicher Mechanismen und für umfassende soziale Absicherung etabliert.

Wenn derartigen politischen Aspekten innerhalb des neuen Interaktionsgefüges eine wesentliche Bedeutung für die Richtung und das Ausmaß institutioneller Anpassung zukommt, stellt sich insbesondere die Frage nach typischen Machtverteilungs- und -verschiebungsszenarien im Transformationsprozeß. Hierauf soll nun wiederum anhand allgemeiner Veränderungen in den Beziehungen zwischen den Sozialpartnern eines Transformationslandes eingegangen werden. Es gilt, das Zusammenspiel von Interaktionsstruktur, Macht und institutioneller Anpassung noch näher zu beleuchten.

Wird diesbezüglich die Position der Gewerkschaften betrachtet, so kann im Transformationsprozeß zweierlei festgestellt werden:

- *Einerseits* geht den Gewerkschaften tendenziell an Einfluß verloren, weil ihnen in der Regel bislang kontrollierte Mittel und Rechte, zum Beispiel staatliche Finanzierungen oder Verfügungsrechte über Ressourcen in Staatsbetrieben, entzogen werden.
- *Anderseits* profitieren die Gewerkschaften aber von einem nun größeren Aktivitätsspielraum. Der Staat zieht sich aus vielen Bereichen der Wirtschaft zurück und eliminiert viele der bislang verbindlichen Verhaltensnormen.

Welcher von diesen gegensätzlichen Effekten bedeutender ist, hängt letztlich von der spezifischen Situation eines einzelnen Landes ab. Es läßt sich allerdings auch die folgende Hypothese aufstellen: *Ein Nettozuwachs an Macht ist für die Gewerkschaften nur dann realisierbar, wenn bereits vor dem Systemumbruch wohlorganisierte Arbeitnehmerinteressen existierten.* Theoretisch gibt es hierfür mindestens drei Gründe:

(1) Durch den Transformationsprozeß treten starke Reorientierungen im Gewerkschaftslager auf. Diese zeichnen sich für gewöhnlich durch innergewerkschaftliche Konflikte, Zersetzungen und Spaltungen aus, die eine Schwächung der politischen Macht verursachen. Nach diesen Reorientierungen politische Macht zu besitzen, bedeutet daher, daß auch bereits vor dem Umbruch eine signifikante Machtposition bestanden haben muß.

(2) Der Staat hat kein Interesse daran, die Position der Arbeiterlobby im Übergang zu einem marktwirtschaftlichen System zu stärken. Als Eigentümer vieler Betriebe würde dies einer Beschneidung der eigenen Machtposition gleichkommen. Staatliche Unterstützung beim Aufbau oder der Bestärkung von Gewerkschaften ist aber in der Regel notwendig, wenn diese vor der Transformation nur über wenig Macht verfügten. Unter anderem sind gering ausgeprägte rechtliche Strukturen der Grund für die Schwäche von Gewerkschaften, und um diese aufzubauen, bedarf es einer Staatsmacht.

(3) Der Erwerb sozialer Macht findet normalerweise nicht durch formelle Zuweisung derselbigen statt. Dafür sind vielmehr vergangene Interaktionen bzw. diesbezügliche, über eine gewisse Zeit aufgebaute Erfahrungen innerhalb einer Gesellschaft erforderlich. Das Fehlen dieser Erfahrungen und der damit verbundenen strukturellen Attribute kann nicht umgehend kompensiert werden.

In der Realität findet sich die aufgestellte These zum Beispiel durch die unterschiedlichen Entwicklungen in Rußland und Polen bestätigt.

In *Rußland* existierten vor der Transformation keine starken, von der kommunistischen Partei unabhängigen Gewerkschaften. Nach der Wende machte sich dies dadurch bemerkbar, daß die Interessen der Arbeitnehmer nur geringe Beachtung fanden. Auch eine in 1994 abgeschlossene Generalvereinbarung zur Regelung der Beziehungen zwischen den Sozialpartnern, die „Dreiseitige Kommission", hat daran grundsätzlich nichts geändert. In dieser Vereinbarung wurden auch kaum substantielle und verbindliche Richtlinien festgeschrieben.[76] Darin getroffene Abkommen und Regeln, wie zum Beispiel Tarifverträge, wurden vornehmlich von privatisierten Betrieben nicht eingehalten. Sanktionen für nicht konformes Verhalten waren zudem faktisch nicht vorhanden. Die betriebsübergreifenden Gewerkschaften waren kaum in der Lage, Massenstreiks zu organisieren und somit ihren Zielen Geltung zu verleihen. Die Arbeitgeberseite bestimmte die Arbeitskonditionen. Die auf betrieblicher Ebene agierenden Gewerkschaftskomitees konnten aufgrund des entfallenen politischen Drucks auf die Betriebsdirektoren und der ökonomischen Situation ihre Interessen kaum umsetzen. Insgesamt haben sich die Interessen der Betriebsleiter, der Unternehmerverbände und auch der Regierung durchgesetzt. Die Regierung war bislang wenig an einer Einschränkung der Arbeitgeberbefugnisse interessiert, da ein Großteil der Betriebe noch in staatlichen Hand war.

Im Gegensatz zu Rußland waren die Arbeitnehmerinteressen in *Polen* durch eine starke Gewerkschaft *Solidarnosc* und weitreichende Mitbestimmungsrechte in den Betrieben bereits vor dem Wandel gut organisiert. Eine zunehmende Zersplitterung und Rivalität innerhalb dieser Interessengruppen konnte nach dem politischen und wirtschaftlichen Umbruch aber auch hier gewisse Machteinbußen nicht verhindern. Trotzdem findet sich ein großer Teil der historisch bedingten Machtstellung der Arbeitnehmerseite bis heute in den Entscheidungsprozessen innerhalb der Betriebe und der Wirtschaft insgesamt wieder. Dies zeigte sich in einer ersten Periode nach der Transformation in der Lohn- und Personalpolitik in den Staatsbetrieben. Die Arbeiterräte kontrollierten in den ersten Jahren im

---

76 Vgl. Hoffer, F. (1994), S. 512.

wesentlichen die Besetzung der Managementposten, das Ausmaß von Entlassungen und die Höhe der Löhne. Erst später trat eine stärkere Kontrolle dieser Politik durch ökonomische Zwänge ein. Aktuell manifestiert sich der signifikante Einfluß der polnischen Gewerkschaften in der national ablaufenden Suche nach neuen formellen Arbeitsmarktinstitutionen. Diese findet vorrangig in einer parlamentarischen Debatte und durch verschiedene Vorschläge einzelner Parteien für ein neues Betriebsverfassungsgesetz statt. Beinahe jeder Vorschlag sieht dabei Mitbestimmungs- oder Selbstverwaltungsrechte für die Arbeitnehmer vor.[77]

Die Stellung der Arbeiter in den Betrieben Polens ist aber nicht zuletzt auch deshalb so stark ausgeprägt, weil sich die Arbeitgeberlobby bislang als relativ schwach erwiesen hat. Zwar haben sich seit der Verabschiedung eines Gesetzes zur Bildung von Arbeitgeberverbänden Mitte 1991 offiziell viele derartige Vereinigungen herausgebildet,[78] doch läßt sich ihr Einfluß Mitte der 90er Jahre als gering veranschlagen. Die relativ geringe Mitgliederzahl und die fehlende Abstimmung zwischen den diversen Vereinigungen stehen der Entwicklung echter politischer Macht noch sehr stark im Wege.[79] Diese Machtasymmetrie zwischen Arbeitnehmer- und Arbeitgeberlobby wird auch innerhalb des neuen Institutionengefüges Polens offenbar. Die Gewerkschaften und Arbeiterräte haben viele ihrer Ziele relativ gut verwirklichen können. Inwiefern dies auch in Zukunft möglich ist und welche Regelungen sich insgesamt etablieren, wird unter anderem von den Entwicklungen auf der Arbeitgeberseite abhängen. Bleibt die Vormachtstellung der Arbeiter weiterhin erhalten, so kann dies unter anderem eine weitere Verdünnung von Arbeitgeber- bzw. Eigentümerrechten sowie eine höhere Sozialbindung des Kapitals in Unternehmen bedeuten.[80]

Rußland und Polen sind nicht die einzigen Beispiele, die die obige These bestätigen. Eine Analyse der Beziehungen zwischen den Sozialpartnern in Ungarn und der Tschechischen Republik weist auf die gleiche Entwicklungs und tendenz hin. In diesen Ländern waren die Gewerkschaften vor der Transformation relativ schwach und konnten auch nach dem Umbruch keinen entscheidenden politischen Einfluß gewinnen.

(B) Während sich die bisherigen Entwicklungen als überwiegend evolutorische Prozesse darstellten, soll hier abschließend noch die Bedeutung formal-institutioneller Eingriffe des Staates in den Systemwandel beleuchtet werden. Dabei wird - wie eingangs erwähnt - speziell auf Strategien zur Privatisierung von Staatsbetrieben abgestellt. Es gilt zu zeigen, daß das Zusammenspiel zwischen

77 Vgl. Kisilowska, H. (1994).
78 Informell existierten in Polen aber auch schon seit 1989 Arbeitgeberverbände.
79 Vgl. auch Phelps, E.S. et al. (1993), S. 9.
80 Auf die Entwicklung Polens wird in Kapitel V näher eingegangen.

Interaktionsstruktur und institutionellem Wandel auch durch die Privatisierungspolitik beeinflußt wird bzw. werden kann. Insofern handelt es sich hierbei nicht mehr um die Darstellung transformationstypischer Machtverteilungs- und -verschiebungsszenarien, wie sie der obigen Analyse vorstand. Vielmehr ist es die Frage nach der privatisierungspolitischen - und damit allgemein der transformationspolitischen - Beeinflussung der Interaktionsstrukturen, die nun erhellt werden soll.[81]

Zwei alternative Privatisierungsstrategien, von denen hier eine entsprechende Wirkung auf die Entwicklung der post-sozialistischen Interaktionsstrukturen angenommen wird, sollen nun gegenübergestellt werden: die sogenannte Privatisierung „von oben" versus Privatisierung „von unten".

(1) Repräsentativ für eine Privatisierung „von oben" ist die Privatisierung durch eine zentrale staatliche Vermögens- oder Treuhandagentur, wenn diese nach ökonomischen Kriterien und ungeachtet der Interessen der Unternehmensinsider durchgeführt wird. Hierbei kommt es zu einer starken Entflechtung bestehender Interaktions- und Informationsstrukturen, weil *erstens* nicht diese Strukturen, sondern ökonomische Effizienz bei der Entscheidung über die individuelle Reorganisation Beachtung findet und *zweitens* sich die alten Strukturen des sozialistischen Systems als ineffiziente Gebilde herausgestellt haben. Ein derartiger Transformationsansatz dürfte daher tendenziell mit großen Umstrukturierungen in der Wirtschaft einhergehen.

(2) Als exemplarisch für eine Privatisierung „von unten" kann der Fall gelten, bei dem der Staat nur formal für die Privatisierung zuständig ist, hierüber aber tatsächlich die Unternehmensinsider entscheiden. Dabei besteht eine Tendenz, die Transformation ohne die Zerstörung alter Beziehungsnetze zu realisieren, weil aus Sicht der Belegschaften in den Betrieben kaum erwartet werden kann, daß der ansonsten drohende Verfall von Sicherheit und alter Privilegien sowie die höheren Transaktionskosten durch neue Netze kompensiert wird.

Veränderungen von Interaktionsstrukturen können demzufolge auch durch die Privatisierungspolitik hervorgerufen werden. Welcher der genannten Privatisierungstypen oder deren Kombination Strukturen schafft, die für eine Anpassung an eine funktionsfähige Marktwirtschaft besonders geeignet sind, ist allerdings zu

81 Die Dimension der Problematik erlaubt hier allerdings keine detaillierte Analyse der potentiellen Wirkungseffekte aller Privatisierungsmethoden. Eine derartige Analyse ist zudem eingeschränkt, da bezüglich der Anpassungsdienlichkeit verschiedener Privatisierungsansätze erst wenige Erfahrungswerte vorliegen. Letztere müssen aber als wesentlich erachtet werden, da diesbezüglich eine theoretische Evaluation allein keine eindeutigen Ergebnisse liefern kann, wie im folgenden noch zu zeigen sein wird. An dieser Stelle soll daher lediglich auf die Relevanz, aber auch auf die Ambivalenz der Privatisierungspolitik hinsichtlich der Anpassungswirksamkeit abgestellt werden.

diesem Zeitpunkt kaum zu beantworten. In der Diskussion zu dieser Frage finden sich Befürworter sowohl für das eine als auch das andere Konzept.

Vertreter der *Netzwerktheorie* konstatieren, daß eine zentral gesteuerte, von den existenten Beziehungen der Unternehmen abstrahierte Privatisierung von Betrieben in der Regel zu einer Zerstörung von Anpassungspotential führt. Bei dieser Privatisierungsmethode gingen die Strukturen und die Vertrauensbasis verloren, die für wirtschaftliche Aktivität und Engagement erforderlich sind.[82] Im Gegensatz dazu sei eine dezentrale, individuelle und die Interessen der Wirtschaftssubjekte berücksichtigende Transformation staatlicher Unternehmen insofern effektiver, als sie die notwendige Anpassungsfähigkeit nicht zerstört. Diese sei darin begründet, daß viele der alten informellen Relationen innerhalb der Wirtschaft erhalten bleiben und somit ein großes Maß an Erwartungssicherheit in das neue System übertragen wird.

Aus diesem Grund wird der Wirtschaft Ostdeutschlands von den Vertretern der Netzwerkanalyse eine vergleichsweise schlechte Anpassungsfähigkeit zugeschrieben. Durch die Politik der Treuhandanstalt sei ein großer Teil der organisatorischen Vielfalt und der wirtschaftlichen Verflechtungen zerstört worden. Als Resultat kann in der ehemaligen DDR nun ein Nebeneinander weitgehend isolierter Rumpfwirtschaften beobachtet werden, denen die Intensität interorganisationaler Austauschprozesse und demzufolge auch die Anpassungsfähigkeit verloren gegangen sind.[83]

Die Privatisierungspolitik in Ungarn wird hingegen als anpassungsdienlich bezeichnet. Hier konnte durch einen Wettbewerb natürlicher Privatisierungsmethoden eine relativ große organisatorische Vielfalt innerhalb der neuen Verfügungsrechtsstruktur entstehen. Die von *Stark* so bezeichnete Beteiligungsgeometrie aus „horizontal ties of cross-ownership intertwined with vertical ties of nested holdings“[84] habe eine Aufweichung staatlicher und privater Organisationseinheiten bewirkt. Durch diese sei, aus evolutionsökonomischer Perspektive betrachtet, ein erhöhtes Spannungsverhältnis und höherer Anpassungsdruck zu erwarten. Die Koexistenz, Interdependenz und insbesondere die Inkohärenz alter und neuer Organisations- und Interaktionsformen sei ein entscheidender positiver Einflußfaktor für die Intensität der Anpassungsdynamik in den Transformationsländern.[85]

---

82 Vgl. Grabher, G. (1994) oder ders. (1995).

83 Vgl. Grabher, G. (1994).

84 Stark, D. (1994), S. 11. *Audresch* hingegen konstatiert, daß die Privatisierung durch die Treuhand ein äußerst sinnvolles Modell für die Transformationsländer in Mittel- und Osteuropa darstellt. Insbesondere könnten damit viele effizienzbehindernde, bürokratische Verstrickungen verhindert werden. Vgl. Audresch, D.B. (1994), S. 34.

85 Vgl. Grabher, G. (1994), S. 17.

Eine endgültige Beurteilung dieser Aussagen ist, wie bereits geäußert, in Ermangelung praktischer Erfahrungen aber kaum möglich. Eine theoretische Analyse kann lediglich gute Argumente von schlechten trennen, aber nicht das Ergebnis zukünftiger Entwicklungen vorwegnehmen, besonders nicht bei der vorliegenden Problematik. Der Aussage, daß erfolgreiches Wirtschaften nicht jene eindeutig klare Differenzierung von Staat und Markt, öffentlich und privat voraussetzt, wie der Netzwerkansatz suggeriert, kann indes durchaus Zustimmung entgegengebracht werden. Der japanische *Keiretsu* oder andere fernöstliche Organisationsmodelle bieten hierfür durchaus Beispiele.[86] Daß die Kombination privater und staatlicher Verfügungsrechte in einzelnen Unternehmen, wie sie in Ungarn entstanden ist, aber ähnliche Ergebnisse zu liefern imstande ist, wird hier als voreiliger Schluß bewertet. Schließlich bedeutet sie mehr oder minder eine Rezentralisierung und Wiederverstaatlichung von Betrieben. Daß hierin Gefahren ineffizienten Wirtschaftens liegen, muß wohl, in Anbetracht der langen Geschichte des Sozialismus, nicht näher erläutert werden. Es ist fraglich, ob die bei der Privatisierung des ungarischen Typs bedingte Konservierung vieler alter Beziehungen wesentliche Anpassungen in Richtung einer Marktwirtschaft ermöglichen wird. Je mehr alte Strukturen aufrechterhalten werden, umso größer scheint die Tendenz, daß eine Koordination über Markt- und Wettbewerbsmechanismen ausbleibt. Wird auf diese Weise nicht eher die sowieso schon begrenzte Individualisierung und gehemmte Entkollektivierung von Verantwortung gefördert und damit zusätzliches Potential für ineffizentes Verhalten geschaffen?[87]

Diese Frage kann wohl vorerst nicht endgültig beantwortet werden. Das war aber auch nicht das Ziel der hier durchgeführten Analyse. Dieses bestand vielmehr darin, die Relevanz der Privatisierungs- bzw. Transformationsstrategie für die Manipulation der Interaktionsstrukturen und des institutionellen Wandels aufzuzeigen. Diesbezüglich hat die Erörterung dargelegt, daß die Wahl der Privatisierungspolitik sowohl für die Struktur von Austauschbeziehungen als auch für die Intensität und die Richtung von Anpassungsprozessen als ein wichtiger Bestimmungsfaktor angesehen werden kann. Diese Politik ist aber insofern begrenzt, als eine mit politischen Maßnahmen mögliche formelle Privatisierung nicht mit einer effektiven Privatisierung gleichgesetzt werden kann. Hierfür ist die Anwendung verschiedener Privatisierungstechniken nur ein erster Schritt, dem in jedem Fall entsprechende Anpassungsprozesse folgen müssen.[88]

---

86 Als Keiretsu werden Gruppen von Unternehmen und Finanzintermediären bezeichnet, die gegenseitig große Anteilspakete an anderen Gruppenmitgliedern halten und zudem umfangreiche Geschäfte miteinander durchführen.

87 Zu den negativen Effekten der Erhaltung alter Netzwerke siehe auch Crane, K. (1991) und Stark, D. (1990).

88 „Genuine establishment of property rights comes after the transfer of control rights from the politicians, as private investors begin to use their economic and political resources to protect their rights." Shleifer, A. (1995), S. 114.

III. 4.4 Die Dimensionen institutionellen Wandels

Aus den Erörterungen bezüglich der Grundzüge einer Theorie institutionellen Wandels kann zusammenfaßt werden, daß institutioneller Wandel im Transformationsprozeß eines Landes im wesentlichen durch die nachstehenden Faktoren und Wirkungszusammenhänge determiniert wird:

- die Intensität individueller und kollektiver Lernprozesse;
- die Struktur und Intensität sozialer Konflikte zwischen Institutionen und Organisationen sowie zwischen verschiedenen Organisationen selbst;
- die anfänglichen Machtasymmetrien zwischen den Wirtschaftsakteuren und sozialen Gruppen sowie
- die durch transformationstypische und transformationspolitische Vorgänge erzeugten Verschiebungen innerhalb des Interaktions- und Machtgefüges.

Bezogen auf die eingangs dieser Arbeit formulierten Probleme und Charakteristika einer Systemtransformation in Ostmitteleuropa, sind damit prinzipiell alle drei Dimensionen - die ökonomische, politische und sozio-kulturelle - für Veränderungen im Institutionengefüge verantwortlich. Das nachfolgende Schaubild (*Abbildung 4*), das die Ebenen und Interdependenzen des institutionellen Wandels im Transformationsprozeß zeigt, soll dies noch einmal verdeutlichen.

Dazu nun noch einige Erläuterungen: Die *kognitiven und institutionellen Erbschaften* sind bestimmend dafür, welche Einstellungen und Interessen die verschiedenen sozialen Gruppen und Organisationen gegenüber institutionellen Veränderungen im Transformationsprozeß besitzen [*siehe Pfeile Nr. (1)*]. Überlieferte Erwartungshaltungen oder Beziehungsnetze können zum Beispiel dazu führen, daß formelle Veränderungen im institutionellen Gefüge unterlaufen und/oder im Diskurs mit den Regelsetzungsorganen revidiert oder korrigiert werden.[89] Ähnlich verhält es sich bei den durch die Transformation hervorgerufenen *Systemunsicherheiten* [*siehe Pfeile Nr. (2)*]. Diese lassen sich im einzelnen kennzeichnen durch Unsicherheit bezüglich:[90]

a) der aktuell wählbaren alternativen Institutionen;
b) der aktuellen Konsequenzen der aktuellen Institutionenwahl;
c) der zukünftigen Konsequenzen der aktuellen Institutionenwahl;
d) der späteren Präferenzen bezüglich der zukünftigen Alternativen und Ergebnisse sowie
e) der künftig wählbaren alternativen Institutionen.

89 Siehe dazu auch die in Kapitel III.4.2 genannten Konfliktlösungsvarianten.
90 Vgl. Knight, J. (1992), S. 45.

Abbildung 4:
Ebenen und Interdependenzen institutionellen Wandels im Transformationsprozeß

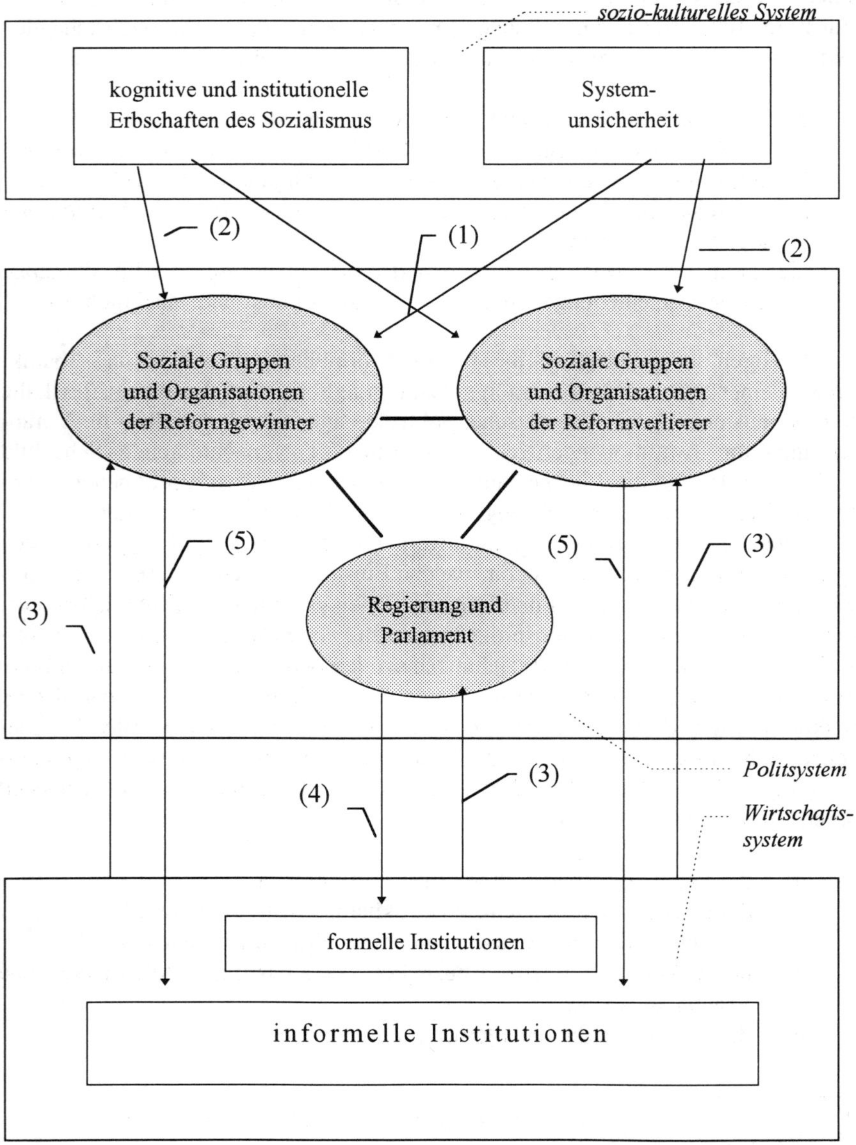

Unsicherheit betreffend der aktuellen Alternativen und Konsequenzen (Fall a und b) wirkt sich bei den *sozialen Gruppen und Organisationen* sowohl auf die intentionale als auch auf die spontane Institutionenbildung aus. Dies geschieht *erstens* derart, daß politischer Einfluß auf die *Regierung* zur Revidierung oder Korrigierung formeller Institutionen ausgeübt wird. *Zweitens* können die Akteure die neuen Regeln vollständig oder partiell ignorieren. *Schließlich* ist auch ein Experimentieren mit verschiedenen institutionellen Veränderungen und/oder die Auswahl von Regeln, die im nachhinein leicht revidierbar sind, vorstellbar. Dadurch wird ein Lernprozeß eingeleitet, der die Unsicherheit verringert.

Unsicherheit hinsichtlich künftiger Konsequenzen oder künftiger Präferenzen gegenüber den Ergebnissen des institutionellen Gefüges (Fall c und d) hat in der Regel keinen nennenswerten Einfluß auf den evolutionären institutionellen Wandel. Sie kann jedoch einen maßgeblichen Effekt auf intentionalen Wandel haben, da dieser in der Regel formelle Veränderungen von lang andauernder Existenz umfaßt. Dabei kann ein analoges Verhalten wie im Fall aktueller Unsicherheiten erwartet werden - also Einfluß auf die Regierung zur Korrigierung oder Revidierung von Regeln ausüben sowie Experimentieren oder die Implementierung leicht änderbarer Regeln innerhalb von Organisationen. Eine andere Situation ist jedoch gegeben, wenn totale Unsicherheit vorliegt, das heißt, wenn über die Zukunftsvariablen keine Aussagen mit einer bestimmten Wahrscheinlichkeit möglich sind. Für diesen Fall kann angenommen werden, daß sich die Subjekte komplett auf bisherige Routinen zurückziehen und jeglichen Wandel blockieren oder vollständig ignorieren; jede Nutzeneinbuße wird abgelehnt.[91]

Die Interaktionen bzw. *sozialen Konflikte* zwischen den verschiedenen sozialen Gruppen bzw. Organisationen und dem Staat sind darüber hinaus von den Transformationsmaßnahmen und den daraus hervorgehenden wirtschaftlichen Entwicklungen abhängig [*siehe Pfeile Nr. (3)*].[92] Diese ergeben sich aus zwei Aspekten: *Erstens* aus den *formellen Institutionen*, die durch die Regierung zunächst in der Kernphase des Systemwandels gesetzt werden [*siehe Pfeil Nr. (4)*]. Und *zweitens* aus den *informellen Institutionen*, wie sie von den Wirtschaftssubjekten in das neue System eingebracht werden [*siehe Pfeile Nr. (5)*]. Vom Zusammenspiel beider Seiten hängen, wie oben bereits diskutiert wurde, das Wesen und die Funktionsfähigkeit des neuen Wirtschaftssystems ab. Dieses Zusammenspiel findet insbesondere über die politischen Auseinandersetzungen zwischen

---

91 Ein derartiges Verhalten konstatiert *Heiner* aber bereits für den Fall, wenn bezüglich der aktuellen Situation große Unsicherheiten und hohe Komplexität vorliegen. Vgl. Heiner, R.A. (1983), S. 564f.

92 Es wurde hier eine Unterscheidung zwischen Verlierer- und Gewinnergruppen vorgenommen, da diese sowohl bezüglich der Anreize für das Eingehen von Konflikten als auch für die grundlegende Richtung des Interesses der weiteren Systemreformen große Differenzen aufweisen dürften. Der Staat wurde in obiger Abbildung durch die Regierung und das Parlament personifiziert.

den *Reformverlierern* und der *Regierung* statt. Von den *Reformgewinnern* kann eine gemäßigte Konfliktmotivation erwartet werden, denn ihre Interessen werden bereits teilweise durch die Reformregierung vertreten. Falls diese Interessen aber durch den Einfluß der Reformgegner gefährdet zu sein scheinen, dürften auch die pro-Reform-Lobbyisten verstärkt am Verteilungskampf teilnehmen. Erfolg oder Mißerfolg, das heißt, die Entwicklung bezüglich wirtschaftlichem Wachstum und Wohlstand für die einzelnen Organisationen und sozialen Gruppen, entscheiden dabei über die jeweilige Machtverteilung innerhalb des politischen Spektrums in den Folgeperioden. Durch diese Verteilung bzw. Verteilungsdynamik wird anschließend bestimmt, in welche Richtung und mit welcher Geschwindigkeit die Transformation des Wirtschaftssystems fortschreitet. Lernprozesse überschatten dabei jeden einzelnen Prozeß und finden in allen Subsystemen der Gesellschaft statt.

Transaktionskosten (TK) gehen übrigens innerhalb der hier geschilderten Prozesse nicht verloren, auch wenn ihre Entscheidungsrelevanz als eingeschränkt gelten kann. Sie spielen zum Beispiel bei der Organisation politischen Widerstands und bei der Durchsetzung von Interessen eine Rolle. Dabei kann zwischen zwei Kostenarten unterschieden werden:

(a) Kosten für die Organisation, der an einer gemeinsamen Institution oder einer gemeinsamen politischen Linie interessierten Individuen zu einer Interessengruppe, und
(b) Kosten, um Regierungs- und/oder Parlamentsvertreter auf die eigenen Interessen einzuschwören.

Verteilungskämpfe zwischen verschiedenen Interessengruppen und der Regierung können ausbleiben, wenn die damit verbundenen erwarteten Kosten den erwarteten Nutzen übersteigen. Transformationsbedingte Anpassungsvorgänge können auf einer mehr oder weniger effizienten oder ineffizienten Institutionenstruktur beharren, je nachdem, wie hoch die TK für die eine oder andere Interessengruppe sind. Dies hängt oftmals mit der institutionellen Hinterlassenschaft des Sozialismus zusammen, wie auch bereits anhand der Machtasymmetrien zwischen der Arbeitnehmer- und Arbeitgeberlobby in diversen Ländern Ostmitteleuropas verdeutlicht wurde. In Polen, wo sich bereits in den 80er Jahren eine starke politische Kraft im Arbeitnehmerlager entwickelte, erweisen sich im Vergleich zu anderen Ländern wie Rußland und der ehemaligen Tschechoslowakei somit auch die TK für die Verfolgung von Arbeiterinteressen als geringer. Institutionelles Design hängt zu einem gewissen Grad von diesen Kosten ab.

Insgesamt sind TK wichtig für das Wachstum und den Wohlstand der Länder Ostmitteleuropas. Nur wenn sich dort Institutionen entwickeln, die eine Abwicklung ökonomischer Aktivitäten und eine Durchsetzung von Verträgen mit geringen TK gewährleisten, können funktions- und wettbewerbsfähige Märkte und Wirtschaften entstehen.

III.5 Allokation und Verteilung im Prozeß institutionellen Wandels der Systemtransformation

In diesem Kapitel wurde der Beitrag der Institutionenökonomie zur Abbildung und Erklärung der Probleme und Eigenarten beim Übergang von einem planwirtschaftlichen zu einem marktwirtschaftlichen Wirtschaftssystem analysiert. Allgemein wurde ein theoretischer Rahmen bzw. ein theoretisches Instrumentarium gesucht, mit dem die identifizierten Anpassungsprozesse der Systemtransformation in Ostmitteleuropa abgebildet und weitere Zusammenhänge dieser Thematik entschlüsselt werden können.

In einem *ersten Teil* wurde dabei geprüft, inwiefern sich die Transaktionskostentheorie (TKT) zur Erklärung der beobachtbaren Vorgänge institutionellen Wandels im Systemübergang eignet. Die Prüfung ergab, daß zwar viele Reaktionen der Individuen und Interessengruppen retrospektiv auf eine Veränderung von TK zurückgeführt werden können, daß aber die institutionellen Entwicklungen in den Transformationsländern nur bedingt als Ergebnis tk-minimierender, rationaler Entscheidungen und Handlungen der Akteure erklärbar ist. Zwei wesentliche Gründe können hierfür genannt werden: *Zum einen* ist die Schaffung von Institutionen nicht nur ein ökonomischer, sondern auch ein politischer Prozeß, bei dem die Kosten einer Institution nur ein eingeschränkt relevanter Entscheidungsfaktor sind. *Zum anderen* ist es für die Akteure kaum möglich, die TK-Effekte der Wirtschaftsaktivitäten innerhalb des neuen Systems annähernd zu messen oder abzuschätzen, so daß TK kaum als wichtige Entscheidungsgrundlage herangezogen werden dürften. Dem TK-Konzept kann daher letztlich nur begrenzte Relevanz für die hier zu behandelnde Problematik zugeschrieben werden. Ein funktionaler Zusammenhang und zielgerichteter Anpassungsprozeß, wie er sich aus der TKT ableitet, kann für den betrachteten Übergang nicht konstatiert werden.

Auf der Grundlage der aufgezeigten Erklärungsdefizite der TK-Ökonomie, wurden in einem *zweiten Teil* die für einen institutionellen Wandel im Transformationsprozeß als fundamental erachtbaren Einflußfaktoren und Wirkungszusammenhänge spezifiziert und analysiert. Dabei erfolgte zunächst eine Differenzierung verschiedener Entscheidungsebenen und Formen von Institutionen sowie eine Charakterisierung der Konflikte und Konfliktlösungsprozesse zwischen formellen und informellen bzw. inneren und äußeren Institutionen. Auf dieser Basis wurde argumentiert, daß *erstens* Lernprozesse, *zweitens* die Interaktionen zwischen den Wirtschaftssubjekten innerhalb des neuen Ordnungsgefüges und *drittens* die nach der Kernphase der Transformation existenten Machtasymmetrien und anschließend erfolgenden Machtverschiebungen zwischen den Interaktionspartnern für den institutionellen Wandel maßgebende Größen sind. Zusammengefaßt kann aus den Untersuchungen folgendes resümiert werden:

(1) Eine Substitution der formellen Institutionen einer Zentralverwaltungswirtschaft durch die einer Marktwirtschaft führt nicht automatisch zu einer funktionierenden Marktwirtschaft.[93] Allein das Angebot an Institutionen einer Marktwirtschaft schafft noch keine Nachfrage nach Marktkoordination;
(2) Für die Etablierung neuer Institutionen sind ökonomische und politische Faktoren maßgeblich. Die Entwicklung der Gesellschaft ergibt sich aus komplexen Interaktionen zwischen inneren und äußeren Institutionen, die nicht notwendigerweise effizient oder effizienzsteigernd sind;
(3) Institutioneller Wandel stellt sich insgesamt als ein pfadabhängiger, gradueller, offener und nur begrenzt steuerbarer Prozeß dar, der in seinem Verlauf von den spezifischen sozialen und politischen Gegebenheiten eines Transformationslandes determiniert wird.

Für die weitere Analyse des hier betrachteten Transformationsprozesses kann daraus nun abgeleitet werden, daß es nur einen Teilaspekt umfaßt, ein System allokationseffizienter Institutionen zu definieren. Das Konzept der allokativen Effizienz beinhaltet nur eine vergleichsweise statische Sichtweise, weil es sich vornehmlich an einem gegebenen und stabilen System von Institutionen orientiert. Dieses liegt aber im Transformationsprozeß gerade nicht vor, auch nicht nach Implementierung der grundlegenden formellen Regeln des neuen Systems. In einem Umfeld sich immer schneller wandelnder Märkte und kürzerer Produktlebenszyklen ist das Leistungsvermögen einer Wirtschaft wesentlich durch deren institutionelle Flexibilität und Anpassungsfähigkeit bestimmt. Aus diesem Grunde sollte weniger die allokative als vielmehr die adaptive Effizienz im Brennpunkt der Transformation stehen.

Ungeachtet dessen ist es zweifelhaft, ob die Maßnahmen, die theoretisch allokationseffiziente Systeme erzeugen, stets das richtige Rezept sind, um morbide Wirtschaften zu sanieren. Eine Transformationspolitik, die versucht, effiziente Systeme zu schaffen, dabei aber zum Nachteil vieler Wirtschaftsakteure in bestehende Wohlfahrtsstrukturen eingreifen muß und dadurch Unrechtsempfin-

---

93 Sogar *von Hayek,* bekannt für seinen Evolutionsoptimismus, läßt in diversen Aufsätzen erkennen, daß eine selbstgesteuerte Entwicklung von Institutionen in eine Sackgasse führen kann. Vgl. dazu Voigt, S. (1991).

dungen hervorruft, wird politische Reaktionen auslösen, die den eingeschlagenen Reformkurs zum Stillstand oder zum Scheitern bringen können.[94]

In dem betrachteten Transformationsprozeß ist es insofern ein weiterer und insgesamt als entscheidend erachtbarer Aspekt, sich der zeitlichen Dynamik sowie den politökonomischen Problemen des Umbruchs anzunehmen. Es gilt zu ergründen, wie der Übergang von der Plan- zur Marktwirtschaft tatsächlich abläuft, wie Märkte entstehen, aber auch, warum marktwirtschaftliche Interaktionen ausbleiben und welche Faktoren für nicht beabsichtigte Entwicklungen verantwortlich zeichnen. Dabei ist es, bedingt durch außerordentliche Interessenkonflikte, mehr als in den meisten anderen, von der Institutionenökonomie bislang problematisierten Ereignissen der Realität von Bedeutung, verteilungspolitische Aspekte in die theoretische Analyse einzubeziehen. Ökonomie und Politik sind eng miteinander verknüpft und beide für das Ergebnis des Wandels bestimmend.

Summa summarum bestehen enge Verbindungen zwischen den institutionellen Veränderungen, den Wohlfahrtskonsequenzen für verschiedene Gruppen einer Gesellschaft, den Wandlungen der Einstellungen dieser Akteure gegenüber dem neuen Regelwerk, den Zugangsmöglichkeiten verschiedener Gruppen zu politischen Verfügungsrechten und den Machtkonstellationen auf der politischen Ebene einer Gesellschaft. Letztere sind in der Regel Ursache für weitere institutionelle Neuerungen und insofern Auslöser zusätzlicher Auswirkungen auf die davor genannten Faktoren. Um die Entwicklungsvorgänge im Rahmen einer Systemtransformation genauer zu verstehen, muß das Zusammenspiel all dieser Faktoren im Zeitablauf analysiert werden.[95] Es bedarf einer Modellierung der dynamischen Prozesse innerhalb der Anpassungsphase einer Systemtransformation, um daraus besseres Wissen über die Adaptionen, Permutationen und Rekombinationen existenter Organisations- und Interaktionsformen generieren zu können.

Eine solche Modellierung ist Ziel und Zweck des nachfolgenden Kapitels. Auf der Grundlage bisheriger Beobachtungen in verschiedenen Transformationsländern und theoretischer Erkenntnisse aus vorangegangenen Abschnitten dieser Arbeit werden dabei verschiedene Phasen behavioraler Anpassung unterschieden. Es werden jene Faktoren herausgestellt, die für die Richtung und Geschwindigkeit der Bewegungen auf dem Weg von einer Zentralverwaltungswirtschaft zu einer Marktwirtschaft als wesentlich beurteilt werden können.

---

94 Wie sich dieses Ergebnis aus einem rein rationalen Verhalten der Wirtschaftssubjekte, ohne Rückgriff auf außerökonomische, psychologische Kategorien begründen läßt, zeigen zum Beispiel Kremer, M. et al. (1994).

95 Vgl. North, D.C. (1995), S. 12.

KAPITEL IV

Zur Genese kooperativen Verhaltens und marktwirtschaftlicher Institutionen im Transformationsprozeß: Ein Modell behavioraler Anpassung

„Among the main features of institutional change are its complexity and the unforeseeable nature of its consequences, setting us off on random walks to goodness knows what destination. (...) We have to recognise candidly that institutional changes can easily lead in the long run to results that are quite different from intended - rather in the same way as wars have been found to do.“[1]

IV.1 Die Transformationsländer auf der Suche nach neuen modi vivendi

Bezugnehmend auf die eingangs aufgezeigten Dimensionen der Systemtransformation - Ökonomie, Politik, Kultur - sowie die bislang untersuchten Determinanten und Wirkungszusammenhänge behavioraler Anpassung und institutionellen Wandels im Transformationsprozeß, soll nun ein integriertes und dynamisches Modell behavioraler Anpassung entwickelt werden. Ziel dieses Modells ist es, Aussagen bezüglich der Entwicklung von Verhaltensweisen der Wirtschaftsakteure und der entsprechenden Entstehung von Institutionen in der post-Kernphase der Transformation zu formulieren. Dabei gilt es:

a) die als verhaltensdeterminierend und verhaltensmanipulierend erachtbaren Bestimmungsgrößen einzelner charakteristischer Entwicklungsstufen der Anpassungsphase zu identifizieren sowie
b) deren Interdependenzen und Auswirkungen auf die Etablierung marktwirtschaftlicher Interaktionsmechanismen im Zeitablauf zu modellieren.

Entsprechend den in Kapitel II.3 und III.4 aufgezeigten Einflußgrößen und Triebkräften behavioraler Anpassung und institutionellen Wandels wird die Anpassungsdynamik dabei primär als ein Prozeß gesellschaftlicher Konfliktaustragung und -bewältigung verschiedener sozialer Gruppen konzipiert. Konflikte

1 Matthews, R.O.C. (1986), S. 917.

entstehen in erster Linie mit den neuen Markt- und Wettbewerbsmechanismen, da diese die bisherige Wohlfahrtsposition der Wirtschaftssubjekte signifikant verändern. Das heißt, es besteht ein direkter oder indirekter Konflikt der Wirtschaftssubjekte mit der Reformregierung, weil diese letztendlich das neue Wirtschaftssystem eingeführt hat und für weitere grundlegende Modifikationen zuständig ist. Eine Kontroverse ist aber auch zwischen verschiedenen sozialen Gruppen gegeben, und zwar insofern, als bestimmte Wohlfahrtsrelationen für die Akteure von Belang sind. Es kann - wie auch in Kapitel II.3.3 bereits erörtert wurde - davon ausgegangen werden, daß die Wirtschaftsakteure Differenzenspiele spielen, bei denen die Spielzüge unter anderem von den Differenzen der transformationsbedingten Auszahlungsbeträge für verschiedene Gruppen abhängen.

Innerhalb dieses Konfliktfeldes und des neuen gesellschaftlichen Ordnungsrahmens begeben sich die sozialen Gruppen auf eine Suche nach neuen *modi vivendi* und nach Handlungsalternativen mit maximaler Bedürfnisbefriedigung. Die dabei anstehenden Wahlhandlungen finden auf der Grundlage der erwarteten zukünftigen Wohlfahrtssituation und vor dem Hintergrund des jeweilig erwarteten Verhaltens der Vertragspartner statt.

Die genannte Suche wird hier als ein Vorgang verstanden, in dem sich die Akteure Schritt für Schritt, über trial and error, von Nicht-Kooperation in Richtung Kooperation mit den neuen Marktmechanismen bewegen. Dabei erfolgt eine intensivere gegenseitige Abstimmung und Institutionalisierung von Transaktionen. Insgesamt werden zunehmend sichere Erwartungen innerhalb der neuen sozialen und ökonomischen Beziehungen geschaffen. Die Manager, Arbeitnehmer und Gewerkschaften gelangen in diesem Prozeß zu einem kooperativen und konstruktiven Verhalten, nachdem für viele dieser Akteure - wie gezeigt - zunächst ein eher destruktives und defensives Verhalten rational war. Auch werden kognitive und institutionelle Erbschaften des Sozialismus in diesem Vorgang abgetragen, das Verhaltensrepertoire der Wirtschaftssubjekte insgesamt modernisiert und der Wohlstand des betreffenden Landes, im Sinne eines Plussummenspiels, insgesamt erhöht.

IV.2 Ein Modell behavioraler Anpassung

Auf welche Art und Weise die oben beschriebene Suche neuer *modi vivendi* erfolgt, wie die Selektion neuer Interaktions- und Koordinationsmechanismen abläuft, welche Motivationen dabei zum Tragen kommen und welche Phasen und Prozesse dies impliziert, ist in der gesamten Komplexität theoretisch nicht zu erfassen. Hier wird die zu analysierende Anpassungsproblematik daher vereinfacht und zum Teil mit Hilfe spieltheoretischer Modellarithmetik, genauer gesagt, mit einem modifizierten Gefangenendilemma dargestellt.[2] Die im zweiten Kapitel hergeleiteten Interessen- und Konfliktpositionen sowie wechselseitigen Beziehungen und Erwartungen innerhalb der Gesellschaft werden dabei als Grundlage für die Ausgangskonstellation herangezogen.

IV. 2.1 Gefangenendilemma versus Transformationsdilemma

Zur Darstellung von Verhaltensproblemen im Transformationsprozeß wurde die Konstellation eines Gefangenendilemmas schon an verschiedenen Stellen eingesetzt.[3] Allgemein repräsentiert die Entscheidungssituation in einem Gefangenendilemma ein Konfliktspiel, mit dem sich soziale Beziehungen, Interessen, Motivationen und Handlungsstrategien verschiedener Interessengruppen abbilden lassen.[4] Die Grundproblematik und -struktur dieses Spiels wird von *Axelrod* wie folgt beschrieben:

> „Ein Gefangenendilemma ist ein Spiel mit zwei Spielern, von denen jeder zwei Entscheidungsmöglichkeiten hat, nämlich zu kooperieren oder nicht zu kooperieren. (...) Jeder muß seine Wahl treffen, ohne zu wissen, wie der andere sich verhalten wird. Unabhängig vom Verhalten des jeweils anderen führt Defektion zu einer höheren Auszahlung als Kooperation. Das Dilemma liegt darin, daß es für jeden Spieler, unabhängig vom Verhalten des anderen, vorteilhafter ist, zu defektieren, daß jedoch beiderseitige Defektion für jeden Spieler ungünstiger ist als wechselseitige Kooperation. Die individuelle Rationalität führt für beide zu einem schlechteren Ergebnis als nötig. Das ist das Grundproblem des Gefangenendilemmas."[5]

Im Kontext der Interessenkonflikte einer Systemtransformation verändert sich allerdings die hier dargelegte Grundproblematik. Im folgenden soll daher nicht mehr das klassische Gefangenendilemma, sondern ein modifiziertes Modell

---

2 Hierin unterscheidet sich die Spieltheorie von traditionellen Gleichgewichtsmodellen neoklassischer Provenienz, die unterschiedliche Interessen, Wertungen und Motivationen der einzelnen Akteure aus der ökonomischen Analyse ausblenden. Vgl. auch Morgenstern, O. (1966). Eine alternative spieltheoretische Darstellung wählen *Kremer, M. et al.* Sie präsentieren einen Spielbaum, in dem gemäß der individuellen Wohlfahrtsentwicklung in verschiedenen Perioden neu über eine Unterstützung oder Ablehnung der Transformationsmaßnahmen entschieden wird. Vgl. Kremer, M. et al. (1994).

3 Vgl. Apolte, T. (1990), S. 309 und Leipold, H. (1991), 23f.

4 Über die Geschichte zweier Gefangener, die diesem Spiel seinen Namen gaben, informiert in ausführlicher Weise Petermann, F. (1985), S. 39f.

5 Axelrod, R.M. (1988), S. 7f. Neben dem Gefangenendilemma (GD) wird in der Spieltheorie ein zweites Grundszenario einer Entscheidungssituation unterschieden: das Koordinationsproblem (KP). Im Unterschied zum GD stellt sich das KP primär als ein Abstimmungsproblem dar, bei dem nach gegenseitiger Einigung eine Besserstellung beider Parteien erreicht werden kann. Für keine Partei besteht sodann ein Anreiz, eine alternative Strategie zu verfolgen.

zur Anwendung kommen. Eine Modifikation erfolgt aufgrund von Veränderungen in mindestens zweierlei Hinsicht:

Erstens beziehen sich die Verhaltenskategorien der Kooperation und Nicht-Kooperation nicht nur auf Attitüden gegenüber anderen, direkt involvierten Interessenparteien, sondern gegenüber dem neuen Institutionengefüge und damit indirekt gegenüber der Reformregierung. Im folgenden repräsentieren diese Kategorien primär die Bereitschaft der Individuen, innerhalb der neu implementierten, marktwirtschaftlichen Institutionen - also praktisch indirekt und anonym mit anderen Akteuren - zu interagieren.[6] Während sich das herkömmliche Gefangenendilemma in der Regel vor dem Hintergrund eines stabilen, vertrauten Wirtschaftssystems ereignet, dieses also modellexogen ist, spielt sich das Dilemma der Transformation auf einer sich wandelnden Systembasis ab. Das Wirtschafts- bzw. Institutionengefüge ist eine endogene Variable der Entscheidungssituation, weil mit dem Verhalten der Individuen auch über wesentliche Ausprägungen dieses Gefüges befunden wird.

Zweitens führt Kooperation, wie noch genauer zu zeigen sein wird, zunächst nicht zu einer Pareto-superioren Situation, wie im Standard-Gefangenendilemma konstatiert wird. Kooperatives Verhalten bedeutet zuerst vielmehr starke Wohlfahrtseinbußen für praktisch alle Spieler bzw. Gesellschaftsmitglieder. Dies ist darauf zurückzuführen, daß das institutionelle Rahmengefüge nach dem Systemwechsel zunächst instabil und unvollständig ist und sich neu etablieren muß. Erst in späteren Perioden kann von einer gesamtnutzensteigernden Wirkung von systemkonformem Verhalten bzw. Kooperation ausgegangen werden, weil es einiger Zeit bedarf, bis sich die Wirtschaftssubjekte auf das neue Systemumfeld eingestellt haben und darin produktiv interagieren können.[7]

Dem in dieser Arbeit eingehend beschriebenen Wesen einer Systemtransformation zufolge könnte in spieltheoretischem Zusammenhang noch eine dritte Unterscheidung gegenüber dem üblichen Gefangenendilemma angeführt werden. Anstelle der Existenz lediglich *einer* Lösung des Dilemmas - wenn man so will, einer Gleichgewichtslösung[8] - dürfte es für die vorliegende Problematik vielmehr mehrere derartige Lösungen geben. Schließlich gibt es viele Mittel und Wege, die

---

6 Eine ähnlicher Ansatz wird auch von Apolte, T. (1990) S. 309 und von Weber, M., Glapinski, A. (1991), S. 31f. gewählt.

7 Ein weiterer Unterschied zum klassischen Gefangenendilemma besteht darin, daß die Spielerparteien im Transformationsprozeß nicht notwendigerweise unabhängig voneinander entscheiden müssen. Dies liegt wiederum daran, daß Kooperation keine Pareto-optimale Lösung darstellt.

8 Von multiplen Gleichgewichten, die im Systemwandel möglich sind, spricht unter anderem Ryll, A. (1993), S. 56. Ähnlich auch *Binmore*: „The human dilemma should be seen as a ‘coordination problem’. That is to say a human society needs to be modeled as a many-player game with many equilibria.“ Binmore, K. (1990), S. 5.

Transformation zu bewerkstelligen, und die exakten Nutzenprofile einzelner Optionen sind ex ante nicht genau bekannt. Insofern könnte von mehreren Lösungsvarianten ausgegangen werden, wobei es das Problem der Reformverantwortlichen ist, eine 'gute' Lösung aus der Reihe der möglichen zu selektieren. Des weiteren bieten viele der Vereinbarungen in der Regel keine Lösung auf unbestimmte Zeit. Ihre Qualität kann sich im Laufe der Zeit bei veränderten ökonomischen oder sozialen Rahmenbedingungen wandeln und dann ein neues Koordinierungssproblem implizieren.

Im folgenden werden zudem nicht Individuen, sondern die bereits in Kapitel II.3 differenzierten Interessengruppen als Spielerparteien fungieren. Dabei wird unterstellt, daß für jede Gruppe eine einheitliche Zielfunktion existiert bzw. von den Mitgliedern keine individuelle Strategie verfolgt wird.

Obschon diese Irregularitäten die Systemtransformation aus dem Blickwinkel der Spieltheorie als ein unkonventionelles Problem kennzeichnen, können spieltheoretische Überlegungen als adäquates Instrumentarium für die diesbezügliche Analyse von Verhaltensanpassungsvorgängen erachtet werden.[9] Die Möglichkeiten dieses Konzepts zur Illustration kollektiver Entscheidungssituationen und -probleme dürften nicht signifikant durch die genannten Unregelmäßigkeiten eingeschränkt werden. Im Gegenteil: die in vorangegangenen Teilen dieser Arbeit erörterten Verhaltensaspekte und Verhaltensparadoxien lassen sich wohl in keinem anderen Konstrukt besser erfassen als im Rahmen der Spieltheorie. „Modelle hierfür" [für die Abbildung und Analyse der Anpassungsprozesse in Ostmitteleuropa, D.D.], so auch *Müller*, „wird man weniger in der Vorstellung einer funktionalen Selbstorganisation finden, als vielmehr in einer informellen Spieltheorie, die sich einerseits mit der Konstitution und Konkurrenz kollektiver Akteure beschäftigt, die andererseits die fragile Beschaffenheit von Interessenkoalitionen nicht funktionalistisch entschärft, sondern offen für die kollektiv irrationalen Effekte konkurrierender Teilrationalitäten bleibt."[10]

Spieltheoretische Überlegungen werden daher hier zur Illustration und Erklärung der Verhaltensweisen und Verhaltensdynamik im Anpassungsprozeß einer Systemtransformation herangezogen und als verhaltenstheoretische Grundlage des im folgenden konzipierten Modells behavioraler Anpassung verwendet. Aufgrund der Irregularitäten bzw. der spezifischen Ausprägung wird dabei allerdings nicht mehr von einem Gefangenendilemma, sondern von einem *Transformationsdilemma* die Rede sein. Dieses kann nach dem bisher gesagten wie folgt

---

9 Abweichungen von der klassischen Problematik und Struktur des Gefangenendilemmas sind zudem schon länger in der Spieltheorie verbreitet. Siehe zum Beispiel Cohen, B.J. (1988), Kap. IV.

10 Müller, K. (1991), S. 287.

definiert werden: Das Transformationsdilemma umschreibt eine Situation in der post-Kernphase eines Systemwandels, in der jede Spielerpartei die Möglichkeit hat:

(a) *zu kooperieren*, das heißt, die neuen marktwirtschaftlichen Regeln und Prinzipien zu akzeptieren und nach ihnen zu agieren, oder
(b) *nicht zu kooperieren*, das heißt, alte Verhaltensroutinen fortzuführen und damit das neu installierte marktwirtschaftliche Institutionengefüge zu unterlaufen.

Unabhängig vom Verhalten der jeweils anderen Partei führt dabei Kooperation für jede Gruppe zuerst zu starken Nutzeneinbußen. Daher ist es für viele sozialen Gruppen der Gesellschaft zunächst vorteilhafter, nicht zu kooperieren, da diese Strategie unabhängig vom Verhalten der anderen Partei in der Regel positive Erträge mit sich bringt. Das *Dilemma der Transformation* ist somit, daß es zunächst für alle Parteien vorteilhaft ist, das neue marktwirtschaftliche Institutionengefüge teilweise oder vollständig zu unterlaufen. Damit wird ein Scheitern des neuen Systems in Kauf genommen, obschon für eine Mehrheit der Beteiligten angenommen werden kann, daß sie in einer funktionierenden Marktwirtschaft letzten Endes ein insgesamt höheres Wohlfahrtsniveau erreichen.

IV. 2.2 Die Phasen behavioraler Anpassung

Nun aber zum eigentlichen Modell behavioraler Anpassung, das nachfolgend entsprechend der Sequenz seiner Phasen erläutert wird. Die vier Phasen des Modells sind bezeichnet als:

1) die Phase der Selbstbereicherung,
2) die Phase der Selbstpositionierung,
3) die Phase der groben Verhaltensadjustierung,
4) die Phase der institutionellen Feinsteuerung und Vertrauensbildung.

IV. 2.2.1 Die Phase der Selbstbereicherung

Die Evolution im Sozialismus hat gezeigt, daß es die Wirtschaftsakteure in diesem System im Laufe der Zeit immer besser verstehen, sich einen diskretionären Handlungsspielraum zu verschaffen und diesen für persönliche Ziele auszunutzen. *Narrow interests*, um mit *Olson* zu sprechen, können bei dieser Entwicklung in wachsendem Ausmaß gegen die im wesentlichen auf Gemeinschaftsinteressen abgestellte Ordnung realisiert werden.[11] Systemkonforme und -dienliche Kooperation wird dabei in der Regel nur soweit verfolgt, wie ein Mindestanspruchsniveau erfüllt wird. Systeminkonformes Verhalten wird hingegen so weit ausgedehnt, wie es sich den Kontrollen der Ordnungshüter und damit auch negativen Sanktionen entzieht.

Nach Einleitung - zum Teil auch bereits mit Bekanntwerden - der Systemtransformation verschieben sich die Grenzen der bisherigen Verhaltensorientierungspunkte insofern, als die Individuen durch den Wegfall direkter Vorgaben und Kontrollen einen noch größeren Handlungsspielraum erhalten. Die Kontroll-, Anreiz- und Sanktionsmechanismen des alten Systems verlieren durch die Abschaffung sozialistischer Ordnungsprinzipien weiter an Kraft - bei der Wahl einer gradualistischen Transformationsstrategie zunächst relativ wenig, bei der Wahl einer Schocktherapie hingegen sofort relativ viel. Sie werden allerdings nicht unmittelbar in gleichem Maß durch alternative Institutionen marktwirtschaftlicher Prägung substituiert. Demzufolge entstehen Defizite in bezug auf wirtschaftliche Verhaltensanreize und -kontrollen, die sich insbesondere durch Restriktionen bei der effektiven Privatisierung von Staatsbetrieben und beim Aufbau funktionierender Märkte ergeben.

Was daher seitens der Akteure im Transformationsprozeß zunächst folgt, ist eine Fortsetzung des erlernten und bislang auch subjektiv erfolgreichen, eigennützigen Verhaltens, aber nun in einem zunächst größeren diskretionären Handlungsspielraum. Dementsprechend können in der ersten Periode des Wandels von einer Zentralverwaltungs- zu einer Marktwirtschaft ein immenser Effizienzverlust, ein Einbruch der Produktion, Insider-Privatisierungen bzw. ein Ausverkauf von Staatsunternehmen beobachtet werden.[12] Es ergibt sich eine Situation, in der Opportunismus und Selbstbereicherung stark ausgeprägt sind und in der in vielen Staatsbetrieben *destructive destruction,* kaum aber Aktivitäten schöpferischer Zerstörung nach Manier eines *Schumpeter'schen* Unternehmers beobachtet werden können.

Insgesamt kommt es zu keiner oder allenfalls zu geringer Kooperation der Akteure in der Bürokratie und Wirtschaft mit den Reformen bzw. der Reformregierung. Es entsteht keine Kooperation innerhalb der neuen marktwirtschaftlichen Ordnung, vielmehr werden alte, aus dem Sozialismus überlieferte Beziehungsnetze in verstärkter Weise genutzt.

Dies erscheint aus der Perspektive der verschiedenen Interessengruppen eine rationale Reaktion. Die Ratio wird besonders dann deutlich, wenn genauer be-

---

11 Vgl. Olson, M. (1992a).
12 Vgl. Wagenlehner, G. (1995), S. 11.

trachtet wird, was Kooperation für die einzelnen Parteien bedeutet. Die folgende Analyse soll dies für die verschiedenen sozialen Gruppen verdeutlichen:

Kooperation von seiten der *Bürokraten* bedeutet, freiwillig Einflußbereiche aufzugeben, auf erlangbare bürokratische Privilegien zum Vorteil der Gemeinschaft zu verzichten und sich einer Privatisierung und Rechtsformänderung von Unternehmen im Sinne der Transformation zu beugen, ohne dies von der Erfüllung verschiedener Anforderungen oder Gegenleistungen abhängig zu machen. Darüber hinaus würde dies heißen, die effektive Privatisierung und Restrukturierung staatlicher Unternehmen voranzutreiben, auch wenn dadurch Entscheidungskompetenzen auf private und zum Teil ausländische Kapitaleigner übergehen. Sogar die den eigenen Arbeitsplatz bzw. die eigene soziale Sicherheit begründenden Funktionen würden dabei nicht verschont, sondern mitunter an marktwirtschaftliche Mechanismen abgegeben.

Betriebsleiter, die sich kooperativ verhalten, müßten ihre Aktivitäten an der ökonomischen Effizienz der Betriebe und an den Signalen des Marktes ausrichten. Ihre Handlungen müßten sich an *profit seeking* und nicht an *rent seeking* orientieren. Sie müßten auch auf die lukrative inoffizielle Zusammenarbeit mit der Bürokratie und anderen Staatsbetrieben verzichten und sich von Untergrundmärkten fernhalten. Aufgrund der chronisch überhöhten Beschäftigtenzahl in sozialistischen Betrieben wäre von den Managern des weiteren die Entlassung einer großen Zahl von Arbeitnehmern vorzunehmen, wobei selbst die eigene Position nicht verschont würde.

Arbeiterräte und *Gewerkschaften* würden sich als kooperativ erweisen, wenn sie ihr Verhalten primär auf die langfristige Wettbewerbsfähigkeit und Wertsteigerung des Unternehmens ausrichten. Notwendigen Entlassungs-, Lohnkürzungs- und Umstrukturierungsmaßnahmen dürften sie sich nicht in den Weg stellen. Zudem müßten sie auf einen Großteil ihrer Entscheidungsmacht innerhalb der Unternehmen bzw. ihres Sozialkapitals verzichten, um dadurch unter anderem die Chancen externer Beteiligungen und anderer Finanzierungen zu erhöhen. Die Gewerkschaften und Arbeiterräte müßten teilweise gegen die Interessen ihrer Klientel, der Arbeitnehmer, handeln und dadurch die eigene Existenzgrundlage aushöhlen oder sogar beseitigen.

In gleicher Manier müßten die *Arbeitnehmer* in erster Linie auf die Effizienz und Kompetitivität des Unternehmens hinwirken und dabei unter anderem von der Forderung höherer Löhne oder Sozialleistungen Abstand nehmen. Sie müßten sich auch Aufforderungen zum Streik gegen anpassungswillige Arbeitgeber verweigern und ihren Arbeitsplatz aufgeben, wenn dies aus Rationalisierungsaspekten erforderlich ist. Arbeiterräten und Gewerkschaften, die gegen das neue System agieren, müßten die Arbeitnehmer ihre Unterstützung verweigern.

Eine Motivation für kooperatives Verhalten könnte für die genannten Interessengruppen indes im Hinblick auf deren wahrgenommene Position als Konsument und die dabei realisierbaren positiven Wohlfahrtseffekte abgeleitet werden. Dies gilt nicht nur für die breite Arbeitnehmerschaft, sondern auch für die Manager und Mitglieder der Verwaltung, weil selbst für die mit zahlreichen Privilegien versehene Nomenklatura im Sozialismus viele Wünsche unerfüllt blieben. Es waren zwar zum Beispiel höhere Konsumartikel und Luxusgüter erlangbar, der Zugang zu vielen Auslandswaren und natürlich Reisefreiheit war allerdings so gut wie nicht gegeben; besonders nicht für die vielen tausend Bürokraten und Managern in mittleren Positionen. Sie verfügten zwar über ausreichende finanzielle Mittel, konnten diese aber nicht in die gewünschten Güter umsetzen. Sie mußten ihre Nachfrage, wie alle übrigen Bürger auch, aus dem allgemein vorhandenen Warenangebot befriedigen, das relativ begrenzt war.

Die positiven Aussichten als Verbraucher werden aber kaum in einem entsprechenden kooperativen Verhalten münden. Die Gründe dafür sind *zum einen,* daß der Wohlfahrtsgewinn als Konsument in seiner Höhe und in seinem zeitlichen Eintritt unsicher ist; in absehbarer Zeit ist wohl überhaupt keiner zu erwarten. *Zum anderen* kann davon ausgegangen werden, daß die Periode des Sozialismus - wie erörtert - Systemmißtrauen und Myopie in den Köpfen der Akteure hinterlassen hat. Ein in mittlerer Zukunft liegender Nutzen dürfte daher kaum verhaltenswirksam werden. Die hieraus ableitbare Ratio für nicht-kooperatives Verhalten der betroffenen Akteure wird folglich zu einer *Transformationsdilemmasituation* führen. Innerhalb einer Auszahlungsmatrix könnte diese wie folgt dargestellt werden:

Abbildung 5:
Transformationsdilemma im Übergang zur Marktwirtschaft in der Phase der Selbstbereicherung[13]

		Management und Bürokratie	
		kooperativ (reputation building)	*nicht-kooperativ* (wait and see/end games)
Arbeiter-räte & Belegschaften	*kooperativ*	(-2 / -1)	(-3 / 2)
	nicht-kooperativ	(1 / -3)	(2 / 3)

13 Der linke Wert eines jeweiligen Klammerinhaltes stellt die Wohlfahrtswirkung für die Arbeiterräte und Belegschaften dar. Der rechte Wert betrifft das entsprechende Niveau der Manager und Bürokraten, die hier aus Vereinfachungsgründen in einer Spielerpartei zusammengefaßt werden.

In dem hier dargestellten Transformationsdilemma spiegeln die angeführten Auszahlungsbeträge ordinal skalierte Gesamtnutzenpositionen wider. Welche Gründe zu der relativen Höhe der Nutzenniveaus verschiedener Verhaltensstrategien geführt haben, wird nun für die beteiligten Parteien näher erläutert. Vorweg sei gesagt, daß die Verteilung der Auszahlungen als nicht symmetrisch angenommen wird, weil die Nutzeneinbußen sowie die Fähigkeit, Nutzenpotentiale in der einen oder anderen Situation erschließen zu können, für die betrachteten Akteursgruppen unterschiedlich sind. Die Manager und Mitglieder der Bürokratie, so wird unterstellt, haben aufgrund ihres Informations- und Ausbildungsvorsprungs in der Regel eine vorteilhaftere Position als die Arbeiter.

Nun aber zu den Nutzenpositionen im einzelnen, die zunächst für die Manager und Bürokraten und anschließend für die Arbeiter und Arbeiterräte erörtert werden:

(a) Viele *Manager und Bürokraten* verschlechtern ihre Position bei einer gelungenen Transformation in ihrem Arbeitsbereich und werden daher zunächst nicht mit dem neuen System bzw. der Reformregierung kooperieren. Diese Strategie ist prinzipiell unabhängig von dem Verhalten der Belegschaft, da in jedem Fall bisherige Privilegien aufgegeben werden müssen, ohne die zukünftige Wohlfahrtsposition abschätzen zu können. Bei kooperativem bzw. nicht-kooperativem Verhalten der Belegschaft werden sie bei eigenem kooperativen Verhalten stets schlechtergestellt: (-1) bzw. (-3).

Defektion, das heißt Nicht-Kooperation mit dem neu installierten Wirtschaftssystem, ist für Betriebsleiter und Bürokraten also zunächst die dominante Strategie. Hierdurch verbessern sie ihre Situation sowohl dann, wenn die Belegschaft kooperiert - im obigen Beispiel um 2 - als auch dann, wenn die Belegschaft ebenfalls nicht kooperiert - in der obigen Matrix um 3. Schließlich bedeutet das opportunistische Ausnutzen des zunächst erweiterten Handlungsspielraums und der Einkommensmöglichkeiten auf informellen Märkten - also die Strategie, nicht zu kooperieren - einen bedeutenden Wohlfahrtszuwachs für die Manager und die Mitglieder der Wirtschaftsverwaltung.[14] Dieser ist bei Annahme von Entscheidungsmacht seitens der Arbeiterräte und Gewerkschaften größer - wie oben gezeigt: 3 versus 2 -, wenn diese Interessengruppen ebenfalls nicht mit den neuen Marktregeln kooperieren. In diesem Fall blockieren die Belegschaftsorganisationen nicht die Handlungen der Manager und Bürokraten, sondern schließen sich mit ihnen zusammen.

(b) Die *Arbeiterräte und Belegschaften*, zu denen ebenfalls die nicht privilegierte Bevölkerung gezählt werden könnte, werden zunächst ebenfalls durch ko-

---

14 Siehe auch Weber, M., Glapinski, A. (1991), S. 31f.

operatives, die Transformation unterstützendes Verhalten verlieren. Dies ist unabhängig davon, ob die Manager und Bürokraten kooperieren (-2) oder nicht (-3), weil ein derartiges Verhalten zunächst den Verlust vieler Arbeitsplätze sowie höhere Leistungsanforderungen für die weiterhin Beschäftigten bedeutet. Jedoch dürfte sich die reale Anpassung hinauszögern und sich die akzeptierte Arbeitslosigkeit für viele nicht-leitende Arbeitnehmer verlängern, wenn die Manager nicht kooperieren. Für einen Aufschwung in der Wirtschaft und die Schaffung neuer Arbeitsplätze kann angenommen werden, daß das Engagement der Manager zwingend erforderlich ist. Allein die Kooperation der Arbeiter reicht dafür nicht aus. Die Gesamtnutzeneinbußen für die Arbeitnehmer sind daher bei defektivem Verhalten der Manager und Bürokraten höher anzusetzen (-3) als bei gleichzeitiger Kooperation der letztgenannten Akteure (-2).

Fällt die Entscheidung der Arbeiterräte und Belegschaftsmitglieder auf Nicht -Kooperation, so ergibt sich bei gleichzeitiger Kooperation der Manager und Verwaltungsangestellten mit dem neuen Marktsystem zunächst ein Nutzenzuwachs (1). Angenommen wird dabei, daß die Arbeiter betriebliche Entscheidungsbefugnisse besitzen und ihre Interessen, zum Beispiel Lohnerhöhungen, auch gegen den Willen des Managements durchsetzen können.[15] Verhalten sich die Betriebsleiter und Bürokraten ebenfalls nicht-kooperativ, so entsteht den Arbeiterräten und Arbeitern ein noch höherer Gewinn (2). Diese Situation entspricht - ungeachtet dem Verhalten der Mitglieder der Bürokratie - einer Koalition der Unternehmensinsider und bringt zunächst für alle hierin einbezogenen Gruppen Nutzenvorteile durch persönliche Bereicherung am Betriebsvermögen mit sich.

Gemäß diesen Betrachtungen theoretisch rationaler Verhaltensweisen der betrachteten Interessenparteien wird sich in der ersten Periode der Anpassungsphase einer Systemtransformation überwiegend nicht-kooperatives Verhalten einstellen. Die Akteure in den Staatsbetrieben und der Bürokratie werden alle Möglichkeiten ausschöpfen, um den eigenen, gegenwärtigen Nutzen zu maximieren. Aktivitäten innerhalb des neuen marktwirtschaftlichen Regelwerks werden so

15 Den Managern wird jedoch eine bessere Fähigkeit zur Ausnutzung einer derartigen Situation (kooperatives Verhalten der anderen Gruppe bei eigenem nicht-kooperativen Verhalten) beigemessen. Dies kann unter anderem darauf zurückgeführt werden, daß die Kollektivgutproblematik für die Arbeiter wesentlich größer sein dürfte als für das Management oder die Bürokratie, weil die zwei letzteren Gruppen in der Regel wesentlich kleiner sind. Im Management eines Unternehmens oder in der Verwaltung sind es vielfach nur einige wenige Personen, die an einer Entscheidung beteiligt sind. Daher wird der Nutzenzuwachs für die Manager und Bürokraten in der genannten Situation höher eingeschätzt (2) (Quadrant II) als der entsprechende Nutzenzuwachs für die Arbeiterräte und Belegschaften (1) (Quadrant III).

weit wie möglich vermieden.[16] Der Grund dafür ist, daß sich, wie auch *Abbildung 5* veranschaulicht, in dem zunächst als verhaltensdeterminierend erachteten kurzfristigen Zeithorizont der Individuen aus einer Kooperationsstrategie keine Vorteile, sondern nur Nachteile ergeben. Dabei wurde noch unberücksichtigt gelassen, daß der Aufbau neuer Kooperationsstrukturen innerhalb marktwirtschaftlicher Institutionen aufgrund des grundlegend anders angelegten Humankapitals gar nicht ohne weiteres vollzogen werden könnte. Dazu wären Attitüden wie Handlungsverantwortung, Eigeninitiative und Risikoakzeptanz erforderlich, die im Sozialismus kaum vorhanden waren und auch nicht innerhalb kurzer Zeit entstehen können.

IV. 2.2.2 Die Phase der Selbstpositionierung

Die Selbstbereicherungsstrategie erscheint aus Sicht der Wirtschaftssubjekte zunächst insbesondere deshalb adäquat, weil deren Verhalten kurz nach dem Umbruch noch stark von alten Denk- und Handlungsweisen geprägt ist. Mißtrauen gegenüber der Qualität der Veränderungen und eine starke Diskontierung zukünftiger Vermögenswerte lassen Kooperation innerhalb der neuen Wirtschaftsordnung als eine verhältnismäßig inferiore Verhaltensstrategie erscheinen. Investitionen in neue Produkte und Interaktionen oder das Verlassen alter Handlungsroutinen sind daher zunächst keine relevanten Alternativen.

Wird den Akteuren aber bewußt, daß es sich bei der Transformation nicht nur um einen weiteren Versuch einer Reform des Sozialismus ohne Aufgabe dessen Prinzipien handelt, sondern um eine echte Chance, zu mehr Freiheit und Wohlstand zu gelangen, so erweitert sich ihr Zeit- und Planungshorizont. Es findet eine Neubewertung der Nutzensituation und eine Neuorientierung der Verhaltensweisen insofern statt, als die 'Spieler' prüfen, ob ein Handeln gemäß marktwirtschaftlichen Prinzipien - also Kooperation - eine geeignete Alternative zu den bisherigen Aktivitäten darstellt. Vor dem Hintergrund der neuen Entscheidungssituation findet also eine Neu- bzw. *Selbstpositionierung* statt. Der Beginn der Phase der Selbstpositionierung ist daher hier als der Zeitpunkt zu verstehen, in dem die Wirtschaftssubjekte die neue Epoche in ihrer Gesellschaft realisieren. Dieser Bewußtseins- bzw. Positionierungsprozeß kann relativ schnell

---

16 Dies stellt auch *Vobobyov* in russischen Unternehmen fest: „The fundamental mode of institutional reaction in Russia, especially in the first half-year of 1992, was not adaptability and structural transformation but spontaneous informal resistance on the side of enterprises to new imposing by the government 'rules of game' in order to preserve continuity of internal organization and stability of micro-economic environment." Vobobyov, A.Y. (1993), S. 11. Analoges weiß auch *Hoffer* für Rußland zu berichten. Vgl. Hoffer, F. (1994), S. 509.

vor sich gehen und wird in erster Linie durch Veränderungen im politischen System getragen. Der Übergang zu einer demokratischen Staatsverfassung kann hierbei als zentrales Signal angesehen werden.

Aus Sicht der Spieltheorie kann in diesem Zusammenhang von einem *Iterationseffekt* gesprochen werden. Dieser stellt gemäß *Axelrod* eine der ersten und wichtigsten Voraussetzungen für die Adjustierung defektiven Verhaltens dar. Hierbei wird bewirkt, daß aktuelle Entscheidungen nicht nur den Ausgang des gegenwärtigen Zusammentreffens bestimmen, sondern auch die späteren Entscheidungen der Spieler beeinflussen können. Die Zukunft hat also Einfluß auf die Gegenwart und auf die aktuell zu treffenden strategischen Entscheidungen.[17] Anders formuliert, werden bei einer Reduzierung der Myopie der Akteure aktuelle Entscheidungen nicht mehr unabhängig von den dadurch erwarteten Effekten in der Zukunft getroffen. In den aktuellen Handlungen werden die Konsequenzen für die zukünftige Wohlfahrtsposition einbezogen.

Als ein signifikantes Merkmal für die Realisierung des Iterationseffekts und die damit verbundene Neubewertung und Neuorientierung der Entscheidungssituation kann in den Transformationsländern die Entwicklung privatwirtschaftlicher Aktivitäten angesehen werden. Ein Wirtschaftssubjekt wird nur dann private bzw. mit dem persönlichen Vermögen zu verantwortende Aktivitäten initiieren, wenn Vertrauen besteht, daß über die dadurch geschaffenen Werte in nahezu vollem Umfang verfügt werden kann. Bei den vielfach erst in ferner Zukunft anfallenden Erträgen muß gewährleistet sein, daß diese vor Eingriffen anderer Subjekte geschützt sind. Privatwirtschaftliches Engagement ist weitgehend mit positiven Erwartungen über die Zukunft verknüpft und damit, daß eine von willkürlichen Staatsinterventionen befreite Wirtschaft existiert.

In der Entwicklung des Privatsektors dürfte sich insofern die Einstellung der Akteure gegenüber der allgemeinen wirtschaftlichen Situation eines Transformationslandes manifestieren. Von besonderer Bedeutung kann dabei die Gründung neuer Unternehmen im Industriesektor beurteilt werden. Hohe Expansionsraten in diesem Bereich können als fundamentaler Verhaltenswandel in einer Volkswirtschaft beurteilt werden, weil hiermit in der Regel signifikante Anlageinvestitionen verbunden sind. Diese setzen einen langfristigen Planungshorizont voraus, da durch derartige Investitionen Kapital über mehrere Jahre innerhalb

---

17 *Axelrod* nennt weitere Voraussetzungen für Kooperation im Gefangenendilemma, die im Transformationsdilemma ebenfalls kooperationsfördernd wirken dürften: Als *zweites* muß der 'Schatten der Zukunft' hinreichend groß sein. Das Gewicht der nächsten Begegnung zweier Individuen muß ergo groß genug sein, um Defektion zu einer unprofitablen Strategie zu machen. *Drittens* muß eine hinreichend große Zahl von Spielern bereit sein, zuerst zu kooperieren und fähig sein, positive Gegenreaktionen zu erkennen. Vgl. Axelrod, R.M. (1988), S. 11.

eines Betriebs gebunden ist. Die Bereiche Dienstleistung und Handel sind hingegen weit weniger kapitalintensiv. Ein Engagement in diesen Sektoren ist mit relativ geringen finanziellen Risiken und entsprechend mit geringerem langfristigen Systemvertrauen möglich und kann daher als weniger deutliches Indiz behavioraler Anpassung angesehen werden.

Die Realisierung des Iterationseffekts bedeutet jedoch nicht in jedem Fall eine Abwanderung von der Staats- in die Privatwirtschaft. Im Gegenteil: Für viele Akteure in den Transformationsländern wird auch nach der Erweiterung des Denk- und Planungshorizonts ein 'negativer Kapitalwert' für die Kooperation innerhalb des neuen marktwirtschaftlichen Systems zu Buche stehen. Auch nach der Einrechnung zukünftiger Gegebenheiten in aktuelle Entscheidungen werden für viele Wirtschaftsakteure hohe Wohlfahrtsverluste gegenüber dem bisherigen Status zu verzeichnen sein. Dies betrifft insbesondere die Mitglieder unterer und mittlerer Bürokratieebenen sowie Arbeiterräte, Gewerkschaften und Arbeiter in Großbetrieben. Viele der großen Industrieunternehmen müssen ihre Produktion einstellen oder gewaltig rationalisieren, um innerhalb eines marktwirtschaftlichen Systems überlebensfähig zu sein. Derartige Maßnahmen sind in der Regel mit einer Auflösung oder umfassenden Entmachtung der Arbeiterräte und zahlreichen Entlassungen von Arbeitern verbunden, was in der Regel auch eine direkte Schwächung der Gewerkschaften bedeutet. Von diesen Interessengruppen kann daher auch in der neuen Situation keine Unterstützung für marktwirtschaftliche Reformen bzw. Kooperation erwartet werden. Die genannten Gruppen dürften vielmehr eine Position des passiven oder aktiven Widerstands gegen die Transformation beziehen, um die drohenden Wohlfahrtseinbußen zu verhindern. Dies kann sich auf politischer Ebene in einer entsprechenden Stimmabgabe bei Parlaments- und Präsidentschaftswahlen und auf betrieblicher Ebene in Streikaktivitäten oder der Behinderung von Reorganisations- oder Privatisierungsmaßnahmen niederschlagen.[18] Für die Mitglieder der unteren und mittleren Bürokratie dürfte sich der mit dem Iterationseffekt verbundene Bewußtseinsprozeß ebenfalls nicht in einer Reorientierung der Verhaltensweisen hin zu marktwirtschaftlichen Prinzipien ausdrücken. Diese werden für die genannten Akteure in aller Regel auch langfristig keine positive Nutzenbilanz bewirken und dementsprechend abgelehnt und/oder sabotiert. Im Systemwandel werden viele Aufgaben an Marktakteure übergehen und Arbeitsplätze in der Bürokratie vernichtet.

Zwei Faktoren, so wird im folgenden argumentiert, sind dafür bestimmend, inwiefern sich der Widerstand vieler Akteure in Bürokratie und Wirtschaft auf-

---

18 Vgl. Kremer, M. et al. (1994).

rechterhalten läßt und den Prozeß der Selbstpositionierung beeinflußt. Diese Faktoren sind:

- Die soziale Macht einer Widerstandsgruppe, insbesondere der Akteure eines Betriebs sowie
- die Befähigung der Regierung, den Widerstand einflußreicher sozialer Gruppen durch transformationspolitische oder sonstige Maßnahmen zu brechen oder zu reduzieren sowie deren Machtposition zu schwächen.

Soziale Macht bzw. die Fähigkeit verschiedener Individuen oder Gruppen, das Verhalten anderer nach Maßgabe der eigenen langfristigen Nutzenmaximierung zu kontrollieren, ergibt sich aus dem zum Transformationszeitpunkt angesammelten tangiblen Vermögen - Real- und Nominalkapital - und intangiblen Sozialkapital - wie zum Beispiel Reputation, Meinungsführerschaft, Informationsstand, Beziehungs- und Organisationsstrukturen und dergleichen.[19] Die Machtposition verschiedener sozialer Gruppen im Transformationsprozeß zu untersuchen, bedeutet daher zunächst, die Vergangenheit der betreffenden Gesellschaften zu analysieren und die Machtkonstellationen zu Beginn des Systemwechsels zu betrachten.

Von primärer Bedeutung sind dabei die Verfügungsrechtsstrukturen innerhalb der Betriebe der ehemals sozialistischen Staaten.[20] Diesbezüglich kann selbst für die Unternehmen einer mehr oder weniger klassischen Zentralverwaltungswirtschaft - Unternehmen vom vorher so bezeichneten Typ Z - konstatiert werden, daß sich die Kontrolle über die Aktivitäten in den Staatsbetrieben zum Zeitpunkt des Umbruchs nicht in vollem Umfang bei den entsprechenden Staatsorganen bzw. Ministerien befindet. Lernprozesse auf der Mikroebene sowie eine zunehmende Komplexität der Produktionsprozesse führen im Laufe der Zeit zu einer verstärkt asymmetrischen Verteilung von Informationen zwischen den Zentralplanern und den Unternehmensinsidern zugunsten letzterer. Daraus ergibt sich ein zunehmender Machtverlust für die Planungs- und Steuerungsorgane des Staates. Eine signifikante Beeinträchtigung der Fähigkeit der Regierung, ihre transformationspolitischen Ziele durchzusetzen, kann in diesem Zusammenhang allerdings nicht angenommen werden, weil diese Art der Machtverwässerung

---

19 *Max Webers* klassische Machtdefinition, die eigenen Ziele gegenüber konkurrierenden Interessen und Widerstand durchsetzen zu können, wird zunehmend von modernen Machtkonzeptionen verdrängt. Diese beziehen sich, wie unter anderem bei *Popitz,* immer stärker auf allgemeine Kontrollpotentiale in gesellschaftlichen Entscheidungsprozessen. Vgl. Popitz, H. (1992).

20 Außerhalb der Betriebe kann diesbezüglich auch die Stellung der Kirche als bedeutsam angesehen werden. Die Machtposition dieser Institution in den einzelnen ehemals sozialistischen Ländern dürfte ebenfalls Auswirkungen auf die Durchsetzbarkeit wirtschaftspolitischer Maßnahmen im Transformationsprozeß haben.

nicht gleichzeitig eine Verlagerung formeller Systemveränderungskompetenzen beinhaltet. Letztere befinden sich in der Regel weiterhin in den Händen der Regierung, die somit das neue System ihren Vorstellungen entsprechend gestalten kann.[21] Die Unternehmensinsider haben es hier indessen nicht vermocht, ein bedeutendes Maß intangiblen Sozialkapitals anzuhäufen. Der Einfluß potentieller Widerstandsgruppen ist in diesen Situationen, das heißt in Systemen vom Typ Z, auf ein verhältnismäßig geringes Maß beschränkt.

Diese Aussage wird theoretisch noch dadurch gestützt, daß die Machtposition einer Widerstandsgruppe oder eines Betriebs in erster Linie von der Fähigkeit zur Mobilisierung einer großen Zahl von Individuen, der Einschwörung derselben auf ein gemeinsames Ziel und der Etablierung entsprechender Organisationsstrukturen abhängig ist. Die Mobilmachung von Individuen gelingt insbesondere dann, wenn sich diese bezüglich eines bestimmten Merkmals gesellschaftlich stark benachteiligt sehen oder eine Benachteiligung durch anstehende Maßnahmen befürchten. Ohne bereits vorhandene, gut ausgebaute Organisationsstrukturen wird es aber kaum gelingen, die Interessen einer sozialen Gruppe in der Umbruchphase politisch geltend zu machen. *Erstens* benötigt es Zeit, um die Ziele und Interessen einer Vielzahl von Akteuren in ein konkretes gemeinsames Handlungssystem umzusetzen und allgemein akzeptierte Strukturen und Organe dafür zu formieren. *Zweitens* muß von einer allgemeinen Dynamik im Ziel- und Interaktionssystem der Wirtschaftssubjekte ausgegangen werden, weil es nach der Liberalisierung einer Gesellschaft möglich ist, bisher unterdrückte Ziele zu verfolgen und zu diesem Zweck neue und bislang unerprobte Mittel und Wege zur Verfügung stehen. Daraus ergibt sich, daß bisherige Organisationen in der Regel eher an Einfluß verlieren als gewinnen. In klassischen Zentralverwaltungswirtschaften - Typ Z - dürfte es daher trotz der anstehenden Nutzeneinbußen für bestimmte Gruppen, wie zum Beispiel für die Arbeiter und Manager in den Staatsbetrieben, kaum zu einer starken Machtposition dieser Gruppen kommen.

In Systemen vom Typ T dürfte es einer Reformregierung hingegen mehr oder minder große Schwierigkeiten bereiten, den Umbruch zu einer Marktwirtschaft zu bewerkstelligen. Hier haben entweder die Manager - Unternehmen vom Typ Tm - oder die Arbeiter - Unternehmen vom Typ Ta - in den Jahren des Sozialismus ein beträchtliches Volumen an Sozialkapital angesammelt. Sie haben einen beträchtlichen Teil der faktischen Kontroll- und Verfügungsrechte - intangibles Sozialkapital - an den formell staatlich gelenkten Betrieben angesammelt und können somit die Entscheidungen auf politischer Ebene signifikant beein-

---

21 Wie bereits in Kapitel II.2.2 angeführt wurde, können die ehemalige Tschechoslowakei und DDR sowie Rumänien und Bulgarien als Systeme vom Typ Z bezeichnet werden. Die Regierungen dieser Länder stießen auf relativ geringe politische Macht in den Staatsbetrieben.

trächtigen. Es hängt wesentlich von der Einstellung dieser Gruppen ab, welche Positionierungsstrategie - marktkonform bzw. kooperativ oder marktkonträr bzw. nicht kooperativ - gewählt wird. In Unternehmen vom Typ Tm sind es die Zukunftsperspektiven und -erwartungen der Manager, die über die Richtung und Geschwindigkeit der Anpassungsprozesse bestimmen. In diesen Systemen - beispielhaft hierfür ist Ungarn - hat der Reformtrend im Sozialismus die Manager in die Position der faktischen Verfügungsrechtsinhaber lanciert.

Allerdings dürfte ein von Managern kontrollierter Privatisierungsprozeß zu weniger Widerstand und Verzögerung führen als eine von Arbeitnehmern dominierte Entscheidungsstruktur in Unternehmen, also als Unternehmen vom Typ Ta. Zwar können die Zukunftserwartungen der Manager nicht unbedingt als optimistisch bezeichnet werden. Der höhere Bedarf an Führungskräften in den Transformationsländern läßt deren Zukunft aber prinzipiell als positiver erscheinen als die der einfachen Arbeiter.

Eine starke Machtposition der Arbeiter in den Staatsbetrieben macht die Interessen und Ziele dieser Gruppe sowie der entsprechenden Arbeitnehmerorganisationen zu einer Haupteinflußgröße in der Anpassungsphase der Systemtransformation. Die sozialen Konflikte werden sich dann primär zwischen der Arbeiterklasse und der Regierung abspielen. Diese Konflikte werden besonders intensiv sein, weil die einfachen Arbeiter in der Regel sehr stark von den Kosten des Umbruchs betroffen sind.

Als Konfliktlösungsstrategie der Reformregierung ist es daher von besonderer Relevanz, die Benachteiligung, die durch den Systemwandel für einzelne soziale Gruppen eintritt, durch Umverteilungsmaßnahmen auszubalancieren. Hierzu stehen unter anderem sozial- und arbeitsmarktpolitische Maßnahmen zur Verfügung. Von primärer Bedeutung dürfte dabei die finanzielle Absicherung von Arbeitslosigkeit sein, die als eines der gravierendsten Probleme in den ehemals sozialistischen Ländern angesehen werden kann. Eine Absicherung gegen soziale Härten wird allerdings nur einen geringen Effekt auf das Verhalten der Betroffenen ausüben können, weil dadurch kaum ein Ausgleich für das insgesamt gefährdete Sozialkapital vieler Akteure geschaffen wird.

Neben dem pekuniären Nutzen wird sich in Unternehmen vom Typ T auch ein Nutzen aus der Möglichkeit der Kontrolle zukünftiger betrieblicher und gesellschaftlicher Entscheidungen ergeben haben. Dieser würde bei einer Adaptierung marktwirtschaftlicher Verhaltensweisen unabhängig von sozialpolitischen Maßnahmen nicht nur für jene Manager und Arbeiter entfallen, die aufgrund von Belegschaftsreduzierungen entlassen würden. Im Zuge vieler Privatisierungsmaßnahmen würde das Selbstverwaltungsprivileg vielmehr für die betroffenen Betriebe insgesamt gestrichen. In Systemen vom Typ Ta steht für die Arbeiterräte und Gewerkschaften zudem eine gesamtgesellschaftliche Machtposition auf dem

Spiel. Auf der politischen Ebene wäre der Einfluß der Arbeiterlobby erheblich beschnitten, wenn in großem Umfang Privatisierungen von Staatsbetrieben und Massenentlassungen durchgeführt würden.

Unabhängig davon, welche Umverteilungsmaßnahmen im einzelnen getroffen werden, ist insgesamt die Möglichkeit einer Regierung, nicht-kooperatives Verhalten der Unternehmensakteure einzudämmen, von großer Wichtigkeit für das Ergebnis einer Systemtransformation. Hierdurch wird bestimmt, in welchem Umfang von den Unternehmen eine Selbstpositionierung innerhalb der neuen Wettbewerbswirtschaft vorgenommen wird. Von entscheidender Bedeutung für den Anpassungsprozeß in Richtung einer Marktwirtschaft ist es, daß die Regierung während der Transformation die Fähigkeit besitzt,

- die Entscheidungsmacht denjenigen Interessengruppen zu übertragen, die von der Privatisierung persönliche Vorteile erwarten, und/oder
- die Entscheidungsmacht denjenigen Interessengruppen zu entziehen, die von der Privatisierung persönliche Nachteile erwarten.

Zusammengefaßt sind für die behaviorale Anpassung innerhalb der hier betrachteten Phase der Selbstpositionierung sowohl kognitive als auch transformationspolitische und politökonomische Faktoren maßgeblich. Diese Faktoren werden die Handlungen und Entscheidungen der Akteure eines Transformationslandes bestimmen.

IV. 2.2.3 Die Phase der groben Verhaltensadjustierung

Die dritte Phase behavioraler Anpassung ist in erster Linie dadurch gekennzeichnet, daß eine Machtverschiebung innerhalb des Interessenspektrums eines Transformationslandes stattfindet. Dabei sind es vornehmlich die ökonomischen Resultate der bisherigen Positionierungen und Transformationspolitik, die über eine Stärkung oder Schwächung der verschiedenen Interessenparteien - Manager, Bürokraten, Arbeiter bzw. Arbeiterräte, Gewerkschaften, Regierung - entscheiden.[22]

Für staatliche Großbetriebe sind dabei der Zusammenbruch der Nachfrage, sinkende Produktionszahlen mit der Folge steigender Produktionsstückkosten, sinkende Erträge und Überschüsse sowie steigende Kosten für beinahe alle Inputfaktoren ein häufig beobachtbares Resultat dieser Periode. Insbesondere wird die

---

22 Auf oberster Ebene drückt sich eine derartige Machtverschiebung in einem Regierungswechsel aus. Dies bedeutet, daß die Ergebnisse bei Parlaments- oder Präsidentschaftswahlen maßgeblich durch die jeweilige ökonomische Situation eines Landes bestimmt sind. Vgl. dazu auch Abbildung 4 in Kapitel III.4.4, und dort primär die Pfeile Nr. (3).

finanzielle Situation vieler Unternehmen in dieser dritten Phase der Anpassung zum zentralen Problem, wenn, wie hier, davon ausgegangen wird, daß die Budgetrestriktionen für die öffentlichen Haushalte eine unbegrenzte Alimentierung der Wirtschaft nicht mehr zulassen.

Unmittelbar nach der Liberalisierung können häufig noch hohe Gewinne aus einfachen Preisanpassungen - *windfall profits* - erzielt werden. Eine relativ autonome Preispolitik ist zunächst speziell in anfänglich noch stark monopolistischen oder quasi-monopolistischen Sektoren sowie mit Produkten, die eine geringe Elastizität der Nachfrage aufweisen, realisierbar. Nach und nach tritt aber für die Betriebe für gewöhnlich eine veränderte Ertrags- und Kostensituation ein. Diese werden vielfach dadurch verstärkt, daß die Regierungen Subventionen kürzen und den Unternehmen Steuern auferlegen. Die Budgetbeschränkungen werden für die Staatsbetriebe, insgesamt gesehen, immer härter, obgleich sie möglicherweise für einzelne Branchen immer noch relativ weich bleiben. Kreditkapital wird in dieser Phase sehr knapp und wird nicht mehr, wie noch im sozialistischen System zeitlich unbegrenzt, also praktisch nicht rückzahlbar, ausgegeben. Die Kreditinstitute - staatliche wie nicht-staatliche - betreiben zusehends eine Politik der Kreditrationierung und Kreditabgeltung.

Diese neuen ökonomischen Realitäten verändern die Entscheidungssituation der Wirtschaftssubjekte insofern, als der Spielraum für Selbstbereicherung, Abwarten und allgemeinen Transformationswiderstand beträchtlich eingeengt wird. Positionen, die bislang bezogen wurden, Kollaborationen und Kompromisse, die zwischen den verschiedenen Interessengruppen in den ersten Phasen der Anpassung vereinbart wurden, erweisen sich nun oftmals als schädlich für die Wohlfahrt verschiedener Akteure; Argumente und Meinungen für eine nicht-kooperative Strategie verlieren an Einfluß. Verschiedene Interessengruppen werden geschwächt. In Staatsbetrieben trifft dies zum Beispiel vielfach für Gewerkschaften, Arbeiterräte und Top-Manager zu, weil sie üblicherweise die bisherigen Strategien zu verantworten haben. Andere Positionierungen, wie etwa die in der Privatwirtschaft, werden gestärkt. Insgesamt muß sich das bisherige Verhalten vieler Manager, Arbeiterräte, Gewerkschaften und Belegschaften ändern, wenn ein Konkurs der betroffenen Unternehmen abgewendet werden soll.

Aus Sicht der *Spieltheorie* kann die Veränderung der wirtschaftlichen Situation der staatlichen Großbetriebe als wiederholte Neubewertung der verschiedenen Spielzüge interpretiert werden. Eine nicht-kooperative Strategie führt mehr und mehr zu abnehmenden Nutzenwerten und schließlich sogar zu Nutzeneinbußen. Kooperatives Verhalten bedeutet für viele Individuen zwar immer noch beträchtliche Wohlfahrtsverluste, insbesondere für nicht-leitende Arbeitnehmer. Diese werden aber unter Berücksichtigung der Gesamtbelegschaft partiell dadurch wieder ausgeglichen, daß ein großer Teil der Belegschaft eines Unternehmens von kooperativem Verhalten profitiert. Anders ausgedrückt, kann durch Kooperation der Arbeiterräte und Gesamtbelegschaft mit dem neuen marktwirtschaftlichen Regime zumindest ein Teil der Beschäftigten seinen Arbeitsplatz sichern. Bei weiterer Defektion, zum Beispiel in Form von Streiks, überhöhten Lohnforderungen oder Widerstand gegen Entlassungen, sind es hingegen alle Arbeitnehmer eines entsprechenden Unternehmens oder Wirtschaftssektors, die einer Arbeitslosigkeit entgegensehen. In der Auszahlungsmatrix der Transformationsdilemmasituation kann dies wie folgt dargestellt werden:

Abbildung 6:
Transformationsdilemma im Übergang zur Marktwirtschaft in der Phase der groben Verhaltensadjustierung

		Management und Bürokratie	
		kooperativ (reputation building)	*nicht-kooperativ* (wait and see/end games)
Arbeiterräte & Belegschaften	*kooperativ*	(-1 / 1)	(-2 / -1)
	nicht-kooperativ	(-3 / -1)	(-2 / -1)

Dazu die folgenden Erläuterungen, die sich nun auf die einzelnen Quadranten der Auszahlungsmatrix beziehen:

a) *Quadrant IV (unten rechts)*: Wird weiterhin eine *wait-and-see-* oder *end-games*-Strategie von den Managern und eine analoge, nicht-kooperative Strategie seitens der Arbeiterräte und Belegschaften verfolgt, so müssen beide Parteien mit erheblichen Wohlfahrtseinbußen rechnen: (-1) bzw. (-2). Demgegenüber konnte in der ersten Phase der behavioralen Anpassung (siehe *Abbildung 5*) bei gleicher Verhaltenskonstellation noch ein positiver Nutzen für beide Spielerparteien erzielt werden: (3) bzw. (2). Für die Manager und Verwaltungsangestellten wird dabei eine geringere Einbuße veranschlagt, da sie noch außerhalb der Staatsbetriebe, zum Beispiel auf Schattenmärkten, Einkommensquellen anzapfen können.

b) *Quadrant I (oben links)*: Verhalten sich beide Parteien hingegen kooperativ in dem hier verstandenen Sinn, so bedeutet dies prinzipiell für die Arbeiterräte einen Verlust an Einfluß im Entscheidungsprozeß der Unternehmen, für viele Beschäftigte den Weg in die Arbeitslosigkeit und für weiterhin Beschäftigte Einkommenseinbußen bei gleichzeitiger Erhöhung der Leistungsanforderungen.[23] Hingegen kann für die Manager insgesamt ein positiver Nutzen angenommen werden (1). *Zum einen*, da in dieser Phase der Transformation die Attraktivität vieler Betriebe für externe Investoren als geringer angesehen werden kann. Durch die ökonomischen Probleme und die Selbstbereicherung seitens der Unternehmensinsider stellen viele Unternehmen keine rentablen Investitionsobjekte mehr dar. Dies bedeutet für die Manager, daß auch die Gefahr eines Arbeitsplatzverlustes, die bei Übernahme durch externe Eigentümer und deren Anspruch auf Neubesetzung der Managementfunktion besteht, geringer ist. *Zum anderen* manifestiert sich ein positiver Effekt darin, daß die Managementkapazitäten in den ehemals sozialistischen Ländern immer noch als begrenzt erachtet werden können. Die Nachfrage nach erfahrenen Führungskräften ist indes durch die sich stark ausbreitende Privatwirtschaft und die zugespitzte ökonomische Krisensituation für viele Staatsbetriebe verhältnismäßig groß.[24]

Insgesamt kann also für die Arbeiterräte und Belegschaften noch immer eine Verlustposition ausgemacht werden (-1). Diese kann aber als geringer angesetzt werden als in der Phase der Selbstbereicherung (-2) (vgl. *Abbildung 5*), weil *einerseits* die Arbeitslosigkeit in den Transformationsländern Ostmitteleuropas durch ein enorm verbessertes soziales Sicherungsnetz aufgefangen wird[25] und *andererseits* erhöhte Beschäftigungsmöglichkeiten in der allerorts expandierenden Privatwirtschaft bestehen. Beide Aspekte können in zunehmendem Ausmaß signifikante Wohlfahrtsverluste vieler Arbeitnehmer verhindern. Zudem gilt für alle Mitglieder der Transformationsländer, daß sie innerhalb der ersten Phasen der Anpassung intensive Lernprozesse durchlaufen und Unsicherheiten abgebaut haben und daher nun die eigenen Ziele und Interessen innerhalb des neuen Umfeldes effektiver realisieren können.

---

23 Befragungen in einer ostdeutschen Gemeinde ergaben, daß die Menschen ein bedeutend höheres Maß an Streß und Leistungsanforderungen innerhalb des neuen marktwirtschaftlichen Systems verspüren. Vgl. Gebhardt, W., Kamphausen, G. (1994), S.33.

24 Zudem kann in dieser Phase ein allgemeiner Einstellungswandel bei den für die Einstellung von Managern verantwortlichen Personengruppen angenommen werden. Und zwar insofern, als die politische Vergangenheit eines Managers nicht mehr als primäres Eignungskriterium herangezogen wird. In der Zeit der tiefgreifenden Rezession und Wirtschaftskrise dürfte vielmehr die Fähigkeit zur Führung und Sanierung eines Unternehmens als entscheidendes Bewertungskriterium für Manager erachtet werden. Wird diese Fähigkeit einem Kandidaten zugeschrieben, so scheint die einstige Position und Tätigkeit, im Gegensatz zu der Zeit direkt nach der Befreiung von der kommunistischen Herrschaft, nur noch zweitrangig. In dieser Phase der Anpassung kann also davon gesprochen werden, daß die Bewältigung der Vergangenheit in den Köpfen der Menschen immer stärker von der Bewältigung der Gegenwart und Zukunft zurückgedrängt wird. Vgl. Belka, M. et al. (1993), S. 45 und Matesová, J. (1994), S. 10.

25 *Sachs* spricht sogar von „escalating social spending“, das sich im Verlauf der Anpassungsjahre in Ostmitteleuropa einstellt. Vgl. Sachs, J. (1995), S. 2.

c) *Quadrant III (unten links):* Nicht-kooperatives Verhalten der Arbeiterräte und Belegschaften bei gleichzeitiger Kooperation seitens der Manager und Bürokraten - um die Nutzenwerte in den anderen beiden Spielsituationen obiger Auszahlungsmatrix noch zu erklären - führt zu Nutzeneinbußen beider Parteien (-3 bzw. -1). Diese Situation ergibt sich daraus, daß die in dieser Phase der Transformation eingetretene bedrohliche Finanzlage der Betriebe keinen Spielraum mehr für Widerstand gegenüber notwendigen Reformen läßt. Derselbe Effekt tritt auch für die Verteidigung und Ausnutzung der aus der sozialistischen Unternehmensverfassung überlieferten Verfügungsrechte für die Arbeiterräte und Belegschaft ein. Bei einer zunehmend konsequenten *hard-budget*-Politik der jeweiligen Regierung stellt sich zudem eine steigende Gefahr der Liquidierung eines Unternehmens ein. Dies würde große Nutzeneinbußen für die gesamte Belegschaft hervorrufen, die die Arbeiterräte zu verhindern versuchen.

d) *Quadrant II (oben rechts):* Ein ähnliches Ergebnis kann erwartet werden, wenn die Manager weiterhin eine defektive Strategie verfolgen, die Arbeiterräte und Belegschaften sich aber für ein kooperatives Verhalten entscheiden. Beide Parteien müssen dabei für gewöhnlich Verluste hinnehmen. Diese entstehen für die Manager (-1), weil die Möglichkeiten, Einkommen aus Schattengeschäften zu erzielen, geringer werden, die finanzielle Situation der Betriebe nur noch relativ wenig Ausbeutungspotential bietet und eine Politik gegen die Interessen der Arbeitnehmer auch die Entlassung nach sich ziehen kann. Verluste ergeben sich für die Arbeiter und Arbeiterräte (-2), da sie wiederum mit den bereits genannten Einkommens- und Arbeitsplatzverlusten konfrontiert werden.

Insgesamt ist bzw. wird in dieser dritten Phase der Anpassung die Strategie der Kooperation allen anderen überlegen. Widerstand und Defektion gegenüber dem neuen Marktsystem bringt stets ein schlechteres Ergebnis für beide Spielergruppen mit sich. Das heißt, daß sich das Dilemma der Transformation in dieser Phase zusehends auflöst. Kooperation bzw. marktkonformes, wettbewerbsorientiertes Verhalten wird zur dominanten Strategie aller Spieler, weil insbesondere ökonomische Sanktionen immer stärker greifen.

IV. 2.2.4 Die Phase der institutionellen Feinsteuerung und Vertrauensbildung

Die letzte Phase behavioraler Anpassung kann im wesentlichen als Phase institutioneller Feinsteuerung und Vertrauensbildung interpretiert werden. Für diese wie auch für alle anderen bisher differenzierten Zeitabschnitte ist aber eine exakte Abgrenzung von der vorhergehenden Phase nicht möglich. Die Übergänge zu den einzelnen Phasen sind fließend und ohne Zweifel können auch in den bislang identifizierten Anpassungsstadien bereits vertrauens- und institutionenbegründende Prozesse ausgemacht werden.

Wird jedoch - wie es in diesem Modell angestrebt wird - der Kernaspekt einer jeden hier betrachteten Periode in den Vordergrund gestellt, so erscheint der hier gewählte Fokus gerechtfertigt. Erst in dieser Entwicklungsstufe des Anpassungsprozesses kann auf breiter Basis von einer Etablierung differenzierter marktwirtschaftlicher Institutionen und von einem Heranreifen von Vertrauen gesprochen werden.[26] Von einem Lernprozeß aus rekurrenten Koordinations- und Kooperationssituationen und somit von Klarheit, Sicherheit und Berechenbarkeit bezüglich des neuen Ordnungsgefüges kann nicht vor einem weitgehenden Abschluß der dritten Anpassungsphase die Rede sein. Erst ab dieser Phase kann von einem relativ hohen Aktivitätsgrad innerhalb der neuen marktwirtschaftlichen Institutionen ausgegangen werden. In der vorangegangenen Periode, der Phase der groben Verhaltensadjustierung, ist auch kaum von Vertrauen als erstrangiger Ursache des beschriebenen Verhaltenswandels auszugehen. Der Anpassungseffekt innerhalb der Staatsbetriebe muß, wie bereits argumentiert, vielmehr den wirtschaftlichen Zwängen in dieser Phase zugeschrieben werden. Erst wenn sich die Entscheidungsträger mit dem wirtschaftlichen Zusammenbruch konfrontiert sehen, kann in vielen Betrieben ein Umschwung zu einer wettbewerblichen Unternehmenspolitik beobachtet werden.

Für kooperatives Verhalten bedarf es, anders formuliert, verhaltensbeschränkender sozialer Normen.[27] Diese bilden sich nach Auffassung von *Witt* und anderen Vertretern einer evolutionsorientierten Institutionenökonomie aus den

---

26 Die Funktion von Vertrauen in der Ökonomie wird allerdings nicht selten unterschätzt oder gar vollkommen außer Acht gelassen, wie *Dasgupta* beklagt: „Trust is central to all transactions and yet economists rarely discuss the notion. It is treated rather as a background environment, present whenever called upon, a sort of ever-ready lubricant that permits voluntary participation in production and exchange." Dasgupta, P. (1988), S. 49. Zu verschiedenen Arten von Vertrauen siehe Luhmann, N. (1988).

27 Allgemein impliziert der Begriff der sozialen Norm eine anerkannte und verbindliche Regel oder Verhaltensvorschrift, die den Handlungsspielraum der Menschen determiniert. Vgl. Ullmann-Margalit, E. (1978), S. 12. *Schotter* interpretiert soziale Normen als „informational devices that the agents of societies develop to help them place subjective probability estimates over each other's actions." Schotter, A. (1981), S. 52.

Erfahrungen im Umgang mit bestimmten Verhaltensmustern in bestimmten sozialen Kontexten.[28] Erst durch einen ungeplanten und spontanen Lernprozeß können sich derartige Normen und Institutionen etablieren.[29] Dies ist besonders im Übergang zu einer Marktwirtschaft erforderlich. Schließlich ist der Markt ein Informationssystem, mit der zentralen Aufgabe, die Marktteilnehmer darüber zu informieren, was sie tun sollen, um ihre Ressourcen, einschließlich ihres Könnens und Wissens, so einzusetzen, daß sie möglichst viele ihrer Ziele verwirklichen können.[30] Um aber das Gesagte verstehen und eigene Aussagen innerhalb des Systems transportieren zu können, muß ein Erkenntnisprozeß stattfinden, der die Möglichkeiten und Konsequenzen des Marktinstrumentariums verständlich macht und letztlich Informationsprobleme löst. Dazu muß Wissen über die Informationskanäle bzw. über soziale Normen generiert werden, die sich dann zu sozialen Institutionen entwickeln.[31] Dieser Prozeß kann erst nach grundlegenden Erfahrungen mit marktwirtschaftlichen Institutionen initiiert werden und daher nicht vor einer - wie der hier so betitelten - Phase der groben Verhaltensadjustierung erfolgen.

Am Beispiel der im Systemwandel neu zu organisierenden Finanzierungsbeziehungen zwischen Banken und Unternehmen kann dies noch weiter verdeutlicht werden. Mit der groben Verhaltensadjustierung kann im Rahmen der Beziehungen zwischen Kapitalgebern und Kapitalnehmern noch nicht von einer elementaren Anpassung der Spielregeln ausgegangen werden. Der in dieser dritten Phase unter anderem durch Beschäftigungsabbau, Verringerung von Lohnforderungen, Orientierung der Produktion an der Nachfrage, Einführung eines neuen Rechnungslegungssystems, allgemein effizienteren Einsatz von Ressourcen sowie Machtverschiebungen gekennzeichnete Verhaltenswandel kann, für sich genommen, noch nicht als grundlegende Erneuerung der Kontakte zwischen Anbietern und Nachfragern von Finanzmitteln interpretiert werden. Mit derartigen Veränderungen seitens der Betriebe sind die enormen Schwierigkeiten, die sich

---

28 Vgl. Witt, U. (1986), S. 255.

29 Analog betont *Leibenstein* drei Aspekte, die für die Herausbildung von Konventionen - die er als „regularity of behavior that has a high degree or adherence locally, and a high degree of expectation that others will adhere to it" (S. 60) interpretiert - zentral sind: Erfahrungen, Sanktionen und die Beobachtung der Verhaltensweisen anderer. Vgl. Leibenstein, H. (1987), S. 82, passim.

30 Vgl. Radnitzky, G. (1984), S. 18.

31 Denn orientiert man sich an *Schotter*, ist eine soziale Institution „something that is built upon a set of norms and is a rule prescribing behavior in various recurrent situations." Und „norms" sind - wie bereits erwähnt - „informational devices". Schotter, A. (1981), S. 166, Fußnote 1. „Der Begriff Markt", so analog auch *Eger* und *Weise,* „ist somit nicht identisch mit der Freiheit, zwischen unterschiedlichen Gütern (oder Handlungen) beliebig substituieren zu können. Märkte werden vielmehr erst durch eine Vielzahl von Normen konstituiert, die den regelmäßigen Austausch von Gütern und Dienstleistungen zwischen zahlreichen Menschen ermöglichen." Eger, T., Weise, P. (1990), S. 101.

unter anderem aus fehlenden Erfahrungen mit der Bewertung von Krediten, aus fehlenden oder inadäquaten Richtlinien bezüglich der Besicherung von Vermögenswerten und der Rechnungslegung und aus bestehenden Eigentumsverflechtungen zwischen Banken und Unternehmen ergeben, noch nicht behoben.[32] Die Mechanismen, die sich im Zuge der groben Verhaltensadjustierung etabliert haben, nämlich striktere Kreditrationierung und/oder Kreditabgeltung, können lediglich als Oberflächeninstitutionen gewertet werden. Sie sind in ihrer Funktion eher als defensive Schutzmaßnahmen der Kreditanbieter gegen fehlende Besicherungsmöglichkeiten und Bonität sowie mangelhafte Bonitätstransparenz zu verstehen. Als ausgereifte Mechanismen des Kredit- und Risikomanagements einer Wirtschaft können sie indessen nicht gelten.

Vielfach kann in der dritten Phase behavioraler Anpassung sogar eine Auflösung von Institutionen konstatiert werden. Diese ensteht dadurch, daß sich viele Unternehmen in der Zeit des Widerstands stark in interbetriebliche Kreditvereinbarungen, wie zum Beispiel Lieferantenkredite, verstricken.[33] Derartige Vereinbarungen sorgen dafür, daß die Ermittlung der Kreditwürdigkeit für externe Subjekte noch problematischer wird, weil dadurch herkömmliche Bonitätsprüfungssysteme ausgehebelt werden. Insgesamt kann dadurch die finanzielle Situation eines Kreditnehmers noch weniger beurteilt werden als vor Einleitung dieser Aktivitäten. Das Vertrauen - das im Prinzip ebenfalls eine Institution repräsentiert, da es ein Mechanismus der Informationsselektion, Komplexitätsreduktion und damit der Verhaltenssteuerung ist,[34] - in bisherige Kreditvergabepraktiken muß dabei sinken, weil die Erwartungen bezüglich der Analyseexaktheit bekannter Kontrollroutinen, auf die sich das hier angesprochene Vertrauen begründet, unsicher werden. Je höher die Erwartungsunsicherheit bzw. der Vertrauensverlust wird, umso stärker werden die entsprechenden Routinen an Geltung verlieren. Die Entwertung von Regelungsmechanismen bedeutet dabei letztendlich nichts anderes als eine schrumpfende institutionelle Infrastruktur. Nicht verwunderlich ist daher, wenn es im Systemübergang zunächst zu einer Periode außerordentlicher Kapital- und Kreditknappheit vieler Unternehmen kommt und sich dieser Zustand erst nach der Entwicklung neuer Kapitalmarktinstitutionen verbessert.

Insgesamt müssen daher neue Institutionen und verstärktes Vertrauen entstehen, um intensive marktwirtschaftliche Interaktionen auf dem Kapitalmarkt zu

---

32 Vgl. EBRD (1993), S. 9. Aus diesen Schwierigkeiten folgte bislang, daß Banken nur wenig Anreiz haben, sich auf eigenes Risiko am Kreditmarkt zu engagieren. Vgl. Phelps, E.S. et al. (1993), S. 25f.

33 Zur Entwicklung sogenannter *interenterprise arrears* siehe Fan, Q., Lee, U. (1994).

34 Mehr dazu bei Luhmann, N. (1973).

initiieren. Entscheidend ist dabei, daß die Wirtschaftsakteure ihre Widerstandspositionen gegenüber dem neuen System aufgeben und erste Schritte der Anpassung einleiten müssen, wie es kennzeichnend für die dritte Phase der Verhaltensanpassung ist. Dies geschieht aber in der Regel erst dann, wenn sich die staatlichen und privaten Banken in den einzelnen Reformstaaten immer mehr an marktwirtschaftlichen Kreditvergabekriterien und Risikomanagementverfahren zu orientieren haben. Dann werden mehr und mehr nur noch jene Unternehmen Kreditkapital erhalten, deren prognostizierte Überschüsse die geforderten Zins- und Tilgungszahlungen decken können oder zumindest den gestellten Restrukturierungsaufgaben nachkommen.

Auf dieser Basis entwickeln sich in der hier betrachteten Phase der institutionellen Feinsteuerung und Vertrauensbildung jene Mechanismen, die ein neues institutionelles Netzwerk zwischen Finanzierungsinstitutionen und Unternehmen entstehen lassen.[35] Dies umfaßt insbesondere die Neuordnung von Risiken durch spezifische Anreiz- und Kontrollinstitutionen, wie sie sich unter anderem in Bilanzstrukturnormen, Investitionsauflagen, Investitionsgenehmigungsregeln und -kontrollen, Kündigungs-, Garantie- und Negativklauseln, Besicherungsanforderungen sowie in einem Finanzintermediär- und -informationssystem dokumentieren.[36]

Die konkrete Ausprägung des Institutionengefüges benötigt jedoch Zeit und ist in ihrem Ergebnis nicht klar bestimmbar. Im Fall von Bilanzstrukturnormen und Bilanzkennziffern wird dies nicht anders sein. Sie werden aller Voraussicht nach noch für eine lange Zeit nicht die gleiche Stellung wie derzeit in vielen westlichen Ländern einnehmen, nämlich die eines zentralen Indikators für Insolvenz- und Kreditausfallrisiken. Es dürfte noch einige Zeit dauern, bis die Bilanzen der ehemals sozialistischen Betriebe Ostmitteleuropas sowohl für inländische als auch für ausländische Investoren als zuverlässiges und aussagekräftiges Bewertungskriterium eingestuft werden können. Hinter den verschiedenen Finanzkennziffern verbergen sich Erfahrungswerte und Vertrauenspositionen, die sich erst im Laufe der Zeit entwickeln.

Außerdem kann erwartet werden, daß sich für mittel- und osteuropäische Unternehmen - insbesondere auf informeller Ebene - ein spezifischer Bilanz-

35 Eine gelungene Erörterung der Entstehung und Funktion von Institutionen am Kapitalmarkt etablierter Marktwirtschaften bietet Schmidt, R.H. (1981).

36 Ein schwaches Finanzinformationssystem ist ein wesentlicher Hemmschuh in der Entwicklung von Kapitalmarktinstitutionen im Transformationsprozeß. In ihrer Studie über privates Unternehmertum in St. Petersburg berichten *Webster* und *Charap*, daß Zahlungstransaktionen nicht selten mehrere Monate dauern, weil kein geeignetes nationales Clearing-System existiert. Durch die großen Zeitverzögerungen besteht kaum Transparenz auf den Kapitalmärkten. Entscheidungen über Kreditvergaben werden dadurch erheblich verzögert und verzerrt. Vgl. Webster, L.M., Charap, J. (1993), S. 53.

strukturnormenkatalog entwickeln wird, wie er auch für nordamerikanische, japanische oder deutsche Unternehmen gilt. Derartige Bewertungsmaßstäbe orientieren sich neben den oben genannten Faktoren auch an ökonomischen und juristischen Realitäten und Spezifitäten eines jeweiligen Wirtschaftsraums. Diese dürften sich aufgrund des spezifischen historischen Kontexts in Mittel- und Osteuropa auch langfristig anders darstellen, als es in westlichen oder fernöstlichen Gesellschaften der Fall ist.

IV. 2.3 Anpassungsdynamik, zentrale Triebkräfte und kritische Grenzen innerhalb des Phasenmodells

Mit dem vorstehend erörterten Modell behavioraler Anpassung sollte veranschaulicht werden, welche Einflußfaktoren und Wirkungszusammenhänge in der Anpassungsphase einer Systemtransformation als besonders bedeutsam beurteilt werden können und in welcher Art und Weise sie die Entwicklungen auf dem Weg zu einer Marktwirtschaft beeinflussen. Dabei wurden verschiedene Entwicklungsstufen behavioraler Anpassung identifiziert und dargelegt, welche Aspekte für die Dynamik innerhalb dieser Stufen eine zentrale Stellung einnehmen.

Als „Standardtyp“ der Entwicklungsdynamik im Prozeß behavioraler Anpassung kann dabei das sequentielle Durchschreiten der Phasen eins bis vier verstanden werden, wobei das Ende der vierten Phase die Beendigung des Transformationsprozesses und das Erreichen einer voll funktionierenden Marktwirtschaft beinhaltet. Eine konkrete institutionelle Ausgestaltung einer Wirtschaft ist mit diesem „Normalverlauf“ einer erfolgreichen Systemtransformation aber nicht verbunden. In der Endstufe des transformationsbedingten Verhaltens- und Institutionenwandels kann vielmehr angenommen werden, daß sich in jedem Transformationsland ein individuelles Profil einer Marktwirtschaft herausgebildet hat, das sich in unterschiedlich großem Umfang von den bisherigen Systemen dieser Art abgrenzt. In Abhängigkeit von den Entwicklungen innerhalb der einzelnen Phasen, insbesondere aber von der beabsichtigten und realisierten Transformationspolitik, wird sich für jedes Land eine individuelle Form der Marktwirtschaft herauskristallisieren.

Der hier so bezeichnete „Standard-“ bzw. „Normalverlauf“ eines behavioralen Anpassungsprozesses ist keineswegs mit einem Automatismus gleichzusetzen. Wie in den obigen Erörterungen auch bereits argumentiert wurde, müssen für einen Übergang in die jeweils nachfolgende Anpassungsphase konkrete Veränderungen stattfinden. Diese umfassen sowohl direkt steuerbare - in der Regel ökonomische und politische - als auch nur indirekt beeinflußbare - in der

Regel ökonomische, politische und sozio-kulturelle - Veränderungen. Zusammenfassend für das oben erörterte Modell sind die zentralen Einflußfaktoren eines jeweiligen Phasenübergangs die folgenden:[37]

Phasenübergang:	**Zentrale Faktoren für den Phasenübergang:**
0 → 1	Einleitung bzw. Ankündigung der Systemtransformation; Neutralisierung oder Auflösung von Verhaltensanreiz-, Kontroll- und Sanktionsmechanismen.
1 → 2	Iterationseffekt, das heißt die mentale Realisierung der neuen Epoche in der Gesellschaft mit entsprechender Veränderung des Zeit- und Planungshorizonts.
2 → 3	Machtverschiebung durch ökonomische Zwänge und härter werdende Budgetbeschränkungen; neue Anreiz-, Kontroll- und Sanktionsmechanismen beginnen zu greifen; Neubewertung der bisherigen Verhaltensstrategien.
3 → 4	Lernprozesse; Gewinnung von Erfahrungen und Sicherheit im Umgang mit dem neuen Institutionengefüge und den Reaktionen anderer Akteure.

Die Etablierung einer funktionierenden Marktwirtschaft ist folglich dann nicht möglich, wenn die für einen Phasenübergang notwendigen ökonomischen, politischen und sozio-kulturellen Veränderungen ausbleiben.

Werden bereits installierte, für das neue Wirtschaftssystems ordnungskonstituierende Veränderungen wieder aufgeweicht oder aufgelöst, so besteht sogar die Gefahr, daß sich das Verhalten gleichermaßen anpaßt und ein Rückfall in alte Handlungsweisen eintritt. Auf dem Weg zu einer funktionierenden Marktwirtschaft müssen die differenzierten Phasen auch nicht stets in einer Richtung durchlaufen werden, und sogar Rückschritte sind nicht ausgeschlossen. Diese können zum Beispiel durch Veränderungen der formellen und informellen Rahmenbedingungen verursacht werden.

Dies macht insgesamt noch einmal deutlich, daß innerhalb des kreierten Phasenmodells starke Interdependenzen zwischen der ökonomischen und politischen Ebene der Transformation existieren. Bleiben wichtige Bedürfnisse der Bevölkerung oder einzelner Interessengruppen, wie zum Beispiel ein bestimmtes

37 Die Phase „Null“ wird dabei als die Situation vor Beginn bzw. Ankündigung der Transformation verstanden.

materielles Wohlfahrtsniveau, Beschäftigungsmöglichkeiten und dergleichen, über eine längere Zeit unbefriedigt, so wird sich dies in der politischen Landschaft und in der Wahl der politischen Führung eines Landes mit entsprechenden Entscheidungen bezüglich der Ausgestaltung des neuen Wirtschaftssystems niederschlagen. Wenn altes sozialistisches und kommunistisches Gedankengut in der politischen Sphäre wieder die Oberhand gewinnt, kann mit entsprechenden ordnungspolitischen Auswirkungen - Verlangsamung oder inhaltliche Reorientierung der ökonomischen Reformen - und entsprechenden Veränderungen auf behavioraler Ebene gerechnet werden.

Der Prozeß der Verhaltensanpassung im Systemwandel bedeutet insofern ganz besonders, die multiplen Interessen in einer Gesellschaft innerhalb des neuen Systems zu integrieren und auszubalancieren. Es bedeutet - wie bereits betont wurde -, Verteilungsprobleme und Verteilungswirkungen auf dem Weg zu einem marktkoordinierten, wettbewerblichen Wirtschaftssystem einzubeziehen. Dies kann als eine der zentralen wirtschaftspolitischen Aussagen dieses Modells verstanden werden.

Insgesamt ist das Erreichen der einzelnen Phasen bzw. die Richtung und der zeitliche Fortgang innerhalb des Phasenmodells stark von der Transformationspolitik eines Landes abhängig. Es ist dadurch bedingt, welche wirtschaftlichen und gesellschaftlichen Sanktionen den Wirtschaftssubjekten bei Nicht-Kooperation mit dem neuen Ordnungsgefüge drohen und wie glaubhaft diese Androhung ist. Zu einer groben Verhaltensadjustierung wird es nur kommen, wenn in zunehmendem Maße Marktpreiskoordination und finanzielle Autonomie Fuß fassen.

Das Scheitern der Transformation, das heißt der Rückfall in eine Zentralverwaltungswirtschaft, ist bei Nichtrealisierung wesentlicher Veränderungen im ökonomischen und politischen Bereich ebenfalls möglich. Dies bedeutet dann die Irrelevanz des Phasenmodells für das betreffende Land. In diesem Fall werden sowohl der Iterationseffekt als auch die persönliche Verantwortlichkeit für ökonomisches Handeln für die Wirtschaftsakteure hinfällig, die hier beide als wesentlich für eine Marktwirtschaft angesehen werden.

Der Relaps in ein sozialistisches und planwirtschaftliches System ist umso wahrscheinlicher, je weniger ein Land innerhalb des Phasenmodells fortgeschritten ist. Das Erreichen der dritten Stufe behavioraler Anpassung kann hier allerdings als grundlegende Akzeptanz des neuen Wirtschaftsgefüges interpretiert werden. Es wird unterstellt, daß in diesem Stadium neben den politischen und ökonomischen Freiheitsrechten auch bereits positive Wohlfahrtseffekte des Systems deutlich sichtbar sind und daß demzufolge bei den Individuen auch ein wesentlicher Zuwachs an sozialer Sicherheit verzeichnet wird. Der Eintritt in die Stufe der groben Verhaltensadjustierung ist in Mittel- und Osteuropa insofern auch mit einer Stabilisierung des demokratischen Systems verbunden, das gleichzeitig mit oder kurz vor dem Umbau der Wirtschaft auf den Weg gebracht wurde. Die dritte Phase markiert, anders formuliert, eine kritische Grenze innerhalb des gesamten Transformationsprozesses. Nach Erreichen dieses Stadiums wird die Wahrscheinlichkeit für eine Reorientierung zu einer von sozialistischen und planwirtschaftlichen Prinzipien dominierten Wirtschaft sehr gering.

IV.3 Die Transformationsländer Mittel- und Osteuropas vor dem Hintergrund des Modells behavioraler Anpassung

In dem oben konstruierten Vier-Phasen-Modell behavioraler Anpassung wurde mit Hilfe spieltheoretischer und politökonomischer Überlegungen eine differenzierte Analyse der Anpassungsprozesse während einer Systemtransformation durchgeführt. Es galt, eine charakteristische Entwicklungsdynamik im Verhalten zentraler Interessengruppen in Wirtschaft und Bürokratie und den damit verknüpften institutionellen Wandel in der post-Kernphase des Übergangs von einer sozialistischen Planwirtschaft zu einer Marktwirtschaft zu veranschaulichen. Dabei sollten die als zentral erachtbaren ökonomischen, politischen und sozio-kulturellen Aspekte des Systemwandels sowie deren Wirkungszusammenhänge aufgezeigt werden.

Der Realitätsbezug war in diesem Modell aber bislang insofern begrenzt, als sich die Darstellung lediglich auf ein allgemeines Verlaufsmuster verhaltensbezogener Anpassung beschränkte. Konkrete Länderbeispiele blieben zunächst aus der Betrachtung ausgeschlossen. Diese Einschränkung soll nun überwunden werden. In dem vorliegenden Abschnitt soll eine Einordnung der verschiedenen Transformationsländer Mittel- und Osteuropas in das Modell behavioraler Anpassung erfolgen.

Eine derartige Einordnung erscheint deshalb interessant, weil aus ihr wirtschaftspolitisch relevante Aussagen abgeleitet werden können. Es kann gefolgert werden, welche Veränderungen für die einzelnen Länder von besonderer Bedeutung sind, um weiter in Richtung des angestrebten Wirtschaftssystems voranzuschreiten. Zudem sind, was mittelfristig als substantiell betrachtet werden kann, prinzipielle Maßnahmen, die nach Beendigung der Kernphase der Transformation ein Überschreiten der kritischen Grenze zu einer Marktwirtschaft ermöglichen, daraus ersichtlich. Dies ergibt sich daraus, daß in dem entworfenen Modell unter anderem argumentiert wurde, welche Faktoren für den Übergang von einer Phase zur nachfolgenden als maßgeblich anzusehen sind. Nimmt man die Gesamtheit der Triebkräfte und Einflußgrößen behavioraler Anpassung und institutionellen Wandels in allen vier unterschiedenen Phasen zusammen, so deutet das Modell sogar an, welche Prozesse initiiert, welche Probleme beseitigt und welche wirtschaftspolitischen Maßnahmen durchgeführt werden müssen, um insgesamt von einer sozialistischen Zentralverwaltungswirtschaft zu einer funktionierenden Marktwirtschaft zu gelangen.

Dies bedeutet allerdings nicht, wie daraus vielleicht abgeleitet werden könnte, daß mit Kenntnis dieser Faktoren nun auch ein klarer und sicherer Lösungsweg für das Transformationsproblem gefunden ist. Die individuelle Problemlage in jedem Transformationsland und die begrenzte Steuerbarkeit verschiedener Prozesse bedingen, daß sich der Systemwandel nach wie vor als ein ergebnisoffenes und ein lediglich in begrenztem Maße direkt beeinflußbares Ereignis präsentiert. Problemidentifikation und Problembewältigung sind zwei scharf voneinander zu trennende Aspekte, die auch in dem oben dargelegten Modell nicht als Einheit aufgefaßt werden dürfen.

IV. 3.1 Bewertungs- und Operationalisierungsprobleme im Bereich behavioraler Anpassung

Für die Einordnung einzelner Transformationsländer in das Modell behavioraler Anpassung gilt es, konkrete und möglichst eindeutig meßbare Einordnungskriterien festzulegen. Es müssen für die voneinander abgegrenzten Phasen Erkennungsmerkmale definiert werden, mit denen sich Fortschritte auf dem Weg zu einem marktwirtschaftlichen System beurteilen lassen. Dies ist jedoch eine äußerst problematische und in exakter Weise nicht lösbare Aufgabe; und das aus mindestens drei Gründen: *Erstens* können spezifische Verhaltenseffekte nicht nur in einer, sondern durchaus in mehreren Phasen behavioraler Anpassung identifiziert werden. Es ist also, wie auch bereits erwähnt wurde, keine Überschneidungsfreiheit gegeben. *Zweitens* - und das erweist sich als das Hauptproblem einer jeglichen Bewertung von Verhaltensänderungen - kommen das Ausmaß und die Richtung behavioraler Anpassung nur bedingt innerhalb realer Anpassung zum Ausdruck. Zwar ist eine allgemeine Interdependenz zwischen realer und behavioraler Anpassung unbestreitbar, jedoch kann nicht von einem gleichmäßigen, zeitgleichen und direkten Zusammenhang dieser zwei Kategorien gesprochen werden. Die Anpassungsphasen können zum Beispiel nicht einfach an der Entwicklung des Bruttosozial- oder Bruttoinlandsprodukts, der Produktivität von Betrieben oder der Industrieproduktion festgemacht werden, auch wenn dies auf den ersten Blick plausibel erscheint. Dies ist unter anderem darauf zurückzuführen, daß in vielen Fällen kein univalenter Zusammenhang zwischen den zur Messung behavioraler Vorgänge konsultierten realen Größen und dem Verhalten der Wirtschaftssubjekte vorliegt. Zum Beispiel kann eine steigende Anzahl von Unternehmenskonkursen sowohl als ein dem neuen marktwirtschaftlichen Handlungsrahmen angepaßtes Verhalten als auch als Widerstand gegen einen derartigen behavioralen Wandel interpretiert werden.[38]

Zudem können Veränderungen bestimmter Realgrößen nicht nur auf Modifikationen im Verhalten der Akteure zurückgeführt werden. Wirkungseffekte anderer Einflußvariablen können ebenfalls eintreten und nicht systematisch von Verhaltensbewegungen differenziert werden. So kann zum Beispiel anhand der durchschnittlichen Profitratenentwicklung einer Unternehmung bzw. einer Branche eines Transformationslandes nicht immer festgestellt werden, ob und inwiefern dabei ein Effekt behavioraler Anpassung vorliegt. Bewertungsprobleme können also in dem Sinne entstehen, ob es sich hierbei um eine effizientere Ressourcenverwertung oder lediglich um einen Effekt von Preisbewegungen handelt. Durch Preisliberalisierungsmaßnahmen kann die Profitrate erheblich beeinflußt werden. *Zum einen* können unterschiedliche Steigerungsraten für Konsumentenpreise und Produzentenpreise, bezifferbar durch die sogenannte *wedge*[39], die Unternehmenserträge verändern. *Zum anderen* kann auch lediglich die Konsumentenpreisentwicklung großen Einfluß auf diese Kennziffer haben, wenn die verwendeten Inputs noch aus alten Lagerbeständen herrühren und mit historischen Preisen angesetzt werden. In diesem Fall können *windfall profits* die betrachtete Meßgröße stark beeinträchtigen.[40] Ohnedies kann eine Verzerrung der Preise und damit der Gewinne auch durch monopolistische Angebotsstrukturen nach der Privatisierung von Staatsunternehmen konstatiert werden. Insgesamt können, wie im übrigen auch empirische Untersuchungen von *Carlin et al.* zeigen, Unternehmen einen hohen Überschuß erwirtschaften, ohne Anpassungen vorgenommen zu haben.[41]

Auch die Zahl der registrierten Arbeitslosen läßt nicht eindeutig auf die Phase der Anpassung schließen. Die Höhe der Arbeitslosigkeit wird unter anderem durch unterschiedliche Berechnungsmethoden, infolge staatlicher Arbeitsprogramme, durch die Bevölkerungsentwicklung oder durch das System der sozialen Sicherung und Ruhestandsregelung beeinflußt. Durch diese Regelungen kann die Arbeitslosigkeit 'künstlich' sowohl erhöht - Personen, die vorher nicht beschäftigt waren und dies auch für die Zukunft nicht wirklich beabsichtigen, melden sich arbeitslos - als auch reduziert - es werden Frühpensionierungen ein-

---

38 Als angepaßtes Verhalten kann es dann interpretiert werden, wenn es sich um ein unwirtschaftliches Unternehmen handelt und sich Management und Investoren aus ihm zurückziehen. Hingegen kann es als nicht angepaßtes Verhalten aufgefaßt werden, wenn der Konkurs auf beibehaltene Entscheidungs- und Produktionspraktiken zurückzuführen ist und der Konkurs letztlich erzwungen wurde.

39 Der Begriff der *wedge* steht für das Verhältnis von Konsumentenpreis Pc zu Produzentenpreis P, (Pc/P) in einer Branche bzw. für den Quotienten aus Endverbraucherverkaufspreis und Beschaffungspreis.

40 Vgl. Estrin, S., Schaffer, M.E., Singh, I. (1993), S. 121.

41 Zudem, so *Carlin et al.* weiter, gibt es „many reasons why enterprises that have adjusted can still be making losses." Carlin, W. et al. (1994), S. 12.

geführt - werden. In allen diesen Fällen besteht kein direkter Zusammenhang mit dem Prozeß behavioraler Anpassung.[42]

Die Entwicklung auf dem Arbeitsmarkt, die Zahl der Unternehmenskonkurse oder andere volkswirtschaftliche Kenngrößen können also, für sich genommen, kaum ein hinreichendes Kriterium für die Einstufung in eine Phase behavioraler Anpassung darstellen. Weitere „externe Effekte", die nicht vom Verhalten der betrachteten Subjekte ausgehen, können zum Beispiel auch veränderte Außenhandelsbeschränkungen anderer Länder oder internationale Wirtschaftskrisen mit entsprechenden Auswirkungen auf die wirtschaftliche Entwicklung innerhalb der Transformationsländer sein. Diese sorgen ebenfalls für Verzerrungen zwischen realer und behavioraler Anpassung.

Eine an Realgrößen ausgerichtete vergleichende Beurteilung von Verhaltensmodifikationen einzelner Ländern kann des weiteren nur bedingt zu sinnvollen Ergebnissen führen, weil in den betroffenen Ländern in der Regel unterschiedliche wirtschaftliche Ausgangsbedingungen gegeben waren. Dies trifft sowohl für relative als auch für absolute Indikatoren zu, wie sie zum Beispiel für den Umfang privatwirtschaftlicher Aktivitäten und Produktinnovationen oder die Exportentwicklung vorliegen. Insbesondere für relative Veränderungen ist die zugrunde gelegte Bezugsbasis daher von entscheidender Bedeutung.

Ein *dritter* Grund für die nicht exakt vornehmbare Einstufung der verschiedenen Transformationsländer in das entwickelte Modell behavioraler Anpassung ist durch die beschränkte Aussagekraft und Verfügbarkeit statistischen Materials gegeben. Diese Probleme kommen unter anderem in divergierenden Daten verschiedener Quellen zum Ausdruck. Die Strukturen und Institutionen, die sich mit der statistischen Erfassung und Analyse volkswirtschaftlicher Kenngrößen befassen, können insgesamt als ähnlich infantil und gering routiniert angesehen werden wie viele Elemente der neuen Wirtschaftsordnung in Ostmitteleuropa auch. Insbesondere Angaben bezüglich der Produktionsentwicklung und Arbeitslosigkeit, die häufig als erstrangige Entwicklungsindikatoren betrachtet werden, müssen mit großer Vorsicht behandelt werden. *Erstens* manipulieren die Staatsbetriebe ihre Produktion nach unten, um die damit verbundenen Steuern und Abgaben zu sparen. Und *zweitens* wird die Produktion im Privatsektor ebenso wie die in der Schattenwirtschaft nicht entsprechend registriert.[43] Die Arbeitslosenquoten, die für Rußland konstatiert werden, können zum Beispiel als verzerrt erachtet werden. Viele Arbeitnehmer bleiben in ihren Betrieben und gelten,

---

42 Vgl. Balcerowicz, L., Gelb, A.H. (1994), S. 5, Godfrey, M. (1995), S. 7ff. sowie Jackman, R. (1994), S. 334.

43 Vgl. Blejer, M.I., Gelb, A. (1993), S. 5 sowie Ziesemer, B. (1994), S. 32.

obgleich sie nicht oder nur teilweise arbeiten oder nicht bezahlt werden, offiziell zumeist weiterhin als Beschäftigte.[44]

Wie kann aber nun eine sinnvolle Einordnung der Transformationsländer in das Phasenkonzept vorgenommen werden?

In Anbetracht der aufgezeigten Bewertungsmißstände erscheint eine angemessene Einordnung der ostmitteleuropäischen Transformationsländer in das Modell behavioraler Anpassung nur durch die Auswertung einer ausgewogenen Gesamtheit quantitativer, aber auch qualitativer Merkmale möglich. Quantitative realwirtschaftliche Daten sind dabei der einfachste Weg, um zu konkreten Ergebnissen zu gelangen. Bei der Interpretation dieser Kenngrößen sollte jedoch die entsprechende Ausgangssituation des betrachteten Transformationslandes berücksichtigt werden, weil sie die absoluten Werte und relativen Veränderungen in vielen Fällen beeinflußt. Qualitative Informationen, zum Beispiel bezogen auf Veränderungen innerhalb des Systems industrieller Beziehungen, Machtverschiebungen zwischen den Interessengruppen oder Risikoeinstellungen der Entscheidungsträger, können für eine Einstufung in eine Anpassungsetappe ebenfalls wichtige Anhaltspunkte liefern. Derartige Informationen sind aber, ungeachtet ihrer geringen Verfügbarkeit, oftmals das Ergebnis subjektiver Werturteile und nur bedingt für vergleichende Länderanalysen geeignet.

Für die Zuordnung einzelner Transformationsstaaten zu den Anpassungsphasen werden nachstehend im wesentlichen einfache und allgemein verfügbare quantitative Kenngrößen zugrunde gelegt. Auf die Auswertung qualitativer Kriterien wird aber nicht vollkommen verzichtet. Vielmehr wird anhand derartiger Merkmale zunächst geprüft, ob die auf der Basis quantitativer Wirtschaftsdaten durchgeführte Grobeinstufung ausgewählter Länder als berechtigt gelten kann und dann anschließend eine Feineinstufung vorgenommen.[45]

---

44 Vgl. Schröder, K. (1994), S. 13.

45 Die EBRD unterscheidet ebenfalls vier Grade, nach denen der Fortschritt einzelner Länder im Transformationsprozeß bemessen wird. Dabei wird allerdings eine Differenzierung nach den Bbereichen Unternehmensprivatisierung und -restrukturierung, Märkte und Handel sowie Reform des Finanzsektors vorgenommen. In jedem Land erhält jeder dieser Bereiche eine Bewertung zwischen 1 und 4. Vgl. EBRD (1995), S. 69.

IV. 3.2 Die Bestimmung von Einordnungskriterien für die Anpassungsphasen

In den einzelnen Phasen des oben skizzierten Modells wurde in verallgemeinerter Form bereits auf wichtige Indikatoren hingewiesen, an denen sich die Zurechnung zu einem Abschnitt behavioraler Anpassung messen lassen kann. Für diese und weitere Indikatoren sollen nun zunächst konkrete numerische Ausprägungen definiert werden, bevor dann in Kapitel IV.3.3 eine entsprechende Einordnung verschiedener Transformationsländer vorgenommen wird.

(1) Die *erste Phase* behavioraler Anpassung beginnt, wenn eine Systemtransformation zu einem marktwirtschaftlichen System durchgeführt wird.[46] Dazu sind - wie eingangs erörtert wurde - verschiedene Maßnahmen der Liberalisierung, Stabilisierung, Privatisierung und Bildung marktwirtschaftlicher Institutionen erforderlich, die nach entsprechender Planung des neuen Institutionengefüges durch die Staatsführung eines Landes umgesetzt werden.

(2) Der Übergang in die *zweite Modellphase* ist hingegen im wesentlichen das Produkt kognitiver Veränderungen bei den Wirtschaftsakteuren. Die Phase der Selbstpositionierung ist insbesondere dadurch gekennzeichnet, daß sich die Akteure über die neue post-sozialistische Epoche ihrer Gesellschaft und über die sich dadurch neu ergebenden Handlungsmöglichkeiten klar geworden sind und ihre Lebensplanung und wirtschaftlichen Aktivitäten dementsprechend variieren. Zentral ist dabei, daß der Zeithorizont für wirtschaftliche Entscheidungen erweitert wird und ein Bewußtsein für den Zusammenhang von eigener Leistung und Wohlstand entsteht. Unter der Annahme, daß sich diese Prozesse vornehmlich in eigenmotivierten, kompetitiven und eigenverantwortlichen Handlungen manifestieren, werden im folgenden das Ausmaß und die Intensität von Aktivitäten auf Märkten sowie außerhalb des schützenden Staatsapparates als Hauptindikatoren für den Eintritt in die Phase der Selbstpositionierung herangezogen. Konkret wird dieser Übergang für ein Transformationsland an vier Kriterien festgemacht, von denen mindestens drei erfüllt sein müssen:

a) Die Zahl der Beschäftigten im Privatsektor muß mindestens 25 vH der Zahl der Gesamtbeschäftigten umfassen;
b) innerhalb des Privatsektors müssen mindestens 25 vH des Bruttoinlandsprodukts erwirtschaftet werden;

---

46 Das Modell ist daher zum Beispiel nicht ohne weiteres auf die gegenwärtig in China stattfindenden Reformen übertragbar. China hat bislang keine Systemtransformation eingeleitet; es wird weiterhin überwiegend durch sozialistische Prinzipien gesteuert.

c) über 50 vH der Zahl aller Kleinbetriebe müssen formell in private Hände gelangt sein;
d) es muß eine signifikante Reorientierung von Exportaktivitäten von „Ost" nach „West" stattfinden. Exporte in westliche Industrieländer müssen dem Werte nach um mindestens 50 vH zunehmen.

Die Privatisierung von Kleinbetrieben ist kein Vorgang der Verhaltensanpassung, sofern dies nur als rechtlicher Akt der Eigentumsübertragung angesehen wird. Es kann hingegen als ein bedeutendes Zeichen behavioraler Anpassung verstanden werden, wenn die dabei erforderliche Bereitschaft der jeweiligen Individuen, persönliche Risiken zu übernehmen und sich auf Märkten zu engagieren, betrachtet wird.

Eine Reorientierung der Exportaktivitäten von „Ost" nach „West" kann aus verschiedenen Gründen als eine relevante Bewertungsgröße für die Phase der Selbstpositionierung betrachtet werden:

i) Dieser Vorgang kann relativ zügig vor sich gehen, weil damit in der Regel keine intensiven politischen Auseinandersetzungen um bestehende Verfügungsrechte und Machtpositionen oder um Restrukturierungen verbunden sind.

ii) Aufgrund beträchtlicher Kostenvorteile dürften in den westlichen Industrieländern zunächst relativ gute Absatz- und Einkommensmöglichkeiten für Hersteller aus Transformationsländern vorherrschen. Auch durch die bislang politisch unterdrückten Handelsbeziehungen zu westlichen Marktwirtschaften dürften gute Exportchancen bestehen.

iii) Bei der genannten Handelsreorientierung ist schließlich auch der für die Phase der Selbstpositionierung charakteristische Verhaltenswandel wichtig, weil zur Erschließung der westlichen Absatzmärkte Investitionen in die Entwicklung und Vermarktung neuer Produkte notwendig sind. Die im Sozialismus gefertigten Güter können kaum den Anforderungen und Qualitätsstandards der Verbraucher in Industrienationen gerecht werden. Erfolg auf westlichen Absatzmärkten bedeutet daher, daß neue Produkte und Produktionsverfahren kreiert und unternehmerische Ressourcen in Innovationsprozesse investiert wurden.[47] Dieses setzt positive Erwartungen über das zukünftige Wirtschaftssystem voraus, für die entsprechende kognitive Veränderungen notwendig sind.

(3) Um in die *dritte Phase* behavioraler Anpassung zu gelangen, muß es in erster Linie zu Veränderungen in der Wirtschaftsstruktur eines Landes und zu veränderten Verhaltensweisen innerhalb mittelgroßer und großer Staatsbetriebe kommen. Es wird angenommen, daß aufgrund der zeitintensiven 'großen Privatisierung' derartige Betriebe nach den ersten beiden Etappen in der post-Kern-

---

47 Vgl. Hoekman, B., Pohl, G. (1995), S. 1.

phase weiterhin die Wirtschaft dominieren. Nun müssen aber in diesen Unternehmen bedeutende Restrukturierungen und Privatisierungen erfolgen, wofür von der Regierung ein Umfeld harter Budgetbeschränkungen zu schaffen ist. Entscheidend wird dabei die Bewältigung von Verteilungskonflikten sein. Von der Fähigkeit der Reformpolitiker, bürokratische Zuweisungen einzuschränken, die Staatswirtschaft zu reduzieren und die Aktivitäten der Wirtschaftsakteure in den Staatsunternehmen gegen politische Widerstände von *rent-seeking* auf *profit-seeking* umzustellen, wird es abhängen, in welchem Umfang sich die neuen Markt- und Wettbewerbsprinzipien etablieren. Des weiteren wird für diese Phase erwartet, daß sich eine Mehrheit der Akteure auf die neuen Prinzipien umgestellt hat, daß sich ein größeres Kostenbewußtsein und eine effizientere Nutzung von Ressourcen eingestellt haben und daß die Wirtschaftsleistung zunimmt. Insgesamt muß erkennbar sein, daß kooperatives Verhalten gegenüber dem neuen Wirtschaftssystem dominiert und daß sich die Wirtschaftssubjekte zur Verwirklichung ihrer Ziele den neu eingeführten Instrumenten und Mechanismen bedienen.

Die hier aufgeführten Veränderungen anhand von numerischen Wirtschaftsdaten zu messen, ist schwierig, unter anderem deshalb, weil im wesentlichen nur allgemeines Zahlenmaterial verfügbar ist. Dieses verwendend, wird jedoch hier davon ausgegangen, daß fünf der folgenden Kriterien für einen erfolgten Übergang in die dritte Stufe des Phasenmodells als erfüllt gelten müssen:

a) Für mindestens ein Drittel aller mittelgroßen und großen sozialistischen Staatsbetriebe muß eine formelle Eigentumstransformation stattgefunden haben.
b) Es müssen Maßnahmen zur Neuregulierung und Konsolidierung des Bankensystems eingeleitet worden sein; für mindestens 50 vH des Wertes der notleidenden Kredite in den Bilanzen der Staatsbanken muß eine Rekapitalisierung stattgefunden haben.
c) Staatliche Subventionen an Unternehmen dürfen einen Wert von 5 vH des Bruttoinlandsprodukts nicht überschreiten.
d) Es kann ein positives Wachstum des realen Bruttoinlandsprodukts verzeichnet werden; dieses muß mindestens zu 50 vH durch den Privatsektor erwirtschaftet werden.
e) Die reale Industrieproduktion muß zunehmen.
f) Es muß ein positives Wachstum im Bereich der Anlageinvestitionen festgestellt werden.

Die Entwicklung der Reallöhne könnte einen weiteren Indikator für eine grobe Verhaltensadjustierung darstellen, weil sich hierin das Kostenbewußtsein der Wirtschaftsakteure manifestiert. Dieser Zusammenhang wird aber in vielen ostmitteleuropäischen Transformationsländern dadurch beeinträchtigt, daß die Lohnsetzung durch staatliche Vorgaben reguliert ist. Es gab und gibt vielfach noch eine Obergrenze für Lohnzuwächse, die bei Überschreiten mit Strafsteuern geahndet wird.

Für eine Anpassung an marktwirtschaftliche Prinzipien spielt zudem die Wettbewerbsfähigkeit der Unternehmen insgesamt eine Rolle. Diese könnte zwar durch Lohnenthaltsamkeit gesteigert werden, jedoch sind letztlich nicht die absoluten Lohnkosten, sondern vielmehr die Lohnkosten je Produktionseinheit bzw. die Lohnstückkosten als Maß für Kompetitivität zu erachten. Für die Lohnstückkosten ist die Arbeitsproduktivität, das heißt die Outputleistung je Arbeitseinheit, ein wesentlicher Bestimmungsfaktor. Deren Relation zu den Lohnkosten bestimmt die Lohnstückkosten und damit die Wettbewerbsposition eines Produzenten. Steigt die Produktivität der Arbeit stärker als die Löhne, kann ceteris paribus eine Verbesserung dieser Position eintreten. So kann selbst bei steigenden Reallöhnen von behavioraler Anpassung in Richtung einer Marktwirtschaft gesprochen werden, wenn diese Erhöhung in den Unternehmen mit Bedacht auf die Wettbewerbsfähigkeit bzw. auf die Lohnstückkosten realisiert wird. Insbesondere im Industriesektor könnte die Entwicklung dieser Kostengröße einen Hinweis für die Verhaltensweisen in der Wirtschaft liefern. Da dieser Sektor in den ersten Jahren nach der Abkehr vom Sozialismus für gewöhnlich noch von größeren Staatsbetrieben dominiert wird, dürfte sich anhand der dortigen Entwicklung der Lohnstückkosten zeigen, in welchem Umfang die neuen ökonomischen Zwänge bei denjenigen Wirtschaftsakteuren Geltung erlangt haben, von denen der größte Transformationswiderstand zu erwarten ist.

(4) Den Eintritt in die Phase der institutionellen Feinsteuerung und Vertrauensbildung anhand von quantitativen Wirtschaftsdaten zu bewerten, kann als die schwierigste Aufgabe im Rahmen der hier beabsichtigten Ländereinordnung betrachtet werden. Dieser Übergang in die *vierte Phase* behavioraler Anpassung resultiert in erster Linie aus Wandlungen auf der informellen Ebene und aus Lernprozessen, die realwirtschaftlich kaum nachzuweisen sind.

Im Transformationsprozeß bilden sich informelle Institutionen vielfach auf der Grundlage neu eingeführter formeller Regeln. Mittelfristig kann von einem indirekten Zusammenhang zwischen bestimmten formellen Veränderungen und dem Prozeß der Feinanpassung und Vertrauensbildung ausgegangen werden. Anhand dieser Zusammenhänge soll im folgenden auch der Eintritt in die vierte Phase behavioraler Anpassung beurteilt werden.

Damit sich ein feinmaschiges Netz informeller und formeller Institutionen einer Marktwirtschaft etablieren und Vertrauen in bezug auf das neue Interaktionsumfeld entstehen kann, scheinen zwei Aspekte essentiell:

- *Erstens,* daß ein relativ stabiles wirtschaftliches Umfeld vorliegt, aus dem sich für die Wirtschaftssubjekte ein hohes Maß an Sicherheit und Berechenbarkeit für ökonomische Transaktionen ergibt, und
- *zweitens,* daß der Hauptanteil der wirtschaftlichen Aktivitäten von Privatakteuren durchgeführt wird, so daß diese Akteure die Standards für das neue System gegenüber Akteuren aus Bürokratie und Staatswirtschaft bestimmen und sich die Ausgestaltung der institutionellen Infrastruktur vornehmlich an den Zielen und Interessen der Privatwirtschaft ausrichtet.

In diesem Sinn werden nun als Maßstab für einen erfolgten Eintritt in die vierte Phase behavioraler Anpassung die folgenden Kriterien angesetzt:

a) Die jährliche Inflation darf während der drei letzten Jahre einen Wert von ca. 30 vH nicht signifikant überschritten haben.[48]
b) Für mindestens zwei Drittel aller mittelgroßen und großen sozialistischen Staatsbetriebe muß eine formelle Eigentumstransformation stattgefunden haben.
c) Die Konsolidierung und Rekapitalisierung des Bankensektors muß abgeschlossen sein und es müssen sich mindestens zwei Drittel der Aktiva der Geschäftsbanken in Privatbesitz befinden.

Der Finanzsektor ist hier von besonderer Relevanz, da diesem nicht nur eine zentrale Stellung für die allokative Effizienz, sondern auch für die Beziehung zwischen Staat und Wirtschaft allgemein zukommt. Gerade zu den Staatsbanken hatten die Unternehmen im Sozialismus enge Kontakte, weil über sie Kreditmittel erlangt werden konnten. Ist der Staat weiterhin direkt oder indirekt finanziell in die Wirtschaftsaktivitäten eingebunden, so besteht die Gefahr, daß bisherige bürokratische Strukturen aufrechterhalten bleiben und dementsprechend auch weiterhin Möglichkeiten zur Aufweichung von Budgetrestriktionen existieren. Wettbewerbsbeziehungen und -mechanismen dürften dann nur begrenzt greifen und unter anderem das allgemeine Konkursrisiko mindern.

---

48 Die Rate von ca. 30 vH wurde in Anlehnung an eine Weltbankstudie von *Bruno* gewählt. In dieser Studie wurde in einer empirischen Analyse von 127 Ländern über die Zeit von 1960 bis 1992 gefolgert, daß eine Inflation von ca. 20 bis 40 vH den Grenzbereich für eine positive wirtschaftliche Entwicklung, insbesondere für Wirtschaftswachstum, darstellt. Für die Transformationsländer Ostmitteleuropas wird ein derartiger Zusammenhang bestätigt. Vgl. Bruno, M. (1995), S. 1-3.

Einem Mißverständnis vorbeugend, sei nun noch darauf hingewiesen, daß die Privatisierung von Staatsbanken und Staatsbetrieben, die für den hier betrachteten Phasenübergang gefordert wird, keineswegs als wirtschaftspolitisches Allheilmittel für behaviorale Anpassung und wirtschaftliche Prosperität zu verstehen ist. Aus dem Eigentumsstatus eines Unternehmens an sich kann nicht generell auf dessen Wirtschaftlichkeit geschlossen werden. Staatliche Betriebe müssen nicht notwendigerweise ineffizient wirtschaften. Jedoch werden die Privatisierungsschritte, die für den Eintritt in die letzte Anpassungsphase - und übrigens auch für den Übergang von der zweiten zur dritten Phase - als abgeschlossen vorausgesetzt werden, hier so interpretiert, daß sie eine Lösung sozialer Konflikte und insofern ein Resultat behavioraler Anpassung darstellen. Schließlich stoßen die Restrukturierungs- und Privatisierungsabsichten der Regierungen in der Regel auf starken Widerstand aus der Bürokratie und Wirtschaft - insbesondere, wie erörtert, in Systemen vom Typ T. Die Realisierung von Privatisierungs- und Restrukturierungsmaßnahmen ist insofern auch vielfach mit einer Lösung von Interessen- und Verteilungskonflikten verbunden. Ist ein Großteil der Betriebe privatisiert und der Finanzsektor insgesamt konsolidiert, kann auch ein Großteil der Interessenkonflikte zugunsten des angestrebten Wirtschaftssystems als gelöst angesehen werden.

IV. 3.3 Stand und Entwicklung im Systemwandel ausgewählter Transformationsländer innerhalb des Modells behavioraler Anpassung

Anhand der definierten Entwicklungskriterien soll nun eine Einordnung verschiedener Transformationsländer Mittel- und Osteuropas in das Phasenmodell vorgenommen werden. Dafür werden vier Länder ausgewählt: Rußland, Polen, Ungarn und die Tschechische Republik.[49] Für diese wird zuerst eine Auswertung quantitativer Wirtschaftsdaten durchgeführt - Unterpunkt (a). Durch eine Analyse qualitativer und dabei insbesondere politökonomischer Merkmale wird diese sodann verifiziert und ergänzt.

(1) In ***Rußland*** wurde die Systemtransformation im Januar 1992 eingeleitet. Zu diesem Zeitpunkt wurde der Eintritt in die erste Phase des Modells behavioraler Anpassung vollzogen. Wie sieht es aber hinsichtlich weiterer Anpassungsstufen aus? Hat Rußland auch bereits die zweite oder sogar dritte Phase erreicht?

(a) Offizielle Statistiken zeigen an, daß Ende 1994 bereits ca. 50 Prozent aller Aktivitäten in Rußland von privaten Wirtschaftssubjekten ausgeführt wur-

---

[49] Bis 1992/93 werden dabei unter anderem Daten der ehemaligen Tschechoslowakei verwendet.

den. Über eine Millionen Unternehmen, einschließlich 2.000 Banken, sind seit dem Umbruch neu gegründet worden, und ca. die Hälfte aller Arbeitskräfte soll bereits außerhalb des als staatlich ausgewiesenen Wirtschaftssektors beschäftigt sein.[50] Bis Ende 1991 konnte erst ein Anteil der in privaten Betrieben beschäftigten Arbeitnehmer an der Gesamtbeschäftigung von annähernd 5,5 Prozent festgestellt werden.[51] Die enorme Steigerung in der privatwirtschaftlichen Beschäftigung kann in erster Linie auf das in 1993 und 1994 durchgeführte Massenprivatisierungsprogramm zurückgeführt werden, durch das viele große und mittlere Staatsbetriebe formell entstaatlicht wurden. Dabei sind ca. 40 Mio. Anteilstitel an ehemals staatlichen Unternehmen an neue Eigentümer in der Bevölkerung übergegangen und ca. 21.000 mittelgroße und große Unternehmen - ca. 70 Prozent dieser Unternehmenskategorie - in Kapitalgesellschaften transformiert worden. Zuvor konnten bereits im Rahmen der 'kleinen Privatisierung' große Erfolge verzeichnet werden. Bis Ende 1993 gingen drei Viertel bzw. ca. 80.000 Klein- und Kleinstbetriebe in die Hände privater Akteure über. Im Laufe des Jahres 1994 wurde dieser Teil der Transformation vollständig abgeschlossen.

Vergleicht man diese Entwicklungen mit den für die zweite Phase behavioraler Anpassung angesetzten Kriterien, so kann zunächst rein formal festgestellt werden, daß Rußland den Übergang in die Phase der Selbstpositionierung vollzogen hat. Das Ausmaß der privatwirtschaftlichen Aktivitäten - Anteil der im Privatsektor Beschäftigten und der Privatsektorleistung am BIP - läßt darauf schließen, daß die Wirtschaftssubjekte und die Bevölkerung insgesamt die neue wirtschaftliche und politische Ära in ihrem Land erkannt haben. Es kann davon ausgegangen werden, daß nahezu alle Bürger ihr Entscheidungskalkül der neuen Situation angepaßt haben und ihre bisherigen Routinehandlungen vor dem Hintergrund des neuen Wirtschaftssystems prüfen. Der Unterschied zu den Reformen im Sozialismus dürfte in Rußland allen Menschen bewußt geworden sein.[52]

Ob Rußland auch bereits den Eintritt in die Phase der groben Verhaltensadjustierung verwirklichen konnte, wird sich insbesondere an den Aktivitäten innerhalb der staatlichen oder ehemals staatlichen Großbetriebe entscheiden.

---

50 Vgl. Schröder, K. (1994), S. 13. Auf politischer Ebene können die Wahlmöglichkeit und das neue Parteiensystem als klare Indizien einer neuen Epoche aus Sicht der Individuen angenommen werden.

51 Siehe dazu auch *Tabelle 1* im Anhang.

52 Trotzdem sind Aktivitäten der Selbstbereicherung, dazu gehören im weitesten Sinne auch ein hohes Maß an Korruption und organisierte Kriminalität sowie opportunistisches Ausnutzen des durch die Systemtransformation erweiterten Handlungsspielraums, noch stark verbreitet. Vgl. Wagenlehner, G. (1995). Auch ist damit nicht gleichzeitig eine allgemein positive Bewertung des neuen Systems verbunden. Das Gegenteil dazu zeigt z.B. das „New-Democracies-Barometer". Vgl. Seifert, W., Rose, R. (1994).

Diese Betriebe repräsentieren nach wie vor einen Hauptteil der gesamten Wirtschaft und üben somit einen wesentlichen Einfluß auf die Geschäftspraktiken und Interaktionregeln aus.

Ein in der Wirtschaft insgesamt an den neuen Marktmechanismen ausgerichtetes Verhalten wurde unter anderem daran festgemacht, daß das BIP, die Industrieproduktion und die Bruttoanlageinvestitionen ein reales Wachstum aufweisen. Weil viele der größeren Unternehmen im Industriesektor angesiedelt sind, kann vor allem die Zunahme der Leistungen in diesem Wirtschaftsbereich als positive Reaktion auf die neuen Anreiz- und Kontrollmechanismen und als eine Adjustierung an das neue System gewertet werden.

Die Wirtschaftsdaten für Rußland zeigen allerdings, daß sowohl die Industrieproduktion als auch das BIP und die Bruttoanlageinvestitionen bis einschließlich 1995 ein negatives Wachstum aufweisen.[53] Eine Einordnung in die dritte Phase der behavioralen Anpassung kann daher allein aufgrund dieser Daten nicht vorgenommen werden. Die Erfolge im Bereich der 'großen Privatisierung' und die positiven Entwicklungen im Bankensektor können diese Defizite nicht ausgleichen.

(b) Auch verschiedene *qualitative Merkmale* liefern Indizien dafür, daß ein Großteil der betrieblichen Handlungen und Entscheidungsprozesse noch nicht signifikant auf eine Wettbewerbswirtschaft umgestellt wurden und Rußland insgesamt noch nicht die kritische Grenze zu einer Marktwirtschaft überschritten hat. So deutet die noch immer relativ hohe verdeckte Arbeitslosigkeit darauf hin, daß das alte Produktivitätsdenken noch eine dominante Stellung in den Köpfen vieler Unternehmensleitungen einnimmt. Noch immer scheint eine große Belegschaft als Schutz vor Liquidierung und als Mittel zur Stärkung der Verhandlungsmacht bei der staatlichen Ressourcenverteilung angesehen zu werden. Als problematisch erweisen sich auch der große Einfluß und die lediglich geringe interne und externe Kontrolle der Manager in den formell privatisierten Staatsbetrieben. Diese Akteure, die zu großen Teilen aus der alten Nomenklatura stammen, verhindern externe Kontrolle, indem sie die Mitarbeiter zum Nichtverkauf ihrer Anteile bewegen und im Gegenzug dafür Schutz vor weitreichenden Entlassungen offerieren. Insofern könnte die Situation in den Staatsbetrieben gegenüber dem sozialistischen System sogar als verschlechtert erachtet werden, weil dort eine schärfere Kontrolle der Unternehmensführung bestand.[54] Die Manager entziehen sich auch oftmals der Kontrolle hinsichtlich der Lohnsetzung, denn die Regierung hat es bislang nicht vermocht, wirksame Mechanismen zur Begrenzung von Lohnerhöhungen zu installieren.[55] Harte Budgetrestriktionen, die eine dem

---

53 Siehe dazu auch *Tabelle 2* im Anhang.
54 Vgl. Roland, G. (1994), S. 1160.
55 Vgl. Marrese, M. (1994), S. 19.

wirtschaftlichen Ergebnis entsprechende Einkommenspolitik in den Betrieben sowie finanzwirtschaftliche Kontrolle, allgemeines Kostenbewußtsein und profit- anstatt rentensuchendes Verhalten bewirken könnten, sind in vielen Bereichen bisher nicht vorhanden. Hierin liegt aber eine wesentliche Voraussetzung für den Übergang in die dritte Phase behavioraler Anpassung.

(2) Welche Entwicklungsstufe kann demgegenüber ***Polen, Ungarn*** und der ***Tschechischen Republik*** bescheinigt werden?

(a) In Anbetracht der Veränderungen des Privatsektors, genauer gesagt, dessen Anteil an der Gesamtbeschäftigung und am BIP[56] sowie des Umfangs der 'kleinen Privatisierung' kann zunächst festgestellt werden, daß alle drei Länder den Übergang in die zweite Phase behavioraler Anpassung realisiert haben. In den drei Ländern konnte ein rapider Anstieg des Anteils privatwirtschaftlicher Aktivitäten verzeichnet werden, was unter anderem auf eine weitreichende Bewußtseinsänderung schließen läßt. Insbesondere in Polen hat sich der offiziell registrierte Privatsektor in den ersten Jahren der Transformation erheblich ausgeweitet, und zwar von 28,6 Prozent in 1989 auf 47,5 Prozent in 1992. Dies kann auf einen besonders starken Iterationseffekt zurückgeführt werden, der mit dem klar von den bisherigen Reformen unterscheidbaren *Balcerowicz*-Programm begründet werden kann.[57] In bezug auf die Privatisierung kleiner Betriebe und Geschäfte war die Tschechische Republik Vorreiter. Dort wurde diese Aufgabe, bei der insgesamt ca. 26.000 Einheiten privatisiert wurden, bereits 1993 abgeschlossen.[58] In Polen und Ungarn wurde dieser Teil der Transformation erst 1994 zum Ende gebracht.[59]

In Polen, Ungarn und der Tschechischen Republik sind die Erfahrungen bzw. die bereits durchlaufenen Lernprozesse innerhalb des neuen Systems insgesamt umfangreicher als in Rußland. Dies ist nicht nur auf die Reformen, die in den einzelnen Ländern während der Zeit des Sozialismus stattfanden, zurückzu-

---

56 Siehe dazu *Tabelle 3* im Anhang.

57 Der Anteil der Privatwirtschaft am BIP lag Mitte 1994 in der Slowakei im übrigen bei 55 vH. Vgl. Senkyr, J. (1995), S. B 4.

58 Ähnlich schnell vollzog sich diese Transformation in der Slowakei, wo der Eigentumsstatus von ca. 9.000 Betrieben verändert wurde. Vgl. EBRD (1993a), S. 34ff.

59 Die Voraussetzungen für Veränderungen im Privatsektor waren in Polen und Ungarn besonders günstig, weil sich dort im Rahmen der sozialistischen Reformen bereits private Unternehmen ansiedeln konnten. Vgl. *Tabelle 2* in Kapitel II.2.2.1. Daß polnische Unternehmen in der ersten Phase nach der Transformation aber gegenüber denen in Ungarn bedeutend weniger Aktivitäten innerhalb der neuen Marktwirtschaft zeigten, kann darauf zurückgeführt werden, daß der Einbau von Marktmechanismen in Ungarn bereits in den späten 60er Jahren, in Polen indes erst zu Beginn der 80er Jahre begann. Ein Prozeß behavioraler Anpassung konnte in Ungarn folglich schon über 10 Jahre früher einsetzen als in Polen. Beim Übergang zu einer Marktwirtschaft dürfte dies wesentlich zur Überwindung der ersten Anpassungshemmnisse beigetragen haben. Vgl. Swaan, W., Lissowska, M. (1992), S. 16.

führen, sondern auch darauf, daß in Rußland erst ein bis zwei Jahre später systematisch mit einem Wandel zu einer Marktwirtschaft begonnen wurde. Bis Mitte 1992 existierten kaum klare Vorstellungen und Strategien für viele Aufgabenbereiche der Transformation.[60] Es herrschte verhältnismäßig lange ein hohes Maß an Unsicherheit bezüglich der ökonomischen Zukunft des Landes; und allein der Faktor Zeit spielt, wie bereits betont, eine bedeutende Rolle für das Ausmaß und das Stadium der Verhaltensanpassung.

Nicht zuletzt zeigt sich auch an der Export- und Produktentwicklung in den ersten Jahren nach der Systemtransformation, daß in den Visegrád-Staaten von einem grundlegend veränderten Bewußtseinsstadium bzw. von einem Übergang in die zweite Phase behavioraler Anpassung gesprochen werden kann. Es hat eine signifikante Reorientierung der Exporte von Ost- nach Westmärkten stattgefunden,[61] die, wie bereits betont wurde, nicht allein durch eine geographische Richtungsänderung erzielt werden kann. Die vor dem Systemwandel produzierten Güter, die aufgrund des kollabierten RGW nicht mehr in den ehemals sozialistischen Bündnisstaaten abgesetzt werden können, finden ohne Abänderungen keine Nachfrage auf den Märkten entwickelter Industrienationen. Es bedarf neuer Produkte und Produktionstechnologien, eines modernen Qualitätsmanagements und neuer Vermarktungsstrategien oder, anders formuliert, fundamentaler Verhaltensänderungen der Wirtschaftssubjekte, um in die 'westlichen' Märkte einzudringen. Die enormen Zuwächse der Exporte in 'westliche' Industrienationen, insbesondere in die Europäische Union, weisen eindeutig auf die Realisierung dieser Veränderungen hin.

Für den Übergang in die dritte und vierte Stufe behavioraler Anpassung sind gemäß den festgelegten Kriterien unter anderem Fortschritte auf dem Gebiet der 'großen Privatisierung' und Bankenrekapitalisierung relevant. Hinsichtlich der Privatisierung kann festgestellt werden, daß in allen der drei hier betrachteten Ökonomien über ein Drittel der mittelgroßen und großen Staatsbetriebe einer formellen Eigentumstransformation unterzogen wurden. In der Tschechischen Republik wurde diese Schwelle bereits 1992 überschritten, und 1994 wurde sogar der für die vierte Phase erforderliche Wert erreicht. In Polen wurde erst 1994 die Ein-Drittel-Marke erreicht. Hier sind die Voraussetzungen für die vierte Phase aber allein diesem Kriterium gemäß noch nicht erfüllt, ähnlich wie in Ungarn.[62]

In bezug auf die Transformation des Finanzsystems wurden von allen Regierungen in den Visegrád-Staaten kurz nach Beginn des Umbruchs umfassende Programme zur Konsolidierung, Rekapitalisierung und Privatisierung eingelei-

---

60 Vgl. Sachs, J.D. (1994), S. 33f.

61 Siehe hierzu die *Tabellen 4* und *5* im Anhang.

62 Siehe *Tabelle 6* im Anhang.

tet.[63] Mittlerweile konnte auch bereits für einen überwiegenden Teil der notleidenden Kredite, die insbesondere in der ehemaligen Tschechoslowakei ein enormes Ausmaß annahmen, eine Lösung gefunden werden. Für keines der betrachteten Länder kann indes eine vollständige Bereinigung der Bankbilanzen von 'schlechten' Krediten konstatiert werden.[64] Eine Einstufung in Phase vier der Verhaltensanpassung ist daher für keines der drei Länder gerechtfertigt.

In Anbetracht dreier weiterer Anforderungskriterien der Phase der groben Verhaltensadjustierung, der Wachstumsraten des Bruttoinlandsprodukts, der Industrieproduktion und der Bruttoanlageinvestitionen, sowie anhand der Subventionszahlungen des Staates, kann gefolgert werden, daß Polen, Ungarn und die Tschechische Republik diesen dritten Abschnitt der Transformation erreicht haben.[65] Insgesamt ergibt sich aus der quantitativen Wirtschaftsanalyse, daß sich die drei genannten Staaten, wie auch *Abbildung 7* veranschaulicht, Mitte 1995 in der dritten Phase behavioraler Anpassung befinden.[66] Dies bedeutet, daß bereits die kritische Grenze auf dem Weg zu einer Marktwirtschaft überschritten wurde und ein Rückfall zu einem sozialistisch-planwirtschaftlich dominierten Wirtschaftssystem als sehr unwahrscheinlich zu erachten ist.

(b) Die Analyse *qualitativer Merkmale* läßt allerdings darauf schließen, daß ***Polen*** noch nicht weit in der dritten Phase behavioraler Anpassung vorangeschritten ist. Neben den oftmals nur aus Reklassifizierungen und Scheinfirmen hervorgegangenen Privatbetrieben weisen noch verschiedene andere Aspekte auf ein erst limitiertes Umdenken in Richtung einer Marktwirtschaft hin. Als Hauptgrund dafür können die in Polen weiterhin stark von Arbeitnehmerinteressen gekennzeichneten Entscheidungsstrukturen in den Betrieben angeführt werden.[67] In Polen hatten die Arbeiterräte, Belegschaften und Gewerkschaften in Staatsbetrieben bereits vor dem Wandel eine bedeutende Machtposition - System vom Typ Ta -, was die Privatisierung und vor allem die Verabschiedung von Gesetzen zur Privatisierung besonders schwierig gestaltete. Viele Entscheidungen auf politischer Ebene (äußere Institutionen) wurden dadurch erheblich verzögert oder sogar verhindert.

---

63 Vgl. Dittus, P. (1994), S. 20f., Dittus, P., Prowse, S. (1994) und Haiss, P.R. (1994).

64 Siehe dazu auch die Daten in *Tabelle 7* im Anhang.

65 Vgl. dazu die Daten in den *Tabellen 8 bis 11* im Anhang.

66 *Höhmann* identifiziert „vier Zonen abnehmender Intensität des Transformationsprozesses", wobei er die höchste Reformintensität für Polen, Ungarn und die Tschechische Republik bescheinigt. Rußland sowie Rumänien und Bulgarien gliedert er in die dritte Zone ein. In der zweiten Intensitätszone befinden sich nach Slowenien, die Slowakische Republik und die baltischen Staaten. Vgl. Höhmann, H.-H. (1994), S. 11.

67 Vgl. Blanchard, O.J. (1994), S. 1171ff.

Abbildung 7:
Anpassungsverlauf in ausgewählten Transformationsländern innerhalb des Phasenmodells 1990 bis 1995

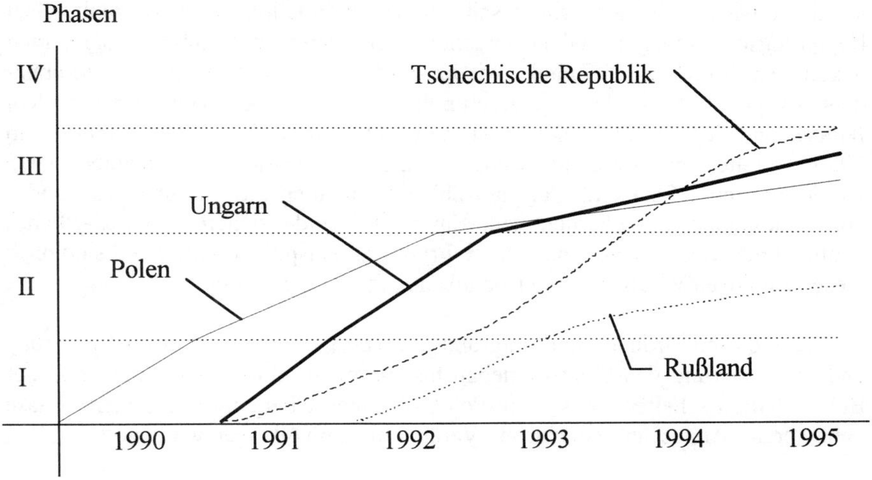

In Polen waren die Wirtschaftsakteure insgesamt stark damit beschäftigt, ihre traditionellen Besitzstände gegen äußere Eingriffe zu verteidigen. Ein effizienter Umgang mit den Ressourcen stand daher nicht selten erst an zweiter Stelle der Interessen, insbesondere für die Arbeitnehmerlobby. Eine Strategie des *reputation building* durch die Manager konnte sich kaum etablieren. In den kollektivierten und arbeiterfokussierten Führungssystemen der Staatsunternehmen war das Erreichen von Reputation für die Betriebsleitung nahezu unmöglich. Das Problem der Findung eines echten Eigentümers wurde dadurch arg in den Hintergrund gerückt.

Viele Unternehmen in Polen haben auch derzeit noch den Charakter unabhängiger Selbstverwaltungs- und Selbstfinanzierungsbetriebe mit eigener Rechtspersönlichkeit. Dies hat eine Anpassung an marktwirtschaftliche Wirkungsmechanismen zwar nicht vollkommen verhindert,[68] aber schwieriger gemacht. Insbesondere war und ist die Einführung neuer interner und externer Kontrollstrukturen relativ schwierig. Kritisch wird auch die neue Autonomie vieler Manager in den erst in geringer Anzahl de facto privatisierten Staatsbetrieben beurteilt.[69] Insge-

68 Die Arbeitsproduktivität wurde beträchtlich gesteigert und dadurch die Lohnstückkosten gesenkt. Vgl. *Tabelle 8* im Anhang.
69 Vgl. Estrin, S., Richet, X. (1993), S. 192ff.

samt scheint der Schutz des Kapitals innerhalb der noch nicht privatisierten und quasi privatisierten Staatsbetriebe nur unzureichend gewährleistet.

Zudem haben sich die politischen Verhältnisse in Polen als vergleichsweise instabil erwiesen. In den Jahren seit der Transformation ist es zu zahlreichen Regierungsumbildungen und entsprechend veränderten politischen Programmen gekommen. Im März 1995 mußte wieder ein Wechsel im Amt des Ministerpräsidenten verzeichnet werden, der durch politische Spannungen zwischen Präsident *Walesa* und der Regierungskoalition verursacht wurde. Nach dem Umbruch in 1989 war dies insgesamt der sechste Regierungswechsel. Im Dezember 1995 wurde ein neuer Staatspräsident gewählt und dadurch die Führung des Landes von Altkommunisten übernommen. Ein nicht gerade sicheres wirtschaftliches Umfeld und insbesondere eine unklare Privatisierungspolitik waren und sind nach diesen zahllosen Wechseln in der politischen Führung die Folge.

Aus diesen Gründen und aufgrund der Tatsache, daß eine Rationalisierung und Privatisierung von Staatsbetrieben bislang noch oftmals am Widerstand der Belegschaften scheitert, müssen in Polen für einen Übergang in die vierte Phase behavioraler Anpassung noch große Veränderungen vollzogen werden.[70]

In ***Ungarn***, wo eine ähnliche Anfangsstruktur wie in Polen vorlag, wurde das Problem der Verteilungskämpfe pragmatischer angegangen. Die Manager in den Betrieben wurden vielfach zu den neuen Eigentümern gemacht. Auf diese Weise wurden viele langwierige und lähmende Verteilungskämpfe zwischen den verschiedenen Interessengruppen, vor allem aber zwischen den Verlierern der Transformation und der Regierung ausgespart.

In der ersten Phase der Transformation, in der Selbstbereicherungsaktivitäten durch spontane Privatisierungen seitens der alten Manager dominierten, intervenierte die Regierung konsequent. Mit der Unterstützung des Parlaments wurde eine staatliche Vermögensagentur gegründet und dieser alle faktischen Kontroll- und Eigentumsrechte zugewiesen.[71] Von Beginn an wurden also die Oppositionskräfte der Transformation in ihrem Einfluß eingeschränkt. So entstand eine andere Machtverteilung zwischen den Transformationsgegnern und der Reformregierung als in Polen, was den Prozeß der Privatisierung zu einem weniger politisierten Vorgang des Systemwandels werden ließ. Allerdings erwiesen sich auch die linken Kräfte, insbesondere die Arbeiterräte und die Sozialistische Partei Ungarns, als relativ schwach. Es gelang ihnen nicht, die Arbeiter in den

---

70 Mit einer Darstellung und Analyse der Systemtransformation, insbesondere der politischen Prozesse bei der Unternehmensprivatisierung und der behavioralen Anpassung in Polen wird sich detalliert noch das fünfte Kapitel dieser Arbeit beschäftigen.

71 Zu den Methoden und Formen der Privatisierung in Ungarn siehe auch Urban, L. (1993).

Staatsbetrieben für die Selbstverwaltungs- oder Beteiligungsidee zu mobilisieren und damit die Regierung zu nennenswerten Kompromissen zu zwingen.

Insgesamt kann daher für Ungarn konstatiert werden, daß der Prozeß der behavioralen Anpassung weiter fortgeschritten ist als in Polen.

In der ***Tschechischen Republik***, aber auch in der Slowakei wurde die Bevölkerung in großem Umfang zu formellen Eigentümern der bisherigen Staatsbetriebe gemacht. Der Staat verfügte - wie es für Systeme vom Typ Z als üblich erachtet werden kann - über genügend Macht, um gegen den Widerstand der Unternehmensinsider die Verfügungsrechte neu zu verteilen. Diese Umverteilung geschah durch ein Voucherprogramm. Zudem verstand es die Regierung, die Unterstützung der Mehrheit der Bevölkerung hinter sich zu bringen und die Selbstverwaltungslobby ins politische Abseits zu stellen. Die Gegenspieler der Regierung, im wesentlichen das Bürgerforum, hatten indes auch nicht die Möglichkeit, von der Makro- auf die Mikro-, sprich die Unternehmensebene überzuwechseln und dadurch bzw. mit Hilfe der Arbeitnehmer das erforderliche politische Gewicht zu erlangen.

Die staatliche Führung wurde, anders als in Polen, nicht als Fremdkörper in der Gesellschaft empfunden. Die Menschen waren daher auch nicht von einem ausgeprägten Mißtrauen gegenüber der Nomenklatura gekennzeichnet und nicht so sehr darauf aus, Möglichkeiten zur Ausnutzung und Unterminierung des Staates zu finden. In der Tschechoslowakei gab es keine vergleichbar starke, kollektivistische Kultur in der Arbeiterschaft und auch keine korporatistischen Strukturen wie in Polen. Die Gewerkschaften führten zudem keinen marxistisch anmutenden Gerechtigkeitskampf für die Arbeiter gegen die 'kapitalistische Klasse'. Im Gegenteil: die seit 1918 eigenständig aufgebaute und stabile Demokratie und die bis zum Zweiten Weltkrieg auf westeuropäischem Niveau befindliche Rechtssicherheit hatten stets für eine an Verständigung, Kompromiß und wirtschaftliche Notwendigkeiten angelehnte Interessenpolitik seitens der Arbeiterlobby gesorgt.[72] Die Tschechoslowakei war daher auch insgesamt eines der 'gehorsamsten' Länder gegenüber der Sowjetführung.

Der Einschätzung von *Estrin et al.* gemäß erwiesen sich die Machtpositionen potentieller Widerstandsgruppen in Ungarn und der Tschechischen und Slowakischen Republik als vergleichsweise gering.[73] In diesen Ländern gab es vor dem Umbruch zwar ebenfalls Arbeiterräte, denen bestimmte Entscheidungsrechte zugesprochen waren, allerdings waren diese nach dem Umbruch mit wesentlich weniger Befugnissen ausgestattet und weniger prägend für die jewei-

72 Vgl. Winiecki, J. (1991), S. 15.
73 Vgl. Estrin, S., Gelb, A., Singh, I. (1993), S. 16.

lige Unternehmensorganisation als beispielsweise in Polen. In der Tschechoslowakei wurden die Arbeiterräte Mitte 1990 insgesamt aufgelöst, was zu einem reibungsloseren Ablauf der geplanten Privatisierungsvorhaben, insbesondere der Kommerzialisierung von Betrieben, beigetragen haben dürfte.[74]

Die relativ geringen Entscheidungsbefugnisse von Belegschaften und Belegschaftsorganisationen in tschechischen und slowakischen Unternehmen ermöglichten dort sowohl eine dezentral initiierte und kontrollierte als auch eine zentral regulierte und legitimierte Privatisierung von Unternehmen. Die Reformregierung in der einstigen Tschechoslowakei konnte also im Gegensatz zu Polen einen Großteil der Letztentscheidungsmacht an sich ziehen und somit potentielle Reformwiderstände reduzieren.[75]

IV.4 Schlußbemerkungen

Auf dem Weg zu einer funktionierenden Marktwirtschaft bzw. zum Ende der Phase institutioneller Feinsteuerung und Vertrauensbildung ist, wie auch *Abbildung 7* zeigt, die Tschechische Republik insgesamt am weitesten fortgeschritten. Dies kann, wie zuletzt auch noch betont wurde, sowohl auf die Machtverteilung innerhalb des Interessenspektrums des Landes und die damit verbundene institutionelle und strukturelle Ausgangslage - Typ Z versus Typ T - als auch auf das Programm der Wirtschaftstransformation zurückgeführt werden. Formelle Veränderungen im Wirtschaftssystem sind nur dann möglich, wenn sie politisch durchsetzbar sind. Und Veränderungen im Verhalten können vielfach nur dann herbeigeführt werden, wenn entsprechender politischer Druck auf die Wirtschaftssubjekte ausgeübt werden kann. Dieser Zusammenhang wird derzeit vor allem in Rußland deutlich, wo der Wechsel in die dritte Phase der Transformation in erheblichem Maß durch die politische Krise des Landes behindert wird.[76]

---

74 Vgl. Mejstrik, M. (1993), S. 34.

75 Zu Verhaltensänderungen im Zuge der Massenprivatisierung in der Tschechischen Republik siehe auch Matesová, J. (1994), S. 26. Eine große Unterstützung aus der Bevölkerung in der Tschechischen Republik schreibt *Clague* im übrigen nicht nur dem Einsatz von Vouchern als Privatisierungsinstrument, sondern auch einem hohen Grad an 'rule obedience' zu. Vgl. Clague, C.K. (1993), S. 23.

76 In Rußland ist noch nicht jene Machtverschiebung erfolgt, wie sie für den Übergang in Phase drei notwendig ist, nämlich eine von den Reformgegnern zu den Reformbefürwortern. Vielmehr ist ein umgekehrter Prozeß zu beobachten, und dies sowohl auf wirtschaftlicher als auch auf politischer Ebene. Die Direktoren in den alten sozialistischen Staatsbetrieben haben die Entscheidungsmacht in Politik und Wirtschaft an sich gezogen. Dadurch ist innerhalb des Wirtschaftssystems bislang kaum ein Verhaltenswandel eingetreten. Es fehlt allerorts an der Bereitschaft, Verantwortung oder neue Verpflichtungen zu übernehmen, einfachen Regeln und Gesetzen nachzukommen oder Liefer- und Zahlungsverträge einzuhalten. Vgl. Schilling, W. (1995), S. 4f.

Das Phasenmodell ist insgesamt weniger als ein Instrument zur Gestaltung der Transformations- und Wirtschaftspolitik, sondern vielmehr als ein Schema zur Darstellung und Analyse wesentlicher Einflußgrößen, Entwicklungsprozesse und Interdependenzen, die die post-Kernphase einer Systemtransformation charakterisieren, zu verstehen. Gleichwohl kann aus den Phasen entnommen werden, welchen Veränderungen in der aktuellen Situation eines Transformationslandes eine zentrale Bedeutung zukommt. Bestimmte wirtschaftspolitische Weichenstellungen sind dabei besonders für den Übergang von der zweiten zur dritten Phase behavioraler Anpassung wichtig. Bei diesem Wechsel, bei dem es in erster Linie um signifikante Verbesserungen im Hinblick auf die Härtung der Budgetrestriktionen, die Eigentumstransformation sowie die Konsolidierung des Staatshaushalts und des Finanzsektors geht und mit dem sich wie in keiner anderen Periode die Lösung von Verteilungskonflikten verbindet, wird eine wesentliche Grundlage des neuen Systems gelegt. Das Erreichen der dritten Stufe behavioraler Anpassung kann insgesamt als der Zeitpunkt angesehen werden, bei dem praktisch keine Gefahr mehr für einen Rückfall in ein sozialistisches Zentralverwaltungssystem besteht. Ein Großteil der Wirtschaftsakteure hat sich in dieser Phase den neuen Interaktionsprinzipien angepaßt und 'kooperiert' mit der neuen institutionellen Infrastruktur. Die zentralen sozialen Konflikte wurden im Sinne einer Marktwirtschaft gelöst, was sich stabilisierend auf das politische System auswirkt. Das Erreichen der Phase der groben Verhaltensadjustierung bedeutet, die kritische Schwelle in Richtung einer Marktwirtschaft übersprungen zu haben.

Die im obigen Modell formulierten Kriterien sind ein erster Ansatz, um das Übertreten dieser kritischen Schwelle zu operationalisieren. Aufgrund der bislang begrenzten Erfahrungen mit der Überführung von sozialistischen Zentralverwaltungswirtschaften zu Marktwirtschaften wird es eine wichtige Aufgabe für zukünftige Forschungen sein, die Bedingungen für das Überschreiten eines 'point-of-no-return' noch genauer zu spezifizieren. Hieraus könnte für die praktische Politik im Transformationsprozeß das notwendige Wissen für die entscheidenden Weichenstellungen im Systemwandel abgeleitet werden. Es gilt näher zu erforschen, wieviel es an Liberalität, Stabilität, Privatwirtschaft, Wettbewerb, sozialer Sicherung und Demokratie bedarf und mit welcher Geschwindigkeit die direkt steuerbaren Systemvariablen verändert werden sollten, um den erforderlichen Verhaltenswandel bei den Wirtschaftsakteuren zu bewirken und eine sich selbst tragende Marktwirtschaft zu etablieren.

Die sich mit derartigen Aspekten unter anderem befassende Debatte bezüglich 'Schocktherapie' oder 'Gradualismus' bzw. die Frage, ob ein radikaler Umbau des alten Systems Anpassungspotential eher zerstört oder erzeugt, ist in den vergangenen Monaten zwar ein beträchtliches Stück vorangekommen.[77] Jedoch sind zahlreiche Probleme noch immer nicht hinreichend aufgeklärt, insbesondere im Bereich der Privatisierung. Die Erkenntnisse bezüglich der Einflußgrößen und Wirkungszusammenhänge, der Adaptions-, Rekombinations- und Rekonfigurationsprozesse und der Dynamik institutionellen Wandels sind insgesamt bei weitem nicht ausreichend, um klare Antworten auf viele Fragen bezüglich des Transformationsprozesses geben zu können.

Aufgrund der unterschiedlichen kulturellen, wirtschaftlichen und politischen Ausgangssituation in den einzelnen Transformationsökonomien Mittel- und Osteuropas ist es für eine Generierung weiteren Wissens insbesondere erforderlich, die spezifischen Probleme und Prozesse eines jeden Landes beim Übergang zu einer Marktwirtschaft zu analysieren. Es gilt, die jeweiligen Eigenarten eines Transformationslandes zu eruieren und die transformations- und wirtschaftspolitischen Maßnahmen hierauf abzustimmen.

In diesem Sinne wird sich das nun folgende Kapitel mit der spezifischen Problemsituation eines Transformationslandes, nämlich Polens, befassen. Primär werden dabei die politischen Barrieren des wirtschaftlichen Wandels und dabei insbesondere die der Privatisierung von Staatsbetrieben beleuchtet. Zudem wird Polens Weg zu einer Marktwirtschaft detailliert vor dem Hintergrund des Modells behavioraler Anpassung reflektiert und dabei die Dynamik behavioraler Anpassung im Zusammenspiel sozio-kultureller, ökonomischer und politischer Verhaltensvariablen untersucht.

---

77 Vgl. Kosta, J. (1995).

Kapitel V

Behaviorale Anpassung und institutioneller Wandel in Polen: Eine Entwicklungs- und Problemanalyse

> „Polities significantly shape economic performance because they define and enforce the economic rules. Therefore an essential part of development policy is the creation of polities that will create and enforce efficient property rights. However, we know very little about how to create such polities."[1]

V.1 Einführung

In den vorangegangenen Teilen dieser Arbeit wurden die Relevanz und Wirkung der institutionellen und kognitiven Erbschaften des Sozialismus, der Ziele und Interessen verschiedener sozialer Gruppen und der daraus entstehenden Verteilungskonflikte für den Prozeß institutionellen Wandels einer Systemtransformation erörtert. Auf der Grundlage der dabei gesammelten Erkenntnisse wurde ein Modell behavioraler Anpassung konzipiert, das darauf abzielte, die für den hier betrachteten Systemwechsel allgemein als zentral erachtbaren gesellschaftlichen, politischen und ökonomischen Faktoren und Anpassungsprozesse in integrierter und dynamischer Weise darzustellen.

In dem nun folgenden Teil sollen die Bedeutung und das Zusammenspiel der oben behandelten Einflußgrößen, Anpassungsprozesse und Anpassungsphasen für ein konkretes Transformationsland verdeutlicht werden. Dafür wird hier Polen ausgewählt, weil sich anhand dieses Beispiels in prägnanter Weise die Problematik gesellschaftlicher Interessenkonflikte und Verteilungskämpfe innerhalb eines Transformationsprozesses sowie deren Einfluß auf die institutionelle Ausgestaltung einer heranreifenden Marktwirtschaft aufzeigen läßt. Ziel ist es, die für Polen markanten politischen und ökonomischen Prozesse auf dem Weg zu einer offenen Gesellschaft zu analysieren und vor dem Hintergrund des Modells behavioraler Anpassung zu reflektieren. Es soll verdeutlicht werden, wie bedeutend die institutionellen und strukturellen Ausgangsbedingungen und die sozialen Konflikte der Interessenparteien für das Resultat der Wirtschaftstransformation sind und inwieweit der Übergang wirtschaftspolitisch gesteuert werden kann. Im Mittelpunkt

---

1 North, D.C., (1994), S. 366.

wird dabei die politische Ökonomie der Privatisierung von Staatsbetrieben stehen, die sich aufgrund der besonderen kognitiven und institutionellen Erbschaften aus der Zeit des Sozialismus bis heute als Nadelöhr des gesamten Umbruchs in Polen darstellt.

Eine derartige Länderanalyse ist insbesondere auch dann wichtig, wenn konkrete Aussagen zur wirtschaftspolitischen Gestaltung der Transformation gemacht werden sollen. Innerhalb des Prozesses bzw. der Phasen behavioraler Anpassung sind die spezifischen Bedingungen der betroffenen Gesellschaften ausschlaggebend dafür, in welcher Qualität und Intensität soziale Konflikte auftreten und welche institutionellen Veränderungen sich daraus letztendlich verwirklichen lassen. Mit der Unterscheidung von Systemen vom Typ Z und Typ T wurde darauf auch bereits aufmerksam gemacht; allerdings noch immer in einer stark vereinfachten und generalisierten Art und Weise. Allgemeine Erkenntnisse können insbesondere dann nicht mehr ausreichen, wenn es darum geht, spezielle Probleme und Problemkonstellationen einzelner Transformationsstaaten zu verstehen und die Sensibilität einer Gesellschaft für verschiedene Problemlösungen abzuschätzen. So muß sich die Auswahl konkreter Strategien und Maßnahmen, die ein zügiges Fortschreiten innerhalb der verschiedenen Etappen des Prozesses behavioraler Anpassung und vor allem von der zweiten zur dritten Phase ermöglichen, letztlich an den individuellen Gegebenheiten der betroffenen Gesellschaft orientieren. Es existieren zahlreiche Möglichkeiten, um die kritischen Veränderungen auf dem Weg zu einer Marktwirtschaft oder der nächsten Phase behavioraler Anpassung zu vollziehen. Von diesen Möglichkeiten müssen in jedem einzelnen Transformationsland diejenigen ausgewählt werden, die politisch durchsetzbar sind und im Hinblick auf die spezifische Problemsituation und das angestrebte Ziel als ökonomisch sinnvoll erachtet werden können.

V.2 Polen auf dem Weg zu einer Marktwirtschaft

In 1989 machte sich Polen auf den Weg zu einem neuen Wirtschafts- und Gesellschaftssystem. Dieses war in den Augen der Reformverantwortlichen mehr oder minder klar vorgezeichnet und sollte nach dem Vorbild westlicher Industrienationen gestaltet werden. Dementsprechend legte der Ministerrat Polens in seiner Reformdeklaration fest, daß „parallel with efforts to counteract inflation and stabilize the economy, the Government shall take steps (...) to fundamentally alter (...) the economic system. This will consist of introducing the market economy institutions which have proven themselves in developed Western countries". Auf die elementare Stellung des Privateigentums in westlichen Marktwirtschaften bezugnehmend, wurde dabei prononciert, daß dieses Ziel nur dann zu erreichen sein wird, wenn es gelingt, eine Eigentumsstruktur, wie sie in modernen Industrienationen existiert, zu etablieren.[2]

Ein halbes Jahrzehnt nach Verkündung dieser Zielsetzungen hat Polen Veränderungen erfahren, die in ihrem Ausmaß wohl unvergleichlich sind. Praktisch alle Bereiche der Gesellschaft befinden sich im Wandel; beinahe alle Regeln des bisherigen Zusammenlebens unterliegen der Erneuerung. Die realisierten Veränderungen beginnen sich zunehmend positiv auszuwirken; 1995 war für das postkommunistische Polen zum vierten Mal ein Jahr mit positivem Wachstum des Bruttoinlandsprodukts (BIP). In 1996, so die Prognosen, wird Polen sogar als erstes Transformationsland Ostmitteleuropas die Wirtschaftsleistung des Vorreformniveaus von 1989 übertreffen.

Von einem System nach dem Muster westeuropäischer Industrieländer kann aber derzeit nicht die Rede sein. Insbesondere in bezug auf die Eigentums- und Verfügungsrechtsstrukturen in Unternehmen zeigt sich in Polen wie auch in anderen Transformationsstaaten eine verhältnismäßig eigentümliche Anordnung dieser Rechte. Obwohl von den Vätern des Gedankens voraussichtlich nicht angenommen wurde, eine Marktwirtschaft westeuropäischer Couleur innerhalb weniger Jahre verwirklichen zu können, scheint es nicht nur offen, sondern auch zweifelhaft, ob dieses System in Polen jemals Fuß fassen wird. Wie in vorangegangenen Abschnitten argumentiert wurde, können bestimmte Verhaltensweisen nicht einfach verlernt, informelle Strukturen nicht immunisiert und die Präferenzen und Interessen der Wirtschaftssubjekte nicht ohne weiteres negiert werden. Vielmehr findet der Neuaufbau der Gesellschaft auf der Basis dieser kulturellen und sozialen Hinterlassenschaften statt, die eine Kopie eines Wirtschaftsmodells anderer Nationen wohl unmöglich machen.

Wie dieser Neuaufbau der Wirtschaft bzw. Polens Weg zu einer Marktwirtschaft bislang im einzelnen verlaufen ist, welche institutionellen Regelungen dabei angestrebt und etabliert wurden, welche sozialen Konflikte dabei zum Vorschein kamen und welche Anpassungsphasen dabei durchlaufen wurden, gilt es in diesem Kapitel näher zu beleuchten. Dazu folgt zunächst eine Betrachtung der mit der Eigentumstransformation zusammenhängenden politökonomischen Prozesse (Kapitel V.3). Das heißt, es werden *zum einen* die gesellschaftlichen Ausgangsbedingungen sowie die daraus überlieferten und mit der angestrebten Privatisierung von Staatsbetrieben nun verbundenen Interessen, Machtpositionen und sozialen Konflikte analysiert. *Zum anderen* wird die Dynamik innerhalb dieses Interessen- und Konfliktspektrums untersucht und in ihrer Auswirkung für die

---

2 Vgl. Council of Ministers (1989), S. 6. Zitiert nach Franz, A. et al. (1991), S. 58.

Richtung und Intensität des Privatisierungsprozesses beleuchtet. Mit einigen grundsätzlichen Überlegungen, was die aufgezeigten Entwicklungen und Probleme für die Privatisierungspolitik in Polen bedeuten, wird dieser Abschnitt dann beendet.

In einem weiteren Abschnitt (Kapitel V.4) werden die maßgeblichen Systemveränderungen, die in den ersten Jahren der Transformation innerhalb der polnischen Wirtschaft vollzogen wurden, vor dem Hintergrund des Modells behavioraler Anpassung analysiert. Dabei sollen wesentliche Merkmale eines sich anpassenden Verhaltens der Wirtschaftsakteure zwischen den Phasen der Selbstbereicherung und der groben Verhaltensadjustierung detailliert erörtert werden. Es gilt, die Interdependenzen ökonomischer und politischer Prozesse im Systemwandel Polens an prägnanten Verhaltensvariablen darzulegen und damit die Phasendynamik und die Einordnung Polens in das Phasenmodell zu verdeutlichen.

Das vorliegende Kapitel endet mit einer Zusammenfassung der gesammelten Erkenntnisse und mit einer Einschätzung bezüglich der grundlegenden institutionellen Ausprägung des zukünftigen Wirtschaftssystems in Polen.

V.3 Politische Ökonomie der Privatisierung in Polen

Polen war das erste Land Mittel- und Osteuropas, das den Übergang zu einer Marktwirtschaft westlicher Prägung einleitete. Während die Liberalisierung und Stabilisierung der Wirtschaft sehr zügig und umfassend durchgeführt werden konnte, war es insbesondere die Restrukturierung und Privatisierung staatlicher Betriebe, die in Polen große Schwierigkeiten bereitete und die bis zum heutigen Tage äußerst schleppend verläuft.

In Kapitel II.3 wurde bereits erörtert, welche allgemeinen Interessenpositionen und -konflikte im Rahmen der Eigentumsumwandlung zu erwarten sind. Es wurde gezeigt, daß es vor allem in den quasi-arbeitergeleiteten Unternehmen Polens sehr problematisch ist, eine Privatisierung durchzuführen. Den Arbeitern kann das Ziel der Sicherung ihres Sozialkapitals und Wohlstands zugeschrieben werden, das sie primär durch den Erhalt ihres Arbeitsplatzes und der erlangten Machtposition in den Unternehmen zu erreichen versuchen. Eine Privatisierung ihrer Betriebe würde aus der Sicht vieler Arbeiter eine Konterkarierung dieser Zielsetzung darstellen. Ein derartiges Vorhaben wird daher auf entsprechenden Widerstand stoßen.

Auf diesen allgemeinen Analysen aufbauend, soll nun die spezielle Privatisierungspoblematik im Interessensprektrum Polens verdeutlicht werden. Es handelt sich dabei, wie auch bereits mehrfach betont, um ein Problem kollektiver

Entscheidungen bezüglich der Neuanordnung der Verfügungsrechte an den Staatsbetrieben des Landes, welche durch die daraus zu erwartenden Wohlfahrtseffekte und die Verteilung politischer Macht bestimmt wird. Prinzipiell gibt es eine Motivation der Akteure, Veränderungen am wirtschaftlichen System nur dann zuzulassen, wenn daraus eine den eigenen Zielen entsprechende Wohlfahrtsverteilung resultiert. Hierin manifestieren sich die Interdependenzen zwischen Politik und Ökonomie bzw. die Politische Ökonomie, die im Rahmen der Privatisierung von Staatsbetrieben zutage tritt und die in bezug auf Polen innerhalb des vorliegenden Abschnitts verdeutlicht werden soll.

Dabei ist zunächst zu bedenken, daß zwar Kräfteverschiebungen innerhalb eines Transformationslandes eintreten dürften, zum Beispiel durch die wirtschaftliche Entwicklung in der Zeit vor dem Umbruch oder, wie in Kapitel III.4.3 erörtert, durch Veränderungen der Interaktionsstrukturen in Wirtschaft und Politik, daß aber ein Großteil der alten Machtstrukturen auch im neuen System fortbestehen wird. Kollektive Entscheidungen werden in der Regel nicht unabhängig von den bislang existierenden Machtstrukturen vonstatten gehen. Um diese Ausgangsbedingungen zu erfassen, werden daher nachfolgend zunächst die institutionellen und wirtschaftlichen Gegebenheiten Polens erörtert (Kapitel V.3.1).

Zu den institutionellen Kennzeichen des sozialistischen Systems in Polen können insbesondere die zahlreichen 'Runder-Tisch'-Dialoge gerechnet werden. Diese hatten sich als Konfliktlösungsmechanismus zwischen der Regierung und der Arbeiterlobby etabliert und leiteten schließlich auch den Übergang zur Marktwirtschaft ein. Welche Interessen dabei zunächst aufeinanderstießen, welche Kompromisse auf dem Weg zu einer Marktwirtschaft gemacht wurden und welche ersten Privatisierungsprobleme hiernach auftauchten, wird Inhalt des Kapitels V.3.2 sein.

Im Anschluß daran erfolgt eine Analyse der Interessenkonflikte und der Auseinandersetzung um die Kontrolle im Privatisierungsprozeß nach Beginn der Transformation (Kapitel V.3.3). Diese Periode war von besonders intensiven Spannungen zwischen der Regierung und der Arbeiterlobby gekennzeichnet, weil seitens der Arbeiter dabei kurzfristig schwere Einbußen befürchtet wurden, ohne dafür kurz- oder mittelfristig eine Kompensation erwarten zu können. Dieser Disput wird zunächst bezüglich der allgemeinen Entwicklungen im Bereich der Verabschiedung von Privatisierungsgesetzen und -programmen und anschließend im Hinblick auf die Evolution des in Polen eingeführten Massenprivatisierungsprogramms dargelegt. Mit einigen Bemerkungen, die sich aus den hier veranschaulichten politökonomischen Prozessen für die Privatisierungspolitik in Polen ableiten lassen (Kapitel V.3.4), wird dieser Abschnitt beendet.

V. 3.1 Institutionelle und wirtschaftliche Entwicklung und Ausgangslage der Systemtransformation in Polen

Rückgreifend auf die andernorts bereits vorgenommene Unterscheidung verschiedener Typen von sozialistischen Gesellschaften läßt sich Polen als ein Land vom Typ T, genauer gesagt, vom Typ Ta charakterisieren.[3] Im Unterschied zu anderen ostmitteleuropäischen Ländern hatten die Reformen im polnischen Sozialismus zu einer signifikanten Verlagerung von Entscheidungsrechten von den Zentralplanern zu den Arbeitnehmern geführt.

Für eine größere Eigenständigkeit in den Betrieben hatten sich die Arbeiter schon seit dem „polnischen Oktober" von 1956 mit Nachdruck eingesetzt. Diese konnte aber faktisch erst mit Gründung der Gewerkschaft *Solidarnosc* Anfang der 80er Jahre verwirklicht werden. Diese Gewerkschaft wurde schnell zu einer neuen Elite innerhalb des politischen Spektrums in Polen und zu einem echten Gegengewicht zu der ungeliebten Staatsmacht.[4] Die *Solidarnosc* erreichte, daß ab September 1981 in den Betrieben Arbeiterräte installiert werden konnten. Den Arbeiterräten wurde ermöglicht, bei allen betrieblichen Grundsatzentscheidungen, zum Beispiel bei der Rekrutierung und Entlassung von Managern und Arbeitern, bei der Lohnfestsetzung oder bei Produktionsentscheidungen, in bedeutendem Maße mitzubestimmen.[5] Nur in einigen Schlüsselsektoren, wie zum Beispiel Bergbau, Transport, Energie und Kommunikation, wußte die Regierung, diesen Trend zu arbeitergeleiteten Betrieben zu unterbinden und konnte die zentralstaatliche Kontrolle der Unternehmen aufrechterhalten.

Die meisten Arbeiterräte entstanden während der Zeit des Kriegsrechts, zwischen Dezember 1981 und Juli 1983. Sie waren daher nur teilweise ein direktes Ergebnis der Aktivitäten der *Solidarnosc*, weil diese im Oktober 1982 verboten und erst im April 1989 von den Behörden wieder zugelassen wurde. Dennoch war der Einfluß der *Solidarnosc* in allen Unternehmen und Arbeiterräten groß, weil weiterhin ein Netz informeller Beziehungen zwischen den Unternehmen und

---

3 Vgl. Kapitel II.2.2.1.

4 Die *Solidarnosc* setzte Massenstreiks in Gang, erzwang personelle Änderungen in der Parteiführung und vermochte es, eine institutionelle Grundlage für eine oppositionelle Kraft zu schaffen. Vgl. Mlynar, Z. (1994), S. 22f.

5 Die Geburtsstunde dieser Form der institutionalisierten Arbeitnehmervertretung Polens liegt allerdings im Februar 1945. Wenige Jahre später wurden die zunächst als Betriebsräte bezeichneten Organe wieder aufgelöst, um anschließend im November 1956 unter dem Namen Arbeiterräte wiederbegründet zu werden. In 1958 wurde von der kommunistischen Partei jedoch erneut ihre Liquidierung angeordnet.

den Vertretern der *Solidarnosc* bestand. So wurde zu jeder Zeit ein bedeutender Teil der Arbeiterräte von dieser Gewerkschaft kontrolliert und koordiniert.[6]

Die 80er Jahre waren in Polen auch dadurch gekennzeichnet, daß verschiedene Aktivitäten in der Wirtschaft liberalisiert wurden. Die Unternehmen erhielten unter anderem die Möglichkeit, ihre Zulieferer selbst auszuwählen, das Produktsortiment zu variieren, die Produkte eigenständig zu vermarkten und in gewissem Umfang in Eigenregie Investitionen aus den erwirtschafteten Überschüssen zu tätigen. Insgesamt wurde die zentrale Planung und Steuerung teilweise durch ein System von Marktpreisen, Kapitalzinsen und Steuern ersetzt. Die Regierungsverantwortlichen erhofften sich dadurch, die Handlungen und Entscheidungen in der Wirtschaft effizienter zu gestalten, den Wohlstand der Bevölkerung zu erhöhen und letzten Endes auch die eigene politische Position zu sichern.

Die somit insgesamt erwirkte Reduzierung der zentralen Planung führte allerdings nicht zu kompetitiven und damit verhaltenskontrollierenden Marktrelationen zwischen den einzelnen Wirtschaftsakteuren. Auch die Eigentums- und Kontrollrechte blieben nach wie vor unklar. Weiterhin mußte mit Eingriffen durch die Bürokratie gerechnet werden.[7] Zum Beispiel konnten die Unternehmen nur solange die Preispolitik autonom festlegen, wie sie von den Behörden nicht als überzogen beurteilt wurde. Verluste von Unternehmen konnten weiterhin durch Subventionen kompensiert werden. Dabei waren diese Subventionen wie auch die Höhe der individuell zu zahlenden Kreditzinsen und Steuern wie bereits in den Jahren zuvor Gegenstand von Verhandlungen zwischen den Betriebsmanagern und den Finanzbehörden. Harte Budgetrestriktionen, die für eine finanzwirtschaftliche Disziplinierung hätten sorgen können, wurden nicht eingeführt. Wie bisher wurden die finanziellen Risiken letztendlich vom Staat getragen. Im Rahmen der Lohnpolitik bestand eine Tendenz zu exzessiver Lohnerhöhung aus dem Einkommensstrom der Unternehmen, über die die Betriebe nun in gewissem Maß selbst bestimmen konnten. Ferner bestand in den Unternehmen eine chronische Nachfrage nach Investitionskapital, da die Investitionsrisiken weiterhin vom Staat getragen wurden, die Größe der Unternehmung sich aber positiv auf die Verhandlungsmacht der Manager gegenüber den Behörden auswirkte.[8] Insgesamt wurde die Profitabilität der Unternehmen noch stärker als vor diesen Reformen durch die Verhandlungsposition der Unternehmensinsider und weniger durch die Effizienz einer Unternehmung determiniert.

---

6 Vgl. Frydman, R., Wellisz, S. (1991), S. 142.
7 Vgl. Frydman, R., Wellisz, S. (1991), S. 142.
8 Vgl. Lipton, D., Sachs, J.D. (1990a), S. 81.

Was daher letztendlich der partiellen Liberalisierung und dem Reformtrend zu selbstverwalteten Staatsbetrieben folgte, war eine eklatante Verschärfung der wirtschaftlichen Probleme in Polen.[9] Diese stellten sich primär in einer größeren Warenknappheit, einem immensen Haushaltsdefizit, hoher Auslandsverschuldung sowie einer Hyperinflation dar. Nach Angaben des polnischen Zentralamts für Statistik (Glowna Urzad Statystyczny, im folgenden GUS) stieg das Budgetdefizit im Zeitraum von 1985 auf 1989 von 127 Mrd. auf 4.750 Mrd. Zloty (PLZ) bzw. von 4 auf 24 Prozent des Haushaltsbudgets. Für dieselbe Periode wird ein Anstieg der jährlichen Inflationsrate der Einzelhandelspreise von 14,4 auf 251,1 Prozent veranschlagt.[10] Zum Ende des Jahres 1989 lag die Verbraucherpreisinflation bei ca. 700 Prozent. Das Budgetdefizit dieses Zeitpunkts wird auf über 6 Prozent des BIP geschätzt. Das Wohlfahrtsniveau soll dabei insgesamt um nahezu 20 Prozent gesunken sein. Polen war nicht mehr in der Lage, seine Auslandsschulden zu tilgen und mußte seit Mitte der 80er Jahre beim Pariser und Londoner Club stetig Anpassungen der Rückzahlungsbedingungen erbitten.[11]

V. 3.2 Verteilungskonflikte, Collective Bargaining und Selbstbereicherung vor dem Übergang zur Marktwirtschaft

Die oben beschriebenen institutionellen und wirtschaftlichen Entwicklungen waren letztendlich die Ursache dafür, daß der Entscheidungsspielraum der Staatsführung durch die bedeutende Position der Gewerkschaften und Arbeiter in den Unternehmen stark eingeschränkt war und auch nach dem Systemwandel noch immer eingeschränkt ist. Die Arbeiterlobby hatte sich während der institutionellen Veränderungen seit den 50er Jahren kontinuierlich zu einer bedeutenden Macht innerhalb der Gesellschaft entwickelt. Sie nutzte diese Position, um damit Einkommens- und Wohlstandsverbesserungen ihres Standes zu erlangen. Die Staatsführung war zu Zugeständnissen und Reformen bereit, um massive Proteste und Widerstand gegen schlechte ökonomische Bedingungen zu verhindern. Die Regierung war sich der Macht der Arbeiter bewußt. Spätestens seit den massiven Streiks Anfang der 80er Jahre wurde den Staatsakteuren klar, daß die Interessen der Arbeiter bei allen wirtschaftspolitischen Entscheidungen nicht unbeachtet bleiben können. Um die eigene Position nicht zu gefährden, mußte den Forderungen der Arbeiterbewegung Rechnung getragen werden.

Wie in keinem anderen Land war daher die Periode des Sozialismus in Polen durch *collective bargaining* und Kompromisse über Verteilungsfragen zwischen der jeweiligen Regierung und der Arbeiterschaft geprägt. Die Staatsführung war

---

9 Vgl. Poznanski, K.Z. (1993).
10 Vgl. Apolte, T., Gradalski, F. (1991), S. 13.
11 Vgl. Bienkowski, W. (1993), S. 93.

nie in der Lage, die Wirtschaft und Gesellschaft mit letzter Konsequenz zu zentralisieren und damit die Verhandlungsmacht der Arbeiter auszuhebeln. Sie war aber auch nicht gewillt, schattenwirtschaftliche Aktivitäten zu tolerieren, um dadurch - wie zum Beispiel in Ungarn - einen stillen Konsens mit der Bevölkerung und eine entsprechende Reduzierung der Konflikte zu ermöglichen.[12]

In Zeiten tiefer ökonomischer Krisen entwickelte die Arbeiterlobby besonders großen Druck auf die politischen Entscheidungsträger, weil hierbei in erster Linie die einfachen Arbeiter negativ betroffen waren. Eine derartige Situation war, wie beschrieben, Ende der 80er Jahre gegeben. Sie führte dazu, daß es im Frühjahr 1989 zu erneuten Gesprächen zwischen der letzten sozialistischen Regierung unter *Rakowski* sowie Vertretern der Gewerkschaft *Solidarnosc* und der Kirche kam. Diesmal war den kommunistischen Machthabern aber bewußt, daß es fundamentaler Reformen in Richtung Demokratie und Marktwirtschaft bedurfte, um zu mehr Akzeptanz und Wohlstand in der Bevölkerung zu gelangen. Nach den erfolglos gebliebenen Reformexperimenten während der 80er Jahre war klar, daß die Krise nicht mehr mit systeminternen Korrekturen bewältigt werden konnte. Das primäre Ziel der Staatsakteure, das eigene politische Überleben zu sichern, war, wenn überhaupt, nur noch mit einer grundlegenden Abkehr von der bisherigen Ordnung möglich.

Die *Solidarnosc* war in die Ende 1988/Anfang 1989 eingeleiteten Verhandlungen mit einer deutlichen pro-Selbstverwaltungsposition hineingegangen.[13] Dies war keine besondere Überraschung, war doch aus ihrer Sicht eine Besserstellung der Arbeitnehmer zuvorderst durch die Erlangung zusätzlicher Entscheidungs- bzw. Verfügungsrechte über die Produktionsmittel in den Betrieben möglich. Außerdem hatte die Führung der *Solidarnosc* aus ihren Reihen ganz bewußt Befürworter des Dritten Wegs für die Verhandlungen mit der Regierung bestellt. Oberstes Ziel der Gewerkschaftsvertreter war es, die Vermögens- und Machtposition der Arbeiterschaft zu stärken. Dies sollte speziell durch eine weitere Verlagerung von Verfügungsrechten auf die Belegschaften, wenn möglich sogar durch Eigentumsübertragung an den Unternehmen erfolgen. Die *Solidarnosc* sah sich als Gewinner im Kampf gegen die kommunistische Herrschaft und somit in der Position, in verstärktem Umfang eigene Interessen durchzusetzen.

Zwischen der Kirche, die als dritte Partei an den transformationseinleitenden 'Runder-Tisch-Verhandlungen' teilnahm, und dem Staat bestand während der Zeit des Sozialismus ebenfalls ein ausgeprägter Interessenkonflikt. Dieser be-

12 Vgl. Apolte, T. (1992), S. 133f.
13 Vgl. Mlynar, Z. (1994), S. 26f.

gann, als die Regierung und die kommunistische Partei ab 1945 versuchten, die Kirche aus dem öffentlichen Leben zu verdrängen. Später, ab Ende der 50er Jahre, verzichtete der Staat allerdings mehr und mehr auf eine direkte Konfrontation und versuchte, sich mit der Kirche, die gegenüber der Partei eine bedeutsame Machtposition erlangte, zu arrangieren. Die Kirche wurde neben den Gewerkschaften bei den 'Runder-Tisch-Dialogen' akzeptiert und konnte dort ihre Interessen vorbringen.[14] Dieses waren häufig auch die Interessen der allgemeinen Bevölkerung und somit der Arbeiter, weil diese - verglichen mit anderen Staaten des ehemaligen Sowjetblocks - zu einem hohen Grad in der Kirche organisiert waren. Die Kirche stand in ihrem Kampf gegen die kommunistische Unterdrückung nicht nur auf der Seite der einfachen Bürger. Vielmehr ermöglichte sie oftmals erst den außerkirchlichen Widerstand gegen die totalitäre Herrschaft, indem sie Räume und Ressourcen für die Arbeit oppositioneller Gruppen bereitstellte.[15]

Neben einer weiteren Liberalisierung der Wirtschaft einigten sich die Verhandlungsparteien im wesentlichen auf zwei Dinge: auf demokratische Wahlen, die mit beliebig vielen Parteien stattfinden und mit denen eine neue Regierung und ein Parlament bestimmt werden sollten, sowie auf die Privatisierung von Staatsbetrieben, die bislang an der Grundidee des Sozialismus gescheitert war.

Die ersten freien Parlamentswahlen fanden im Juni 1989 statt und brachten einen großen Erfolg für die Vertreter der *Solidarnosc*. Im September desselben Jahres wurde daraufhin eine neue Regierung gebildet und *Tadeusz Mazowiecki* zum Ministerpräsidenten bestimmt.[16]

Bezüglich der Privatisierung von Staatsbetrieben wurde zunächst vereinbart, den Unternehmensinsidern die Möglichkeit zu geben, ihre Betriebe selbst in Aktiengesellschaften zu transformieren.[17] Diese Regelung wurde allerdings vielfach von den alten Kadern zum eigenen Vorteil mißbraucht. Die Privatisierung von Unternehmen wurde dazu genutzt, einen bedeutendem Teil der bisherigen Vermögens- und Machtstellung in das neue System hinüberzuretten. Da die Entscheidungsbefugnis bezüglich einer Unternehmensumwandlung den Topmanagern, Gewerkschaftsführern sowie Vorsitzenden der Arbeiterräte der Unternehmen übertragen wurde und diese überwiegend von der kommunistischen Partei nominiert waren, fand in einigen hundert Betrieben eine Privatisierung ohne echten Eigentümerwechsel statt. Die neuen Eigentümer der Unternehmen waren

14 Vgl. Fehr, H. (1989), S. 311-317.

15 Vgl. Apolte, T. (1990), S. 303. Da es für die Kirche aber weniger von Interesse war, eine Umverteilung im wirtschaftlichen Bereich zu erzielen, wird sie im folgenden als eigenständige Interessenpartei vernachlässigt.

16 Vgl. Bienkowski, W. (1992), S. 752.

17 Vgl. Poznanski, K. (1992a), S. 645.

in der Regel Freunde oder Verwandte der alten Nomenklatura, die somit insgesamt an der alten Macht festhalten konnte.[18] Die alte Elite aus Politik, Bürokratie und Management machte sich auch vielfach selbst zu neuen Eigentümern, indem Teile von Staatsbetrieben unter Wert an neu gegründete eigene Privatfirmen veräußert wurden. Insgesamt fand also vor dem eigentlichen Beginn der Transformation eine Periode von *Nomenklatura-Privatisierungen* statt, in der die Entscheidungsträger des alten sozialistischen Systems versuchten, sich eine günstige Wohlfahrtsposition innerhalb des neuen Systems zu verschaffen und ihre Verfügungsmacht und ihren Informationsvorsprung zum eigenen Vorteil auszunutzen.[19]

V. 3.3 Der alte Antagonismus in neuem Gewand: Regierung versus Arbeiterlobby und die Kontrolle im Privatisierungsprozeß

Der Sozialismus hat in Polen, wie auch in anderen Ländern Mittel- und Osteuropas, nicht das gehalten, was sich viele von ihm erhofft hatten und was von den Verfechtern dieses System versprochen wurde. Es war letztlich nicht das System, das einen angemessenen Wohlstand und soziale Gerechtigkeit für alle Bürger schafft, Wohlstandsdifferenzen zwischen verschiedenen Gesellschaftsgruppen eliminiert und insgesamt ein weniger von materiellen Zielen und Denkweisen durchzogenes Leben herbeiführt. Zwar konnte den Menschen im Sinne der sozialistischen Ideale ein bedeutendes Maß an sozialer Sicherheit gewährt werden, weil unter anderem jedem ein Arbeitsplatz und Wohnraum garantiert wurden. Jedoch wurden diese Werte mit hohen Einbußen bezüglich des gesamten Wohlstandsniveaus und hinsichtlich des Rechts auf Selbstbestimmung und freie Entfaltung der Persönlichkeit bezahlt.

In Polen drückte sich die Unzufriedenheit mit dem Gesellschaftssystem, wie oben erörtert, in einem ständigen Konflikt zwischen den Kadern der Staatsführung und der Arbeiterschaft aus. Im Vergleich zu vielen anderen Ländern Ostmitteleuropas war das Verhalten der Individuen in Polen sehr wenig auf Respekt

18 Vgl. Kiss, Y. (1994), S. 132 sowie Szomburg, J. (1991), S. 4.

19 Im Hinblick auf das Modell behavioraler Anpassung kann hier auch von dem Beginn der *Selbstbereicherungsphase* gesprochen werden, die in der Aufweichung staatlicher Vermögensrechte ohne gleichzeitige Kontrolle der Neuanordnung dieser Rechte ihre Existenzgrundlage fand. Begleitet wurde diese Phase von einer signifikanten Verschlechterung der allgemeinen Wirtschaftslage: BIP und Konsum sanken von Anfang bis Ende 1989 gegenüber dem Vorjahr um ca. 13 vH, Investitionen um ca. 9 vH; das Haushaltsdefizit stieg von ca. 0,3 vH in 1986, 0,9 vH in 1987 und Null in 1988 auf einen Wert von ca. 6 vH des BIP im Jahre 1989; die Inflation stieg von durchschnittlich ca. 4 vH im Jahr in der Zeit von 1971 bis 1979 und ca. 50 vH zwischen 1980 und 1988 auf ca. 250 vH in 1989. Vgl. Coricelli, F., de Rezende Rocha, R. (1991), S. 114.

und Akzeptanz staatlicher Regeln ausgerichtet. Es war hingegen sehr stark von der Erzielung eigener Vorteile, der Abwehr staatlicher Eingriffe und Verfügungen sowie der Ausnutzung von Kontrollücken im System durchzogen. Für diese Verhaltensprägung kann allerdings nicht nur der Realsozialismus und Kommunismus verantwortlich gemacht werden. Die Ursprünge dieser Gesinnung liegen weit zurück in der Geschichte des Landes. Schon im Zarismus, nach dem Ableben der Adelsrepublik, wurde die Staatsführung als ein Fremdkörper der Gesellschaft betrachtet, dem entsprechend wenig Unterstützung und erheblicher Widerstand entgegengebracht wurden.

Bei der Privatisierung von Staatsbetrieben im Rahmen der Systemtransformation gewinnt dieser Konflikt nun eine besondere Relevanz, die entsprechend den bisherigen Erörterungen auf drei Gründen basiert:

a) *Erstens* ist ein bedeutender Teil der faktischen Verfügungsrechte über die betrieblichen Ressourcen - wie oben geschildert wurde - an die Arbeiter übergegangen;
b) *zweitens* besteht ein historisch konditioniertes Abwehrverhalten der Arbeiter gegenüber staatlichen Regeln und Interventionen und
c) *drittens* sehen sich die Reformregierungen mit einem *Paradox der Transformation* konfrontiert.[20] Dieses liegt darin begründet, daß der Staat für das Ziel der Umverteilung und Dezentralisierung von Verfügungsrechten an Staatsbetrieben zuerst eine Rekonzentration dieser Rechte vornehmen muß. Der Staat kann die Kontrolle über die Unternehmen solange nicht reorganisieren, wie er selbst nicht die Kontrolle über die Unternehmen besitzt.

Aufgrund dieser Problemkonstellation ergibt sich nach dem Ende des bevormundenden Staatssystems ein intensiver Interessenkonflikt zwischen dem Staat und den Unternehmensinsidern. Dieser Konflikt steht wie in keinem anderen Land Ostmitteleuropas in Polen im Zentrum der Systemtransformation und soll daher nun näher in seiner bisherigen Dynamik und Wirkung für die Prozesse institutionellen Wandels erörtert werden. Der Kampf um die Kontrolle im Privatisierungsprozeß wird dabei zunächst in bezug auf das allgemeine Privatisierungskonzept (Kapitel V.3.3.1) verdeutlicht. Aufgrund der besonderen Brisanz dieses Vorhabens wird diese Konfliktsituation anschließend anhand der Gestaltung und Initiierung des polnischen Massenprivatisierungsprogramms (Kapitel V.3.3.2) skizziert.

20 Auf dieses Paradoxon verweisen Frydman, R., Rapaczynski, A. (1994), S. 57.

V. 3.3.1 Das Privatisierungsprogramm im Zentrum der politischen Auseinandersetzung

In Anbetracht der seit Anfang 1989 zu beobachtenden *Nomenklatura-Privatisierungen* war es ein primäres Ziel der neu gewählten *Solidarnosc-/Mazowiecki*-Regierung, die Umwandlung von Staatseigentum nach klaren Regeln und gemäß ökonomischer Ratio durchzuführen. Eine Selbstbereicherung der alten Elite, wie sie nach den 'Runder-Tisch-Verhandlungen' im Frühjahr 1989 stattfand, sollte im weiteren Verlauf des Wandels in jedem Fall verhindert werden.

Geprägt von den negativen Erfahrungen, stand nun auch ein großer Teil der Arbeiterbewegung einer Privatisierung nach westlichem Vorbild offener gegenüber. Die *Solidarnosc* war aber insgesamt gespalten. Immer noch gab es Verfechter der alten Idee einer Arbeiterherrschaft über das Kapital. In den Betrieben hatten sich die Ansichten diesbezüglich noch weniger geändert. Die Arbeiterräte waren darauf bedacht, ihre Machtposition zu erhalten und die Übertragung der Eigentums- und Kontrollrechte an externe Investoren zu unterbinden. Stark gefördert von Finanzminister *Balcerowicz* setzte sich in der Regierung aber im wesentlichen die Idee der Trennung von Arbeit und Kapital und insgesamt liberales Gedankengut durch. Der Übergang auf eine Eigentumsstruktur nach westlichem Muster wurde zum primären mittel- und langfristigen Ziel der Systemtransformation.[21]

Zur Bewältigung der in den ersten Monaten von 1989 dramatisch verschlechterten Wirtschaftslage ließ die neue Staatsführung um Premierminister *Mazowiecki* kurz nach den Parlamentswahlen Pläne für einen Übergang zu einem Wirtschaftssystem nach westlichem Vorbild ausarbeiten. Von den verschiedenen Vorschlägen entschied sich die Regierung schließlich im wesentlichen für den von Finanzminister *Balcerowicz* ausgearbeiteten Transformationsplan.[22] Dieser hatte das Ziel, die Hyperinflation zu stoppen, ein stabiles und wettbewerbliches Preissystem zu etablieren, den Wert der polnischen Währung, des Zloty, national und international zu stabilisieren und eine an westlichen Ländern angelehnte rechtliche und institutionelle Basis einer marktwirtschaftlichen Wirtschaftsordnung zu formieren. Dies zu erreichen, sah der Plan eine abrupte und kompromißlose Umstellung der Ökonomie auf wettbewerbliche und geldwirtschaftliche

---

21 Vgl. Kosche, M. (1993), S. 239ff.

22 Zu einer alternativen Konzeption, die vom Zentrum Bündnis vorgelegt wurde, siehe Apolte, T., Gradalski, F. (1991), S. 18f. Damit standen sich Konzepte zweier neu formierter politischer Strömungen gegenüber, die aus der Spaltung der *Solitarnosc*-Bewegung in einen *Mazowiecki/Balcerowicz*- und einen *Walesa*/Zentrum Bündnis-Flügel hervorgingen.

Mechanismen vor. Damit war es praktisch das erste radikale Transformationsprogramm eines sozialistischen Landes, was in Polen angegangen wurde und kurze Zeit später - ab dem 01. Januar 1990 - als Modell einer Schock- oder Big Bang-Strategie einer Wirtschaftstransformation in die Geschichtsbücher eingehen sollte.[23]

Neben der Stabilisierung und Liberalisierung der Wirtschaft stand die institutionelle und strukturelle Erneuerung Polens in Richtung einer westlichen Marktwirtschaft auf der Agenda des *Balcerowicz*-Plans. Dieser beinhaltete im wesentlichen die Implementierung von Arbeits-, Finanz- und Kapitalmarktinstitutionen, einem entsprechenden Vertrags-, Unternehmens- und Wettbewerbsrecht einschließlich einer Antimonopolgesetzgebung, einem effektiven und die Anreize der Betriebe neu gestaltenden System von Unternehmenssteuern sowie die Restrukturierung und Privatisierung der Wirtschaft.[24] Hinsichtlich der Restrukturierung und Privatisierung staatlicher Betriebe, die von den liberalen Kräften der Regierung als *sine qua non* einer erfolgreichen Systemtransformation angesehen wurde, entfachte allerdings ein intensiver politischer Konflikt. Es standen sich die unterschiedlichen Vorstellungen der liberalen Denker in der Regierung und viele Arbeiterlobbyisten im Parlament und in der Wirtschaft gegenüber.

Das erste, Ende 1989 von der Regierung zur Abstimmung vorgelegte Privatisierungsgesetz wurde von der Mehrheit der Parlamentarier abgelehnt. Dieser Entwurf war im wesentlichen auf ökonomische Effizienz und fiskalische Ergiebigkeit der Privatisierung abgestellt. Er sah vor, alle Staatsbetriebe in die Form einer Kapitalgesellschaft zu überführen und der Leitung des Finanzministeriums zu unterstellen. Wäre diese Regelung rechtsgültig geworden, hätte dies der Regierung sämtliche Verfügungsmacht an den Staatsbetrieben übertragen. Es hätte somit auch den Entzug aller Entscheidungsrechte und Vermögensansprüche bzw. eine starke Verringerung des Sozialkapitals für die Arbeiter und Arbeiterräte bedeutet, die dieses in vielen Jahren hart erstritten hatten. Dies war für die Arbeiterlobby unakzeptabel, weil damit auch die Wohlstandsposition ihrer Gruppe aktuell und in mittlerer Zukunft nicht mehr kontrollierbar war. Kontrolle zu behalten, war für diese Akteure jedoch insofern wichtig, da der Übergang zu

---

23 Parallelen des *Balcerowicz*-Plans sind sowohl in dem im Januar 1992 vom damaligen Vize-Premierminister *Egor Gaidar* in Rußland initiierten sowie dem ein Jahr früher von *Vaclav Klaus* in der Tschechoslowakei realisierten Transformationsprogramm erkennbar. Besonders die finanzielle Unterstützung durch westliche Regierungen und Internationale Organisationen, zum Beispiel durch das im April 1991 mit dem Pariser Club unterzeichnete Abkommen über den Erlaß eines Großteils der Auslandsschulden, machte Polens Reformweg sehr attraktiv für andere Länder in Mittel- und Osteuropa.

24 Die vorliegende Arbeit wird keine vollständige Diskussion der institutionellen Erneuerungen liefern können. Im Mittelpunkt wird die Privatisierung der Wirtschaft stehen.

einer Marktwirtschaft auch ein Übergang von einem arbeiterorientierten zu einem kapitalorientierten Wirtschaftssystem bedeutet und eine entsprechende Machtverschiebung mit sich bringt.

Diese Befürchtungen und die dominante Machtposition, die die *Solidarnosc*-Gewerkschaft durch die ersten Parlamentswahlen im Sommer 1989 erlangte und die letztlich die politischen Prozesse der ersten zwei post-kommunistischen Regierungsperioden prägten, können für die Ablehnung des ersten Vorschlags des Privatisierungsgesetzes verantwortlich gemacht werden. Zwar stand die *Solidarnosc* einer Privatisierung nach westlichem Muster mehr oder weniger aufgeschlossen gegenüber. Jedoch waren sie zu einem Verzicht auf bisherige Verfügungsrechte und die Auflösung der Arbeiterräte nicht bereit. Die Fokussierung auf ökonomische Rationalität und die Aussparung sozialer Aspekte bei der Privatisierung von Staatsbetrieben war für die Arbeiterlobby nicht akzeptabel.

Alternativ zum Reformplan der Regierung wurde von der *Solidarnosc* ein Gesetzesentwurf präsentiert, der anstelle einer Selbstverwaltungsoption das unter anderem in Großbritannien, Japan, Australien und den USA anzutreffende Modell des Employee Stock Ownership Plan (ESOP) - ein Modell der Mitarbeiterkapitalbeteiligung - für alle Betriebe vorsah. Diese Beteiligungsidee konnte schließlich auch innerhalb der am 13. Juli 1990 vom Sejm, dem Unterhaus des polnischen Parlaments, verabschiedeten Gesetze zur Regelung der Privatisierung - Gesetz zur Privatisierung von Staatsbetrieben (GPS) und Gesetz zur Errichtung eines Ministeriums für Eigentumsumwandlung (GME) - durchgesetzt werden. Es wurde festgeschrieben, daß die Arbeitnehmer ein bestimmtes Kontingent der Anteile ihrer Unternehmen zu Vorzugsbedingungen erhalten können. Ein weiteres und eher noch wichtigeres Anliegen, das die Arbeiterlobby durchsetzte, war ein Vetorecht für den Arbeiterrat oder das Management eines Betriebs gegen vom Staat beabsichtigte Privatisierungspläne.

Die liberalen Kräfte innerhalb des Parlaments setzten hingegen durch, daß der verabschiedete finale Gesetzesentwurf es der Regierung erlaubt, für die Privatisierung von Staatsbetrieben auch andere Methoden als den direkten Verkauf einzusetzen. Dies war für die Advokaten dieser Klausel insofern von großer Bedeutung, als sie stark für eine Privatisierung nach britischem Modell, also für eine Privatisierung durch breite Streuung der Kapitalanteile einzelner Unternehmen in der Bevölkerung, eintraten.

Insgesamt kam es zu einem Gesetz, in dem zusätzlich zu den bereits gegebenen Möglichkeiten der Bildung von *Joint Ventures* mit ausländischen Investoren und der Liquidation durch Konkurs (Art. 19 des Gesetzes über Staatsbetriebe vom 25. September 1981) zwei weitere Methoden der Privatisierung von

Staatsbetrieben vereinbart wurden: die Kapitalprivatisierung und die Liquidation.[25] Inhalt und Ziel dieser Methoden waren die folgenden:

(1) Die *Kapitalprivatisierung* umfaßt im wesentlichen die Transformation von großen Staatsbetrieben in Ein-Personen-Kapitalgesellschaften des Fiskus,[26] deren Anteilstitel zunächst in den Besitz des Finanzministeriums übergehen. Diese Privatisierungsmaßnahme kann von den Unternehmensinsidern selbst oder von externen Investoren initiiert werden. Unabhängig davon müssen die Anteilstitel binnen zwei Jahren an private Wirtschaftssubjekte, zum Beispiel durch Direktverkauf, Auktion oder öffentliches Angebot, zugänglich gemacht werden. Dabei stehen den Arbeitnehmern der jeweiligen Betriebe bis zu 20 Prozent der Anteilstitel zu, die sie zu 50 Prozent des für externe Erwerber geltenden Preises erwerben können.[27] In der Zeit von der Korporatisierung bis zur Privatisierung ist für die Unternehmen ein Managementteam und ein Aufsichtsrat zu gründen. Letzterer wird zu zwei Dritteln von der Regierung und zu einem Drittel von der Belegschaft nominiert.

(2) Die *Privatisierung durch Liquidation* (Artikel 37 des GPS von 1990) bedeutet die Restrukturierung oder Auflösung eines Betriebs durch Verkauf in „organisierten Teilen" im Normal- oder Schnellverfahren, durch Eingliederung in eine andere Unternehmung oder durch befristete entgeltliche Überlassung an Dritte, wobei letzteres allerdings nicht für große Industrieunternehmen zugelassen ist.[28] Die Teminologie ist dabei insofern irreführend, als die Liquidation hier nicht mit einem Konkurs vergleichbar ist. Unternehmen, die dieses Verfahren durchlaufen, sind nicht notwendigerweise illiquide. Die Liquidation - genauso wie die Kommerzialisierung - fungiert vielmehr als rechtlicher Akt. Sie bewirkt eine Auflösung der alten Rechtsperson eines Betriebs, ohne die es dem Staat nicht möglich ist, über das entsprechende Betriebsvermögen zu verfügen.

Bei der Privatisierung großer Unternehmen, die für die Gewerkschaften von besonderem Interesse sind, wurde also erreicht, daß die bisherigen informellen Verfügungsrechte in den Betrieben zum Teil in formelle Anteilsrechte umwandelbar sind. Außerdem ist für eine Möglichkeit der Mitbestimmung in den Aufsichtsgremien gesorgt. Die Methode der Liquidation ist hauptsächlich für kleine und

---

25 Vgl. Albrecht, B., Thum, M. (1994), S. 722.

26 Dieser Vorgang wird auch als *Kommerzialisierung oder Korporatisierung* bezeichnet.

27 Vgl. Ministry of Privatisation (1994), S. 6. Siehe *Tabelle 12* und *13* im Anhang für die Entwicklungen im Zusammenhang mit dieser Privatisierungsmethode.

28 Siehe *Tabelle 14* im Anhang für die Entwicklungen im Zusammenhang mit dieser Privatisierungsmethode.

mittelständische Unternehmen vorgesehen, deren Wert bis ca. eine Mio. US Dollar beträgt. Bei dieser Methode können auch die Manager und Arbeiter ihr Unternehmen übernehmen (Management- oder Employee Buyout) und somit ihre Machtposition innerhalb der Betriebe aufrechterhalten.[29]

Letztlich wurde im GPS aber nur eine grobe Rahmenstrategie beschlossen. Die endgültige Entscheidung über eine konkrete Privatisierungsmethode eines Unternehmens wurde durch das Veto- und Gestaltungsrecht der Insider zum Teil auf die Unternehmen selbst verlagert. Damit war und ist es noch immer stark von der Motivation der Unternehmensinsider und den Verhandlungen mit den Reformpolitikern abhängig, mit welcher Strategie und Geschwindigkeit die Privatisierung erfolgt. Die Vertreter der Gewerkschaften und Arbeiterräte konnten einen Großteil ihrer Interessen durchsetzen. Insgesamt hatte es über acht Monate gedauert, bis zwischen der Arbeiterlobby und der Regierung ein Kompromiß in der Privatisierungsfrage erzielt und das GPS verabschiedet werden konnte.

Jedoch zeigte sich schon bald, daß der kleine Triumph, den die freien Marktwirtschaftler bei der Verabschiedung des GPS verbuchen konnten, nur nomineller Natur war und keine realen Privatisierungserfolge hervorbrachte. Im Gegenteil: Die Privatisierung britischen Stils, die als Hoffnungsträger galt, um in Richtung einer westeuropäischen Marktwirtschaft und einer von oben kontrollierten Privatisierung zu gelangen, verlief ganz anders als es von der Regierung beabsichtigt war. Der Versuch der Entstaatlichung von fünf großen Unternehmen Ende 1990 entwickelte sich zu einem Eigentor der Regierung, denn er sorgte dafür, daß sich das allgemeine Klima für Privatisierungen stark abkühlte. Was die Arbeiterlobby im Sommer 1990 auf der Parlamentsebene nicht durchzusetzen vermochte, konnte sie daher nun auf der Unternehmensebene wettmachen. Die Stimmung gegen die unkonventionellen Formen der Privatisierung, aber für eine Umformung der Staatsbetriebe zu ESOP-Unternehmen wuchs innerhalb der Belegschaften beträchtlich.[30] So trat letztlich insgesamt das ein, was die Reformpolitiker verhindern wollten: der Verlust der Kontrolle im Privatisierungsprozeß.

---

29 Zu Beginn sind für einen derartigen Buyout oftmals nur ca. 20-30 vH des angesetzten Verkaufspreises zu entrichten. Für den Rest kann eine Ratenzahlung vereinbart werden. Vgl. Bienkowski, W. (1992), S. 753. Im Vergleich zur Privatisierung in der ehemaligen DDR wurde die Privatisierung in Polen dezentral und mit auf mehrere Ebenen verteilten Entscheidungskompetenzen organisiert. Neben bestimmten Entscheidungsrechten der Unternehmensinsider und des Ministerrats besitzen des weiteren einige Kommunen, sogenannte *voivodship*-Präsidenten, verschiedene Industrieminister sowie das Ministerium für Eigentumsumwandlung Kompetenzen im Privatisierungsprozeß. Vgl. dazu auch Franz, A. et al. (1991), S. 70 oder Szomburg, J. (1991), S. 7.

30 Vgl. Winiecki, J. (1991), S. 8.

V. 3.3.2 Interessenkonflikte am Beispiel der Gestaltung und Initiierung eines Massenprivatisierungsprogramms

Aufgrund des schleppenden Verlaufs bei der Privatisierung großer Staatsbetriebe im Herbst 1990 wurde den Reformverantwortlichen schnell ersichtlich, daß es mit der Methode des direkten Anteilsverkaufs am Kapitalmarkt unmöglich ist, in absehbarer Zeit eine Eigentumsstruktur ähnlich der in westeuropäischen Marktwirtschaften zu etablieren. Das Interesse und das Kapital waren in der Gesellschaft nicht vorhanden, um auf diesem Wege mittelfristig mehrere tausend Betriebe veräußern zu können. Es wurde klar, daß es einer Eigentumsumverteilung bedurfte, wie sie *Lewandowski* und *Szomburg* bereits in 1988 in Form einer *voucher-privatization* konzipiert hatten.

Dementsprechend erarbeitete Finanzminister *Balcerowicz* Ende 1990 ein Massenprivatisierungsprogramm (MPP), in dem zuerst ca. 450 der größten Unternehmen des Landes privatisiert werden sollten. Auf der Grundlage der Methode der Kapitalprivatisierung sollten die Betriebe dabei zunächst in Kapitalgesellschaften umgeformt bzw. kommerzialisiert werden und die dabei verbrieften Anteilstitel an bestimmte Bevölkerungsgruppen oder Institutionen verteilt werden. Hinsichtlich der Verteilung sah der Plan von *Balcerowicz* vor, 10 Prozent der Anteile gratis an die Belegschaft und 60 Prozent über voucher bzw. Kupons an externe Eigentümer zu geben. Die übrigen 30 Prozent sollten zunächst in Staatsbesitz verbleiben. Von den 60 Prozent, die an externe Akteure abgegeben werden sollten, war beabsichtigt, 30 Prozent an die Bevölkerung, 20 Prozent an Pensionsfonds und 10 Prozent an verschiedene Staatsbanken zu transferieren. Über Finanzintermediäre, zu deren Gründung im Prinzip jede Privat- oder Rechtsperson berechtigt war, sollte anschließend die Bevölkerung die Anteilstitel an den Unternehmen erwerben können. Die Wahl eines Finanzintermediärs war dann jedem Bürger freigestellt. Banken und Pensionsfonds war es erlaubt, die Verfügungsrechte selbst zu verwalten oder hierfür ebenfalls einen Intermediär zu beauftragen.[31]

Das Modell erhielt jedoch nicht die notwendige Mehrheit vom *Solidarnosc*-dominierten Parlament. Für die Arbeiterlobby war dieses Konzept nicht akzeptabel, weil hierdurch eine Vermögens- bzw Machtumverteilung zu ihrem Nachteil stattgefunden hätte. Mit der Teilnahme an einem derartigen Programm wären alle Verfügungsrechte an das Ministerium für Eigentumsumwandlung übergegangen, alle Arbeiterräte aufgelöst worden und anschließend die Kontrolle an den Unternehmen auf externe Investoren übergegangen. Aus Sicht der Arbeitnehmer hätte dies bedeutet, daß die über viele Jahre erstrittene Machtposition innerhalb der

---

31 Vgl. Frydman, R., Rapaczynski, A. (1991a), S. 269. Wie später noch erörtert wird, ist dies in etwa das Grundmodell, das in der Tschechoslowakei verwirklicht wurde. Näheres dazu findet sich in den abschließenden Bemerkungen zu dieser Arbeit.

Wirtschaft und Gesellschaft und die Möglichkeiten zur Partizipation an den Nutzenpotentialen des neuen Systems enorm verschlechtert worden wären. Einer Outsider-Kontrolle standen die Arbeiter überwiegend ablehnend gegenüber. Das *Balcerowicz*-Modell war besonders problematisch, da diese Kontrolle dabei zunächst an den Staat gegangen wäre, der bei der Arbeiterschaft auch nach dem Führungswechsel kaum Vertrauen besaß.

Die Anfang 1991 neu gebildete und von *Krzysztof Bielecki* angeführte Regierung, in der *Balcerowicz* weiter Finanzminister blieb, versuchte, den ins stokken geratenen Privatisierungsprozeß stärker voranzubringen und ein MPP auf den Weg zu bringen.[32] Im Juli 1991 wurde dazu vom Minister für Eigentumsumwandlung, *Janusz Lewandowski*, ein modifiziertes MPP entworfen. Hierbei sollten die Anteilstitel von zunächst 400, im letzten Quartal dann von weiteren 300 Unternehmen über die Ausgabe von Vouchern unentgeltlich an die ca. 28 Mio. erwachsenen polnischen Staatsbürger verteilt werden.[33]

Aber auch dieser Vorschlag scheiterte an der Akzeptanz der Mehrheit der polnischen Parlamentarier. Nach Ablehnung dieses Entwurfs Mitte 1991 blieben alle weiteren Bemühungen, das MP-Vorhaben gesetzlich zu fixieren und in die Tat umzusetzen, während der folgenden achtzehn Monate erfolglos. Dies umfaßte auch die nach erneuten Parlamentswahlen Ende Oktober 1991 eingeleitete Regierungsperiode von *Jan Olszewski*, in der vor allem die Sozialverträglichkeit in den Mittelpunkt der Privatisierungspolitik gestellt wurde. Die bis Mitte 1992 für ca. 180 Betriebe vorgesehene MP mit Übergabe der Kapitalanteile an die Nationalen Investmentfonds (NIF) fand dementsprechend zunächst nicht statt. Eigentumsumwandlungen erfolgten weiterhin nur durch Kapitalprivatisierung und Liquidation.[34]

Mitte 1992 versuchte schließlich das *Suchocka*-Kabinett, die Privatisierung zu beschleunigen und ein MPP zu initiieren.[35] Ein Plan der Regierung sah vor, ca. 600 mittelgroße und große Unternehmen auf diese Weise zu privatisieren. Inhalt des Konzepts war es, 60 Prozent der Eigentumstitel an staatliche, unter

---

32 Der Regierungswechsel wurde durch die ökonomische Krise innerhalb der ersten Monate in 1990 eingeleitet. Diese hatte zu starken Spannungen im Lager der *Solidarnosc* geführt und sie schließlich in zwei Lager gespalten. Die Führer beider Flügel, *Walesa* und *Mazowiecki*, sahen in den im Spätherbst stattfindenden Präsidentschaftswahlen eine Möglichkeit zur Klärung ihrer Machtposition. *Walesa* gewann im zweiten Durchgang im Dezember 1990 und ernannte eine neue Regierung, die die Schocktherapie fortsetzen sollte. *Mazowiecki* trat nach verlorenem Präsidentschaftskampf Ende 1990 auch vom Amt des Premierministers zurück.

33 Vgl. Slay, B. (1991), S. 13ff.

34 Siehe dazu auch die Zahlen in *Tabelle 13 und 14* im Anhang.

35 *Suchocka* war nach einem erfolgreichen Mißtrauensvotum von Staatspräsident *Walesa* gegenüber der alten Koalitionsregierung zur Ministerpräsidentin ernannt worden.

Aufsicht des Ministerrates stehende NIFs zu übertragen, an denen anschließend die Bevölkerung Anteile erwerben konnte. Für alle partizipierenden Betriebe sollte zudem eine identische Beteiligungsstruktur entstehen. Dies sollte dadurch erreicht werden, daß jeweils ein NIF mit 33 Prozent des Kapitals eines Unternehmens als Haupt- bzw. core-Investor fungiert, während die weiteren 27 Prozent zu approximativ gleichen Anteilen an die übrigen vierzehn NIFs verteilt werden. Für die verbleibenden 40 Prozent der Anteile wurde beabsichtigt, 25 Prozent in Staatsbesitz zu belassen und 15 Prozent unentgeltlich an die Mitarbeiter der jeweiligen Unternehmen auszugeben.

Anfang 1993 wurde versucht, dieses Modell und damit das seit zwei Jahren blockierte MP-Vorhaben im Parlament zu verabschieden. Zunächst erteilte das Sejm aber auch diesem Vorschlag eine Absage. Erst nach einigen Modifikationen fand diese Idee die Akzeptanz der Abgeordneten und wurde durch das „Gesetz über die Nationalen Investmentfonds und deren Privatisierung" (GIP) am 30. April des Jahres beschlossen und Mitte Juni in Kraft gesetzt.[36]

Abschließend zu dieser Chronik des MPP in Polen sei angeführt, daß die Kreierung der 15 NIFs und deren Abnahme schließlich weitere neunzehn Monate in Anspruch nahm. Die staatliche Genehmigung erging im Dezember 1994. Anfang 1995 fand die Wahl der NIF-Manager durch den für jeden Fonds vorher vom Finanzminister ernannten siebenköpfigen Aufsichtsrat statt.[37]

Neben der parlamentarischen Auseinandersetzung um die Einführung und Gestaltung des MPP liefert auch der Prozeß der Auswahl geeigneter Kandidaten für dieses Programm Erkenntnisse über den hier zu analysierenden Interessenkonflikt zwischen der Arbeiterlobby und der Regierung. Aufgrund des Vetorechts der Unternehmensinsider gegenüber jeglicher Form der Privatisierung drückt sich diese Kontroverse in erster Linie in der Bereitschaft der Unternehmen aus, sich auf diesen Weg der Privatisierung einzulassen.

Aufgrund einer verschlechterten wirtschaftlichen Lage entschieden sich bis Ende 1990 mehrere hundert Arbeiterräte für die Kommerzialisierung ihres Betriebs. Anreiz zu dieser Entscheidung gab auch die Finanzpolitik der Regierung, die bei Einwilligung der Unternehmen zu dieser Form der Eigentumstransfor-

---

36 Vgl. Ministry of Privatization Translation (1993). Modifiziert wurde, daß die Anteile von 200 der 600 Unternehmen in die Verantwortung von 5-8 speziellen Fonds gegeben werden sollen, an denen ausschließlich Angestellte des öffentlichen Dienstes und Rentner Anteile erhalten. Für die Anteile der restlichen 400-plus Unternehmen wurde beschlossen, daß sie über 15 NIFs an die gesamte Erwachsenenbevölkerung des Landes ausgegeben werden. Vgl. Kosche, M. (1993), S. 243.

37 Polen entschied sich für ein zweistufiges Modell der Unternehmenskontrolle. Dieses besteht aus Aufsichtsrat und Vorstand und ist insofern identisch mit dem System in der Bundesrepublik Deutschland. In den USA existiert hingegen ein one-tier-board-System. Bei diesem liegen die Aufgaben der Geschäftsführung und Überwachung beide beim Unternehmensvorstand.

mation zunächst beträchtliche Steuervorteile einräumte. Im Frühjahr 1992 war jedoch die vom Ministerium für Eigentumsumwandlung erstellte Liste von ca. 500 MPP-Kandidaten bis auf ca. 200 gesunken. Viele Firmen hatten ihre Zustimmung zum MPP zurückgezogen, weil ihnen nachträglich bewußt wurde, daß sie praktisch keinen Einfluß mehr auf die Restrukturierung ihres Betriebs und die Verhandlungen mit ausländischen Investoren hatten.[38] Zudem wurden die Hoffnungen, über das Ministerium Kontakt zu ausländischen Kapitalgebern knüpfen zu können und Subventionen und Steuererleichterungen zu erhalten, enttäuscht. Auch wurden die zunächst gewährten steuerlichen Vergünstigungen zwischen 1990 und 1992 wieder erheblich eingeschränkt.[39]

Nachdem schließlich Mitte 1993 das MPP im Parlament verabschiedet wurde, startete das Ministerium eine neue Offensive, um geeignete Unternehmen für das MPP auszuwählen. An der ersten Runde des Programms sollten mindestens 400 bis 500 Betriebe teilnehmen. Nach intensiver Analyse der nach westlichem Muster zu präparierenden Rechnungslegungssysteme und mehreren Selektionsrunden hatte der Ministerrat im April 1994 zunächst 467 Unternehmen auf seiner Liste. 23 Firmen wurden allerdings im Frühjahr 1995 wieder aussortiert, da sich deren finanzielle Situation inzwischen dramatisch verschlechtert hatte.[40] An der MP sollten nur Gesellschaften teilnehmen, die bestimmte Größen- und Erfolgskriterien erfüllten und die als überlebensfähig eingestuft werden konnten. Auf diese Weise sollten vertrauensgefährdende Finanzskandale verhindert und den Fondsmanagern echte Restrukturierungsanreize gegeben werden.[41]

Bis zum Beginn der Zuteilung der Unternehmen zu den NIFs, die ab Mitte 1995 durch Auslosung begann, hatte sich die Zahl der MPP-Teilnehmer aber weiter reduziert. Die Zahl schrumpfte bis auf 413. Jeder NIF wird daher nach Abschluß der Zuteilung core-Investor von ca. 28 Unternehmen sein. Zum Ende des Jahres soll der Bevölkerung der Erwerb von universellen Anteilszertifikaten ermöglicht werden, die dann mit Beginn 1996 in je einen Anteil eines NIF eingelöst werden können. Innerhalb eines Jahres sollen dann alle NIFs an der Warschauer Aktienbörse notiert werden. Der Bevölkerung steht es dann offen, weitere Anteile zu erwerben.

---

38 Vgl. Ipsen, D. (1995), S. 8.

39 Vgl. Pinto, B. et al. (1993), S. 216.

40 Über die Jahre intensiver politischer Diskussionen hatte sich die Situation vieler Betriebe signifikant verschlechtert. Während in 1991 nur 23 vH der Betriebe Verluste erwirtschafteten, belief sich dieser Anteil im Dezember 1994 bereits auf 41 vH. Vgl. Kasriel, K. et al. (1995), S. 32.

41 Die Auswahlkriterien waren unter anderem ein jährlicher Mindestumsatz von 5 Mio. US-Dollar und Profitabilität. Die Anfang 1995 selektierten 444 Betriebe hatten zusammen einen Wert von ca. 7 Mrd. Zloty (PLN) bzw. 2,9 Mrd. US-Dollar und repräsentieren ca. 7 vH des Produktionskapitals (bzw. 3,3 vH des BSP) der polnischen Wirtschaft.

V. 3.4 Zwischen ökonomischer Effizienz und politischer Akzeptanz: Optionen der Privatisierungspolitik in Polen

Aus den vorstehenden Analysen des polnischen Privatisierungsprozesses wird offensichtlich, daß die Entwicklung von Konzepten und Strategien zur Implementierung ökonomisch effizienter Eigentumsstrukturen nur eine Seite dieses Transformationsproblems verkörpert. Die aufgezeigten sozialen Spannungen in Politik und Wirtschaft demonstrieren, daß eine Lösung dieses Problems auch auf die Bewältigung von Interessenkonflikten abzielen muß. Die Umwandlung der quasi-arbeitergeleiteten Staatsbetriebe Polens in Kapitalgesellschaften westeuropäischer Couleur ist, anders formuliert, nicht ohne entsprechende sozial- bzw. verteilungspolitische Regelungen zu bewältigen.

Derartige Regelungen sind prinzipiell für jedes Transformationsland wichtig, weil der Wandel von einem sozialistisch-planwirtschaftlichen zu einem marktwirtschaftlichen System stets soziale Konflikte auslöst.[42] Eine besondere Essenz haben sozial- bzw. verteilungspolitische Maßnahmen aber in den Ländern des vorher so bezeichneten Typs Ta und daher speziell in Polen. Hier sind die Möglichkeiten der Regierung, wirtschaftspolitische Maßnahmen gegen konträre Interessen aus der Wirtschaft durchzusetzen, vergleichsweise gering. Es bedarf daher entsprechender Ausgleichs- bzw. Umverteilungsmaßnahmen, um Widerstände, die aus den Betrieben gegen notwendige Transformationsschritte bestehen, abzubauen. Die Ausarbeitung eines ökonomisch sinnvollen Privatisierungsprogramms stellt zwar keineswegs eine leichte Aufgabe dar; man denke zum Beispiel an die Komplexität der corporate governance-Problematik in einem MPP.[43] Besonders in Polen scheint aber weniger der Inhalt, sondern vielmehr - wie auch die obige Schilderung andeutet - die politische Durchsetzung einer Neuordnung der Eigentumsverhältnisse die Hauptbarriere auf dem Weg zu der anvisierten Marktwirtschaft darzustellen.[44]

Mag die Notwendigkeit für eine Privatisierungs- bzw. Transformationspolitik, die eine kombinierte Lösung von Effizienz- und Verteilungsproblemen beinhaltet, noch leicht ersichtlich sein, so ergeben sich aber spätestens im Rahmen der Ausarbeitung und Verwirklichung entsprechender Regelungen in der Realität erhebliche Probleme. Für den praktisch denkenden Ökonomen und Politiker erge-

42 Vgl. Kapitel II.3.

43 Vgl dazu Coffee, J.C. (1994), Dittus, P. (1994), Dittus, P., Prowse, S. (1994), Frydman, R., Rapaczynski, A. (1991, 1991a, 1992), Gray, C.W., Hanson, R.J. (1993), Grosfeld, I. (1994) sowie Phelps, E.S. et al. (1993).

44 Anders kann dies für die Tschechische und Slowakische Republik oder auch für Rumänien und Bulgarien beurteilt werden. Begründet durch die starke Position der Regierung gegenüber den Arbeitern stellte die Koordinierung von Interessen in diesen Ländern kein derart zentrales Problem dar.

ben sich diesbezüglich zahlreiche Fragen. Für die Privatisierungspolitik in Polen können dabei die folgenden Fragen als zentral erachtet werden:

(1) Wie können die Interessenkonflikte, die bei der Privatisierung von Staatsbetrieben im wesentlichen zwischen der Arbeiterschaft und der Regierung auftreten und diesen Prozeß stark behindern, vermindert oder bereinigt werden?
(2) Mit welchen Maßnahmen und Privatisierungskonzepten kann der Widerstand der Arbeiterschaft bei der Privatisierung ihrer Unternehmen reduziert oder ausgeräumt werden?
(3) Ist eine verstärkte Zulassung von Unternehmensübernahmen durch die Mitarbeiter (Employee Buyout) eine geeignete Alternative bei der Privatisierung von Staatsbetrieben?

Im Detail können diese Fragen hier nicht erörtert werden. Grundsätzlich kann allerdings festgehalten werden, daß die Gewerkschaftsbewegung und die Arbeiterräte den Privatisierungsprozeß auf politischer Ebene und in den einzelnen Staatsbetrieben nachhaltig beeinträchtigen können. Diese Gruppen können hohe volkswirtschaftliche Kosten verursachen, wenn ihre Interessen nicht in angemessener Weise berücksichtigt werden.[45] Die Privatisierungspolitik wird daher wohl nicht umhinkönnen, eine Balance zwischen den eigentlichen Privatisierungzielen und dem primären Streben der Arbeiter nach sozialer Sicherheit, Beschäftigung sowie Mitbestimmung, Kontrolle und Beteiligung innerhalb der Betriebe zu finden.

Die Etablierung eines Systems der sozialen Sicherung und andere arbeitsmarktpolitische Maßnahmen können dabei als notwendige, keineswegs aber als hinreichende Aktionen zur Entspannung der genannten Konfliktsituation angesehen werden. Für die Arbeiterschaft sowie deren Verbände und Organisationen wird dies lediglich einen partiellen Ausgleich der Einbußen und Risiken des Systemwandels, nämlich im wesentlichen die Abfederung der materiellen Folgen von Arbeitslosigkeit, darstellen. Der polnischen Arbeiterlobby kann ein besonderes Interesse an einer Verteidigung des seit 1980 aufgebauten Einflusses auf betriebliche und auch gesamtwirtschaftliche Entscheidungen nachgesagt werden. Diesbezüglich eine Übereinkunft zu erzielen, scheint im Zentrum der Fragen nach Wegen und Formen von Konfliktlösungen und nach der Reduzierung der Opposition gegen die Einführung westlicher Eigentumsinstitutionen zu stehen. Mehr noch: Das zukünftige institutionelle Antlitz der Marktwirtschaft Polens wird sich primär daran festmachen, wie dieser Konflikt gelöst wird und inwieweit und

45 Vgl. Heinrich, R. (1993) und Ipsen, D. (1995), S. 9.

in welcher Form die Verfügungsrechte der Arbeiter in Wirtschaft und Gesellschaft in das neue System übertragen werden.

Welche grundsätzlichen Privatisierungsstrategien sind nun denkbar, um den Konflikt mit der Arbeiterschaft zu bereinigen?

Bezüglich der in Polen entsprechend den westeuropäischen Marktwirtschaften geplanten Schaffung kapitalgeleiteter Unternehmen, das heißt von Unternehmen, die nicht von der Belegschaft, sondern in erster Linie von externen Kapitalgebern kontrolliert werden, sind *erstens* Modelle vorstellbar, die den Arbeitnehmern eine Erfolgs- oder Kapitalbeteiligung gewähren sowie Positionen in den Entscheidungsgremien der privatisierten Staatsbetriebe einräumen.

Einen *zweiten*, insbesondere die oben genannte dritte Frage betreffenden Ansatz präsentiert *Weitzman*. Für ihn liegt eine geeignete Option darin, den Belegschaften zunächst die Übernahme einer Mehrheit oder der Gesamtheit der Eigentumsanteile ihrer Betriebe zu ermöglichen.[46] Der genannte Autor sieht diesen Ansatz allerdings lediglich als Interimslösung und die Selbstverwaltungswirtschaft aufgrund erheblicher Ineffizienzen nicht als Endziel für ein Wirtschaftssystem. Ein Pluspunkt dieses Konzepts ist aber, daß damit zunächst einmal der Interessenkonflikt zwischen der Arbeiterlobby und der Regierung ausgeräumt und dementsprechend eine *politische Lösung* des Privatisierungsproblems herbeigeführt werden kann. Auf diese Weise dürften kostenträchtige, korruptionsfördernde, einen notwendigen wirtschaftlichen Aufschwung behindernde und damit Mißstimmung in der Bevölkerung erzeugende Verzögerungen im Transformationsprozeß weitgehend verringert werden. Eine *ökonomische Lösung* des Privatisierungsproblems, also die Umwandlung relativ ineffizient wirtschaftender Staatsbetriebe in relativ effizient und innovativ agierende Privatunternehmen, könnte gemäß *Weitzman* dann im Laufe der Jahre „through natural selection processes of capitalist development" erfolgen.[47] Dafür müßten von der Regierung allerdings die entsprechenden Rahmenbedingungen geschaffen werden, sprich das Finanzierungssystem konsolidiert, die Wirtschaft international liberalisiert, ein Wettbewerbsrecht implementiert, Geld und Preise stabilisiert und weiche Budgetrestriktionen konsequent eliminiert werden. Kurzfristig können sich zudem positive ökonomische Effekte ergeben, wie *Weitzman* unter Verweis auf zahlreiche empirische Beispiele anmerkt, weil *labor-managed firms* eine bedeutend bessere Anpassungsfähigkeit in Krisensituationen aufweisen.[48] Arbeitereigentümer seien stärker als Angestellte zu Einkommensverzicht und Mehrarbeit bereit. Dies kann darauf zurückgeführt werden, daß mit dem Untergang des Unternehmens nicht

---

46 Vgl. Weitzman, M.L. (1993).
47 Weitzman, M.L. (1993), S. 264.
48 Vgl. Weitzman, M.L. (1993), S. 261f.

nur der Arbeitsplatz, sondern auch Kapitalvermögen sowie ein Stück der eigenen Identität und Selbstbestimmung für die Arbeiter verlorenzugehen droht.

Die Strategie von *Weitzman*, den 'Dritten Weg' als Brücke zum 'Ersten Weg' einzusetzen, fand in den polnischen Privatisierungskonzepten allerdings keine Beachtung. Vielmehr standen die Reformverantwortlichen der Selbstverwaltungsidee von Anfang an ablehnend gegenüber. Die Regierung war darauf bedacht, Insider-Privatisierungen durch legale Employee Buyouts auf wenige Fälle zu begrenzen. Den Interessen der Arbeiterlobby versuchte man nachzukommen, indem ein Teil der Eigentumstitel - ca. 20 Prozent - der neu zu kreierenden Kapitalgesellschaften zu Vorzugsbedingungen oder gratis von den Belegschaften übernommen werden konnte. Zusätzlich wurde den Arbeitern bei Durchführung einer Kapitalprivatisierung ein Sitz im Aufsichtsrat der kommerzialisierten Unternehmen zugestanden.

Auf diesem Weg konnten auch bereits einige positive Resultate und Kompromisse zwischen der Regierung und der Arbeiterlobby erzielt werden. Von einem endgültigen Durchbruch, die Interessenkonflikte im Privatisierungsprozeß betreffend, kann derzeit allerdings noch nicht die Rede sein. Eine zusätzliche Annäherung der gegnerischen Parteien mit einer entsprechenden Verfeinerung der diesbezüglichen institutionellen Regeln ist fernerhin erforderlich, um weitere Fortschritte auf dem Weg zu einer neuen Eigentums- und corporate governance-Struktur zu erzielen.

Die Wissenschaft kann zu diesem Annäherungsprozeß allerdings verhältnismäßig wenig beitragen. Sie kann die politischen Prozesse und die Verhaltens- und Entscheidungslogik der Verhandlungspartner kaum in angemessener Schärfe simulieren. Ihre primäre Aufgabe wird es sein, die Lösungen, die in der Praxis gefunden wurden, zu analysieren, zu bewerten und auf bessere Alternativen hinzuweisen. Eine Orientierung an westlichen Kontrollstrukturmodellen ist dabei aber nur begrenzt hilfreich. Insbesondere im Fall Polen wird es wichtig sein, die Traditionen und die Realität des Einflusses der Arbeiterbewegung in die Überlegungen einzubeziehen und dementsprechend von der Basis einer erweiterten governance-Struktur aus Argumente für und gegen verschiedene Privatisierungskonzepte zu finden.

V.4 Politische Ökonomie der Systemtransformation und die Phasen behavioraler Anpassung in Polen

Gemäß der vorangegangenen Einordnung in das Phasenmodell befindet sich Polen derzeit in der dritten Phase behavioraler Anpassung. Dies bedeutet, daß bereits für eine Reihe von sozialen Konflikten, darunter insbesondere auch jene, die die Privatisierung von Staatsbetrieben betreffen und im vorstehenden Abschnitt ausführlich erörtert wurden, eine Lösung bzw. ein Lösungsmechanismus gefunden wurde. Greifbare Beispiele hierfür sind die nach langer Diskussion und Planung initiierte Massenprivatisierung, der zwischen der Regierung und den Gewerkschaften geschlossene Unternehmenspakt, das Programm zur Bankenrekapitalisierung und -konsolidierung und einige andere Initiativen zur Beschleunigung der Privatisierung und Restrukturierung von Staatsbetrieben, die in den vergangenen zwei bis drei Jahren vereinbart wurden.

In diesem Abschnitt soll nun gezeigt werden, welche Anpassungsprozesse bei der Auffindung dieser Lösungen und Lösungsmechanismen genau stattgefunden haben. Entgegen den bisherigen Ausführungen zur Transformation und Entwicklung in Polen wird die folgende Untersuchung dabei die nachstehenden Charakteristika haben. Sie wird:

a) vor dem Hintergrund der Phasen des Modells behavioraler Anpassung durchgeführt;
b) nicht nur die Privatisierung, sondern auch andere Bereiche und Veränderungen im Transformationsprozeß betrachten und
c) in detaillierter Weise die Reaktionen der Staatsbetriebe auf die neuen äußeren Rahmenbedingungen beschreiben und damit näher auf die Interdependenzen zwischen Organisationen und Institutionen bzw. zwischen inneren und äußeren Institutionen eingehen.[49]

Ein wesentliches Ziel dieser Analyse ist es, die vorgenommene Phaseneinordnung und die Phasendynamik in Polen noch genauer darzustellen. Zudem soll eruiert werden, welche ökonomischen und politischen Faktoren auf dem Weg zur Phase der groben Verhaltensadjustierung als wichtig erachtet werden können und welche Wirkungszusammenhänge zwischen diesen Faktoren in Polen beobachtbar waren. Daraus dürften sich auch Hinweise darüber ergeben, welche Möglichkeiten und Notwendigkeiten für die Regierung bestehen, transformationspolitisch in den Anpassungsprozeß einzugreifen.

49 Zur theoretischen Diskussion der Interdependenz zwischen Organisationen und Institutionen bzw. zwischen inneren und äußeren Institutionen siehe Kapitel III.4.1.

Im einzelnen ist dieser Abschnitt wie folgt strukturiert: Punkt 4.1 skizziert die zentralen Verhaltensmerkmale in den Staatsbetrieben in den als Selbstbereicherung und Selbstpositionierung qualifizierbaren Perioden behavioraler Anpassung. Dabei werden wichtige wirtschaftliche Entwicklungen in bezug auf das Verhalten in den Staatsbetrieben in den ersten Jahren nach der Entsagung vom Realsozialismus eruiert und Aussagen hinsichtlich deren Kooperation und Nicht-Kooperation mit dem neuen marktwirtschaftlichen System betrachtet. In Abschnitt 4.2 geht es darum, die Situation in der Phase der groben Verhaltensadjustierung darzustellen. Dabei wird erörtert, welche Prozesse für den Übergang in diese dritte Phase des Modells behavioraler Anpassung als wesentlich erachtet werden können. Es soll gezeigt werden, welche ökonomischen und politischen Faktoren sowie transformationspolitischen Eingriffe der Regierung Polens eine bedeutsame Rolle in diesem Prozeß gespielt haben und auch bis zum Erreichen des Endes der vierten Phase behavioraler Anpassung noch spielen dürften.

V. 4.1 Zwischen Selbstbereicherung und Selbstpositionierung: Das Verhalten in den Betrieben und das Bemühen der Regierung, es zu steuern

Während sich die Regierung im Rahmen der Privatisierung - wie oben erörtert wurde - von Beginn der post-Kernphase an einer beträchtlichen Gegenwehr aus den Reihen der Gewerkschaft und der Arbeiterräte gegenübersah, hatte sie bei der Durchführung der Liberalisierung und Stabilisierung der Wirtschaft keine derartigen Schwierigkeiten. Potentielle Widerstandsgruppen außerhalb der politischen Führung haben auf diesem Gebiet auch prinzipiell keinen direkten Einfluß, weil sich die hierfür relevanten Entscheidungsrechte in der Regel nur auf der Regierungsebene befinden. Dementsprechend konnten die von *Balcerowicz* vorbereiteten Maßnahmen zum vorgesehenen Stichtag, dem 01. Januar 1990, planmäßig durchgeführt werden.

Was aber mit der Freigabe fast aller Verbraucherpreise, dem Abbau vieler internationaler Handelsbeschränkungen sowie der Dezentralisierung von Entscheidungsrechten an Staatsunternehmen Anfang 1990 zunächst eintrat, war nicht von der Regierung beabsichtigt: Es stellte sich ein zusätzlicher Verlust an behördlicher Kontrolle über die Staatsbetriebe bei gleichzeitigem Gewinn an Kontrolle für die Arbeiter in den Betrieben ein. Die Abschaffung zentraler Planung gab den Unternehmensinsidern mehr Verfügungsrechte über ihre Betriebe als sie bereits besaßen, ohne daß damit effektivere Leistungskontroll- und -anreizmechanismen für die Ausübung dieser Rechte wirksam wurden. Die Arbeiter waren nach wie vor nicht die Eigentümer der Unternehmen, was ansonsten wichtige Anreiz- und Kontrolleffekte hätte beinhalten können. Paradoxerweise kamen die Arbeiterräte zu einer Machtposition, die sie in diesem Ausmaß in den vergangenen Jahren des Sozialismus nicht einzunehmen geschafft hatten.[50] In vielen Betrieben zogen die Arbeiterräte die Entscheidungsmacht an sich und handelten praktisch wie deren Eigentümer.

Die Verfügungsgewalt der Arbeiterräte innerhalb der liberalisierten Staatsbetriebe und die damit verbundene Gefahr der Selbstbereicherung durch die Belegschaft auf Kosten des Unternehmenseigners, des Staates, fand allerdings ihre Grenzen in der von der Regierung erlassenen Steuerpolitik. Von Bedeutung waren dabei vor allem zwei Steuerarten:

a) Die *podatek od ponadnormatywnych wyplat wynagrodzen*, abgekürzt *popiwek*, eine auf überzogene Lohnerhöhungen zu zahlende Strafsteuer, sowie
b) die *dywidenda,* eine auf den Kapitalstock der Unternehmen zu zahlende Abgabe bzw. Dividende.

Die *dywidenda* diente zur Abschöpfung liquider Mittel und damit letztlich zur Erweiterung der Kontrolle der zuständigen Ministerien über die Vermögenswerte in den von ihnen geleiteten Staatsbetrieben.[51] Für die Unternehmensinsider bedeutete dies die Verringerung der Selbstbereicherungsmöglichkeiten auf Kosten des Staates bzw. auf Kosten der Allgemeinheit.

Die *popiwek* war nach dem Systemwandel zunächst als Stabilisierungsmaßnahme beabsichtigt und sollte in diesem Sinne die Geldmenge und die Inflation des Landes eindämmen. Beabsichtigt war ebenfalls, die Reallöhne niedrig zu halten und dadurch dem finanziellen Druck für Kündigungen bzw. dem Problem zunehmender Arbeitslosigkeit entgegenzuwirken.[52] Es wurden aber auch die Möglichkeiten zur Selbstbereicherung durch exzessive Lohnzahlungen in den Staatsbetrieben verringert. Lohnerhöhungen wurden begrenzt, indem die Regierung Obergrenzen für entsprechende Steigungsraten festlegte. Diese wurden relativ zur monatlichen Inflationsrate definiert und erlaubten in der Regel nur einen teilweisen Ausgleich des Geldwertverlustes.[53] Das Überschreiten der festgelegten Obergrenze wurde mit der *popiwek* geahndet.[54]

---

50 Die frühere Rolle der Arbeiterräte in Polen, so konstatiert *Rudolf,* sei sowieso oftmals als bedeutender angenommen worden, als sie im allgemeinen war. Arbeiterräte hätten zwar in nahezu 90 vH aller Staatsbetriebe existiert, jedoch für lediglich 15 vH dieser Betriebe, wozu überwiegend Großbetriebe zählten, könne von einer effektiven Funktion dieser Räte gesprochen werden. Vgl. Rudolf, S. (1988), S. 424.

51 Diese Steuer wurde von 32 vH in 1990 auf 22 vH in 1991 und schließlich auf 10 vH im Juli 1992 gesenkt.

52 Vgl. Chilosi, A. (1993), S. 68.

53 Für Januar 1990 wurde die Obergrenze auf 30, für Februar bis einschließlich April 1990 auf 20 Prozent der Preisinflation fixiert. Auf das gesamte erste Jahr bezogen, konnten

Die Strafsteuer auf überhöhte Löhne schien sich unmittelbar auf das Lohnsetzungsverhalten in vielen Unternehmen auszuwirken. Anfang 1990 trat insgesamt eine drastische Verringerung der Reallöhne ein, und bis einschließlich Oktober des Jahres blieben die Löhne sogar unter dem vorgegebenen Höchstniveau.[55] Dieses kann als überraschend gewertet werden, wenn davon ausgegangen wird, daß die Arbeiter grundsätzlich darauf bedacht sind, ihre Einkommenszahlungen zu maximieren. Wie ist also diese freiwillige Enthaltsamkeit in zahlreichen Staatsbetrieben zu erklären? Kann hieraus vielleicht die gewählte Selbstpositionierungsstrategie abgeleitet werden?

Diese Fragen sollen im folgenden näher untersucht werden. Zunächst wird dabei geprüft, inwieweit bei dem genannten Lohnsetzungsverhalten von einer Positionierung innerhalb des neuen marktwirtschaftlichen Systems (Kooperation) ausgegangen werden kann. Anschließend soll untersucht werden, inwiefern in Polens Staatsbetrieben insgesamt von einem Widerstand gegen eine derartige Anpassung (Defektion) gesprochen werden muß.

(1) Daß die Arbeitnehmer Löhne akzeptierten, die unter den gesetzlichen Möglichkeiten blieben, könnte mit einer Unterschätzung der Inflationsrate verbunden sein. Die Löhne wurden im voraus gezahlt, daher mußten die Nominalanpassungen auf der Basis prognostizierter Preisentwicklungen vorgenommen werden. Wurde die Inflationsrate geringer eingeschätzt als sie im nachhinein war, konnte dies für eine geringere Lohnanpassung verantwortlich sein, als es theoretisch möglich war. Aber aufgrund der Tatsache, daß sich die Inflationsprognosen als relativ präzise herausstellten, kann eine diesbezügliche Fehleinschätzung nicht als Begründung für das Verhalten der Arbeitnehmer gelten.

Eine andere Erklärung könnte in der neuen Anreizsituation für die Arbeitnehmer gesehen werden.[56] Ein freiwilliger Lohnverzicht stellt praktisch eine Investition der Arbeitnehmer in die Unternehmung bzw. einen Investivlohn dar. Solche Investitionen werden in der Regel nur dann durchgeführt, wenn ein positiver Nutzen daraus erwartet wird. Dies läßt darauf schließen, daß die Arbeit-

---

die Löhne in den Staatsbetrieben nur um die Hälfte der Inflationsrate angehoben werden, wenn es nicht zur Zahlung der Strafsteuer kommen sollte.

54 In 1990 betrug diese Strafsteuer 200 vH des überhöhten Lohnbetrages der jeweiligen Lohnabrechnung, falls die genehmigte Erhöhung bis zu 3 vH überschritten wurde. Für jedes weitere Prozent der Überschreitung mußten 500 vH gezahlt werden. Vgl. Adam, J. (1994), S. 611. Die popiwek wurde allerdings in 1994 wieder abgeschafft. Die jährlichen Lohnerhöhungen werden nun durch die trilaterale Kommission von Gewerkschaften, Arbeitgebern und Regierung festgelegt. Für 1995 wurden sie vorläufig auf 23,5 vH angesetzt. Kann innerhalb der Kommission keine gemeinsame Lösung erzielt werden, ist die Regierung autorisiert, die Steigungsrate autonom zu fixieren.

55 Vgl. Calvo, G.A., Coricelli, F. (1992a).

56 Vgl. Albrecht, B., Thum, M. (1994), S. 713f.

nehmer von einer weiteren Existenz ihres Unternehmens ausgingen oder diese vielleicht durch den Lohnverzicht zusätzlich zu sichern versuchten. Des weiteren müssen die Arbeiter eine fortdauernde Beschäftigung in und/oder eine Beteiligung an ihrem Unternehmen vermuten können. Nur durch mindestens eine der letzten beiden Beziehungsformen können die Arbeitnehmer von ihrer Investition durch Lohn- bzw. Kapitaleinkommen profitieren. Von zentraler Bedeutung für den freiwilligen Lohnverzicht sind also die Erwartungen bezüglich der Konkursgefahr, der Möglichkeit einer Kapitalbeteiligung und/oder einer Weiterbeschäftigung innerhalb des Unternehmens.

Die Konkursgefahr kann aus Sicht der Arbeiter und Arbeiterräte als relativ groß eingeschätzt werden. Dem Reformprogramm mit der historisch einmaligen „Big Bang"-Strategie und der restriktiven Finanzpolitik der Regierung kann für die Erwirkung einer derartigen Erwartungshaltung durchaus genügend Glaubwürdigkeit zugeschrieben werden. Es kann davon ausgegangen werden, daß aufgrund der verhängten Reformmaßnahmen eine relativ große Unsicherheit bezüglich der wirtschaftlichen Zukunft der Unternehmen eingetreten war. Zur Aufrechterhaltung der Liquidität war es daher wichtig, zunächst alle Auszahlungen einzuschränken.

Zudem scheint auch die Erwartung auf eine weiter andauernde Beschäftigung und/oder auf eine Beteiligung an den Erträgen der eigenen Unternehmung eine plausible Erklärung für die Investitionsbereitschaft der Arbeitnehmer in der ersten Hälfte des Jahres 1990 zu liefern. Diese Erwartung kann *zum einen* auf die Stärke der Arbeiterlobby gegenüber den Reformkräften zurückgeführt werden, die sich deutlich durch die Verhinderung des ersten Privatisierungskonzepts der Regierung manifestierte. Dies zeigte bereits die Berücksichtigung der Arbeitnehmerinteressen in der einen oder anderen Form an. Das Gesetz zur Privatisierung von Staatsbetrieben (GPS), das in Polen im Herbst 1989 eingebracht wurde, war daran gescheitert, daß es eine derartige Berücksichtigung der Belegschaftsinteressen nicht vorsah. *Zum anderen* enthielten alle Vorschläge für das zu verabschiedende GPS weitgehende Entscheidungs- und Eigentumsrechte für die Arbeitnehmer. Eine Investition in das eigene Unternehmen und damit möglicherweise in den eigenen Arbeitsplatz war damit bereits vor Verabschiedung des Gesetzes sinnvoll. Die Interessen der 'Investoren' waren dadurch praktisch schon vorher gesichert.

Bedeutet diese Entwicklung aber nun, daß sich die Mehrheit der Staatsbetriebe bereits für eine Positionierung innerhalb des neuen marktwirtschaftlichen Gefüges entschieden hatte?

Ein Blick auf die Reallohnentwicklung späterer Perioden zeigt, daß die anfängliche Zurückhaltung der Arbeiterräte kaum einen derartigen Schluß zuläßt. Ab Juli 1990 konnte ein Anstieg der Einkommenszuwachsraten verzeichnet werden, der ab Mitte Oktober sogar über die von der Regierung genehmigte Steigungsrate hinausging.[57]

Bestand also, wenn die obigen Beweggründe für einen Investivlohn in Erinnerung gerufen werden, aus der Perspektive der Unternehmensinsider nun keine weitere Konkursgefahr? Bestand hingegen aber die Befürchtung für die Arbeitnehmer, bei der Privatisierung leer auszugehen?

Tatsächlich kann nach der ersten Phase signifikanter Unsicherheit von einer geringeren Konkursgefahr ausgegangen werden. Nach dem Verlauf der ersten Jahreshälfte 1990 wurde klar, daß *Balcerowicz's* Schocktherapie doch keine echte Bedrohung für unrentable Unternehmen mit sich brachte. Trotz eingeschränkter direkter Staatsfinanzierung bestanden weiterhin vielerorts weiche Budgetrestriktionen. Hauptursache dafür waren die alten Geschäftsbeziehungen mit den Staatsbanken. Weiterhin floßen beträchtliche Gelder von den Kreditinstituten an Staatsbetriebe, die zusammen mit enormen *windfall profits* in 1990 für zahlreiche Unternehmen potentielle Liquiditätsprobleme lösten.[58] Eine Konkursgefahr bestand auch daher nicht, weil die Regierung trotz der Vielzahl konkursreifer Unternehmen bis weit ins Jahr 1992 hinein kein einziges Konkursverfahren durchführte. Selbst bis dato wurden nur vereinzelte Unternehmen auf diese Weise aufgelöst. Falls also durch die Schocktherapie zunächst Glaubwürdigkeit hinsichtlich einer kompromißlosen Reformpolitik der Regierung angezeigt wurde, so kann angenommen werden, daß diese spätestens nach dem ersten Halbjahr 1990 stark gesunken war.

Daß die eigenen Interessen bei der Privatisierung keine angemessene Berücksichtigung finden, konnte aus Sicht der Unternehmensinsider ab diesem Zeitraum nicht unbedingt vermutet werden. Zumindest konnte diesbezüglich aber eine neue Verunsicherung aufgekommen sein, die durch die Verabschiedung des GPS im Juli 1990 ausgelöst wurde. Durch das GPS wurde der Regierung die Möglichkeit eingeräumt, auch unkonventionelle Privatisierungsmethoden wie zum Beispiel ein Vouchermodell einzusetzen. Für die Arbeiterräte bestand dabei die theoretische Gefahr, aus den betroffenen Unternehmen verdrängt zu werden. Dies hätte dann zu einer signifikanten Schwächung der Arbeiterlobby und deren Möglichkeiten zur Durchsetzung ihrer Interessen geführt. Die angesprochene Verunsicherung kann jedoch als begrenzt erachtet werden, da den Gewerkschaften bei allen Privatisierungen stets ein Vetorecht vorbehalten war.

Die Tatsache, daß die Lohnerhöhungen im Landesdurchschnitt im ersten Halbjahr 1990 unter dem gesetzlich zulässigen Steigungsmaß blieben, kann also

---

57 Vgl. Frydman, R., Wellisz, S. (1991), S. 150.
58 Vgl. Pinto, B. et al. (1993), S. 254.

allgemein keinen stichhaltigen Beleg dafür liefern, daß sich eine Mehrheit der Staatsbetriebe für ein Handeln nach den für sie im allgemeinen schmerzlichen marktwirtschaftlichen Prinzipien durchgerungen hatte. Wie aber die Untersuchungen von *Pinto et al.* andeuten, kann dennoch eine Korrelation zwischen der Lohnpolitik und der Selbstpositionierungsstrategie der Staatsbetriebe ausgemacht werden. Als entscheidend für diese Feststellung kann dabei eine längerfristige und differenzierte Betrachtung der Lohnpolitik angesehen werden. Die Betrachtung des ersten Jahres, das einige Unregelmäßigkeiten mit sich brachte, reicht hierfür nicht aus.

Für einen Zeitraum von zweieinhalb Jahren nach Beginn der Transformation läßt die Studie von *Pinto et al.* erkennen, daß das Verhalten der Arbeiterräte vornehmlich auf die wirtschaftliche Situation eines jeweiligen Unternehmens zurückgeführt werden kann. In profitablen Unternehmen konnte eine signifikant andere Lohn- und Privatisierungspolitik beobachtet werden, als in Verlustunternehmen. In Betrieben der letzteren Kategorie wurde *erstens* eine überwiegend passive oder gar oppositionäre Position gegenüber jeglicher Form der Privatisierung eingenommen. *Zweitens* wurde eine in bezug auf die zukünftige Wirtschaftlichkeit des Unternehmens weniger bedachte Lohnstrategie verfolgt. Unrentable Betriebe wiesen ein durchweg höheres Verhältnis von Löhnen zu Bruttowertzuwachs des Unternehmens auf als vergleichbare Unternehmen mit erwartetem positiven Geschäftsergebnis. Dabei hatte sich dieser Quotient bei profitablen Firmen zwischen 1990 und 1992 auf ca. ein Viertel bzw. 25 Prozent stabilisiert, während er in Verlustunternehmen von 18 auf 90 Prozent emporschnellte.[59]

Insgesamt kann hieraus gefolgert werden, daß das Verhalten innerhalb der polnischen Staatsbetriebe nach Durchführung der Schocktherapie wesentlich durch die Erwartungen der Arbeiterräte bezüglich der Zukunftsaussichten ihres Unternehmens bestimmt ist. Dem Modell behavioraler Anpassung folgend, kann dabei von einer sich den neuen marktwirtschaftlichen Spielregeln öffnenden *Selbstpositionierung* von jenen Betrieben gesprochen werden, deren Entscheidungsträger mit einer positiven Zukunft innerhalb des neuen Systems rechnen. Eine ‘nicht-kooperative’ Position wird hingegen in der Regel von jenen Unternehmen gewählt, die ihre Überlebenschancen innerhalb des neuen Systems als gering oder nur nach erheblichen Rationalisierungsmaßnahmen als gegeben einschätzen. Letzteres bedeutet in aller Regel einen Verlust vieler Arbeitsplätze und von Entscheidungsmacht, dem die Arbeiterräte kaum offen gegenüberstehen.

---

59 Vgl. Pinto, B. et al. (1993), S. 234.

(2) In welchem Umfang kann aber für die Akteure in Polens Staatsbetrieben nun von positiven Zukunftserwartungen und entsprechend kooperativem Verhalten ausgegangen werden?

Für eine Mehrheit der Staatsbetriebe konnte in der ersten Zeit nach dem Umbruch kaum von der Erwartung auf Profitabilität die Rede sein. Zwar waren viele Staatsunternehmen Polens zuerst noch in der Lage, mit Preiserhöhungen, den damit erzielten *paper profits* und mit Outputreduktionen ihre Monopolposition auszunutzen und ein außerordentlich gutes Betriebsergebnis einzufahren. Jedoch traten angesichts eines anhaltenden nationalen und durch den Einbruch der Exporte in die Russische Föderation[60] verstärkten Nachfragerückgangs im Ausland immer größere finanzielle Schwierigkeiten auf.

Auf das Verhalten vieler Unternehmen hatte diese Krisensituation aber anscheinend zunächst nur begrenzte Auswirkung. In zahlreichen Staatsbetrieben war man noch immer nicht gewillt, sich den neuen Marktkonditionen anzupassen und alte Besitzstandspositionen aufzugeben. Insbesondere standen viele Arbeiterräte jeglicher Privatisierung ablehnend gegenüber, da sie damit nicht nur ihre faktische Eigentümerstellung, sondern auch ihre Existenz insgesamt bedroht sahen.[61] Dementsprechend konnte beobachtet werden, daß sich trotz unternehmensinterner Machtkämpfe zwischen den Betriebsdirektoren, den Arbeiterräten und den Gewerkschaften eine Interessenkoalition dieser drei Gruppen bildete. Wenn es darum ging, die bestehenden Verfügungsrechtspositionen innerhalb des Unternehmens gegen externe Eingriffe zu verteidigen, agierten alle drei Parteien oftmals in gegenseitiger Übereinstimmung.[62]

Die Brisanz dieses trilateralen Antiprivatisierungsbündnisses, das *Bienkowski* in seiner Konstellation auch als *Bermudadreieck* und in seiner Wirkungsweise als *Bermudadreieck-Syndrom* bezeichnet, liegt aber nicht nur in der Behinderung gesamtwirtschaftlicher Anpassung. Es liegt vor allem in der Tendenz zur Selbstzerstörung der entsprechenden Unternehmen.[63] Um zu überleben und liquide zu bleiben, wurden unter anderem substantielle Vermögensgegenstände veräußert oder verliehen, was den Betrieben jegliche Lebensgrundlage zu ent-

60 Polens Exporte in die Russische Föderation sanken in 1991 um ca. 90 vH gegenüber dem Vorjahr.

61 Vgl. Bienkowski, W. (1992), S. 755. Siehe auch ders. (1992a), S. 22-24.

62 Vgl. Szomburg, J. (1991), S. 5. Konflikte zwischen den Managern und Gewerkschaften wurden von letzteren oftmals durch Streiks ausgetragen. Im Jahr 1990 fanden in Polen ca. 250 Streiks statt, die für einen Ausfall von ca. 160.000 Arbeitstagen sorgten. In 1992 stieg die Anzahl der Streiks auf über 6.300, die der Ausfalltage auf 2.360.392.

63 Vgl. Bienkowski, W. (1992), S. 755ff. Aus dieser Tendenz ergibt sich letztlich auch der inhaltliche Zusammenhang zum Bermudadreieck. Der Begriff des Bermudadreiecks bezieht sich auf ein der Dreiecksform ähnliches, ca. 700.000 Quadratkilometer umfassendes Gebiet in der Karibik zwischen den Bermudainseln, Cape Hatteras und Puerto Rico, in dem in früheren Zeiten Schiffe sowie Flugzeuge spurlos verschwanden.

ziehen drohte. Einschneidende Restrukturierungsmaßnahmen, die das Unternehmen mittelfristig wieder auf Erfolgskurs hätten bringen können, wurden indes nicht verwirklicht.[64]

Die Betriebsdirektoren und Arbeitnehmervertreter handelten in gemeinsamer Abstimmung und in der Regel auch zum eigenen finanziellen Nutzen. Mit der Einwilligung der Arbeiterräte konnten die Manager nahezu alle Vorhaben in die Realität umsetzen, auch wenn die Substanz des Unternehmens dabei gefährdet wurde. Gegen die Arbeiterräte konnten die Manager keine Entscheidungen treffen, da erstere auch über die Entlassung von Führungskräften befanden. Die Arbeiterräte und Gewerkschaften gaben solange ihr Plazet zu den Aktivitäten der Betriebsleitung, wie die Beschäftigten durch pekuniäre oder nicht-pekuniäre Leistungen entschädigt wurden. Sie gaben ihre Zustimmung nicht, wenn Veränderungen einseitig zu Lasten der Beschäftigten drohten.[65] Dementsprechend wurden häufig nicht zuerst produktionsfremde Sozialeinrichtungen der Betriebe, wie zum Beispiel Sport- und Freizeitanlagen, Kantinen und Kinderhorte aufgelöst oder verkleinert, was als sinnvolle Rationalisierungsmaßnahme und Anpassung in Richtung Marktwirtschaft hätte betrachtet werden können. Vielmehr wurden oftmals zunächst Anlagegüter des primären Produktionsbereichs veräußert, weil die Arbeiterräte dem Abbau von Sozialleistungen nur bis zu einem gewissen Grad zustimmten. In den unsicheren Zeiten des Übergangs betrieben die Akteure vieler Großunternehmen und an deren Spitze die Arbeiterräte eine Verteidigung ihrer traditionellen Besitzstände. Eine effiziente Verwendung der Produktionsmittel und damit eine Eigenpositionierung innerhalb des neuen wettbewerblichen Wirtschaftsrahmens war nicht ihr primäres Ziel.[66]

Eine Privatisierung und ein Verzicht auf bestehende Verfügungsrechte wurden von den Entscheidungsträgern in den Staatsbetrieben verschiedentlich dann akzeptiert, wenn damit Arbeitsplatzsicherheit und Kapitalzufluß einhergingen. Dies war zum Beispiel bei zahlreichen *Joint Ventures* mit ausländischen Unternehmen[67] oder auch bei *Foreign Direct Investments* (FDI) der Fall. FDI sind zur Privatisierung von Großbetrieben aber nur selten relevant, da hierfür hohe Investitionsbeträge notwendig sind und die dabei teilweise geforderten Arbeitsplatz-

---

64 Vgl. Hübner, D. (1992), S. 50f.

65 Vgl. Bonin, J.P. (1992).

66 Vgl. Bienkowski, W. (1992), S. 756f.

67 Die ersten Joint Ventures (JV) zwischen polnischen und ausländischen Unternehmen wurden bereits im Zuge der Dezentralisierung und Liberalisierung der Wirtschaft im Jahre 1982 geschlossen. Damals bereits in einer Größenordnung von ca. 900 JVs. Bis 1986 stieg diese Zahl bis auf 1900. Vgl. Cieslik, J. (1990), S. 5. Für Fallbeispiele von JV-Vereinbarungen siehe unter anderem Rutledge, S.L. et al. (1995), S. 1-34.

garantien hohe Fixkosten und Inflexibilität bedeuten.[68] Von der Warte potentieller Investoren aus sind beide Tatbestände in einer mit hohen politischen und ökonomischen Risiken überschatteten Volkswirtschaft ohne gefestigte Märkte kaum akzeptabel.

Die Akteure in den Staatsbetrieben hatten aber oftmalig auch keine zwingenden wirtschaftlichen Gründe, ihre Antirationalisierungs- und Antirestrukturierungspositionen aufzugeben. Die Betriebe sahen sich noch immer weichen Budgetbeschränkungen gegenüber oder vertrauten spekulativ auf die Hilfe des Staates. Die weichen Budgets manifestierten sich darin, daß Liquiditätsschwierigkeiten vielfach bereinigt werden konnten, indem fällige Zahlungen nicht oder nur nach großen Verzögerungen beglichen wurden. Sowohl bei Zulieferern, was dann einem zinslosen Lieferantenkredit gleichkam, als auch bei Finanzierungsinstituten wurde dieses Vorgehen realisiert.[69]

Dabei sahen Zulieferbetriebe von der Einleitung eines Konkursverfahrens ab, weil dies in dem noch enorm konzentrierten Produktionssystem für gewöhnlich den Wegfall eines bedeutenden Abnehmers und damit auch den eigenen Ruin bedeutet hätte. Die Schließung eines einzigen Unternehmens hätte in dem vererbten Netzwerk von Zulieferern und Abnehmern in der Regel einen Dominoeffekt ausgelöst. So versuchten die Unternehmen einer Produktionskette üblicherweise selbst, die Zahlungsausfälle durch das Nichtbezahlen von Verbindlichkeiten zu kompensieren. Auf diese Weise soll sich bis Mitte 1992 ein Verschuldungsvolumen von 200 Bill. Zloty (alte Zloty PLZ)[70] bzw. 14,8 Mrd. US-Dollar angesammelt haben. Dies entsprach seinerzeit einem Wert von ca. 15 Prozent des BIP. Die gleiche Vorgehensweise wurde im Fall von Steuerschulden gewählt. Diese wurden schlichtweg nicht gezahlt und stellten somit praktisch einen zinslosen Kredit der öffentlichen Hand dar. Bis Ende 1991 kumulierten sich die Unternehmenssteuerrückstände auf 43 Bill. PLZ, von denen der größte Teil (49 vH) aus Umsatzsteuern herrührte.[71]

Die Gläubigerbanken nahmen von der Einleitung eines Konkursverfahrens Abstand, da sie sich in der Regel selbst noch in Staatsbesitz befanden und kaum

---

68 Welchen Beitrag ausländische Direktinvestitionen insgesamt für den Transformations- und Privatisierungsprozeß leisten, beschreiben Kugot, B. (1994), McMillan, C.H. (1993) und Odle, M. (1993). Siehe dazu auch die Ausgabe Nr. 2, 1993 der Zeitschrift *Transnational Corporations*.

69 Vgl. Blanchard, O.J. (1994), S. 1170f.

70 Zum 01. Januar 1995 wurde in Polen ein Währungsschnitt durchgeführt, der den Wert des Zloty nominal um den Faktor 10.000 reduzierte. Seit diesem Zeitpunkt sind fünf Banknoten zu 10, 20, 50, 100 und 200 Zloty und neun Münzen mit einem Wert von 1 bis 50 Grosy und 1 bis 5 Zloty im Umlauf. Anstatt des Kürzels PLZ für den alten Zloty wird nun das Kürzel PLN für die neue polnische Währung verwendet.

71 Bei der *popiwek* betrugen die Außenstände 30 vH, bei der *dywidenda* 18,5 vH des fälligen Volumens. Vgl. Slay, B. (1993), S. 250.

Anreize hatten, eine solide Kreditpolitik zu betreiben. Die Banken waren vielmehr Geiseln einzelner Großbetriebe, da sich die vererbte Kreditklientel normalerweise aus Unternehmen einer einzigen Branche zusammensetzte. Der Konkurs eines einzigen Großbetriebes und der entsprechende Dominoeffekt in vor- und nachgelagerten Produktionsstufen hätte dann auch große Gefahr eines Bankrotts für ein Kreditinstitut bedeutet.[72]

Mit der Erwartung, die Regierung würde letztendlich doch wieder die Schulden übernehmen, lagen die Unternehmen folglich gar nicht so falsch. Die Regierung entschied sich nicht dazu, die Refinanzierungsmöglichkeiten der Staatsbanken zu stoppen und damit einen Zusammenbruch ganzer Produktionsnetzwerke einschließlich der Banken zu riskieren. Eine Politik der harten Budgetrestriktionen durch den Staat war insofern für die Akteure in den Betrieben nur wenig glaubwürdig. Dies hätte eine große Wirtschaftskrise, immense Arbeitslosigkeit, soziale Probleme und für die Regierung entsprechenden politischen Druck hervorgerufen.

Die Öffnung der Handelsgrenzen und die Zulassung internationaler Konkurrenz schaffte ebenfalls nur eingeschränkte Anpassungswirkungen. Aufgrund überlieferter interbetrieblicher Finanz- und Leistungsbeziehungen, die im Zuge der sinkenden Zahlungsmoral in den ersten Jahren der Transformation noch intensiver wurden, waren ausländische Zulieferer oftmals vom Zugang zu diesen Netzen ausgeschlossen. Dieser wird zudem durch die innerhalb der vertikalen und horizontalen Produktionsnetze getätigten spezifischen Anlageinvestitionen enorm erschwert. Der Konkurrenzdruck durch ausländische Unternehmen kann daher für den Produktionsgütersektor als begrenzt erachtet werden. Der Wettbewerbsdruck war geringer als vielfach erwartet.

Entsprechend dem limitierten Anpassungsdruck verliefen auch die Veränderungen bei der Beschäftigung im Vergleich zu denen im Produktionsbereich nur äußerst zögerlich. Während der industrielle Output von 1990 bis 1992 einem großen Einbruch unterlag, ging die Beschäftigung in der Industrie im gleichen Zeitraum lediglich in kleinen Schritten zurück. Dabei resultierte die Reduzierung der Belegschaft noch häufig aus natürlichen Fluktuationen, Frühpensionierungen und anderen freiwilligen Maßnahmen.[73] Entlassungen wurden, wenn überhaupt,

---

72 Vgl. Rosati, D.K. (1994), S. 20f.

73 Vgl. Hübner, D. (1994), S. 29ff. sowie Carlin, W. et al. (1994), S. 64. Bereits Mitte 1993 war die Zahl der Pensionäre in Polen auf 8,7 Mio. (2,5 Mio. davon erwerbsunfähig) gestiegen, bei einer Gesamtbevölkerung (Erwachsenenbevölkerung/Erwerbsbevölkerung) von 38,5 (28/18) Mio. Personen. Die Sozialausgaben stiegen von 1989 auf 1993 entsprechend von 10 auf 21 vH des BIP.

nur in Einzelfällen vorgenommen. Massenentlassungen wurden von den Arbeiterräten in der Regel nicht genehmigt.[74] In den ersten Jahren des Systemwandels kann insgesamt von einer lediglich geringen Verhaltensanpassung in Richtung einer marktwirtschaftlich orientierten Wirtschaftsweise gesprochen werden, die bei den Akteuren in den Staatsbetrieben stattfand.[75]

Auch die Vielzahl von Privatunternehmen, die sich in Polen in den ersten Jahren nach der Transformation neu formierten, konnten diesbezüglich keine wesentliche Änderung hervorrufen. Dies ist darauf zurückzuführen, daß sich ein Großteil dieser Betriebe in den Bereichen Handwerk, Handel und Dienstleistung positionierte.[76] Von den ca. 1,15 Mio. privaten Personengesellschaften, die 1990 existierten, waren ca. 335.000 bzw. ca. 29,5 Prozent im Industriesektor angesiedelt. In diesem befand sich auch die Mehrheit der Staatsbetriebe. Bis 1992 sank dieser Anteil auf 22,5 Prozent.[77] Des weiteren waren diese Neugründungen nicht selten Ein-Mann- oder Kleinunternehmen, die für den Inhaber lediglich eine Zusatztätigkeit, neben einer Anstellung im Staatssektor beinhalteten.[78] Insgesamt konnte von der Vielzahl der neuen Privatunternehmen kein signifikantes Gegengewicht zu der ökonomischen Macht der staatlichen Industriebetriebe aufgebaut werden. Für letztere entstand insofern auch kein bedeutsamer Anpassungsdruck.

Dies war und ist oft auch gar nicht erwünscht, weil viele der neuen Privatakteure ihre Aktivitäten auf der Existenz der Staatsunternehmen aufbauen und von deren Ineffizienz profitieren. Zahlreiche Kader des alten Systems wickeln über private Nebengewerbe Geschäfte ab, die ihnen häufig erst direkte oder indirekte Kontakte aus ihrer Funktion in einem staatlichen Unternehmen oder einer Behörde eröffnet haben. Als Privatbetriebe deklariert, sind diese aber oftmals faktisch ein Teil eines Staatsbetriebes und durch die enge Beziehung zu letzterem praktisch vor Wettbewerb geschützt. Viele Neugründungen werden auch von den Staatsbetrieben selbst initiiert. Ziel dabei ist es, Aktivitäten auf de jure private

74 Ein zentraler Grund dafür kann in dem drohenden Machtverlust für die Arbeiterräte und Gewerkschaften gesehen werden, die nur in den Staatsbetrieben existierten. Ein geringer Anteil der in Staatsbetrieben Beschäftigten bedeutet eine geringere Zahl der durch Arbeiterorganisationen repräsentierten Personen. Dementsprechend mußte die Arbeiterlobby dann mit einem geringeren politischen Gewicht bei zukünftigen Entscheidungen über die Wirtschafts- und Privatisierungspolitik des Landes rechnen.

75 Vgl. Hübner, D. (1992) und Kiss, Y. (1994), S. 150.

76 In 1992 wurde ca. 80 vH des inländischen Handelsvolumens über private Einzelhändler abgewickelt; ca. 20 vH aller Exporte und ca. 50 vH aller Importe wurden von privaten Betrieben durchgeführt. Im Agrarsektor, wo bereits vor der Wende ca. 30 vH von privaten Wirtschaftssubjekten hergestellt wurde, belief sich der Anteil der Privatwirtschaft an der Gesamtproduktion Ende 1992 auf 80 vH. Vgl. Belka, M. et al. (1993), S. 32.

77 Siehe Belka, M., et al. (1993), S. 33 und Webster, L.M. (1993), S. 63.

78 In 1991 hatten 96,8 vH aller Personengesellschaften nicht mehr als fünf Beschäftigte. Vgl. Webster, L.M. (1993), S. 66.

Unternehmen auszulagern und damit die steuerliche Diskriminierung für Staatsbetriebe zu umgehen.

Für Veränderungen des hier geschilderten defektiven Verhaltens in Staatsbetrieben wären in erster Linie Veränderungen auf politischer Ebene vonnöten gewesen. Diese wurden aber aufgrund spezifischer Interessen- und Machtkonstellationen innerhalb des Wirtschaftsgefüges und im Parlament sowie aufgrund geringer Abstimmung zwischen den Konfliktparteien zunächst nicht in erforderlichem Umfang realisiert. Den Selbstverwaltungsaktivisten als vermeintliche Verlierer der geplanten Eigentumstransformation gelang es trotz der vielerorts stattfindenden Neuorientierungen und Umgruppierungen in den politischen Lagern, die Interessen ihrer Klientel zu mobilisieren und ihre Macht innerhalb der Betriebe aufrechtzuerhalten. Dadurch konnten sie viele Reforminitiativen der Regierung zu Fall bringen oder sabotieren. Fehlende politische und ökonomische Zwänge sowie gesellschaftshistorische Konstellationen haben insgesamt dafür gesorgt, daß sich in Polen nach den ersten Jahren des Umbruchs ein mehr oder minder verzerrtes System einer Marktwirtschaft herausgebildet hat. Eine Selbstpositionierung der Staatsbetriebe außerhalb der neuen Wettbewerbswirtschaft konnte als dominante Reaktion beobachtet werden.

V. 4.2 Fortschreitende institutionelle Erneuerung und zunehmender Anpassungsdruck für Staatsbetriebe

Einige Zeit nach Beginn der Transformation stellten sich in Polen wirtschaftliche Veränderungen ein, die dafür sorgten, daß sich die Verhaltensstrategie vieler Akteure innerhalb der Staatsbetriebe wandelte. Insbesondere traten ca. 2-3 Jahre nach Beginn der Transformation immer größere ökonomische Zwänge für die Staatsbetriebe auf, die zu Anpassungen bezüglich der bisher vielfach defektiven Positionierung führten. Der damit eingeleitete Übergang in die dritte Phase behavioraler Anpassung, ist aber keineswegs nur auf neue ökonomische Realitäten zurückzuführen. Einen ebenfalls wichtigen Anteil an dieser Entwicklung kann der zunehmenden Abstimmung auf politischer Ebene zwischen den verschiedenen Interessenparteien beigemessen werden.

Im folgenden sollen zwei der hierbei als maßgeblich erachteten Prozesse behavioraler Anpassung - einer im ökonomischen und einer im politischen Bereich - näher erörtert werden. Es sind dies:

- Die Härtung der Budgetrestriktionen, insbesondere durch Reformen im Finanz- und Bankensektor und

- die zunehmende Koordinierung der Interessen zwischen der Regierung und der Arbeiterlobby.

(1) Ab 1992 nahm der Umfang der unfreiwilligen Lieferantenkredite stetig ab, nachdem im wesentlichen profitabel wirtschaftende Firmen die daraus entstehende Gläubigerposition gegenüber maroden Unternehmen nicht mehr akzeptierten. Die Geschäfte wurden zunehmend auf der Basis Zahlung bei Lieferung abgeschlossen. Für Verlustunternehmen wurde es auch immer schwieriger, Liquiditätsengpässe durch verzögerte oder nicht geleistete Steuerzahlungen zu lösen. Der Regierung gelang es, die Steuereintreibung insgesamt effektiver durchzuführen.[79]

Auch die bisherige Hauptquelle indirekter Subventionen, Kredite von Staatsbanken, wurde nach den ersten Jahren groben Mißbrauchs zunehmend verschlossen. *Zum einen* kann dies auf eine Anonymisierung und Entpersonalisierung der Interaktionen zwischen den Kreditinstituten und den Unternehmen zurückgeführt werden. Während im Sozialismus zwischen den Managern der verschiedenen Organisationen intensive persönliche Kontakte bestanden, kann angenommen werden, daß diese durch Positionswechsel im Management immer stärker erodieren. Dabei dürften die Transaktionen verstärkt auf eine geschäftliche Basis gestellt werden. *Zum anderen* - und das ist wohl ein Hauptgrund für die betrachtete Verhaltensanpassung - wurde 1992 von der Regierung Polens ein Programm zur Restrukturierung von Unternehmen und Banken initiiert. Dies konnte im März 1993 im Rahmen des sogenannten Unternehmenspaktes auch als entsprechendes Gesetz verabschiedet werden.

Erste Überlegungen hinsichtlich einer Reform des Finanz- und Bankenwesens wurden bereits Ende 1991 angestellt, nachdem Ministerpräsident *Bielecki* die Problematik des bisherigen Finanzierungssystems erkannt hatte und in regelmäßigen Abständen Finanzskandale die Schlagzeilen der Medien füllten. Zwar existierte in Polen bereits in 1987 ein formelles zweistufiges Bankensystem,[80] jedoch wurde dabei keineswegs ein wettbewerbliches Umfeld geschaffen, daß die Geschäftsbanken dazu angeregt hätte, nach marktwirtschaftlichen Prinzipien zu operieren. Zusätzliche in 1990 durchgeführte institutionelle Veränderungen und Liberalisierungsmaßnahmen brachten diesbezüglich ebenfalls

79 Ende 1991 betrugen die Einnahmeausfälle aus nicht gezahlten Steuern 12 vH des gesamten Staatsbudgets bzw. 4 vH des BIP. Bis Ende 1993 sanken die Außenstände auf 8 vH des Haushaltsvolumens. Vgl. Blanchard, O.J. (1994), S. 1170.

80 Von der Nationalbank wurde in 1987 die PKO-Bank abgespalten und dadurch ein zweistufiges System geschaffen. Zu Beginn des Jahres 1989 wurden zudem weitere neun kommerzielle Banken kreiert. Ziel dieser Operation war es, die geldpolitischen Aufgaben einer Zentralbank vom kommerziellen Kreditgeschäft für Unternehmen und Privathaushalte zu trennen und Wettbewerb im Finanzsystem zu initiieren. Vgl. EBRD (1993), S. 100.

keine realen Verbesserungen. Über die im Sozialismus ausgegebenen Kredite führten die Banken noch immer eine symbiotische Beziehung mit den Staatsunternehmen. Die Folge war, daß sich viele Staatsbetriebe noch immer mit öffentlichen Mitteln und ohne echte Rationalisierungsmaßnahmen am Leben halten konnten. Die Bankmanager sahen ihre Interessen analog zu denen der Unternehmensdirektoren und handelten dementsprechend zu deren Gunsten und nicht im Sinne der neuen Staatsführung. Diese stellte aufgrund der geplanten Restrukturierung für die Akteure in den Banken eher eine Bedrohung als eine Befreiung dar.

Zudem war es aufwendiger und unsicherer, mit den neuen und noch unbekannten Privatunternehmen als mit den bisherigen Staatsbetrieben Geschäfte zu machen. Bei letzteren konnte auf altbewährte Routinen zugegriffen werden, und Privatfirmen verfügten aufgrund der erst gering vorangekommenen Bodenreformen nur über wenig dingliche Sicherheiten. Auch *economies of scale* können für die Diskriminierung privater Unternehmen als relevant erachtet werden. Schließlich war es weniger kostenträchtig, einen großen Kredit an einige wenige Staatsbetriebe zu vergeben, als viele kleine Privatfirmen zu finanzieren.

Aber ungeachtet der fehlenden Motivation für eine nach wettbewerblichen Kriterien durchgeführte Kreditvergabe waren die Banken in der Regel auch gar nicht in der Lage, eine solche Politik in die Tat umzusetzen. Weder war ein modernes Rechnungslegungssystem vorhanden, noch war der zukünftige Erfolg der Betriebe - also deren Ertragswert - in angemessener Weise prognostizierbar, um diese Aufgabe erledigen zu können.[81] Das notwendige Maß an Bonitätstransparenz war aufgrund des komplexen Systems von Lieferantenkrediten ebenfalls nicht gegeben. Die Staatsbanken waren in bezug auf Kredite an kleine und mittelständische Privatbetriebe insgesamt sehr zurückhaltend. Diese konnten folglich auch nicht in dem Umfang expandieren wie es notwendig war, um eine wirtschaftliche Gegenmacht zu den Staatsbetrieben und eine entsprechende politische Lobby aufzubauen.

Ferner spielten Privatbanken, die diesem Trend hätten entgegenwirken können, bei der Kreditfinanzierung polnischer Unternehmen in den ersten Jahren nach der Transformation kaum eine Rolle. Mitte 1991 wurden von den neun in 1989 kreierten Geschäftsbanken ca. 90 Prozent des Gesamtkreditvolumens kontrolliert, und zu Anfang 1992 ging ein ebenso hoher Anteil dieses Volumens an Staatsbetriebe.[82] Wenn doch Kreditkapital für private Unternehmen zur Verfügung stand, dann war der Preis dafür vergleichsweise hoch. In den neuen Privatfirmen dominierte somit die Innenfinanzierung, die Thesaurierung von Ge-

81 Vgl. Svenjar, J. (1994), S. 16.
82 Vgl. Slay, B. (1993), S. 249.

winnen. Am Kapitalmarkt kam es demzufolge praktisch zu einem Prozeß der *adversen Selektion*, bei dem nicht solvente Privatunternehmen, sondern primär marode Staatsbetriebe die Nachfrager darstellten. Westliche Privatbanken, die in Polen Niederlassungen oder Repräsentanzen eröffneten, konzentrierten sich auf die Finanzierung von Projekten und Joint Ventures westlicher Unternehmen. Privatfirmen war der Zugang zu Kreditkapital von Auslandsbanken insbesondere aufgrund großer Rechtsunsicherheiten bezüglich der Eigentumsrechte an Grund und Boden versperrt. Ohne die Möglichkeit der Besicherung dieser Wirtschaftsgüter waren große Geldbeträge praktisch nicht zu erlangen.

Zu Beginn des Jahres 1992, nachdem die neun großen Geschäftsbanken in Kapitalgesellschaften des Fiskus transformiert worden waren, wurde vom Finanzministerium ein Entschuldungsprogramm konzipiert. Ziel dieses Programms war es, das Problem der vererbten Kredite in den Bankbilanzen - das vor dem Systemwandel durch Hyperinflation gelöst wurde - und der interbetrieblichen Lieferantenkredite zu bereinigen. Außerdem galt es, die Konkursmechanismen zu verbessern und die Privatisierung der Finanzierungsinstitute voranzutreiben. Der gesamte Finanzsektor sollte rehabilitiert werden, und die wirtschaftlich produzierenden Unternehmen sollten die Möglichkeit zur Umstrukturierung und Expansion erhalten.

In einem ersten Schritt zur Erreichung dieser Ziele wurden die Staatsbanken angehalten, spezielle Entschuldungsabteilungen (debt workout departments) einzurichten und diesen alle notleidenden, vererbten Kredite (bad debts) zuzuweisen. Zudem sollten keine weiteren Gelder an Schuldner verliehen werden, deren Kredite als ausfallbedroht oder uneinbringlich gelten konnten.[83] Dem Gesetz entsprechend sollten anschließend bei den als überlebensfähig eingeschätzten Betrieben individuelle, außergerichtliche Lösungen erarbeitet werden (out of court conciliation proceedings). Diese konnten zum Beispiel einen Umschuldungsplan oder einen Schuldenerlaß beinhalten. Unternehmen, die als unrentabel beurteilt wurden oder bei denen eine Restrukturierung zu große Probleme aufwarf, waren drei andere Möglichkeiten gegeben: Die Einleitung eines Liquidations- oder Konkursverfahren, die Umwandlung der Bankverbindlichkeiten in Kapitalbeteiligungen mit entsprechenden Eigentumsrechten für die Banken (debt-equity swaps) oder die Veräußerung der Gläubigertitel am Kapitalmarkt (securitization).[84] Zum Zwecke der Rekapitalisierung wurde den partizipierenden Banken

83 Bei Jahresende hatten alle Banken entsprechende Abteilungen mit durchschnittlich 15 Mitarbeitern eingerichtet. Allerdings wurden diesen nicht sofort alle notleidenden Kredite zugeordnet. Vgl. Dittus, P. (1994), S. 22.

84 Vgl. Rosati, D.K. (1994), S. 24. Den Banken stand aber lediglich ein Jahr für die Bereinigung ihrer Bilanzen zur Verfügung. Danach waren sie gezwungen, Konkurs anzumelden oder die Verbindlichkeiten zu veräußern.

eine Finanzierung aus Staatsanleihen zur Verfügung gestellt. Diese wurden aus dem im Dezember 1992 kreierten Bankenprivatisierungsfonds gespeist.[85]

Neun Staatsbanken entschieden sich schließlich für das Programm und erhielten bis Ende 1993 für ihre auf ca. 16 Bill. Zloty (PLZ) geschätzten 'bad debts' Schuldverschreibungen des Staates im Wert von ca. 21 Bill. PLZ (ca. 1 Mio. US-Dollar bzw. 1,4 Prozent des BIP in 1993). Bis Ende Februar 1994 wurden für ca. 22 Prozent aller schlechten Kredite Konziliationsverfahren abgeschlossen, für ca. 30 Prozent ein derartiges Verfahren eingeleitet und für 11 Prozent eine Liquidation oder ein Konkurs auf den Weg gebracht.[86] Insgesamt wurden 1994 54 Unternehmen im Rahmen einer bankgeleiteten Privatisierung kommerzialisiert. Debt-equity swaps wurden kaum eingesetzt. Sie wurden 1994 lediglich in zwölf Fällen initiiert.[87]

(2) Daß es zu diesem zunächst einmal positiv zu bewertenden Ergebnis kommen konnte, kann in bedeutendem Maß einer zunehmenden Interessenabstimmung zwischen der Regierung und der Arbeiterlobby zugeschrieben werden. Wesentlich war dabei zunächst die Haltung der Arbeiterlobby gegenüber der Banken- und Unternehmensreform bzw. eine behaviorale Anpassung bei den Gewerkschaften und Arbeiterräten. Als einflußreichste Partei im industriellen Beziehungssystem hatten diese Gruppen bislang in vielen Fällen eine Kommerzialisierung von Staatsbetrieben abgeblockt. Im Frühjahr 1993 stimmten die Gewerkschaften jedoch einem *Unternehmenspakt* zu, obgleich dies bedeuten konnte, daß den Unternehmensinsidern auch ohne deren Einwilligung die Verfügungsrechte entzogen werden konnten.[88] Zudem verzichteten die Arbeiterräte auf das ihnen in 1990 gesetzlich zuerkannte Vetorecht gegen die Privatisierung eines Staatsbetriebs. Im Gegenzug wurde ihnen aber zugesichert, daß sie an den privatisierten Unternehmen unentgeltlich zehn Prozent der Anteilstitel und Sitze in den Management- und Aufsichtsgremien erhalten.

---

85 Letztendlich kam das Geld aber von den G-24 Staaten, die es in 1990 in einen Fonds zur Stützung des Zloty eingezahlt hatten. Dort wurde es bis 1992 aber nicht genutzt und daher an den Bankenprivatisierungsfonds transferiert.

86 Für 8 vH der notleidenden Kredite erfolgte eine Veräußerung am Kapitalmarkt; bei 7 vH wurde eine derartige securitization angebahnt; 6 vH der bad debts wurden zurückgezahlt. Vgl. Grosfeld, I. (1994), S. 26.

87 Zu den noch offenen Fragen und Problemen eines debt-workout-Programms siehe McNaughton, D. (1994), S. 31ff.

88 Dem Gesetz zufolge waren kommerzialisierte Staatsbanken dazu berechtigt, ohne Einschaltung der Gerichte Konkursverfahren gemäß *Chapter 11* des polnischen Konkursrechts durchzuführen. Gläubiger, die mindestens 30 vH der Verbindlichkeiten an einem Unternehmen hielten, konnten ihre Schulden in Anteilstitel umwandeln, was automatisch und ohne Vetorecht der Arbeiterräte die Transformation eines Staatsbetriebes in eine Kapitalgesellschaft bedeutet hätte.

Der Abschluß des Unternehmenspaktes liefert insgesamt ein markantes Beispiel für Anpassungen auf politischer Ebene und die daraus folgenden Entscheidungen für die Richtung und Geschwindigkeit der Systemtransformation in Polen. Am Anfang des Unternehmenspaktes standen Verhandlungen, die seinerzeit von der Regierung *Suchocka* initiiert wurden. In der zweiten Hälfte des Jahres 1992 wurden dazu die Konföderation der polnischen Arbeitgeber für die Arbeitgeberseite und zehn der wichtigsten Gewerkschaften für die Arbeitnehmerseite eingeladen. Zusammen mit der Regierung, vertreten durch den Minister für Arbeit und Sozialpolitik, sollten dabei die Probleme der Staatsunternehmen vor und während deren Privatisierung diskutiert werden. Die Verhandlungen mündeten schließlich am 22. Februar 1993 in die Unterzeichnung des besagten Paktes. Darin wurden einzelne Vorschläge für neue Gesetze und für Anpassungen der bisherigen Gesetze zur Privatisierung von Staatsbetrieben vereinbart. Diese sollen im Parlament gemeinsam unterstützt werden.

Im einzelnen beinhaltet der Unternehmenspakt Regelungen bezüglich der Privatisierung von Unternehmen, der Restrukturierung von Banken und Unternehmen sowie zur weiteren sozialen Absicherung von Arbeitnehmern.[89] Im wesentlichen waren dies die folgenden:

a) Privatisierung von Staatsbetrieben:
(i) Innerhalb von sechs Monaten nach Verabschiedung der eingebrachten Gesetze können die Direktoren oder die Belegschaft ein Privatisierungskonzept für ihr Unternehmen vorlegen. Dieses kann aber aus juristischen oder finanziellen Gründen vom Ministerium für Eigentumsumwandlung (ME) zur Überarbeitung zurückgewiesen werden. Wird in der angegebenen Frist kein Vorschlag unterbreitet, wird das ME selbst über die Eigentumstransformation des Unternehmens befinden.
(ii) Die bisherige Regelung, daß die Arbeitnehmer eines durch Kapitalprivatisierung umgewandelten Staatsbetriebes 20 Prozent der entsprechenden Unternehmensanteile zu einem Vorzugspreis erhalten, wird insofern geändert, als 10 der 20 Prozent nun unentgeltlich zur Verfügung gestellt werden.
(iii) Die Belegschaften größerer Unternehmen (ab 2.500 Mitarbeiter) können jeweils einen Vertreter in das Aufsichtsgremium sowie das Management der privatisierten Unternehmung wählen. Die Möglichkeiten für einen Employee-Buyout sollen allgemein erleichtert werden.

b) Restrukturierung und finanzwirtschaftliche Regelungen für Staatsbetriebe:
(i) Die Restrukturierung und Rekapitalisierung von Banken und Unternehmen - wie oben bereits erörtert wurde - wird weiter vorangetrieben.

---

89 Siehe Ministry of Privatisation (1994), S. 8f.

(ii) Anstelle der 10 prozentigen Zwangsdividende (dywidenda), die von Staatsunternehmen auf deren Grundkapital zu entrichten ist, zahlen die Betriebe eine Dividende vom erwirtschafteten Nettoertrag. Ein Drittel des Überschusses, der bislang in vollem Umfang an das Finanzministerium abgeführt werden mußte, wird für Investitionen verwendet. Die übrigen Gewinne können zu gleichen Teilen als Dividenden und als Erfolgsbeteiligung an die Mitarbeiter ausgeschüttet werden. So können die Mitarbeiter ihr Einkommen erhöhen, während die popiwek - die Strafsteuer auf überhöhte Löhne - weiterhin zur Inflationskontrolle beibehalten wird.

c) Soziale Absicherung für Arbeitnehmer:
(i) Arbeitnehmer, für deren Unternehmen ein Konkursverfahren eingeleitet wurde, erhalten für drei Monate eine finanzielle Unterstützung. Die Höhe dieser Leistung wird vom Minister für Arbeit und Sozialpolitik festgelegt.
(ii) Das Beschäftigungsgesetz wird um Regelungen erweitert, die es den Sozialpartnern ermöglichen, Richtlinien für Unternehmen ganzer Branchen oder Regionen zu vereinbaren. Zudem wird eine dreiseitige Schieds- oder Vermittlungskommission eingerichtet, die intervenieren wird, wenn es dabei zu keiner Lösung kommt. Des weiteren sollen die bisherigen Gesundheits- und Sicherheitsschutzbestimmungen des Arbeitsrechts redigiert und den Richtlinien der International Labour Organisation angepaßt werden.

Diese Vereinbarungen zeigen, daß sich die Hauptkonfliktparteien des Transformationsprozesses in Polen weiter aufeinander zubewegt haben. Die Arbeiterlobby hat in bezug auf die Privatisierung Zugeständnisse gemacht, aber auch der Regierung beträchtliche Vorteile für die Arbeitnehmer abringen können. Von seiten der Gewerkschaften können die Gründe für die Zustimmung zu diesem Pakt darin gesehen werden, daß man sich zunehmend der negativen Auswirkungen der Blockierung der Privatisierung und Restrukturierung, der bisherigen Zahlungs- und Finanzierungspraktiken sowie ganz allgemein der Rivalität zwischen Kapital und Arbeit in Form von lang andauernden Streiks bewußt wurde.[90] Dies gilt insbesondere im Hinblick auf die internationale Wettbewerbsfähigkeit des Landes. Wie wichtig der Import und Export für die Wirtschafts- und Beschäftigungsentwicklung in Polen ist, konnte nach den ersten Jahren des Wandels festgestellt werden. Die Gewerkschaften verloren auch zunehmend an Unterstützung aus der Arbeitnehmerschaft, die in den letzten Monaten einen immer stärkeren Verlust ihrer Wohlstandsposition gegenüber Gleichgestellten in anderen Transformationsländern mitverfolgen konnte.

---

90 Vgl. Kisilowska, H. (1994), S. 2.

Schließlich können auch das im September 1993 auf den Weg gebrachte Projekt „Privatisierung durch Restrukturierung", das im November 1994 eingeführte Programm „Stabilisierung-Restrukturierung-Privatisierung" sowie das letztendlich Mitte 1993 gestartete Massenprivatisierungsprogramm als Ergebnisse einer weiteren Abstimmung zwischen der Regierung und der Arbeiterlobby beurteilt werden.[91]

Mittlerweile haben sich in Polen allerdings eine Vielzahl anderer Interessenverbände und politischer Organisationen formiert, die diesen hoffnungsvollen Entwicklungen entgegen einen Reformkonsens in vielen Bereichen, insbesondere bei der Privatisierung, nicht unbedingt einfacher machen. Der Prozeß behavioraler Anpassung wird wohl trotz der zunehmend greifenden ökonomischen Anreiz- und Kontrollmechanismen noch immer stark auf der politischen Ebene entschieden werden. Um in die *Phase der institutionellen Feinsteuerung und Vertrauensbildung* zu gelangen, scheinen aber mit den beobachtbaren Verhandlungsfortschritten und Privatisierungsinitiativen die entscheidenden Maßnahmen erwirkt worden zu sein.

V. 4.3 Kritische Erfolgsfaktoren bei Polens behavioraler Anpassung in Richtung einer Marktwirtschaft

In dem vierten Abschnitt dieser Länderanalyse wurden bislang die maßgeblichen Systemveränderungen, die in den ersten Jahren der Transformation innerhalb der polnischen Wirtschaft vollzogen wurden, vor dem Hintergrund des Modells behavioraler Anpassung analysiert. Ziel dieser Untersuchung war es, wesentliche Merkmale eines sich anpassenden Verhaltens der Wirtschaftsakteure zwischen den Phasen der Selbstbereicherung und der groben Verhaltensadjustierung zu identifizieren sowie die dabei als zentral erachtbaren Einflußfaktoren und Wirkungszusammenhänge aufzuzeigen. Es sollten die Interdependenzen ökonomischer und politischer Prozesse im Systemwandel Polens an prägnanten Beispielen erörtert und damit zentrale Antriebskräfte und Hemmnisse der

---

91 Das Programm „Privatisierung durch Restrukturierung" basiert auf einer öffentlichen Ausschreibung zur Veräußerung von Staatsbetrieben, bei der externe Managementteams - inländische oder ausländische - dazu angehalten werden, Übernahmeangebote und Restrukturierungsvorschläge für Staatsbetriebe abzugeben. Für die kommerzialisierten Betriebe, die sich für eine Partizipation an diesem Programm entscheiden, selektiert das Privatisierungsministerium dann das favorisierte Angebot. Es engagiert anschließend die externen Führungskräfte via Management-Kontrakt. Die neuen Manager erhalten ein Fixum sowie eine Erfolgsbeteiligung. An der Pilotphase dieses Programms waren insgesamt 27 Unternehmen beteiligt. Bis Februar 1995 wurden 15 Managementteams selektiert und für 4 Firmen Managementverträge abgeschlossen. Vgl. Shaikh, H., Minovi, M. (1995), S. 7f.

Phasendynamik sowie die im vierten Kapitel vorgenommene Einordnung Polens in das Phasenmodell verdeutlicht werden.

Wie auch schon im Rahmen der Privatisierungsproblematik veranschaulicht wurde, ist der soziale Konflikt zwischen der Arbeiterlobby und der Reformregierung eine zentrale Einflußgröße in Polens Übergang zu einer Marktwirtschaft. Eine besondere Brisanz erlangt dieser Konflikt dadurch, daß die Arbeiter bzw. die Unternehmensakteure insgesamt verhältnismäßig großen Einfluß auf die Entscheidungen in Politik und Wirtschaft besitzen und durch den Wandel immense Nachteile bezüglich Wohlstand und sozialer Macht erwarten können. Als kritischer Erfolgsfaktor des Übergangs zu einer funktionsfähigen Marktwirtschaft kann daher der Aufbau eines Systems industrieller Beziehungen erachtet werden. Mit einem derartigen System - wie es sich in Polen zum Beispiel in Form der trilateralen Kommission zu etablieren scheint - gilt es, die verschiedenen Interessen der Konfliktparteien offenzulegen, genauer kennenzulernen und ökonomische Probleme in gegenseitiger Abstimmung zu lösen. Nicht die Erstellung eines optimalen und am Beispiel westlicher Industrienationen orientierten Transformationsprogramms, sondern die von Vertretern der Hauptkonfliktparteien gemeinsam durchgeführte Erarbeitung von Konzepten zur Etablierung effizienter Wirtschaftsstrukturen und -mechanismen ist für Fortschritte bei der Wende in Polen entscheidend. Wenn die Umsetzung ökonomisch rationaler Maßnahmen an der Gegenwehr verschiedener sozialer Kräfte scheitert, hat es wenig Zweck, das erste Ziel zu verfolgen, ohne dabei das letzte zu berücksichtigen.

Nichtsdestoweniger ist ein weiterer Erfolgsfaktor der Anpassung an eine Marktwirtschaft in der Durchsetzung grundlegender Prinzipien eines derartigen Wirtschaftssystems zu sehen. Von höchster Bedeutung sind dabei die Budgetbeschränkungen. Während im Bereich der Neuordnung von Verfügungsrechten durchaus Kompromisse, zum Beispiel im Sinne des Vorschlags von *Weitzman,* vorstellbar sind, gibt es zur Härtung der Budgetrestriktionen keine Alternative. Dadurch können Veränderungen innerhalb der Interaktions- und Machtstrukturen der Wirtschaft erreicht werden, die wiederum auf die Interessen der Wirtschaftssubjekte und deren Durchsetzbarkeit ausstrahlen. Unter anderem kann - wie oben auch erläutert wurde - der Konsolidierung des Finanzsystems eine zentrale Rolle im Hinblick auf die Verhaltensumstellung innerhalb der Wirtschaft hin zu einem effizienteren Umgang mit den verfügbaren Ressourcen beigemessen werden. Insbesondere für den Übergang in die dritte Phase behavioraler Anpassung, bei der von einem Überschreiten der kritischen Schwelle zu einer Marktwirtschaft gesprochen werden kann, sind derartige Veränderungen unabdingbar. Nicht nur in Polen, sondern in allen Ländern, die den Systemwandel erfolgreich bewältigen wollen, gehört dies zu den notwendigen Aufgaben der Regierung.

Harte Budgetgrenzen stehen allerdings oftmals im Gegensatz zu den Interessen der Verlierergruppen des Wandels und können, wenn sie abrupt eingeführt werden, in einigen Bereichen auch ökonomischen Schaden anrichten. Zugeständnisse, das heißt zum Beispiel partiell weiterlaufende oder stufenweise auslaufende Subventionszahlungen, sind daher manchmal sinnvoll und häufig nicht vermeidbar. Wichtig ist, daß sie zügig auf ein geringes Maß reduziert werden und mittelfristig gegenüber unverzerrten Markt- und Wettbewerbswirkungen lediglich eine Ausnahmeregelung darstellen.

V.5 Quo vadis? Zur institutionellen Zukunft Polens

Mit der Einordnung in die dritte Phase behavioraler Anpassung wurde konstatiert, daß Polen die kritische Grenze zu einer Marktwirtschaft überschritten hat und ein Zurück in ein sozialistisch und planwirtschaftlich geführtes Land nahezu ausgeschlossen werden kann. Trotzdem sind noch viele Entscheidungen, die die Ausprägung des neuen Systems anbetreffen, offen. In welche Richtung der institutionelle Wandel genau verlaufen wird, ist, wie in dieser Arbeit insgesamt gezeigt werden sollte, von den Anpassungsprozessen in verschiedenen Subsystemen der Gesellschaft und dabei insbesondere von den begrenzt abschätzbaren ökonomischen Ergebnissen der Ausgestaltung und des Timing transformationspolitischer Maßnahmen und von den limitiert plan- und kalkulierbaren Geschehnissen auf der politischen Ebene abhängig.

Bei einem Blick auf die Historie und die Entwicklungen der ersten Jahre nach der Transformation scheint sich aber für die Zukunft Polens eines abzuzeichnen: Die Arbeiter und deren Interessen dürften weiterhin eine bedeutende Stellung in der Wirtschaft und dem fortschreitenden institutionenellen Wandel einnehmen. Die Arbeiterbewegung dürfte das Wirtschaftsgefüge, die unternehmensinterne Organisation und die Beziehungen zwischen Management, Belegschaft und Staat weiterhin stark prägen. Die führenden Interessen des Landes scheinen Polen in ein Wirtschaftssystem zu überführen, in dem ein vergleichsweise großer Teil der Verfügungsrechte in den Unternehmen von der Arbeiterlobby kontrolliert wird. Nicht nur in der Vereinbarung des Unternehmenspaktes, sondern auch im Rahmen der Mitte 1994 proklamierten "Strategie für Polen" erhielten wirtschaftsdemokratische Aspekte und Institutionen gesonderte Aufmerksamkeit. In letzterem Programm wird unter anderem formuliert, daß ein System von Verhandlungen zwischen den Arbeitgebern und der Arbeitnehmer-Selbstverwaltung etabliert werden soll, mit dem Ziel, hierin über alle zentralen tariflichen, betrieblichen und arbeitsrechtlichen Fragen gemeinsam zu befinden. Entscheidend dabei ist, daß dieses auch für private Unternehmen gelten soll, wobei für die diesbezüglichen Verhandlungen noch die Anwesenheit des Staates vorgesehen ist. Mit einem derartigen neokorporatistischen Modell industrieller Beziehungen könnten sich die Gewerkschaften mit ihrem Ziel durchsetzen, auch die Beschäftigten in den Privatbetrieben als Klientel zu gewinnen.[92]

Im Programm „Privatisierung durch Restrukturierung" ist die Teilnahme für die Unternehmen nicht nur freiwillig, sondern auch, wie kaum anders zu erwarten, nur mit Zustimmung der Gewerkschaften möglich. In Staatsbetrieben sind die Arbeiterinteressen somit doppelt „geschützt": durch die Arbeiterräte und durch die Gewerkschaften. In Kapitalgesellschaften des Fiskus, also in kommerzialisierten Staatsbetrieben, wird die unternehmensinterne Entscheidung im Aufsichtsrat gefällt. Diese kann dann aber noch mit einem entsprechenden Votum der Gewerkschaften negiert werden.

Nach der Interpretation des polnischen Soziologen *Mokrzycki* kommen in den anfänglichen post-sozialistischen Verhaltensweisen der Wirtschaftssubjekte seines Heimatlandes aber nicht nur die weiterhin ausgeprägten Interessen der Selbstverwaltungslobby zum Vorschein. Vielmehr artikulierten sich darin die Bedürfnisse:

a) nach einem starken, schützenden Staat bzw. nach Paternalismus;
b) nach meritokratischer Gerechtigkeit - 'Jeder nach seinen Verdiensten' -, die nicht durch die Kräfte des Marktes, sondern durch wissenschaftliche, 'objektive' Bewertung definiert sein soll;
c) nach einem Sozialstaat, der nicht auf einem Sozialvertrag, sondern auf natürlichen Rechten der Menschen und natürlichen Pflichten des Staates basiert, und
d) nach Teilhaberschaft der Arbeiter am Unternehmensvermögen bzw. nach Selbstverwaltung der Betriebe durch die Arbeitnehmer.

Zwar wurde die Alternative eines Dritten Weges offiziell aus den Visionen der Reformgestalter herausgekürzt. Gleichwohl scheint es aber „als sozialstrukturell definiertes Interesse und Gefahr für die verarmten und atomisierten Menschen" in Polen sowie in vielen anderen Transformationsländern noch immer

92 Diese Klientel drohte ihnen im Zuge der Eigentumstransformation immer mehr abhandenzukommen. Die Privatisierung von Staatsbetrieben bedeutete bislang die Eliminierung der Arbeiterräte und Gewerkschaften aus diesen Betrieben. Wenn dies nicht geändert würde, könnten die Gewerkschaften sich in Zukunft nicht mehr in dem gewohnten Ausmaß den Zielen der Arbeitnehmer des Landes widmen. Dies war seit Beginn der Transformation ohnehin nur noch begrenzt möglich. Die Gewerkschaftsszene hat sich inzwischen in viele Organisationen aufgespalten, die unter sich zerstrittenen sind und sich primär mit politischen Fragen beschäftigen. Vgl. Kisilowska, H. (1994), S. 5 sowie Tomala, K. (1994), S. 14.

lebendig. „Das totalitäre Experiment“, so die markante Formulierung von *Mokrzycki*, „geht weiter, ohne den Experimentator zwar - aber durch das Objekt selbst.“[93]

Ein wesentlicher Schlüssel zum Verständnis der bislang beobachtbaren Probleme in Polen liegt demnach in der Differenzierung zwischen den realen und reproduzierten Interessen der Individuen sowie in der Unterscheidung zwischen einer politischen und ökonomisch-sozialen Transformation. Reale bzw. private Interessen haben sich nur begrenzt herausgebildet. Weiterhin scheint das Denken in bekannten Dimensionen bzw. der Rückgriff auf etatistische Traditionen zu dominieren, was ungezwungen und sozusagen automatisch zu einer Nachbildung des bisherigen sozialstrukturellen Schemas der Gesellschaft und damit zu einer Art Sozialismus führt. Dieser Reproduktionstendenz inhärent ist eine Nachfrage nach bürokratischer, staatlicher Aktivität und Führung. Erwünscht ist jedoch nicht ein Staat auf diktatorischer Basis, sondern einer auf den Grundlagen der Demokratie. Der Staat soll es ermöglichen, das Interesse der Allgemeinheit als Resultat ihres Zusammenwirkens und als Koordination der partikularen Interessen zu realisieren.

Die anfängliche Erwartung, daß sich nach der Befreiung vom politischen Diktat die erhoffte latente Pluralität der Gesellschaft in einer polymorphen Organisation des privaten Interesses und wettbewerblichen Strukturen niederschlägt, wurde aber bislang arg enttäuscht. Die sozialistischen Ideale durchsetzen weiterhin das Streben und Handeln vieler Akteure, sie reproduzierten sich und haben bis dato das Aufkeimen einer westlich-individualistischen Kultur und seiner Proliferation in der politischen Landschaft stark behindert. Insbesondere zeigte sich, daß nicht die ökonomische Effizienz, sondern vielmehr die organisatorische Stärke der Erfolgsmaßstab auf den kreierten und noch stark von sozialistischen Strukturen geprägten Märkten war. Das Ergebnis war, wie *Tatur* formuliert, daß sich „klassische ökonomische Interessen nicht konstituieren konnten, sondern die Betriebe im solidarischen Überlebenskampf von Belegschaft und Direktion gemeinsam daran gingen, ihre Reproduktionsinteressen in defensiven, makroökonomisch oft sinnlosen Strategien zu sichern. Mehr noch: bei genauer Betrachtung der (...) Bedürfnisse und Interessen zeigte sich, daß Bauern, private Geschäftsleute, ebenso die Intelligenz und die Arbeiterschaft Forderungen an den Staat stellen, die auf die Reproduktion der alten Sozialstruktur hinauslaufen und weiter hinauslaufen.“[94] Insgesamt entbrannten soziale Konflikte zwischen den gesellschaftlichen Interessengruppen, die allein mit einer ökonomisch rationalen Trans-

93 Vgl. Tatur, M. (1991), S. 302.
94 Tatur, M. (1991), S. 302.

formationspolitik nicht zu handhaben sind und wohl auch in Zukunft nicht auf diese Weise zu handhaben sein werden.

In welchen Entscheidungen und in welches institutionelle Profil diese Konflikte münden, wie die defensiven Strategien der verschiedenen Akteure in Zukunft aussehen, ob sich der Widerspruch zwischen den politischen und den ökonomisch-sozialen Bedürfnissen in Zukunft auflöst und eine Befreiung der Interessen aus dem Reproduktionsdilemma möglich ist, kann wohl kaum vorhergesagt werden. Dies wird unter anderem durch die allgemeinen wirtschaftlichen Entwicklungen in Polen, durch die Einstellungen der Individuen gegenüber dem neuen System, durch das Gewicht der Staats-, Selbstverwaltungs- und Privatwirtschaftslobby, durch die jeweiligen Parlaments- und Präsidentschaftswahlen sowie durch die von *Weiss* betonte Kreativität der Individuen determiniert.[95] In der Ökonomie sollte man jedenfalls nicht überrascht sein, wenn diese Probleme noch lange nicht gelöst sind.

95 Vgl. Weiss, D. (1995).

ABSCHLIEẞENDE BEMERKUNGEN

„The deeper problem is that getting the property rights right is too narrow a conception of what institutional economics is all about. The more general need is to get the institutions right, of which property is only one part.“[1]

1. Transformationsökonomie der zweiten Generation

Nach nunmehr über einem halben Jahrzehnt seit dem Zusammenbruch des Realsozialismus in Mittel- und Osteuropa und der Entscheidung der dortigen Länder, eine Marktwirtschaft ähnlich der in 'westlichen' Industrienationen zu etablieren, ist die ökonomische Wissenschaft hinsichtlich eines ihrer neueren Erkenntnisobjekte, der Transformation und Reorganisation von Wirtschaftssystemen, um einige Lektionen reicher geworden. Eine der wichtigsten Lektionen, wenn nicht sogar die wichtigste, beinhaltet, daß ein Systemwandel der hier betrachteten Qualität sich nicht als eine Ja-/Nein-Entscheidung eines bestimmten Zeitpunkts darstellt; selbst dann nicht, wenn praktisch die gesamte Bevölkerung des betreffenden Landes hinter einer derartigen Entscheidung steht. Vielmehr ist die Systemtransformation als ein gesamtgesellschaftlicher Anpassungs- und Entwicklungsprozeß charakterisiert, bei dem die hierfür gefällte Entscheidung lediglich als ein auslösendes Moment zu verstehen ist. Ob der angestrebte Systemwechsel letztlich vollendet wird, hängt im wesentlichen von den darauffolgenden institutionellen und behavioralen Veränderungen ab.

Auf die Anpassungs- und Entwicklungsdynamik und deren Einflußgrößen wurde bislang allerdings nur in begrenztem Umfang eingegangen. Die erste Generation der ökonomischen Analyse des Transformationsproblems befaßte sich vornehmlich mit den Instrumenten und Techniken, die zur Übertragung der im 'Westen' bekannten Systeme eingesetzt werden können und sollten. Der Hauptströmung der bisherigen Ordnungs- und Institutionentheorie folgend, war diese Analyse im wesentlichen komparativ-statisch orientiert. Es wurden ein Ausgangs- und Endzustand gegenübergestellt ohne dabei die Prozesse, die sich auf der Wegstrecke von der einen zur anderen Kategorie ereignen, zu thematisieren.

Für den Fokus auf die notwendigen transformationspolitischen Maßnahmen und die dabei anzuwendenden Techniken gab es aber durchaus gute Gründe. Schließlich waren dies die Hauptprobleme, die zu Beginn des Wandels vorlagen.

1 Williamson, O.E., (1995), S. 173.

Als problematisch stellte sich jedoch heraus, daß die praktische Umsetzung und die politische Durchsetzung der ausgearbeiteten Konzepte nur unzureichend berücksichtigt wurde. Eine weitere Problemquelle dürfte sich darin befinden, daß von Anreiz-/Reaktions-Mustern etablierter Marktwirtschaften ausgegangen wurde. Diese Schwierigkeiten auszuschalten, war allerdings auch kaum möglich, da Erfahrungen und Erkenntnisse, die eine sensiblere Analyse erlaubt hätten, nur bruchstückhaft oder überhaupt nicht verfügbar waren. Somit fanden speziell informelle Institutionenstrukturen der betroffenen Länder kaum entsprechend ihrem Stellenwert für das Wirtschaftsgefüge Beachtung. Sie wurden insgesamt nicht ausreichend bezüglich ihrer Wirkung auf die Funktion neu implementierter Institutionen westlicher Prägung geprüft.

Aufgrund der Probleme und Erkenntnisse, die der Transformationsprozeß in der letzten Zeit offenbart hat, befaßt sich die ökonomische Wissenschaft nun verstärkt mit der Frage, warum dieser Wandel nicht so verlaufen ist, wie es beabsichtigt war und welche Faktoren insgesamt für das Ergebnis eines derartigen Prozesses wichtig sind.

In diesem Sinne verfolgte die vorliegende Arbeit das Ziel, wesentliche Einflußgrößen und Wirkungszusammenhänge innerhalb des Transformationsprozesses und damit Wesen und Verlauf der Anpassungs- und Entwicklungsprozesse beim Übergang zu einem marktwirtschaftlichen System genauer zu analysieren. Dabei wurde verdeutlicht, warum es sich bei diesem Vorgang um die Durchschreitung eines - wie eingangs gesagt - komplexen Labyrinths handelt und mit welchen politischen, sozialen und kulturellen Barrieren die Länder konfrontiert werden, die ein derartiges Gebilde passieren. Überdies zeigten die verschiedenen Untersuchungen, insbesondere die Diskussion bezüglich der kognitiven und institutionellen Erbschaften, aus welchen Gründen die Staaten Mittel- und Osteuropas kaum den gleichen Ausgang aus dem Labyrinth finden werden, den einige Zeit zuvor verschiedene Industrieländer in Westeuropa und Nordamerika genommen haben. Nicht zuletzt wurde veranschaulicht, wieso in diesem Zusammenhang kaum von einem steuerbaren und in seinem Endergebnis klaren Vorgang gesprochen werden kann. Die eruierten Reaktionsmuster der Wirtschaftsakteure sowie die speziell am Beispiel Polens aufgezeigten politischen Prozesse haben dies deutlich gemacht. Nicht einmal das Erreichen einer Marktwirtschaft überhaupt, so sollte klar werden, kann nach der Abschluß der Kernphase der Transformation als gesichert angesehen werden. In vielen Ländern ist auch nach ca. fünf Jahren noch nicht entschieden, wohin sich die Wirtschaft entwickeln wird. Zum Beispiel kann derzeit wohl kaum abgeschätzt werden, wie die Zukunft Rußlands aussehen wird.

Mit der Absicht, den betrachteten Transformationsprozeß unabhängig von länderspezifischen Eigenarten in seiner grundlegenden Entwicklungsdynamik und deren Hauptantriebskräften darzustellen, wurde in der vorliegenden Arbeit außerdem ein Modell behavioraler Anpassung kreiert. Dabei wurden zentrale Einflußgrößen und Wirkungszusammenhänge identifiziert, die für ein Fortkommen in Richtung einer funktionsfähigen Marktwirtschaft bzw. für den Übergang in eine neue Anpassungsphase verantwortlich sind.

Für die Gestaltung der Transformationspolitik offenbarte das Modell, daß trotz der eingeschränkten Steuerungsmöglichkeiten einer Regierung wirtschaftspolitische Maßnahmen eine wichtige Stellung innerhalb des Anpassungsprozesses einnehmen. Verlauf, Intensität und letztlich das Resultat des geplanten Systemwandels sind in erheblichem Ausmaß von den Maßnahmen der politischen Entscheidungsträger in der post-Kernphase der Transformation abhängig. Dies gilt, wie gezeigt, insbesondere für den Eintritt in die Phase der groben Verhaltensadjustierung, mit dem der entscheidende Schritt hin zu einer Marktwirtschaft vollzogen wird.

Aufgrund der Bedeutung der Transformationsstrategie und -politik für den Erfolg des Systemwechsels und der diesbezüglich bislang sehr begrenzten Aussagen in der vorliegenden Arbeit, sollen zu diesem Thema nun abschließend noch einige Ausführungen gemacht werden. Besondere Aufmerksamkeit wird dabei darauf gerichtet, wie die vormals sozialistischen Staatsbetriebe in ökonomisch effizient arbeitende Wirtschaftseinheiten transformiert werden können. Die Rationalisierung und Privatisierung von Staatsunternehmen dokumentiert sich allenorts als Nadelöhr des Systemübergangs. Hierbei treten, wie in vorstehenden Kapiteln herausgestellt, sowohl die gravierendsten ökonomischen Probleme als auch die intensivsten sozialen und politischen Konflikte des Wandels auf. Die Bewältigung dieser Schwierigkeiten fällt in beinahe allen Transformationsländern sehr schwer. Es kann als eine der primären Aufgaben der kommenden Jahre angesehen werden, geeignete Rezepte für diesen Bereich der Transformation zu finden.

Auf diesen Punkt gehen die nachstehenden Abschnitte näher ein. Gegenüber den andernorts bereits vielfach diskutierten und ausprobierten Privatisierungsmethoden[2] werden in den folgenden Abschnitten insbesondere alternative Strategien zur Implementierung marktwirtschaftlicher Anreiz- und Kontrollmechanismen für Staatsbetriebe vorgestellt. Hiermit soll ein Beitrag zur Lösung sowohl ökonomischer als auch sozialer und politischer Probleme der Umwandlung von Staatsbetrieben geleistet und Möglichkeiten zur Beschleunigung des Prozesses behavioraler Anpassung aufgezeigt werden.

---

2 Vgl. Bornstein, M. (1992), Leipold, H. (1992, 1992a), Nieder, L. (1993) und Schwartz, G. (1993).

2. *Von behavioraler Anpassung und institutionellem Wandel zur Transformationsstrategie: Institutionenmanagement und Privatisierung in der Anpassungsphase*

2.1 *Institutionenmanagement im Transformationsprozeß*

Aus den in dieser Arbeit identifizierten und eingehend analysierten Anpassungsprozessen zu folgern, daß für den Transformationsprozeß in Mittel- und Osteuropa nur eine gleichermaßen graduelle Strategie des Übergangs in Betracht kommt, wäre ein Fehlschluß. Insbesondere in der Kernphase des Systemwandels ist es nicht nur möglich, sondern auch notwendig, umfassende und zügige Maßnahmen in das Therapiekonzept aufzunehmen, um den Sprung in eine marktwirtschaftliche Ordnung vollziehen zu können.[3] Nur so kann den mit zahlreichen Reformversuchen konfrontierten Wirtschaftsakteuren der vormals sozialistischen Staaten Ostmitteleuropas die notwendige Entschlossenheit für eine Transformation signalisiert werden. Ohne ein solches Signal dürften kaum fundamentale Verhaltensänderungen angeregt werden.[4]

Auf die zum Teil recht polemisch geführte Diskussion, ob eine gradualistische oder eine abrupte Transformationsstrategie die bessere Alternative darstellt, soll hier aber nicht weiter eingegangen werden.[5] Grund dafür ist nicht nur, daß die erforderliche Differenzierung dieser Termini häufig nur fragmentarisch stattgefunden hat und die Auseinandersetzung mit diesem Thema dementsprechend oftmals ins Leere gelaufen ist. Vielmehr wird von einer solchen Diskussion abgesehen, weil sich die Wahl der einen oder anderen Leitlinie primär an den jeweiligen situativen Gegebenheiten und nicht an ex ante formulierten und ideologisierten Lösungsansätzen orientieren sollte. Anderenfalls wird ein Teil der transformationspolitischen Optionen ungeachtet deren ökonomischer Wirkung von vornherein aus der Strategiediskussion ausgeschlossen.[6] An dieser Stelle sollen Strategien aufgezeigt werden, die aufgrund theoretischer und praktischer

---

3 Mit *Balcerowicz* gesprochen, gleicht es einer *crippling truism*, alle möglichen Strategien der ökonomischen Transformation als gradualistisch anzusehen, weil diese stets Zeit erfordern, um ihre Wirkung zu entfalten. Obgleich die Prozesse des Übergangs gradualistisch sind, müssen die applizierten Strategien nicht ebenfalls gradualistisch sein. Vgl. Balcerowicz, L. (1993), S. 6.

4 Vgl. Nunnenkamp, P. (1995).

5 Vgl. auch Clague, C.K (1993), Murrell, P. (1991) und (1992) oder Slay, B. (1994).

6 Die Frage nach dem optimalen Tempo der Reformen sollte, wie auch *Schiavo-Campo* ausführt, mit „it depends“ beantwortet werden. Der genannte Autor spricht auch von der „Torto-hare“ (Schildkröte-Hase, D.D.) -Strategie, die nach Maßgabe der erwarteten Kosten-Nutzen-Relation einer bestimmten Reformaufgabe und des konkreten sozialen Umfelds ein entweder schnelles, abruptes oder ein langsames, graduelles Vorgehen suggeriert. Vgl. Schiavo-Campo, S. (1994), S. 7.

Evidenz die besten Ergebnisse hinsichtlich der Anpassung an marktwirtschaftliche Interaktionsmechanismen erwarten lassen. Von sekundärer Bedeutung ist dabei, ob hierbei ein graduelles oder abruptes Vorgehen stattfindet.

Im bezug auf die Transformationsstrategie ist es zunächst wichtig zu erkennen, daß die zeitlichen Erfordernisse für den Aufbau neuer formeller und informeller Institutionen[7] sowie die ablaufenden Anpassungs- und Rückkopplungsprozesse im Transformationsprozeß bedingen, daß über einen bestimmten Zeitraum hinweg eine aktive Politik zum Aufbau und zur Stabilisierung von marktwirtschaftlichen Mechanismen betrieben werden muß. Dies bedeutet, die formellen Institutionen nach und nach vollständig zu installieren sowie die sich währenddessen permanent und spontan herausbildenden informellen Interaktionsmechanismen zu kontrollieren und zu adjustieren. Zu kontrollieren, um die funktionsbeschränkenden oder -lähmenden Entwicklungen identifizieren zu können. Und zu adjustieren, da die Selbstregulierungskräfte noch nicht als effektiv erachtet werden können, um Fehlentwicklungen entgegenzuwirken. Die Effektivität ist eingeschränkt, weil anfänglich noch von einer relativ instabilen und stark von alten politischen und ökonomischen Strukturen gekennzeichneten Institutionenbasis ausgegangen werden muß.

Es kann auf keinen Fall genügen, den formalen Handlungsrahmen durch Stabilisierungs-, Liberalisierungs-, Umstrukturierungs- und Privatisierungsmaßnahmen zu erneuern und auf eine nachfolgend kongruente Anpassung des informellen Institutionengefüges zu hoffen.[8] Pures Vertrauen auf die einsetzenden Evolutionskräfte reicht als Transformationsstrategie nicht aus, um nach der Kernphase der Transformation das institutionelle Erbe der planwirtschaftlich-zentralistischen Denkkultur abzuschütteln und eine funktionierende Marktwirtschaft zu verwirklichen. Die nach der Kernphase in Gang kommenden Anpassungsprozesse können sich auch in eine von Marktpreiskoordination und Wettbewerb entfernende Richtung entwickeln. Es gibt in diesem Sinne keinen Anpassungsautomatismus.

Als Leitbild einer generischen Transformationsstrategie kommt also letzten Endes nur eine Kombination aus eingangs bewußter Konstruktion und anschließend flankierter Evolution des neuen Institutionengefüges in Frage. In der post-Kernphase muß, anders formuliert, ein nachhaltiges *Institutionenmanagement* be-

---

7 Zur theoretischen Analyse formeller und informeller Institutionen vgl. Kapitel III.4.

8 Auch der IWF scheint sich in dieser Beziehung von seiner traditionell makroökonomisch orientierten Transformationspolitik abzuwenden und einer mikroökonomischen Feinsteuerung im Transformationsprozeß mehr Beachtung zu schenken, wie auch der Aufsatz von Bernstein, B., Boughton, J.M. (1993) andeutet.

trieben werden, um die zeitlich gestreckten Transformationsaufgaben und die dabei auftretenden Wirkungsgegensätze und -anomalien auszubalancieren. Hierzu bedarf es einer Autorität, die imstande ist, die allgemeinen und spezifischen Defizite und Fehlentwicklungen gegen die Opposition verschiedener Interessengruppen zu dezimieren oder zu beseitigen. Es bedarf eines starken Staates,[9] dessen Rolle aber darin beschränkt sein sollte, Anpassung hin zu einer funktionsfähigen Marktwirtschaft zu ermöglichen und zu fördern. Die Anpassung selbst sollte nicht Angelegenheit von Politik und Staat sein. Dies muß die Aufgabe der Wirtschaft sein und bleiben.

Institutionenmanagement bietet viele Ansatzpunkte. Aus den Ausführungen zur Institutionenökonomie in dieser Arbeit kann abgeleitet werden, daß es zur Förderung institutionellen Wandels insbesondere darauf ankommt:[10]

(1) Lernprozesse zu forcieren; zum Beispiel durch Delegierung und Dezentralisierung von Funktionen und Verantwortung, durch Einbeziehung vieler Individuen bzw. großer Teile der Bevölkerung in die Gestaltung des Transformationsprozesses, durch Bildungs- und Austauschprogramme, vor allem aber durch Wettbewerbspolitik und durch die Härtung der Budgetrestriktionen;[11]

(2) Austauschbeziehungen innerhalb der neuen Ordnung und zwischen den nun mehr oder minder selbständig und eigenverantwortlich agierenden Wirtschaftssubjekten und Organisationen zu intensivieren; zum Beispiel durch eine im Rahmen der Restrukturierung und Privatisierung entsprechend angelegten Industrie- bzw. Strukturpolitik;

(3) Machtverschiebungen zugunsten jener Akteure zu initiieren, die einer Kreierung von effizienzforcierenden Institutionen dienlich sind; zum Beispiel wiederum durch Privatisierungspolitik und dabei durch eine gezielte Förderung privater und mittelständischer Betriebe sowie durch die Schaffung wirksamer Kontrollmechanismen für staatliche Großbetriebe.[12]

---

9 Vgl. McFaul, M. (1995), insb. S. 213ff.

10 Vgl. Kapitel III.4., insbesondere III.4.2.

11 Ein dirigistischer Politikstil muß als problematisch erachtet werden. Dies war stets die Vorgehensweise des *ancien regime* und könnte somit das Vertrauen in die Transformation stark beeinträchtigen. Vgl. auch Przeworski, A. (1995), S. 141.

12 Industrielle Reorganisation und Mittelstandsförderung ist deshalb sehr wichtig, weil eine sehr hohe Konzentration der Wirtschaft, wie sie im Sozialismus Ostmitteleuropas anzutreffen war, eng mit dem Erfolgspotential für rent seeking-Aktivitäten verbunden ist. Interessengruppen können Ausnahmeregeln, öffentliche Alimentierung und Wettbewerbsprotektion besonders dann erlangen, wenn sie eine große wirtschaftliche und soziale Bedeutung haben. Je geringer die Konzentration in der Wirtschaft ist, umso niedriger ist auch das Lobbyingpotential einzelner Wirtschaftsakteure und damit die Einflußnahme auf die Wirtschaftspolitik der Regierung. Vgl. Audresch, D.B. (1994), 25f.

Aus der Sicht behavioraler Anpassung an eine Marktwirtschaft bedeuten diese drei Aspekte, daß Anreiz-, Kontroll- und Sanktionsmechanismen eines Wirtschaftssystems in den Mittelpunkt transformationspolitischer Überlegungen zu stellen sind. Institutionenmanagement allgemein beinhaltet insofern, eine möglichst effiziente Ausgestaltung dieser Mechanismen herbeizuführen. Zwar ist nicht davon auszugehen, daß damit alle Probleme der Systemtransformation erklär- und lösbar sind. Ein fundamentaler Zusammenhang zwischen der ökonomischen Entwicklung einer Gesellschaft und deren Anreiz- und Kontrollinstitutionen ist jedoch unbestreitbar. Wie unter anderem die Wirtschaftsgeschichte immer stärker offenbart, dürfte das Institutionengefüge einen wichtigeren Wirtschaftsfaktor verkörpern als der Bestand an Geld-, Produktions- und Humankapital, natürlichen Ressourcen oder Informations- und Produktionstechnologien. Ähnliches haben auch die Jahrzehnte des Sozialismus in Mittel- und Osteuropa erkennen lassen. Insbesondere kann dabei auf die Verhaltensweisen der Individuen und auf das Wirtschaftsergebnis dieser Länder verwiesen werden. Trotz einem immensen Reichtum an Naturgütern, der Fähigkeit zur Herstellung von Spitzentechnologie und einem soliden Ausbildungsniveau der Bevölkerung hat man es in der ehemaligen Sowjetunion nicht vermocht, den Wohlstand insgesamt auf ein entsprechendes Niveau zu bringen.

2.2 Institutionenmanagement für Staatsbetriebe

Institutionenmanagement bzw. der nachhaltige Aufbau von marktwirtschaftlichen Anreiz- und Kontrollstrukturen scheint besonders für die ehemals sozialistischen Unternehmen in den Transformationsländern notwendig. Ein halbes Jahrzehnt nach Beginn der fundamentalen Veränderungen in den Gesellschaftssystemen Mittel- und Osteuropas kann allenorts festgestellt werden, daß die Rationalisierung und Privatisierung von Staatsbetrieben eines der brennendsten Probleme darstellt.

Die Neuverteilung der Eigentumsrechte an kleinen Betrieben stellt dabei in der Regel keine große Schwierigkeit dar.[13] Kleine Handels- und Landwirtschaftsunternehmen, Restaurants, Hotels und andere Kleingewerbe sind oft Selbstversorgerbetriebe, in denen die Manager auch Eigen- oder Miteigentümer sind. Für eine Privatisierung dieser Betriebe sind zudem nur kleine Geldbeträge erforderlich, die trotz allgemeiner Kapitalknappheit von den bisherigen Managern und Mitarbeitern oder anderen Einzelinvestoren finanziert werden können. Eine effiziente Eigentümerkontrolle ist durch die enge Verbindung, oftmals sogar durch

13 Nichtsdestoweniger sollte die Bedeutung der Privatisierung kleiner Unternehmen nicht unterschätzt werden. Es kann erwartet werden, daß von diesen Betrieben der Hauptteil des zukünftigen Wirtschaftswachstums erzeugt wird. Vgl. Fischer, S. (1992), S. 233.

die Identität der Management- und Residualeinkommensposition gegeben. Hinzu kommt, daß bei der Durchführung dieser Aufgabe nahezu kein politischer Widerstand auftritt, selbst nicht in Ländern des so bezeichneten Typs T. Dies ist darauf zurückzuführen, daß Entlassungen nur in geringem Umfang vorkommen und daher nicht wesentlich in den Machtbereich der Unternehmensinsider oder der Arbeiterlobby insgesamt eingegriffen wird.[14] Aus diesen Gründen kann der Weg der direkten Veräußerung auch für viele mittelständische Betriebe relativ problemlos beschritten werden.

Die Aufgabe der Unternehmensprivatisierung ist aber gerade im Transformationsprozeß sozialistischer Planwirtschaften problematisch, weil diese durch große Unternehmen gekennzeichnet sind.[15] Viele der betroffenen Volkswirtschaften werden auch nach einigen Jahren des Wandels weiterhin von staatlichen Großbetrieben dominiert, die nicht selten noch mit Subventionen am Leben erhalten werden. Sie können oftmals nicht privatisiert werden, weil kapitalkräftige Investoren fehlen oder die Privatisierungsgegner dies bislang zu verhindern wußten. Ineffizientes Verhalten ist daher noch immer eher die Regel als die Ausnahme.

Zur fortdauernden Dominanz von Staatsbetrieben muß allerdings gesagt werden, daß nicht die Eigentumsverhältnisse an einer Unternehmung oder generell an einem Gut an sich entscheidend für das Ausmaß der beobachtbaren Verhaltensprobleme sind. Anders formuliert, ist nicht allein die Tatsache, ob sich ein Gut rechtlich in der Verfügungsgewalt des Staates oder eines privaten Wirtschaftssubjekts befindet, maßgeblich für den Umgang mit diesem Gut. Die Essenz liegt vielmehr in den Handlungen und Entscheidungen, die die eine oder andere Verfügungsrechtsanordnung im Zusammenhang mit dem wirtschaftlichen Umfeld bei den Individuen induziert und darin, wie sich das Verhalten auf den Zustand und die Entwicklung einer Wirtschaft auswirkt. In einem entsprechenden

---

14 Die *kleine Privatisierung* wurde in allen mittel- und osteuropäischen Transformationsländern an den Anfang der Eigentumstransformation gestellt und bereits weitgehend abgeschlossen. Als problembeladen erwies sich lediglich die Privatisierung von Land und Boden. Zu den Entwicklungen im Bereich der *small scale privatization* siehe auch EBRD (1993a), S. 40. Für die Tschechische Republik, Polen und Ungarn siehe insbesondere Frydman, R., Rapaczynski, A., Earle, J.S., Turkewitz, J. (1994).

15 *Newbery* und *Kattuman* geben an, daß der Durchschnittsbetrieb in den sozialistischen Transformationsländern etwa um das Zehnfache größer war als in westlichen Marktwirtschaften. Vgl. Newbery, D.M., Kattuman, P. (1992). Ein Vergleich der Größenverteilung von Unternehmen gibt diesbezüglich weiteren Aufschluß. Zum Beispiel hatten nur ca. 5 vH der Industrieunternehmen in der ehemaligen Tschechoslowakei weniger als 100 Mitarbeiter. In der Bundesrepublik Deutschland und in Italien sind es im Gegensatz dazu ca. 99 vH. In Polen lag der Mittelwert der Beschäftigtenzahl pro Unternehmen vor der Wende bei 378. In der Europäischen Union liegt dieser Wert bei weit unter 100. Vgl. Audresch, D.B. (1994), S. 26.

Umfeld können selbst staatliche Betriebe zu effizienter Wirtschaftsweise angeregt werden.

Zur Erzielung effizienter Verhaltensweisen in Unternehmen stellt deren Privatisierung zwar ein konkurrenzlos wirkungsvolles Mittel dar.[16] Letztlich ist es aber nicht die Privatisierung von Staatsbetrieben als solche, sondern die damit einhergehende Neuordnung der Verhaltensanreize in Richtung einer verbesserten Nutzung von Ressourcen, die für die wirtschaftliche Entwicklung einer Gesellschaft wichtig ist. Eine derartige Neuordnung sollte daher auch im Zentrum des Systemwandels und der Transformationspolitik stehen.[17]

Bedingt durch die aufgezeigten Grenzen bei den konventionellen Methoden der Privatisierung - Direktverkauf an Investoren oder Verkauf über den Kapitalmarkt - ist daher in Erwägung zu ziehen, auch alternative Instrumente zur Effizienzsteigerung in staatlichen Betrieben einzusetzen. Es gilt, Privatisierungs- und Kommerzialisierungsstrategien und -modelle zu entwickeln, die hinsichtlich der betrieblichen Anreiz- und Kontrollinstitutionen, der finanzwirtschaftlichen Restriktionen sowie der politökonomischen Schwierigkeiten eine breite und schnelle Anpassung an marktwirtschaftliche Interaktions- und Produktionsprozesse erwarten lassen. Die Verhaltensanreize der Wirtschaftssubjekte sind, anders formuliert, derart zu strukturieren, daß ein möglichst effizientes Verhalten der Entscheidungsträger provoziert wird. Dies sollte bei den noch zu privatisierenden oder sich im Prozeß der Privatisierung befindenden, aber auch bei den kurz- und mittelfristig nicht privatisierbaren sowie langfristig in staatlicher Hand verbleibenden Unternehmen angestrebt werden. Mit verschiedenen Möglichkeiten, diese Zielsetzung zu verwirklichen, wird sich der folgende Abschnitt beschäftigen.

---

16 „The crucial difference between private and political (publicly owned) firms is that ownership in the latter effectivily is nontransferable. This situation rules out specialization in their ownership, inhibiting the capitalization of future value consequences into current transfer prices and reducing the incentive of those who bear such consequences to monitor managerial behavior. As a result, managers of political firms typically have greater opportunity for discretionary behavior - as judged by market standards - than do managers of privately owned firms. This implies that private firms are more likely than comparable government-owned firms to introduce cost-reducing innovations, to adopt cost-minimizing input combinations, to incur lower operating costs, to produce a greater variety of output, to use less capital-intensive production techniques, and to incur lower production costs.“ De Alessi, L. (1983), S. 68.

17 Vgl. North, D.C. (1994), S. 366 oder auch Estrin, S., Perotin, V. (1991).

3. *Institutionenmanagement im Rahmen der Privatisierung und Kommerzialisierung von Staatsbetrieben*

3.1 *Massenprivatisierung: Instrument und Auslöser institutionenellen Managements*

Nach den ersten Jahren im Umgang mit der Privatisierung von Staatsunternehmen weist vieles darauf hin, daß es einer Art der Massenprivatisierung (MP) bedarf, um einen beträchtlichen Teil der sozialistischen Großbetriebe in absehbarer Zeit einem privatwirtschaftlichen Regime zu unterstellen.[18] Nur für eine begrenzte Zahl dieser Firmen konnte bislang ein natürlicher in- oder ausländischer Investor gefunden werden. Ein Großteil der Betriebe würde aber auch mittelfristig nicht in den Verantwortungsbereich privater Akteure übergehen, wenn nicht eine marktunabhängige, konstruierte Verteilung von kleinen Anteilseinheiten an bestimmte Gesellschaftsgruppen realisiert würde. Neben einem direkten Verkauf von Unternehmen, für die sich Großinvestoren finden lassen, kann die MP als eine wichtige Privatisierungsalternative erachtet werden.[19]

Der Vorteil einer MP liegt in erster Linie in einer relativ schnell durchführbaren Privatisierung einer großen Zahl von Unternehmen bei gleichzeitiger Lösung des Problems beschränkter Finanzmittel. Des weiteren kann dieser Methode, die eine Verteilung einer großen Zahl von Anteilstiteln der jeweils zu privatisierenden Betriebe an die breite Bevölkerung beinhaltet, eine gewisse 'Fairness' zugeschrieben werden. Sie sorgt nicht nur für eine relativ gleichmäßige Distribution des ehemaligen Gesellschaftsvermögens an eine große Zahl von Individuen, sondern vermindert auch die Möglichkeiten der alten Nomenklatura, sich an der Neuverteilung der Ressourcen zu bereichern. Die Verminderung des Problems der Unternehmensbewertung kann ebenfalls als Produkt dieses Ansatzes angesehen werden. Nicht zuletzt ist zu erwarten, daß ein erhöhter Umlauf von Aktien eine Beschleunigung der institutionellen Entwicklungen am Kapitalmarkt sowie eine verstärkte Einbindung der Bevölkerung in marktwirtschaftliche Prozesse erwirken kann. Hierdurch können mitunter mehr Verständnis, Aktivität und Unterstützung der neuen Wirtschaftsordnung hervorgerufen werden.[20] Insgesamt

---

18 Vgl. Frydman, R., Rapaczynski, A. (1991a), S. 260 sowie Boycko, M. et al. (1994), passim.

19 "If the alternative is half a century to a century of privatization, shortcut privatization is not only possible but also highly desirable. (...) Therefore, free distribution to the population is preferable for reasons of both political efficacy and equity." Winiecki, J. (1992a), S. 275.

20 Die MP kann aber auch zu großer Frustration in der Bevölkerung führen, wenn ein Unternehmen kurz nach der Veräußerung den Bankrott erklären muß. Vgl. EBRD (1992), S. 11. Deshalb ist es wichtig, daß nur Unternehmen mit einem gewissen Er-

dürften mit Hilfe einer beschleunigten Privatisierung einer großen Zahl von Unternehmen bedeutende positive Externalitäten erzeugt werden können.[21] Diese können insbesondere in großen Transformationsländern wohl nur durch eine Art der MP erzielt werden.

Ein gravierendes Problem bei einer breiten Streuung der Eigentümerposition von Unternehmen, die durch ein Massenprivatisierungsprogramm (MPP) verursacht wird, liegt allerdings in der anschließenden Durchführung effizienter Managementkontrolle. Für die Anteilseigner ist eine intensive Kontrolle insbesondere durch hohe Transaktionskosten und einem vermeintlich geringen Nutzen individueller Überwachungsaktivitäten wenig attraktiv.[22]

Das Kontrollproblem kann dadurch gehandhabt werden, daß eine Rekonzentration der Eigentumsrechte innerhalb eigens dafür errichteter - und in diesem Sinne artifizieller - Finanzintermediäre oder Investmentgesellschaften erfolgt. Diese stellen dann die core-Investoren der Unternehmen dar. Dabei ist es allerdings von immenser Bedeutung, einen adäquaten rechtlichen und organisatorischen Rahmen für die Tätigkeit der Finanzintermediäre zu schaffen. Fehlwirkungen, die aus der neuen principal-agent-Relation entstehen können, muß durch entsprechende Regeln Rechnung getragen werden. Die Rahmenbedingungen müssen insgesamt so gesetzt werden, daß sie eine effiziente Steuerung und Kontrolle der zu privatisierenden Unternehmen durch die Finanzintermediäre sowie eine Überwachung der Finanzintermediäre selbst gewährleisten.[23] In diesem Sinne müssen für die institutionelle Ausgestaltung der kreierten Investmentfonds drei wesentliche Fragen beantwortet werden:

- Wer soll die Finanzintermediäre kreieren und kontrollieren und wer deren finanzielle, personelle und organisatorische Struktur festlegen?

---

folgspotential in ein MPP aufgenommen werden. Zeitliche Vorteile sowie eingesparte Bewertungsproblememe eines MPP werden dabei allerdings etwas relativiert.

21 Zu den potentiellen positiven externen Effekten in bezug auf den Umfang des Privatsektors einer Wirtschaft siehe auch Roland, G., Verdier, T. (1994).

22 Eine breite Streuung der Anteilstitel würde dem US-amerikanischen Kapitalmarkt- bzw. governance-Modell gleichkommen. Um in einem solchen System effektive Managementkontrolle zu erzielen, ist ein sehr ausgefeiltes Institutionensystem - Brokerfirmen, Informationssysteme, Rechnungslegungsnormen etc. - erforderlich. Dies liegt daran, daß Kontrolle über den Kapitalmarkt durch *exit,* also durch Verkauf von Anteilen sowie durch Unternehmensübernahmen, mit der Bedrohung für das Management, ausgewechselt zu werden, ausgeübt wird. Bei Kontrolle über *voice*, das heißt, über die Benutzung des Stimmrechts der Anteile, um die eigenen Interessen in der Unternehmensführung durchzusetzen, ist ein sehr ausgereiftes Informations- und Kapitalmarktinstitutionennetz keine entscheidende Größe. Da die letztgenannten Systeme lange Zeit benötigen, sich zu entwickeln, ist das US-amerikanische Modell in Ostmitteleuropa sehr problematisch. Vgl. Gray, C.W., Hanson, R.J. (1993), Frydman, R., Rapaczynski, A. (1992) und Phelps, E.S. et al. (1993).

23 Vgl. Gray, C.W., Hanson, R. (1993), S. 12.

- Wieviele Finanzintermediäre sollen kreiert werden und welche Beziehung soll zwischen ihnen bestehen?
- Wie sollen die Finanzintermediäre die Anteilstitel der Unternehmen erhalten und unter welchen Bedingungen soll ein späterer Handel stattfinden?

In der Praxis wurden diese Fragen auf vielfältige Weise angegangen. Allerdings können zwei Basiskonzepte differenziert werden, die im folgenden abgegrenzt und auf die theoretische Effizienz ihrer Gestaltungs- und Regulierungselemente untersucht werden sollen.

(1) Ein erstes Basiskonzept zeichnet sich primär dadurch aus, daß die Finanzintermediäre bzw. Investmentfonds nicht vom Staat kreiert werden. Zur Gründung einer solchen Gesellschaft ist prinzipiell jedes Wirtschaftssubjekt berechtigt. Es besteht mehr oder weniger - wie auch *Balcerowicz* zunächst für Polen vorsah - freier Marktzugang. Ein zweites wesentliches Kennzeichen dieses Ansatzes ist, daß die Voucher- bzw. Kupon-Besitzer selbst mit den Kuponpunkten für den Erwerb von Unternehmensanteilen votieren können. Es steht ihnen frei, dieses Recht auf die kreierten Finanzintermediäre zu übertragen. Insgesamt kann hierbei auch von einem *liberalen Modell* gesprochen werden, da es im wesentlichen auf freiwillige Aktivitäten der Wirtschaftsakteure und auf Marktkräfte vertraut. Repräsentativ für dieses Modell ist die Tschechische Republik.[24] Auch in Rußland wurde diese Konzeption gewählt.

(2) Innerhalb des zweiten Basiskonzepts ist die Gründung von Investmentfonds bzw. Finanzintermediären ausschließlich durch den Staat möglich. Durch ihn wird eine beschränkte Anzahl von Investmentfonds kreiert. Kennzeichnend für diese Form ist auch die direkte staatliche Zuweisung aller Aktien der für die MP ausgewählten und korporatisierten Unternehmen an die verschiedenen Intermediäre. Diese erfolgt nach einer im voraus bestimmten Formel. Jedem erwachsenen Bürger wird sodann ein Anteil an jedem Fonds zugeteilt. Eine direkte Beziehung zwischen den Anteilseignern und den Betrieben besteht daher nicht. Von Beginn an werden dabei für jedes beteiligte Unternehmen Haupt- bzw. core-Inter-

24 In der Tschechoslowakei wurde die MP im Jahre 1991 eingeleitet, bei der allen Personen ab dem 18. Lebensjahr die Möglichkeit zum Erwerb von 1.000 Voucherpunkten gegeben wurde. Während der ersten Auktion im zweiten Halbjahr 1992 konnten diese dann entweder für ein eigenes Kaufvotum für Anteile der einbezogenen 1.491 Staatsbetriebe (988 davon tschechische) abgegeben oder an einen der über 400 entstandenen Investmentfonds (IPF) gegeben werden. In 1993 begann in der Tschechischen Republik die zweite Phase der Voucherprivatisierung, die Anfang 1995 zum Abschluß gebracht wurde. Dabei offerierten 353 private IPFs ihre Dienste und 861 Betriebe wurden privatisiert. Zu näheren Einzelheiten des Privatisierungsprogramms der Tschechischen Republik siehe Coffee, J.R. (1994) und Mejstrik, M. (1993).

mediäre kreiert. Diesen wird ein großer Anteil der Aktien einzelner Betriebe zugewiesen, die dann zu einer entsprechenden Ausübung der Unternehmenskontrolle führen soll. Insgesamt kann dieser Ansatz als *restriktives Modell* bezeichnet werden, da den Akteuren strenge Handlungsbeschränkungen auferlegt werden und der Staat in großem Umfang interveniert und reguliert. Repräsentativ hierfür ist das MPP, wie es derzeit in Polen angegangen wird. Das Vorgehen in Rumänien kann ebenfalls diesem Ansatz zugeordnet werden.[25]

Wie sind nun diese Modelle in bezug auf die Herbeiführung effektiver Kontrolle für die zu privatisierenden Betriebe zu beurteilen? Und welcher Ansatz erlaubt eine wirksame Kontrolle der Finanzintermediäre?

(a) Dem restrktiven Modell kann zugute gehalten werden, daß es durch die Bestimmung von Anzahl und personeller Struktur der Finanzintermediäre diesen Markt zunächst stark überwachen kann. Hinsichtlich einer effektiven Ausübung von Managementkontrolle und ökonomischer Effizienz ist jedoch zu bemerken, daß hierbei im Grunde genommen wieder bürokratische Institutionen geschaffen werden. Die Fonds stehen in enger Verbindung mit dem Staatsapparat und unterliegen daher starkem politischen Einfluß.[26] Es besteht die Gefahr, daß derartig geformte Investmentfonds lediglich eine begrenzte Bereitschaft zur Übernahme von Risiken, zur Kontrolle von Unternehmen und zur Wertmaximierung ihrer Portefeuilles besitzen. Bedingt durch ihren quasi-staatlichen Charakter können sich die Fonds, wie zuvor die Staatsbetriebe, auf eine finanzielle Absicherung durch den Staat verlassen. Die oligopolistische Struktur und die Geschlossenheit des Marktes sind zudem gute Voraussetzungen für kartellmäßige Zusammenarbeit und Konzentration durch die Mitglieder. Werden diese Verhaltensweisen realisiert, ist eine Entwertung der Interessen der Aktieninhaber sehr wahrscheinlich, weil Wettbewerbskräfte und damit Leistungsanreize ausgehebelt werden. Ein Fehlen dieser Anreize dürfte sich in gleicher Weise negativ auf die Restrukturierungsbemühungen für Unternehmen auswirken. Als eng mit dem Staat in Verbindung stehende Akteure, kann erwartet werden, daß politischer Druck auf den Staat ausgeübt wird, wenn finanzielle Schwierigkeiten auftreten.[27] Ein fortwährender Staatsinterventionismus und 'italienische Verhältnisse' dürften daher bei diesem Ansatz in Zukunft kaum überraschen.

---

25 Vgl. Bornstein, M. (1992), S. 297. Die Zahl der Intermediäre wurde in Rumänien auf 5, in Polen bislang auf 15 begrenzt.

26 Vgl. EBRD (1992), S. 15.

27 Vgl. Frydman, R., Rapaczynski, A. (1992a), S. 30f. Die genannten Gefahren waren letztendlich auch ein Grund dafür, daß das Privatisierungsprogramm Polens von den USA nicht finanziell unterstützt wurde und daß in erster Linie Gelder für die MP in der Tschechischen Republik bereitgestellt wurden. Vgl. Thomas, S. (1995), S. 10f.

(b) Der freie Marktzugang für potentielle Investmentfondsanbieter und der direkte Kontakt zwischen den Anteilseignern und den Unternehmen innerhalb des liberalen Modells implizieren hingegen enorme Anreiz- und Kontrolleffekte durch Wettbewerb. Wettbewerb entsteht zwischen den Investmentfonds um die Anteilseigner, aber auch zwischen den bereits existenten und potentiell auf den Markt kommenden Investmentfonds. Mit *William Baumol* gesprochen, beinhaltet das liberale Modell Wettbewerb durch *contestable markets*. Die Finanzintermediäre werden in direkter Weise dem Leistungsprinzip unterstellt, da die Anleger denjenigen Fonds ihre Anteilsrechte überlassen, von denen sie die höchsten Wertsteigerungen und Einkünfte aus ihren Unternehmensbeteiligungen erwarten. Außerdem ist die Wahrscheinlichkeit, daß andere Wirtschaftssubjekte auf den Markt drängen und den existenten Fonds Anteile und Einkünfte streitig machen, umso größer, je geringer die Leistungen der aktuellen Marktteilnehmer sind. Das oben genannte Problem der Kontrolle der Finanzintermediäre wird auf diese Weise stark reduziert.[28]

Als Nachteile des liberalen Modells sind insbesondere die hohe Komplexität, die Informationsprobleme der Voucher- und Anteilseigner und die relativ hohen Transaktionskosten (TK) zu nennen. Diese Probleme könnten den Erfolg dieser Privatisierungsmethode aufgrund von Akzeptanzproblemen in der Bevölkerung erheblich schmälern. Insgesamt kann hierdurch aber ein weniger negativer Effekt auf die Effizienz des Gesamtkonzepts erwartet werden, als dies durch die Ausschaltung von Wettbewerb geschieht, wie es im restriktiven Modell der Fall ist. Wenn es um die Anpassung innerhalb eines Wirtschaftssystems geht, kann staatlichen Regeln für gewöhnlich eine geringere Effektivität zugeschrieben werden als den Mechanismen des Marktes. Letztere sind insgesamt flexibler und können sich in der Regel schneller auf veränderte Umweltsituationen einstellen. Und weil das Ziel der Transformation eine Marktwirtschaft ist, sollte den marktwirtschaftlichen Institutionen auch stets Vorrang auf dem Weg dorthin gewährt werden, damit diese sich entwickeln können.

Überdies kann angenommen werden, daß die TK durch eine forcierte Institutionenbildung, die eine aktive Teilnahme vieler Akteure eher zu bewirken vermag, relativ zügig gesenkt werden. Informationsprobleme dürften daher verhältnismäßig schnell eingedämmt werden. Existieren nur einige wenige Finanzintermediäre wie im restriktiven Modell, kann dies auf lange Sicht nur eine relativ geringe Informationseffizienz am Kapitalmarkt bewirken. Markttransaktionen dürf-

28 Allerdings besteht eine Gefahr durch unlauteren Wettbewerb, zum Beispiel durch überzogene Renditeversprechungen für Anleger. In der Tschechischen Republik hat sich dies in den Aktivitäten durch den 'Harvard-Fonds' gezeigt.

ten dann eher selten und 'unter der Hand' ablaufen und Informationsaustausche vielfach informeller Natur sein.[29]

Zusammenfassend läßt sich sagen, daß das hier so bezeichnete liberale Modell theoretisch die besseren Voraussetzungen zur Etablierung effektiver Managementkontrolle und zur Erwirkung effizienter Wirtschaftsaktivitäten mitbringt. Prinzipiell sollte daher dieses Modell in den Transformationsländern eingesetzt werden.[30] Den Erfahrungen in Rußland und der Tschechischen Republik zufolge bedarf dieses aber erheblicher Feinsteuerung, damit die corporate governance-Funktion effizient ausgeübt werden kann.[31]

Auf weitere Aspekte der institutionellen Ausgestaltung eines MPP soll hier aber nicht weiter eingegangen werden. Aus den bisherigen Erörterungen dürfte klar geworden sein, daß mit dem Einsatz einer derartigen Privatisierungsmethode ein Beitrag zur Bewältigung von Anreiz- und Kontrollproblemen in den zu reorganisierenden Staatsbetrieben geleistet werden kann, daß dabei aber auch in großem Umfang neuer Bedarf an institutionellem Management hervorgerufen wird. Im Laufe der Zeit dürften auch noch weitere Verhaltensprobleme bezüglich der MP-bedingten Institutionen und Interaktionen zutage treten, für die zusätzliche Regelungen gefunden werden müssen.[32]

Worauf hier hingegen noch hingewiesen werden soll, ist die Gesamtbedeutung der MP für die Transformation von Staatsbetrieben eines Landes. Dazu ist festzuhalten, daß unabhängig davon, welches Modell letztendlich zur Anwendung kommt, ein MPP nur für einen kleinen Teil des zu privatisierenden Staatssektors eine Privatisierungsoption darstellen kann. Der ausschließliche Einsatz der MP mit Investmentfondsgesellschaften als Kontrolleure der Unternehmensleitungen der Staatsbetriebe ist - selbst wenn dies möglich wäre - in jedem Fall abzulehnen. Dies gilt selbst dann, wenn die Anreizdefekte, die eine Kontrolle von

---

29 Durch das liberale Modell werden, wie auch *Shafik* heraushebt, intensive Lernprozesse initiiert. Und wie bereits erörtert, stellen diese einen wesentlichen Faktor für die Bildung von Institutionen dar. Vgl. Shafik, N. (1994), S. 22-24.

30 Der hohen Komplexität zur Folge kann es hierbei aber eine geraume Zeit in Anspruch nehmen, bis die Unternehmen effektiv vom Staats- in Privatbesitz übergegangen sind; mindestens ein bis zwei Jahre. Dementsprechend sollten für die Ausübung der Verfügungsrechte in dieser Periode Vorkehrungen getroffen werden, um opportunistisches Verhalten der Unternehmensinsider zu unterbinden.

31 Vgl. dazu die Ausführungen von Coffee, J.R. (1994) sowie Frydman, R., Rapaczynski, A. (1991a, 1992).

32 Weitere Punkte, die geklärt werden müssen, sind: Wie soll die Vergütung der Finanzintermediäre gestaltet werden? Welche Regeln und Restriktionen sollen für die Beteiligung einzelner Investmentfonds an Unternehmen gelten? Sollen sich ausländische Akteure an der Etablierung von Investmentfonds oder der Bereitstellung von Personal für das Fondsmanagement beteiligen dürfen? Siehe dazu Frydman, R., Pistor, K., Rapaczynski, A. (1994), S. 16f.

Unternehmen über künstlich geschaffene Investmentfonds mit sich bringt, verhindert und die bei einem MPP entgangenen Verkaufserlöse des Staates außer acht gelassen werden. Die Gründe dafür sind zweierlei: *Zum einen* fließt den Unternehmen durch die MP kein neues Investitionskapital zu, was aber nahezu allenorts zur Restrukturierung und Modernisierung dringend benötigt wird.[33] *Zum anderen* sind die ökonomischen, politischen und sozialen Wirkungen dieser Privatisierungsvariante bislang kaum abschätzbar. Ein limitierter und zunächst schrittweiser Einsatz der MP und der neu kreierten Finanzintermediäre ist daher angebracht.

Ein MPP stellt also aus ökonomischer Sicht nur eine second-best Lösung dar, mit der lediglich eine begrenzte Anzahl von Staatsbetrieben formell transformiert werden sollten und können. Wie am Beispiel Polens demonstriert wurde, ist die Anwendbarkeit und Effektivität dieser Methode auch vom politischen Willen der verschiedenen Interessengruppen abhängig. In Systemen vom Typ T dürfte diese Art der Eigentumsumwandlung nur dann durchsetzbar sein, wenn dabei den Interessen der potenten sozialen Gruppen eines Landes Rechnung getragen wird. Weil dies in Polen eher nicht der Fall war, waren auch ein entsprechender Widerstand und Probleme der Implementierung eines MPP zu beobachten. So ist auch ein wesentlicher Grund dafür, daß die MP in Rußland so blitzartig durchgeführt werden konnte, darin zu sehen, daß dabei die Interessen der Industrielobby und Manager in den Staatsbetrieben sehr stark berücksichtigt wurden. Die Industrie- und Managementlobby hatte eine zentrale Machtposition in Staat und Wirtschaft - ab ca. 1985 entwickelte sich Rußland zu einem System vom Typ Tm -, mit der bereits im Vorfeld der Gesetzeskonzeption und -verabschiedung enormer Einfluß auf die gesamte Privatisierung staatlicher Betriebe ausgeübt werden konnte. Es wurde schließlich auch jenes Privatisierungsgesetz durchgebracht, daß die Macht der Industrielobby und Manager untermauert bzw. weiter stärkt.[34]

Im Rahmen der Privatisierung scheint insgesamt ein Methodenmix aus direktem und indirektem Verkauf sowie aus einem MPP - eventuell auch aus der Rekonstitution von Besitztümern - bei der Privatisierung staatlicher Großbetriebe sinnvoll und notwendig.[35] Der direkten Veräußerung einzelner Unternehmen oder Unternehmensteile ist dabei Vorrang zu gewähren, sofern in einem akzeptablen Zeitraum entsprechende Investoren gefunden werden können.[36]

---

33 Vgl. Roland, G. (1994), S. 1163.

34 Vgl. Ash, T.N., Hare, P.G. (1994), S. 620. Zur MP in Rußland siehe auch Blasi, J.R. (1994) und Frydman, R., Pistor, K., Rapaczynski, A. (1994).

35 Vgl. Kiss, Y. (1994), S. 142. So auch *Winiecki*, der die Anwendung verschiedener Privatisierungsmethoden als Unsicherheitsreduktion bzw. Risikostreuung interpretiert. Vgl. Winiecki, J. (1992a), S. 276f.

36 Für einen derartigen Verkauf kann es auch sinnvoll sein, mit Hilfe eines von *Demougin* und *Sinn* so bezeichneten *participation contract* zu operieren. Hierbei wird der Ver-

3.2 Anreiz- und Kontrollinstitutionenmanagement durch Kommerzialisierung von Staatsbetrieben

Unabhängig von Inhalt und Sequenz eines Privatisierungsprogramms und vom Einsatz eines MPP wird es in den Transformationsländern noch auf unabsehbare Zeit Unternehmen geben, die entweder nicht privatisiert werden können oder sollen. In die erste Kategorie fallen jene Betriebe, für die im Rahmen der eingesetzten Privatisierungsmethoden kein Interessent gefunden werden kann oder bei denen politischer und sozialer Widerstand eine Eigentumstransformation verhindert. In der zweiten Kategorie befinden sich jene Betriebe, die von der Regierung aus politischen oder ökonomischen Gründen nicht zur Veräußerung freigegeben werden. Typische Beispiele hierfür sind Rüstungs-, Energie- oder Telekommunikationsunternehmen, natürliche Monopole für wichtige öffentliche Güter, zum Beispiel Post und Eisenbahn, oder sonstige, für den Staat einnahme- und prestigeträchtige Objekte.

Aber selbst nach erfolgter Privatisierung kann vielfach noch ein signifikanter staatlicher Einfluß in den betroffenen Unternehmen registriert werden. Die Gründe dafür sind, daß einige Betriebe nur partiell in private Hände gegeben werden und daß der Staat indirekt über Ministerien, Kommunen, Privatisierungsagenturen oder Investmentfonds noch an vielen Unternehmen beteiligt bleibt.[37] *Pistor* und *Turkewitz* sprechen deshalb auch von „state ownership in transition economies as a post-privatization phenomenon“.[38]

Der beträchtliche Umfang der weiterhin ganz oder partiell unter staatlichem Einfluß stehenden Unternehmen legt nahe, daß neben der Konzipierung von Privatisierungsprogrammen ebenfalls Strategien zur Implementierung alternativer Anreiz- und Kontrollmechanismen entwickelt werden müssen. Dies erscheint unabdingbar, um in den noch stark sozialistisch durchsetzten Organisationen effizientes Verhalten zu etablieren.[39] Je geringer die ökonomischen und politischen

---

kaufspreis für die Investoren durch eine passive Beteiligung des Staates reduziert. Vgl. Demougin, D., Sinn, H.-W. (1994), S. 204.

37 In der Tschechischen Republik ist der Staat auch nach der Voucherprivatisierung noch in größerem Umfang Eigentümer von Wirtschaftsunternehmen. Diese ergibt sich vielfach über eine weiterhin existente Beteiligung an Banken oder an anderen Unternehmen, die einen Investmentfonds gegründet haben. In Rußland wurden bislang viele Unternehmen bzw. ganze Industriezweige von der Privatisierung ausgenommen und direkt dem Staat unterstellt. Unternehmen, die auf die eine oder andere Art privatisiert werden sollen, aber noch nicht privatisiert sind, unterstehen faktisch ebenfalls noch staatlichem Einfluß.

38 Pistor, K., Turkewitz, J. (1994), S. 44f.

39 Ähnliche Regelungen sind auch bei der Privatisierung von Monopolbetrieben vorstellbar. Diese werden ungeachtet der negativen Wettbewerbseffekte durch viele Regierun-

Möglichkeiten zur Privatisierung von Staatsbetrieben sind, umso wichtiger ist es, alternative Anreiz- und Kontrollmechanismen zu implementieren.

Ähnlich *McKinnons tripartite classification* in a) staatlich regulierte Staatsbetriebe, b) liberalisierte bzw. unter Marktbedingungen operierende Staatsbetriebe und c) privatisierte Betriebe[40] könnte diesbezüglich eine Klassifizierung von Unternehmen gemäß dem vom Staat gehaltenen direkten und indirekten Kapitalanteil vorgenommen werden. Für Betriebe, an denen der Staat in einem mehr oder minder großen Umfang beteiligt ist, wären dann in unterschiedlichem Maße entscheidungs- und handlungsbeschränkende sowie leistungsstimulierende Regeln für die Entscheidungsträger vorstellbar. In bezug auf den Beteiligungsumfang könnte dabei zum Beispiel nach reinen Staatsbetrieben und Betrieben mit staatlicher Mehrheits- und Minderheitsbeteiligung differenziert werden. Als Handlungs- und Motivationsregeln kommen die folgenden in Betracht:

- Die Auferlegung möglichst *harter Budgetbeschränkungen* durch weitgehende Einschränkung von Subventionen jeglicher Art. Dabei könnte ein stufenweiser, zeitlich und inhaltlich fixierter Abbau dieser finanziellen Unterstützungen sinnvoll sein, falls bei abrupter Änderung der Wirtschaftsbedingungen Anpassungsmöglichkeiten zerstört werden könnten;
- die Übertragung von Eigentümerinteressen auf die Manager bzw. die Angleichung der Nutzenfunktion der Manager an die der Unternehmenseigner durch eine *Beteiligung der Manager am Residualeinkommen* des Unternehmens. Dies kann entweder einmalig, durch die Vergabe von Anteilstiteln, kontinuierlich durch periodische Erfolgsbeteiligung oder Entlohnung in Form von *stock options* oder durch eine Kombination aus beiden Instrumenten erfolgen;
- der Einsatz von *performance contracts*, die dem Management eindeutige, leicht meßbare, direkt verantwortbare und zeitlich abgrenzbare unternehmerische Zielgrößen setzen, ohne den Handlungsspielraum für ihre Tätigkeiten übermäßig einzuschränken. Die Leistungsverträge können Vorgaben zur Kapazitätsauslastung, Kostenreduzierung, Verringerung von Zahlungsrückständen, Realisierung von Investitionsprojekten, Abbau der Beschäftigtenzahl, Verschlankung des Unternehmens durch Stillegung bestimmter Produktionseinheiten, Qualitätsverbesserungen, Verbesserung des Kundenservice und dergleichen beinhalten. Das Erreichen der definierten Ziele sollte

---

gen zugelassen, weil die dabei anfallenden Verkaufserlöse oftmals überdurchschnittlich hoch sind. Die Käufer sind häufig dazu bereit, ein 'Monopolpremium' zu zahlen.

40 Vgl. McKinnon, R.I. (1993), Chapter 11, S. 120-161.

mit positiven, das Nichterreichen muß mit negativen Sanktionen belegt werden;[41]

- die Durchführung von Konkursverfahren als Instrument negativer Sanktionierung und Schaffung von Glaubwürdigkeit in der Reformpolitik.[42] Aufgrund einer vergleichsweise großen Zahl unrentabler Betriebe in den Transformationsländern ist ein gleichzeitiger Konkurs all dieser Firmen aber weder sinnvoll noch praktikabel. Ein Konkurs ist daher für die Manager entsprechender Betriebe auch nur selten glaubhaft und somit kaum verhaltenswirksam. Als Kompromißlösung können zum Beispiel *Konkurslotterien* konstruiert werden.[43] Der Sinn dieser Konstrukte ist es, eine Vielzahl von Unternehmen einer realen, glaubwürdigen Konkursgefahr und somit Anpassungsdruck auszusetzten. Die Glaubwürdigkeit des Staates als durchführendes Organ eines Konkurses wird dadurch bewahrt, daß die Konkursvollstreckung von vornherein auf einige wenige Betriebe - und zwar die, die in der Lotterie ausgelost werden - beschränkt ist. Von vornherein ist klar, daß nicht alle Unternehmen, die faktisch konkurs sind, einem Konkurs ausgesetzt werden. Die Gefahr eines derartigen Verfahrens und damit Anpassungsdruck ist aber für alle hierbei einbezogenen Betriebe gegeben, denn über den Konkurs entscheidet nicht die Politik, die beeinflußbar wäre, sondern das Los.

Interessante Alternativen hierzu stellen management contracts und build-transfer-operate-Verträge dar. Über Inhalt und Funktion dieser Instrumente soll in den folgenden und für diese Arbeit abschließenden Ausführungen nun noch ein kurzer Überblick gegeben werden.

---

41 Vgl. Mallon, R.D. (1994). Positive Sanktionen könnten der Erlaß oder die Stundung von Altschulden sein; negative Sanktionen wären zum Beispiel Entlassungen von Managern.

42 „Commercialization alone may not provide the hard budget constraint needed to improve overall efficiency; governments may still be forced to offer bailouts to commercialized companies. But eventually, governments may face a credibility crisis and will have to let some enterprises go bankrupt. Bankruptcy decisions, however painful in the short run, are best made before a credibility crisis arises.“ Schwartz, G. (1993), S. 246.

43 In einer Konkurslotterie wird durch Los entschieden, welche Staatsunternehmen in Konkurs gehen. In das Losverfahren werden dabei all jene Unternehmen einbezogen, die unwirtschaftlich arbeiten und vorgegebene, individuelle oder generelle Leistungsvorgaben nicht einhalten. Verfehlen zum Beispiel die Betriebe ein bestimmtes Kostensenkungsziel, so werden sie in die periodisch stattfindenden Lotterien einbezogen. Bei einer zu Beginn anzunehmenden großen Anzahl von illiquiden Betrieben, die diverse Leistungsvorgaben nicht erfüllen und folglich in die Auslosung einbezogen werden, ist die Wahrscheinlichkeit eines Konkurses und daher auch der Anpassungsdruck allerdings relativ gering. Es kann daher nur von einer Kompromißlösung von ökonomischen und sozialen Zielen gesprochen werden. Jedoch gibt dees der Regierung die Möglichkeit, regelgeleitetes, konsistentes Handeln anzuzeigen und damit Glaubwürdigkeit in die Reformpolitik zu bringen.

(1) *Management contracts* (MC) sind im allgemeinen Verträge zur Übernahme der Leitung eines Unternehmens. Der entscheidende Unterschied zu *performance contracts* ist, daß mit MCs auch externe Managementteams für die Unternehmensleitung nominiert werden können. In einer engen Definition ist ein MC ein Vertrag zwischen einer Staatsregierung als offiziellem Eigner einer Unternehmung und einer oder mehrerer Privatpersonen, die sich um eine Anstellung als Manager in dieser Unternehmung bewerben.[44] Durch einen MC wird also die Führung eines Staatsbetriebes privatisiert. Der alte Führungsstab, das alte staatliche Management, wird dabei ausgetauscht. Allerdings kann es auch zu einer Unternehmensführung aus den bisherigen und neuen Managern kommen. Dies hat sich unter anderem auch bereits in Polen und Rumänien gezeigt. Der Charakter der Führung wird jedoch auch in diesem Fall durch die insgesamt geänderte Verantwortlichkeit des Managementteams neu bestimmt. Die Anreiz- und Kontrollmechanismen für die neue Unternehmensführung werden dabei im wesentlichen durch vier Kriterien bestimmt. Diese sind:

- Die Vergütung der Manager;
- die Risikoverteilung zwischen der Regierung und dem Management bzw. zwischen principal und agent;
- die Zuständigkeit für Investitionen innerhalb des Unternehmens und
- die Vertragsdauer.

Die Interdependenz dieser vier Aspekte bedingt, daß die Vertragskonditionen nicht separat, sondern nur in ihrer Gesamtheit festgelegt werden sollten. Grundsätzlich gilt dabei, daß eine erfolgsunabhängige Vergütung der Manager, die Übernahme der Verantwortung für Verluste und Investitionen durch die Regierung und eine kurze Laufzeit der neuen Unternehmensleitung, wenn überhaupt, nur sehr schwache Anreize zu effizientem Wirtschaften geben.[45] Entsprechend enthalten heutzutage nahezu alle MCs zumindest eine Erfolgsbeteiligung und viele eine Beteiligung am finanziellen Risiko des Unternehmens. Gerade in Transformationsländern sind Verträge mit einem Mischvergütungssystem, bestehend aus Fixum und Erfolgsentgelt, am besten geeignet, um neue Manager zu finden und ihnen Leistungsanreize zu geben. Ein lediglich erfolgsabhängiges Einkommen könnte bei den nur schwer zu bewertenden Unternehmen große Risiken für potentielle Manager mit sich bringen.[46] Für derartige Verträge

---

44 Vgl. Shaikh, H., Minovi, M. (1995), S. 15.

45 Daher wurden diese in den 50er Jahren zunächst eingesetzten Kontrakte schnell vom Markt verdrängt. Vgl. Hegstad, O.S., Newport, I. (1987).

46 Ein MC, der fast ausschließlich auf einer Erfolgsvergütung, einer Regierungszuständigkeit für Anlageinvestitionen und auf geteilten finanziellen Risiken zwischen den Kontraktparteien basiert, wird auch als MC-Leasing-Vertrag bezeichnet. Vgl. Shaikh, H., Minovi, M. (1995), S. 17.

dürfte es daher auch kaum eine Nachfrage geben. Ein feststehendes periodisches Gehalt würde demgegenüber kaum zu hohen Leistungen anregen, da diese nicht besser als niedrige Leistungen entlohnt würden. Insgesamt sollte das primäre Kriterium bei der Ausgestaltung aller Vertragsaspekte die Gleichschaltung der Interessen des Staates und der Manager sein. Diese liegen allerdings im wesentlichen entsprechend der vom Staat vorgesehenen Dauer des *outcontracting* unterschiedlich weit auseinander. Die Dauer des MC kann daher als Orientierungspunkt für die Festlegung der übrigen Variablen angesehen werden.

In Transformationsökonomien sind MCs besonders dann interessant, wenn sie eine Option auf Übernahme der Unternehmung enthalten. Mit der Möglichkeit des Eigentumserwerbs an den geleiteten Unternehmen verbindet sich *zum einen* ein zusätzlicher Anreiz für das Management für effizientes Wirtschaften, weil die Eigentumsentwicklung dann eine weitere Nutzenquelle für die Akteure darstellt. *Zum anderen* ist dies für die Regierung ein weiteres Instrument der Privatisierung. Problematisch sind allerdings die relativ hohen Transaktionskosten, die für die Vereinbarung von MCs üblicherweise anfallen sowie die Zeit, die von der Ausschreibung eines MC bis zu dessen Abschluß in der Regel verstreicht.[47] Außerdem muß von einer begrenzten Nachfrage von privaten Managern ausgegangen werden, da viele profitable Unternehmen in der Regel in alternativen Privatisierungsprogrammen Eingang finden. Marode Unternehmen sind für externe Manager wenig attraktiv, besonders dann, wenn der fixe Anteil an der Vergütung gering ist. Für rentable Unternehmen können MCs aber als eine geeignete Option betrachtet werden, um effizienteres Verhalten in Staatsbetrieben zu initiieren. Hat eine Regierung das Instrument des MC einmal entdeckt und in einigen Betrieben erfolgreich eingesetzt, könnten daraus zudem auch Anreiz- und Kontrolleffekte für andere Betriebe der öffentlichen Hand bzw. auf die dort direkt vom Staat angestellten Manager entstehen; zumindest dann, wenn diese Betriebe grundsätzlich für einen MC geeignet sind. Es könnten positive externe Effekte erzeugt werden, wenn die Staatsmanager erkennen, daß sie einer Konkurrenz aus der Privatwirtschaft ausgesetzt sind.

(2) Für Betriebe, die aus politischen Beweggründen auch langfristig noch in Staatsbesitz bleiben sollen oder aus anderen Gründen mittelfristig nicht transformiert werden können, bietet sich zur Implementierung effizienter Anreiz- und Kontrollstrukturen noch die Möglichkeit eines *build-transfer-and-operate* (BTO)-Kontraktes. Mit dieser Methode werden wiederum private Akteure für die Erledigung öffentlicher Aufgaben gewonnen. Der Unterschied zum MC besteht darin, daß nicht bereits bestehende Unternehmen und Produktionsanlagen in die Hände

47 Vgl. Kikeri, S. et al. (1994), S. 259f.

eines privaten Managements gelegt werden, sondern daß private Wirtschaftssubjekte den Neuaufbau von unterentwickelten Bereichen der öffentlichen Wirtschaft übernehmen und diese anschließend in eigener Regie führen. Private Unternehmen stoßen dabei in Bereiche vor, die der Staat normalerweise nicht aus der Hand geben will oder kann bzw. die von vitalem Interesse eines Staates sind. Ein BTO kann für eine Ausräumung der hierbei auftretenden ökonomischen und politischen Hindernisse sorgen.

Dem Begriff 'BTO' entsprechend erstellt ein Privatunternehmen oder ein Konsortium von Firmen einen wichtigen Teil der wirtschaftlichen Grundversorgung oder Infrastruktur eines Landes (build), übereignet diesen dann dem Staat (transfer) und der Staat gibt den entsprechenden Unternehmen im Gegenzug eine langfristig angelegte Konzession zur Durchführung aller Produktions- und Dienstleistungstätigkeiten mit den erstellten Anlagen (operate). Die Auswahl von Privatunternehmen sollte dabei über eine öffentliche Ausschreibung erfolgen, bei der die Bewerber mit Angeboten hinsichtlich der Ausführung sowie der Kosten des in Auftrag gegebenen Projekts konkurrieren. Die Kosten für die Leistungserstellung der Unternehmen können dabei zum Teil vom Staat übernommen werden. Außerdem kann eine individuelle Regelung für die Aufteilung der periodischen Überschüsse aus der Geschäftstätigkeit zwischen dem Staat als Eigentümer und dem Privatunternehmen als Betreiber der Anlagen über die Dauer der Konzession vereinbart werden.[48]

In den Transformationsländern ist dieses Instrument, wie zuvor in anderen Entwicklungsländern, insbesondere im Telekommunikations- und Energiesektor sinnvoll einsetzbar. Dafür gibt es mindestens zwei Gründe: *Erstens* will nahezu jede Regierung in den Transformationsländern diese Sektoren in Staatsbesitz behalten. Und *zweitens* sind in diesen Sektoren in der Regel große Investitionen und Erneuerungen erforderlich, um den veränderten Anforderungen der Gesellschaften nach einem Systemwandel gerecht werden zu können.

Zahlreiche Bereiche der öffentlichen Infrastruktur in den Transformationsländern könnten auf diese Weise trotz knappen Investitionskapitals, geringen Know-hows in vielen technologischen Fragen und ohne Ausverkauf staatlicher Aufgabenbereiche erneuert werden. Darüberhinaus könnten staatliche Betriebe in einem privatwirtschaftlichen Anreizumfeld geführt werden. Die vor Ort durchzu-

48 Ein BTO-Projekt in Thailand kann hierfür ein Beispiel liefern. Hier wurde in 1991 ein BTO-Abkommen zwischen der staatlichen Telefongesellschaft und einer Partnerschaft zwischen einem thailändischen und US-amerikanischen Unternehmen geschlossen. Vom Staat wurde dabei der Aufbau eines neuen Telekommunikationssystems in Auftrag gegeben. Bis 1996 sollen für ca. fünf Mrd. US-Dollar drei Mio. neue Telefonleitungen im Großraum Bangkok installiert werden. Für die Betreibung der neuen Telefonanlagen erhalten die Privatunternehmen nach Erstellung und Übereignung des Systems eine Konzession für 25 Jahre. Vgl. Bishop, V. et al. (1995), S. 8.

führenden Aufgaben könnten zudem für eine Belebung der Nachfrage auf dem Arbeitsmarkt sorgen.

Bei allen in diesem Kapitel diskutierten Maßnahmen bleibt zu beachten, daß Anreiz- und Kontrollsysteme Zeit benötigen, um sich zu entwickeln und Verhaltenswirkung zu entfalten. Voll funktionsfähige *corporate control*-Systeme entstehen nicht über Nacht, wie immer sie konstruiert sind. Von einer effektiven Privatisierung staatlicher Großbetriebe in Mittel- und Osteuropa wird - wenn überhaupt - frühestens in einigen Jahren und nach intensiven Lern- und Adaptionsprozessen gesprochen werden können. Alles in allem wird dies ein evolutorischer Prozeß sein, der ein institutionelles Gefüge mit eigenem Charakter hervorbringen dürfte. Welche der in den verschiedenen Transformationsländern gewählten Privatisierungsvarianten sich als effektiver im Hinblick auf die Richtung und Intensität derartiger Evolutionsprozesse erweisen wird, muß die Zukunft zeigen. Welche Wirkungen die tschechische, russische und polnische MP-Variante im Vergleich zur bislang überwiegend einzelunternehmensbezogenen Privatisierung in Ungarn in bezug auf die Manipulation der Adaptions-, Rekonfigurations- und Permutationsprozesse existenter Organisations- und Interaktionsformen in Unternehmen hat, wird erst in den kommenden Jahren ersichtlich werden. Eine Beurteilung der verschiedenen Methoden ist derzeit noch sehr schwierig. Theoretische Überlegungen hierzu sind stets mit großer Unsicherheit behaftet.

Anhang

Tabelle 1:
Privatsektor und Privatisierung in Rußland

Jahr	Anteil des Privatsektors am BIP in vH	Beschäftigung im Privatsektor in vH der Gesamtbeschäftigung	Formal privatisierte mittlere und große Staatsbetriebe kumuliert:	in vH[1]:
1991	18,3	5,5	0	0
1992	25,9	n.v.	n.v.	n.v.
1993	n.v.	n.v.	> 6.000	> 20
1994	50,0	> 50	21.000	70

1=zugrunde gelegte Gesamtzahl: 30.000

Quellen: Carlin, W. et al. (1994), S. 65 und EBRD (1993a, 1995).

Tabelle 2:
Ausgewählte Entwicklungsindikatoren im Transformationsprozeß Rußlands 1990 bis 1995

(Veränderung gegenüber dem Vorjahr in vH)

	1990	1991	1992	1993	1994	1995[a]
Bruttoinlandsprodukt[bc]	-3,5	-12,8	-18,5	-12,0	-15,0	-7,0
Industrieproduktion[bc]	-0,1	-8,0	-18,0	-16,2	-20,9	-7,0
Bruttoanlageinvestition[bc]	0,1	-15,5	-39,7	-16,0	-26,0	-15,0
Verbraucherpreise[b]	5,3	93,0	1460	840	300	180
Einzelhandelsumsatz[c]	10,0	-3,2	-3,5	1,9	0,1	-7,0
Nominallöhne	15	81	994	878	276	119
Arbeitslosenquote[d]	-	-	4,8	5,7	7,5	8,2

a=WIIE Prognose, b= Periodendurchschnitt, c=real, d=Periodenende

Quellen: Dietrich, V. (1995a), S. 4, EBRD (1993), S. 162, EBRD (1995), S. 42.

Tabelle 3:
Privatsektorentwicklungen in Polen, Ungarn und der Tschechischen Republik

	1990	1991	1992	1993	1994
Anteil des Privatsektors am BIP in vH					
Polen	35	40	45	50	55
Ungarn	24	30	44	50	55
CSFR	5	8	20	44	n.v.
Tschech. Republik	n.v.	n.v.	21,5	57	65
Beschäftigung im Privatsektor (Anteil an Gesamtbeschäftigung in vH)					
Polen	33,6	40,3	44,0	n.v.	n.v.
Ungarn	9,0	34,0	35,8	40,0	n.v.
CSFR	8,1	19,9	n.v.	n.v.	n.v.

Quellen: Carlin, W. et al. (1994), S. 65, EBRD (1995).

Tabelle 4:
Exportreorientierung in ausgewählten Transformationsländern Ostmitteleuropas 1989 bis 1993

	1989	1990	1991	1992	1993
1. Exporte in RGW-Länder in vH der Gesamtexporte:					
Polen	41	33	17	15	n.v.
CSFR	47	37	33	22	n.v.
Ungarn	41	31	19	23	n.v.
2. Exporte in die Europäische Union in Milliarden ECU:					
Polen	3,82	5,2	6,2	7,0	7,51
CSFR	2,52	2,65	4,0	5,5	5,98
Ungarn	2,57	2,9	3,7	4,0	3,93
3. Wachstum in vH gegenüber dem Vorjahr:					
Polen	-	36,1	19,2	12,9	7,3
CSFR	-	5,2	50,9	37,5	8,7
Ungarn	-	12,8	27,6	8,1	-1,75

Quellen: Godfrey, M. (1995), S. 5, Hoekman, B. Pohl, G. (1995), Figure 2, S. 4.

Tabelle 5:

Anteil traditioneller Produkte am Gesamtexport in ausgewählten Transformationsländern Ostmitteleuropas 1989 und 1993 (in vH)[1]

Land	1989	1993	Veränderung
Polen	74,5	49,9	-33,0
CSFR	60,3	29,8	-50,6
Ungarn	58,9	35,4	-39,9
ehem. Sowjetunion	95,8	79,5	-17,0

1=Produkte im Wert von über 3 Mill. ECU in 1989

Quelle: Hoekman, B. Pohl, G. (1995), Appendix Table 4.

Tabelle 6:

Privatisierung mittlerer und großer Staatsbetriebe in Polen, Ungarn und der Tschechischen Republik 1990 bis 1994[1]

	1990	1991	1992	1993	1994
Anzahl:					
Polen	n.v.	213	2.052	2.517	2.952
Ungarn	27	225	440	874	n.v.
Tschech. Republik	n.v.	21	1.635	2.419	3.022
In vH der Gesamtzahl:					
Polen[2]	n.v.	2,5	24,3	29,8	35,0
Ungarn[3]	1,5	12,2	23,8	47,3	n.v.
Tschech. Republik[4]	n.v.	0,5	37,7	55,8	69,9

1=privatisiert, d.h. Durchführung einer Art der Eigentumstransformation (formelle Privatisierung), 2=Gesamtzahl in 1989: ca. 8.440, 3= Gesamtzahl in 1990: ca. 1.848, 4=Gesamtzahl in 1990: ca. 4.339.

Quelle: Rutledge, S.L. (1995), S. 10.

Tabelle 7:

Rekapitalisierung und Privatisierung des Bankensektors in ausgewählten Transformationsländern Ostmitteleuropas 1993/94

	Tschechische Republik	Ungarn	Polen	Rußland
Anzahl der Staatsbanken	1	11	10	3
Anzahl der Privatbanken	54[1]	31	63	>2.000
Gesamtaktiva (Mrd. US $)	23	33	45	122
Aktiva der Staatsbanken[2]	n.v.[3]	70	75-85	30-35
Notleidende Kredite[4]	21	15	> 20	27

1=in den ehemaligen (vier) Staatsbanken hält der Staat weiterhin ca. 40 vH der Anteile, 2=in vH der Gesamtaktiva, 3=60-70 vH bei den traditionellen Banken, 4=in vH der Gesamtdarlehen, geschätzt.

Quellen: Borish, M.S. et al. (1995), S. 24, Hrncir, M. (1993), S. 315f.

Tabelle 8:

Ausgewählte Entwicklungsindikatoren im Transformationsprozeß Polens 1990 bis 1995

(Veränderung gegenüber dem Vorjahr in vH)

	1990	1991	1992	1993	1994	1995[a]
Bruttoinlandsprodukt[bc]	-11,6	-7,0	2,6	3,8	5,0	6,0
Industrieproduktion[bc]	-26,1	-11,9	3,9	7,3	11,9	10,0
Bruttoanlageinvestition[bc]	-10,1	-4,1	0,7	2,2	6,0	8,0
Verbraucherpreise[b]	585,8	70,3	43,0	35,3	32,2	29,0
Reallöhne[b]	-24,4	-0,3	-2,7	0,6	3,6	n.v.
im Produktionssektor:[d]						
Reallöhne[b]	-28,2	19,8	6,9	4,5	7,3	n.v.
Arbeitsproduktivitäte[e]	-21,1	12,6	17,1	14,5	12,5	n.v.
Lohnstückkosten	-8,9	6,4	-8,7	-8,8	-4,6	n.v.

a=WIIE Prognose, b=Periodendurchschnitt, c=real, d=Umgerechnet in US-Dollar zum Wechselkurs des Periodendurchschnitts, e=Produktion je Arbeiter

Quellen: Dietrich, V. (1995a), S. 4, EBRD (1993), S. 162, EBRD (1995), S. 42, 70 sowie Kosta, J. (1995).

Tabelle 9:
Ausgewählte Entwicklungsindikatoren im Transformationsprozeß Ungarns 1990 bis 1995
(Veränderung gegenüber dem Vorjahr in vH)

	1990	1991	1992	1993	1994	1995[a]
Bruttoinlandsprodukt[bc]	-3,5	-11,9	-3,0	-0,8	2,0	1,0
Industrieproduktion[bc]	-10,2	-16,6	-9,7	4,0	9,2	4,0
Bruttoanlageinvestition[bc]	-9,8	-11,9	-1,7	0,5	10,0	5,0
Verbraucherpreise[b]	28,9	35,0	23,0	22,5	18,8	29
Reallöhne[b]	-3,0	-8,0	-1,4	-3,9	7,0	n.v.
im Produktionssektor:[d]						
Reallöhne[b]	14,8	6,2	19,8	5,6	3,2	n.v.
Arbeitsproduktivität[e]	0,6	-20,9	12,6	16	7,9	n.v.
Lohnstückkosten	14,2	34,3	6,4	-9,0	-4,4	n.v.

a=WIIE Prognose, b=Periodendurchschnitt, c=real, d=Umgerechnet in US-Dollar zum Wechselkurs des Periodendurchschnitts, e=Produktion je Arbeiter

Quellen: Dietrich, V. (1995a), S. 4, EBRD (1993, 1995), S. 42, 70 sowie Kosta, J. (1995).

Tabelle 10:
Ausgewählte Entwicklungsindikatoren im Transformationsprozeß der Tschechischen Republik 1990 bis 1995
(Veränderung gegenüber dem Vorjahr in vH)

	1990	1991	1992	1993	1994	1995[a]
Bruttoinlandsprodukt[bc]	-1,2	-14,2	-6,4	-0,9	2,6	4,0
Industrieproduktion[bc]	-3,3	-24,4	-7,9	-5,3	2,1	2,0
Bruttoanlageninvestition[bc]	6,5	-32,5	16,6	8,0	4,0	n.v.
Verbraucherpreise[b]	9,9	56,7	11,1	20,8	10,0	10,0
Reallöhne	-5,4	-25,0	9,7	3,5	6,5	n.v.
im Produktionssektor:						
Reallöhne[b]	-17,6	-28,9	22,7	21,4	15,7	n.v.
Arbeitsproduktivität[e]	-0,4	-16,6	-7,6	-3,5	5,7	n.v.
Lohnstückkosten	-17,3	-14,8	32,8	25,8	9,5	n.v.

a=WIIE Prognose, b=Periodendurchschnitt, c=real, d=Umgerechnet in US-Dollar zum Wechselkurs des Periodendurchschnitts, e=Produktion je Arbeiter

Quellen: Dietrich, V. (1995a), S. 4; EBRD (1993); S. 162, EBRD (1995), S. 42, 70. sowie Kosta, J. (1995).

Tabelle 11:
Direkte Subventionszahlungen in ausgewählten Transformations-ländern Ostmitteleuropas 1989 bis 1993

(in vH des Bruttoinlandsprodukts)

Land:	1989	1990	1991	1992	1993
Polen	12,9	6,2	3,1	1,4	3,3
Ungarn	10,7	3,2	2,6	2,1	3,1
Tschechien	16,6	14,2	9,7	5,5	n.v.
Rußland	n.v.	n.v.	n.v.	28,7	n.v.

Quellen: Carlin, W. et al. (1994), S. 67, Sachs, J.D. (1995), S. 2.

Tabelle 12:

Kommerzialisierte und liquidierte Unternehmen in Polen
(Anzahl = #)

Periode	Designiert für Privatisierung		Kommerzia-lisiert		Designiert für Liquidation	
	#	%	#	%	#	%
12/90	130	1,5	58	0,7	72	0,9
06/91	375	4,4	104	1,2	271	3,2
12/91	753	8,9	146	1,7	607	7,2
06/92	466	5,5	156	1,8	310	3,7
12/92	328	3,9	20	0,2	308	3,7
06/93	213	2,5	17	0,2	196	2,3
12/93	258	3,1	27	0,3	231	2,7
12/94	429	5,8	244	2,9	185	2,2
Gesamt	2.952	35,0	772	9,2	2.180	25,8

Zugrunde gelegte Gesamtzahl der zu privatisierenden Staatsbetriebe: 8.441

Quellen: ELIP (1995), Jermakowicz, W.W. (1993), S. 106;

Tabelle 13:
Kapitalprivatisierung bzw. Kommerzialisierung von Unternehmen in Polen
(Anzahl = #)

Periode	Alle privatisiert #	Alle kommerzialisiert #	%	*Privatisiert durch* Öffentl. Plazierg. #	Direkt-verkauf #	Gesamt (geplant) #	%	Massen-privati-sierung #	%
12/90	130	58	44,6	5	1	6	4,6	0	0,0
06/91	375	104	27,7	2	5	7	1,9	0	0,0
12/91	753	146	19,4	3	14	17	2,3	64	8,4
06/92	466	156	33,5	1	5	6	1,3	114	24,5
12/92	328	20	6,1	2	15	17	5,2	5	1,5
06/93	213	17	7,9	3	20	23	10,8	0	0,0
12/93	258	27	10,5	0	25	25	9,7	6	2,3
12/94	429	244	56,9	7	29	36	8,4	17	4,0
Gesamt	2.952	772	26,2	23	114	137	4,6	206	7,0

Quellen: Jermakowicz, W.W. (1993), S. 108, Ministry of Privatization (1995), S. 5.

Tabelle 14:
Liquidation polnischer Unternehmen durch Konkurs und Privatisierung
(Anzahl = #)

Periode	Zu privatisieren #	Designiert für Liquidation #	%	Via Konkurs geplant #	Via Konkurs erfolgt #	Via Privatisierung geplant #	Via Privatisierung erfolgt #	Liquidation erfolgt (gesamt) #	%
12/90	130	72	55,4	49	0	48	0	0	0,0
06/91	375	271	72,3	124	21	122	79	100	26,7
12/91	753	607	80,6	361	23	246	35	58	7,7
06/92	466	310	66,5	189	34	158	157	191	41,0
12/92	328	308	93,9	130	40	141	242	282	86,0
06/93	213	196	92,0	114	8	82	68	76	33,8
12/93	258	231	74,5	113	46	118	126	172	55,5
12/94	429	185	43,1	153	112	132	182	294	68,5
Gesamt	2.952	2.180	73,9	1.233	284	1.047	889	1.173	39,7

Quellen: Jermakowicz, W.W. (1993), S. 113, Ministry of Privatization (1993, 1995), S. 4f

Verzeichnis der verwendeten Literatur

ADAM, J., 1994, The transition to a market economy in Poland. In: Cambridge Journal of Economics, 18, 6, S. 607-618.

AGHION, P., BLANCHARD, O.J., 1993, On the speed of transition in central Europe. EBRD Working Paper No. 6, London.

AGHION. P., BLANCHARD, O.J., BURGESS, R., 1993, The Behaviour of State Firms in Eastern Europe: Pre-Privatization. EBRD Working Paper No. 12, London. Wiederabrduck in: European Economic Review, 1994, 38, S. 1327-1349.

AGHION, P., STERN, N. (Hrsg.), 1994, Obstacles to Enterprise Restructuring in Transition. EBRD Working Paper No. 16, London.

AHRENS, J., 1994, The Role of the State in Russia's Systemic Change. Diskussionsbeiträge aus dem Volkswirtschaftlichen Seminar der Universität Göttingen, Nr. 78.

ALBACH, H., 1990, Dritte Wege und Königswege. Wirtschaftliche Reform und Integrationsprozesse von Bundesrepublik und DDR. In: Transformation und Integration. Jahrestagung der Fraunhofer-Gesellschaft, München.

ALBRECHT, B., THUM, M., 1994, Privatization, Labor Participation, and the Threat of Bankruptcy: The Case of Poland. In: Journal of Institutional and Theoretical Economics, 150, 4, S. 710-725.

ALMOND, G.A., VERBA, S., 1963, The Civic Culture. Political Attitudes and Democracy in Five Nations, Princeton.

ANULOVA, G., 1993, The Scope For Regional Autonomy in Russia. Austrian National Bank, Working Paper No. 12, Wien.

AOKI, M., KIM, H.-K., 1995, Unternehmensführung in den Transformationsländern. In: Finanzierung und Entwicklung, 32, 3, S. 20-22.

APOLTE, T., 1990, Politische Systeme und Hemmnisse rationaler Regulierungs- und Deregulierungspolitik. In: Apolte, T., Kessler, M. (Hrsg.), Regulierung und Deregulierung im Systemvergleich, S. 297-313.

APOLTE, T., KESSLER, M. (Hrsg.), 1990a, Regulierung und Deregulierung im Systemvergleich, Heidelberg.

APOLTE, T., 1992, Politische Ökonomie der Systemtransformation. Gruppeninteressen und Interessenkonflikte im Transformationsprozeß. Duisburger Volkswirtschaftliche Schriften, Band 15, Hamburg.

APOLTE, T., 1992a, Zur Interdependenz von wirtschaftlicher und politischer Ordnung. Diskussionsbeiträge des Fachbereichs Wirtschaftswissenschaft der Universität GH Duisburg, Nr. 169.

APOLTE, T., GRADALSKI, F., 1991, Systemic Change to a Market Economy: General Issues and First Experiences in Poland. In: Kremer, M., Weber, M. (Hrsg.), Transforming Economic Systems: The Case of Poland, S. 3-22.

ASH, T.N., HARE P.G., 1994, Privatization in the Russian Federation: changing enterprise behaviour in the transition period. In: Cambridge Journal of Economics, 18, 6, S. 619-634.

ÅSLUND, A., 1994, The Case for Radical Reform. In: Journal of Democracy, 5, 4, S. 63-74.

AUDRESCH, D.B., 1994, Industrial and Trade Policies For the Emerging Market Economies. CEPR Discussion Paper No. 1046, London.

AXELROD, R.M., 1988, Die Evolution der Kooperation, München (The evolution of cooperation, 1984, New York).

BACKHAUS, J. (Hrsg.), 1991, Systemwandel und Reform in östlichen Wirtschaften, Marburg.

BALCEROWICZ, L., 1993, Common fallacies in the debate on the economic transition in central and eastern Europe. EBRD Working Paper No. 11, London.

BALCEROWICZ, L., GELB, A.H., 1994, Macropolicies in Transition to a Market Economy: A Three-Year Perspective. Paper prepared for the World Bank's Annual Conference on Development Economics, Washington, D.C. Wiederabdruck in: Bruno, M., Pleskovic, B. (Hrsg.), 1995, Proceedings of the World Bank Annual Conference on Development Economics 1994, S. 21-48.

BALDASSARRI, M., PAGANETTO, L., PHELPS, E.S. (Hrsg.), 1993, Privatization Processes in Eastern Europe: Theoretical Foundations and Empirical Results, London und New York.

BANK AUSTRIA (Hrsg.), 1993, Economic Transformation in Eastern Europe: Privatization and Foreign Investments, Wien.

BEKSIAK, J., GRUSZECKI, T., JEDRASZCZYK, A., WINIECKI, J., 1990, Outline of a Programme for Stabilisation and Systemic Changes. In: Beksiak, J. et al. (Hrsg.), The Polish Transformation: Programme and Progress, S. 20-59.

BEKSIAK, J., GRUSZECKI, T., JEDRASZCZYK, A., WINIECKI, J., BLANCHARD, O.J., LAYARD, R. (Hrsg.), 1990, The Polish Transformation: Programme and Progress, The Centre for Research into Communist Economies, London.

BELKA, M., KRAJEWSKA, A., KRAJEWSKI, S., SANTOS, A., 1993, Country Overview Study Poland. In: Eastern European Economics, East European Enterprises in Transition, 31, 5, S. 19-62.

BEREND, I.T., 1990, The Hungarian Economic Reforms: 1953-1988, Cambridge.

BERLINER, J.S., 1975, Innovation in Soviet Industry, Cambridge.

BERNHARD, M., 1993, Civil Society and Democratic Transition in East Central Europe. In: Political Science Quarterly, 108, S. 307-326.

BEYME, K., von, 1992, Parteiensysteme im Demokratisierungsprozeß Osteuropas. In: Geschichte und Gesellschaft, 18, S. 271-291.

BEYME, K., von, 1994, Der Zusammenbruch des Sozialismus und die Folgen für die sozialwissenschaftliche Theoriebildung. In: WZB Mitteilungen, 63, S. 9-19.

BIENKOWSKI, W., 1992, The Bermuda Triangle: Why Self-Governed Firms Work for Their Own Destruction. In: Journal of Comparative Economics, 16, 4, S. 750-762.

BIENKOWSKI, W., 1992a, Poland´s Bermuda Triangle. In: RFE/RL Research Report, 1, 17, 24.04.92, S. 22-24.

BIENKOWSKI, W., 1993, Poland´s Road to Privatization. In: Bank Austria (Hrsg.), Economic Transformation in Eastern Europe: Privatization and Foreign Investments, S. 89-101.

BINMORE, K., 1990, Evolution and Utilitarianism: Social Contract III. In: Constitutional Political Economy, 1, S. 1-26.

BISHOP, V., MODY, A., SCHANKERMAN, M., 1995, Exploiting New Market Opportunities in Telecommunications. Lessons for Developing Countries. CFS Discussion Paper No. 110, The World Bank, Washington D.C.

BLANCHARD, O.J., 1994, Transition in Poland. In: The Economic Journal, 104, 426, S. 1169-1177.

BLANCHARD, O.J., COMMANDER, S., CORICELLI, F., 1994, Unemployment and Restructuring in Eastern Europe and Russia. In: Commander, S., Coricelli, F. (Hrsg.), Unemployment, Restructuring and the Labor Market in Eastern Europe and Russia, S. 289-329.

BLASI, J.R., 1994, Corporate Governance in Russia. Paper prepared for the Joint Conference of the World Bank and the Central European University Privatization Project on Corporate Governance in Central Europe and Russia, December 1994, Washington D.C.

BLASI, J.R., CONTE, M., KRUSE, D., LIN, H.-Y., 1995, Public Company Employee Ownership and Economic Performance. Mimeo, School of Management and Labor Relations, Rutgers University, New Brunswick.

BLEJER, M.I., CALVO, G.A., CORICELLI, F., GELB, A.H. (Hrsg.), 1993, Eastern Europe in Transition: From Recession to Growth? Proceedings of a Conference on the Macroeconomic Aspects of Adjustment, World Bank Discussion Paper No. 196, Washington D.C.

BLEJER, M.I., GELB, A.H., 1993, The contraction of Eastern Europe´s economies: introduction to the conference. In: Blejer, M.I. et al. (Hrsg.), Eastern Europe in Transition: From Recession to Growth? Proceedings of a Conference on the Macroeconomic Aspects of Adjustment, World Bank Discussion Paper No. 196, S. 1-7.

BOETTCHER, E. et al. (Hrsg.), 1991, Jahrbuch für Neue Politische Ökonomie, Band 10, Tübingen.

BÖTTCHER, S., 1991, Unterschiedliche Marktwirtschaftstypen in ostasiatischen und westlichen Industrieländern. In: Orientierungen zur Wirtschafts- und Gesellschaftspolitik, 50, 4, S. 84-88.

BOGETIC, Z., HILLMAN, A.L., 1995, Privatizing Profits of Bulgaria's State Enterprises. In: Transition: The Newsletter About Reforming Economies, 6, 3, S. 4-6.

BOHNET, A., OHLY, C., 1992, Zum gegenwärtigen Stand der Transformationstheorie - Eine Literaturstudie. In: Zeitschrift für Wirtschaftspolitik, 41, 1, S. 27-50.

BOHNET, A., REICHHARDT, M., 1992, Der Beitrag der Transaktionskostenökonomik zu einer Theorie der Transformation von Wirtschaftsordnungen - Theoretische Grundlagen und Darstellung am Beispiel der Beurteilung alternativer Privatisierungsstrategien. Vortragsfassung für die Jahrestagung des Vereins für Socialpolitik, Horumersiel-Schillig, 27.-29.09.92.

BONIN, J.P., 1992, Privatization and Efficient Contracts: The Workers´ Stake in the Transition. In: Journal of Comparative Economics, 16, 4, S. 716-732.

BONUS, H., 1995, Precarious Relationships in Economics. Volkswirtschaftliche Diskussionsbeiträge der Westfälische Wilhelms-Universität Münster, Nr. 210.

BORENSZTEIN, E.R., 1993, The Strategy of Reform in the Previously Centrally-Planned Economies of Eastern Europe: Lessons and Challenges. IMF Paper on Policy Analysis and Assessment No. 93/6, Washington D.C.

BORENSZTEIN, E.R., DEMEKAS, D.G., OSTRY, J.D., 1992, The Output Decline in the Aftermath of Reform: The Cases of Bulgaria, Czechoslovakia, and Romania. IMF Working Paper No. 92/59, Washington D.C.

BORISH, M.S., LONG, M.F., NOEOL, M., 1995, Bankenreform in Transformationsländern. In: Finanzierung & Entwicklung, 32, 3, S. 23-26.

BORNSTEIN, M., 1992, Privatisation in Eastern Europe. In: Communist Economies and Economic Transformation, 4, 3, S. 283-320.

BOWLES. S., GINTIS, H., 1993, The Revenge of Homo Economicus: Contested Exchange and the Revival of Political Economy. In: Journal of Economic Perspectives, 7, 1, S. 83-112.

BOYCKO, M., SHLEIFER, A., VISHNY, R.W., 1994, Voucher Privatization. In: Journal of Financial Economics, 35, S. 249-266.

BOZDAG, A., 1993, Zentralasien zwischen Nationalbewegung und Autokratie. In: Aus Politik und Zeitgeschichte, 43, B 38/39, S. 29-37.

BRABANT, J.M., van, 1994, Bad debts and balance sheets in transforming Eastern Europe. In: Russian & East European Finance & Trade, 30, 2, S. 5-33.

BRAND, D., 1990, Der Transaktionskostenansatz in der betriebswirtschaftlichen Organisationstheorie, Frankfurt am Main.

BRENNAN, G., BUCHANAN, J.M., 1985, The Reason of Rules. Constitutional Political Economy, Cambridge.

BROCK, B., 1971, Zentralisation und Dezentralisation im Sowjetischen Wirtschaftssystem. In: Wirtschaftspolitische Chronik, 20, S. 23-42.

BRUNO, M., 1993, Stabilization and reform in Eastern Europe: preliminary evaluation. In: Blejer, M.I. et al. (Hrsg.), 1993, Eastern Europe in Transition: From Recession to Growth? World Bank Discussion Paper No. 196, S. 12-38.

BRUNO, M., EASTERLY, W., 1995, Could Inflation Stabilization Be Expansionary? In: Transition: The Newsletter About Reforming Economies, 6, 7-8, S. 1-3.

BRUNO, M., PLESKOVIC, B. (Hrsg.), 1995, Proceedings of the World Bank Annual Conference on Development Economics 1994, Washington D.C.

BRUS, W., 1987, Geschichte der Wirtschaftspolitik in Osteuropa, Köln.

BUCHARIN, N.I., 1922 (1989), Oekonomik der Transformationsperiode, Hamburg.

BURDA, M.C., 1993, Unemployment, Labor Market Institutions and Structural Change in Eastern Europe. WZB Discussion Paper No. FS I 93-304, Berlin.

BUSS, A., 1989, Die Wirtschaftsethik des russisch-orthodoxen Christentums. Heidelberg.

CALVO, G.A., CORICELLI, F., 1992, Stabilizing a Previously Centrally Planned Economy: Poland 1990. In: Economic Policy, 14, S. 175-226.

CAPRIO, G., JR., LEVINE, R., 1994, Reforming Finance in Transitional Socialist Economies. In: The World Bank Research Observer, 9, 1, S. 1-24.

CARLIN, W., VAN REENEN, J., WOLFE, T., 1994, Enterprise restructuring in the transition: an analytical survey of the case study evidence from Central and Eastern Europe. EBRD Working Paper No. 14, London.

CHARAP, J., ZEMPLINEROVA, A., 1993, Restructuring in the Czech economy. EBRD Working Paper No. 2, London.

CHILOSI, A., 1993, Economic Transition and the Unemployment Issue. In: Economic Systems, 17, 1, S. 63-78.

CHRUSCHTSCHOW, N.S., 1963, Referat zur Begründung des Programms der KPdSU auf dem XXIII. Parteitag vom 18. Juli 1963.

CIESLIK, J., 1990, Privatization Through Joint Ventures in Poland, Mimeo, Warsaw.

CLAGUE, C.K., 1993, The Transformation of Socialist Economies: Alternative Approaches and Early Lessons of Experience. IRIS Working Paper No. 55, College Park.

CLAGUE, C.K., 1993a, Rule Obedience, Organizational Loyalty, and Economic Development. In: Journal of Institutional and Theoretical Economics, 149, 2, S. 393-414.

CLAGUE, C.K., RAUSSER, G.C. (Hrsg.), 1992, The Emergence of Market Economies in Eastern Europe, Cambridge.

CLINE, W.R., WEINTRAUB, S., (Hrsg.), 1981, Economic Stabilization in Developing Countries, Washington D.C.

COASE, R.H., 1937, The Nature of the Firm. In: Economica, N.S., IV, S. 386-405.

COASE, R.H., 1960, The Problem of Social Cost. In: Journal of Law and Economics, 3, 1, S. 1-44.

COASE, R.H., 1993, Concluding Comment. In: Journal of Institutional and Theoretical Economics, 149, 1, S. 360-361.

COFFEE, J.C., Jr., 1994, Investment Privatization Funds: The Czech Experience. Paper prepared for the Joint Conference of the World Bank and the Central European University Privatization Project on Corporate Governance in Central Europe and Russia, December 1994, Washington D.C.

COHEN, B.J., 1988, Global Debt: Why is Cooperation so Difficult? In: Guerieri, P., Padoan, P.C. (Hrsg.), The Political Economy of International Co-Operation. London, Kapitel IV.

COLEMAN, J.S., 1990, Foundations of Social Theory, Cambridge and London.

COMMANDER, S., CORICELLI, F. (Hrsg.), 1994, Unemployment, Restructuring and the Labor Market in Eastern Europe and Russia, EDI Development Studies, Washington D.C.

CORBO, V., CORICELLI, F., BOSSAK, J. (Hrsg.), 1991, Reforming Central and Eastern European Economies: Initial Results and Challenges, A World Bank Symposium, Washington D.C.

CORICELLI, F., DE REZENDE ROCHA, R., 1991, Stabilization Programs in Eastern Europe: A Comparative Analysis of the Polish and Yugoslav Programs of 1990. In: Corbo, V. et al. (Hrsg.), Reforming Central and Eastern European Economies: Initial Results and Challenges, S. 101-134.

CORRIGAN, E.G., 1990, The Role of Central Banks and the Financial System in Emerging Market Economies. In: Federal Reserve Bank of New York Quarterly Review, 15, 2, S.1-7.

COUNCIL OF MINISTERS, 1989, Outline Economic Program, Warsaw.

CRANE, K., 1991, Institutional Legacies and the Economic, Social and Political Environment for Transition in Hungary and Poland. In: American Economic Review, 81, 2, Papers & Proceedings, S. 318-322.

DAHLMAN, C.J., 1979, The Problem of Externality. In: Journal of Law and Economics, 22, 2, S. 141-162.

DAHRENDORF, R., 1990, Betrachtungen über die Revolution in Europa, Stuttgart.

DASGUPTA, P., 1988, Trust as a Commodity. In: Gambetta, D. (Hrsg.), Trust - Making and Breaking Cooperative Relations, S. 49-72.

DAVIS, L., NORTH, D.C., 1971, Institutional Change and American Economic Growth, Cambridge.

DE ALESSI, L., 1983, Property Rights, Transaction Costs, and X-Efficiency: An Essay in Economic Theory. In: American Economic Review, 73, 1, S. 64-81.

DELHAES, K. von, 1992, Privatisierung in Polen: Konzeptionen und Realität. In: Leipold, H. (Hrsg.), Privatisierungskonzepte im Systemwandel, Arbeitsberichte zum Systemvergleich Nr. 16, S. 39-75.

DELHAES, K. von, FEHL, U., 1991, Der Transformationsprozeß in der Zeit: Konsequenzen von Dauer und Reihung systemverändernder Maßnahmen. In: Hartwig, K.-H., Thieme, H.J. (Hrsg.), Transformationsprozesse in sozialistischen Wirtschaftssystemen: Ursachen, Konzepte, Instrumente, S. 435-461.

DEMOUGIN, D., SINN, H.-W., 1994, Privatization, risk-taking, and the communist firm. In: Journal of Public Economics, 55, S. 203-231.

DENZAU, A.T., NORTH, D.C., 1994, Shared Mental Models: Ideologies and Institutions. In: Kyklos, 47, 1, S. 3-31.

DEUTSCHE BANK, 1990, Osteuropa-Special, Frankfurt.

DÍAZ-ALEJANDRO, C., 1981, Southern Cone Stabilization Plans. In: Cline, W.R., Weintraub, S. (Hrsg.), Economic Stabilization in Developing Countries, S. 119-147.

DIETRICH, V., 1995, Banking Systems in Eastern Europe. In: Bank Austria, East-West Report, 1/95, S. 10-14.

DIETRICH, V., 1995a, Poland, Russia, Slovak Republic, Slovenia, Czech Republic, Hungary: An economic survey. In: Bank Austria, East-West Report Extra, 1, Aug. 95.

DIETZ, R., 1992, Eigentum und Privatisierung aus systemtheoretischer Sicht. Ein Beitrag zur Theorie der Transformation. Beitrag für die Tagung des Ausschusses zum Vergleich von Wirtschaftssystemen in Horumersiel/Schillig, Verein für Socialpolitik, 27.-29.09.92.

DITTUS, P., 1994, Corporate Governance in Central Europe: The Role of Banks. BIS Economic Papers No. 42., Basle.

DITTUS, P., PROWSE, S., 1994, Corporate Control in Central Europe and Russia: Should Banks Own Shares? Paper prepared for the Joint Conference of the World Bank and the Central European University Privatization Project on Corporate Governance in Central Europe and Russia, December 1994, Washington D.C.

DOBOZI, I., 1995, Electricity Consumption and Output Decline - An Update. In: Transition, The Newsletter About Reforming Economies, 6, 9-10, S. 19-20.

DONGES, J.B., ENGELS, W., HAMM, W., MÖSCHEL, W., NEUMANN, M.J.M., SIEVERT, O. (Kronberger Kreis), 1992, Zur Wirtschaftstransformation in Osteuropa, Frankfurter Institut für Marktwirtschaft und Politik, Bad Homburg.

DORNBUSCH, R., 1991, Strategies and Priorities for Reform. In: Marer, P., Zecchini, S. (Hrsg.), The Transition to a Market Economy, S. 169-183.

DOUGLAS, R., 1990, The Politics of Successful Structural Reform. In: Wall Street Journal, European Edition, 26/27. Januar 1990.

DROZYNSKI, P., 1993, Eine Welt der Gegensätze: Impressionen eines Handlungsreisenden in Rußland. In: Komet, Magazin für Kultur, Kunst, Zeitgeschichte und Wirtschaft, 131/133, S. 26-28.

DUNN, M.H., 1992, Die Unternehmung als ein soziales System. Grundrisse einer sozialwissenschaftlichen Theorie der Firma. Univ. Habil. TH Darmstadt.

EARLE, J.S., ESTRIN, S., 1994, Worker Ownership in Transition. Paper prepared for the Joint Conference of the World Bank and the Central European University Privatization Project on Corporate Governance in Central Europe and Russia, December 1994, Washington D.C.

EBRD, 1992, Annual Economic Review, European Bank for Reconstruction and Development, London.

EBRD, 1993, Economic Review, Current Economic Issues, European Bank for Reconstruction and Development, London.

EBRD, 1993a, Economic Review, Annual Economic Outlook, European Bank for Reconstruction and Development, London.

EBRD, 1994, Transition Report, European Bank for Reconstruction and Development, London.

EBRD, 1995, Transition Report Update, European Bank for Reconstruction and Development, London.

EDWARDS, S., 1992, Stabilization and Liberalization Policies for Economies in Transition: Latin American Lessons for Eastern Europe. In: Clague, C.K., Rausser, G.C. (Hrsg.), The Emergence of Market Economies in Eastern Europe, S. 129-159.

EGER, P., WEISE, P., 1990, Normen als gesellschaftliche Ordnung. In: Jahrbuch Ökonomie und Gesellschaft, 8, Individuelles Verhalten und kollektive Phänomene, Frankfurt und New York, S. 65-111.

EGGERTSSON, T., 1990, Economic Behavior and Institutions, Cambridge.

EGGERTSSON, T., 1994, The Economics of Institutions in Transition Economies. In: Schiavo-Campo, S. (Hrsg.), Institutional Change and the Public Sector in Transitional Economies, World Bank Discussion Paper No. 241, S. 19-50.

ELIAS, N., 1992[17], Über den Prozeß der Zivilisation, Frankfurt am Main.

ELIP, 1995, Economic and Legal Information from Poland, 5, 2, March-May, New York.

ELSHORST, H., 1993, Keine fertigen Rezepte. Wir haben im Süden gelernt, wie man es im Osten nicht machen darf. In: E+Z Entwicklung und Zusammenarbeit, 34, 8, S. 200-202.

ELSNER, W., 1986, Ökonomische Institutionenanalyse: paradigmatische Entwicklung der ökonomischen Theorie und der Sinn eines Rückgriffs auf die ökonomische Klassik am Beispiel der Institutionenanalyse, Berlin.

ELSNER, W., 1987, Institutionen und ökonomische Institutionentheorie. In: WiSt - Wirtschaftswissenschaftliches Studium, 1, S. 5-14.

ESTRIN, S., GELB, A.H., SINGH, I., 1993, Enterprises in Transition. Issues and Methods of Analysis. In: Eastern European Economics, 31, 5, S. 3-18.

ESTRIN, S., PEROTIN, V., 1991, Does Ownership Always Matter? In: International Journal of Industrial Organisation, 9, S. 55-72.

ESTRIN, S., RICHET, X., 1993, Industrial and Microeconomic Adjustment in Poland. A Cross Sectional Approach. In: Wagener, H.-J. (Hrsg.), The Political Economy of Transformation, S. 189-205.

ESTRIN, S., SCHAFFER, M.E., SINGH, I., 1993, Enterprise adjustment in transition economies: Czechoslovakia, Hungary, and Poland. In: Blejer, M.I., et al. (Hrsg.), Eastern Europe in Transition: From Recession to Growth? Proceedings of a Conference on the Macroeconomic Aspects of Adjustment, World Bank Discussion Paper No. 196, S. 111-136.

ETZIONI, A., 1992, How is Russia Bearing Up? In: Challenge, 35, 3, May-June, S. 40-43.

EUCKEN, W., 1990^6 (1. Auflage 1952), Grundsätze der Wirtschaftspolitik, Tübingen.

FALK, M., FUNKE, N., 1993, Zur Sequenz von Reformschritten: Erste Erfahrungen aus dem Transformationsprozeß in Mittel- und Osteuropa. In: Die Weltwirtschaft, 2, S. 186-207.

FAN, Q., LEE, U., 1994, Averting Debt Crisis in the Russian Economy. In: Transition: The Newsletter About Reforming Economies, 5, 9, S. 5-7.

FEHR, H., 1989, Korporatistische Interessenpolitik am Beispiel des Verhältnisses von Staat und Kirche in Polen und der DDR. In: Politische Vierteljahreszeitschrift, 30, Sonderheft 20, Politik und Gesellschaft in sozialistischen Ländern, S. 309-334.

FERNANDEZ, R., RODRIK, D., 1991, Resistance to Reform: Status Quo Bias in the Presence of Individual-Specific Uncertainty. In: American Economic Review, 81, 8, S. 1146-1155.

FISCHER, A., LINDEMANN, M., 1992, Auf- und Ausbau der Herrschaft Stalins. In: Informationen zur Politischen Bildung, 235, S. 24-35.

FISCHER, S., 1992, Privatization in East European Transformation. In: Clague, C.K., Rausser, G.C. (Hrsg.), The Emergence of Market Economies in Eastern Europe, S. 227-243.

FISCHER, S., GELB, A.H., 1991, Issues in Socialist Economic Reform. In: Marer, P., Zecchini, S. (Hrsg.), The Transition to a Market Economy, S. 152-168.

FRANZ, A., SCHIPKE, A., GROSZEK, M., 1991, Privatization in Poland: A Property Rights Approach. In: Kremer, M., Weber, M. (Hrsg.), Transforming Economic Systems: The Case of Poland, S. 57-76.

FRIES, S.M. (Hrsg.), 1994, Transition: Private Sector Development and the Role of Financial Institutions. EBRD Working Paper No. 13, London.

FRIES, S.M., LANE, T.D., 1994, Financial and Enterprise Restructuring in Emerging Market Economies. IMF Working Paper No. 94/34, Washington D.C.

FRYDMAN, R., PISTOR, K., RAPACZYNSKI, A., 1994, Investing in Insider-Dominated Firms. A Study of Russian Voucher Privatization Funds. Paper prepared for the Joint Conference of the World Bank and the Central European University Privatization Project on Corporate Governance in Central Europe and Russia, December 1994, Washington D.C.

FRYDMAN, R., RAPACZYNSKI, A., 1991, Evolution and Design in the East European Transition. Economic Research Reports No 91-53, C.V. Starr Center for Applied Economics at New York University. Wiederabdruck in Baldassarri, M. et al. (Hrsg.), 1993, Privatization Processes in Eastern Europe: Theoretical Foundations and Empirical Results, S. 63-104; sowie in Frydman, R., Rapaczynski, A., 1994, Privatization in Eastern Europe: Is The State Withering Away? Budapest und New York.

FRYDMAN, R., RAPACZYNSKI, A., 1991a, Markets and Institutions in Large-Scale Privatization: An Approach to Economic and Social Transformation in Eastern Europe. In: Corbo, V. et al. (Hrsg.), Reforming Central and Eastern European Economies: Initial Results and Challenges, A World Bank Symposium, S. 253-274. Wiederabdruck in Frydman, R., Rapaczynski, A., 1994, Privatization in Eastern Europe: Is The State Withering Away? Budapest und New York.

FRYDMAN, R., RAPACZYNSKI, A., 1992, Privatisation and Corporate Governance in Eastern Europe. Can Markets be Designed?. In: Winkler, G. (Hrsg.), Central and Eastern Europe: Roads to Growth, IMF, Washington D.C., S. 255-285.

FRYDMAN, R., RAPACZYNSKI, A., 1993, Privatization in Eastern Europe: Is the State Withering Away? In: Finance & Development, 30, 2, S. 10-13.

FRYDMAN, R., RAPACZYNSKI, A., 1994, Privatization in Eastern Europe: Is the State Withering Away?, Budapest und New York.

FRYDMAN, R., RAPACZYNSKI, A., EARLE, J.S., TURKEWITZ, J., 1994, Eastern European Experience with Small-Scale Privatization. A collaborative study with The Central European University Privatization Project. CFS Discussion Paper No. 104, The World Bank, Washington D.C.

FRYDMAN, R., WELLISZ, S., 1991, The Ownership-Control Structure and the Behavior of Polish Enterprises During the 1990 Reforms: Macroeconomic Measures and Microeconomic Responses. In: Corbo, V. et al. (Hrsg.), Reforming Central and Eastern European Economies: Initial Results and Challenges, A World Bank Symposium, S. 141-156.

FUCHS, D. ROLLER, E., 1994, Cultural Conditions of the Transition to Liberal Democracy in Central and Eastern Europe. WZB Discussion Paper No. FS III 94-202, Berlin.

FUNKE, N., 1991, Die Glaubwürdigkeit von Wirtschaftsreformen: Bedeutung, Ursachen und Ansatzpunkte zur Lösung von Glaubwürdigkeitsproblemen. In: Die Weltwirtschaft, 2, S. 175-186.

FUNKE, N., 1993, Timing and Sequencing of Reforms: Competing Views and the Role of Credibility. In: Kyklos, 46, 3, S. 337-362.

FURUBOTN, E.G., 1992, Eastern Europe Construction Problems: Some General Observations. In: Journal of Institutional and Theoretical Economics, 148, 1, S. 201-206.

FURUBOTN, E.G., RICHTER, R., 1992, The New Institutional Economics: Eastern European Reconstruction Problems, Editorial Preface. In: Journal of Institutional and Theoretical Economics, 148, 1, S. 1-3.

GAMBETTA, D. (Hrsg.), 1988, Trust - Making and Breaking Cooperative Relations, Oxford and New York.

GEBHARDT, W., KAMPHAUSEN, G., 1994, Mentalitätsunterschiede im wiedervereinigten Deutschland? In: Aus Politik und Zeitgeschichte, 44, B 16, S. 29-39.

GIERSCH, H., 1994, Die Moral als Standortfaktor. In: Frankfurter Allgemeine Zeitung, Nr. 304, 31.12.94, S. 15.

GODFREY, M., 1995, The struggle against unemployment: Medium-term policy options for transitional economies. In: International Labour Review, 134, 1, S. 3-15.

GORDON, L.A., 1991, Soviet Prospects: Not Absolutely Hopeless, Interview. In: Challenge, 34, 3, S. 23-31.

GORDON, R.H., 1992, Fiscal Policy During the Transition in Eastern Europe. CES Working Paper No. 23, Center for Economic Studies, München.

GRABHER, G., 1994, The Elegance of Incoherence. Institutional Legacies, Privatization and Regional Development in East Germany and Hungary. WZB Discussion Paper No. FS I 94-103, Berlin.

GRABHER, G., 1995, Die Eleganz von Inkohärenz - Institutionelles Erbe, Privatisierungsstrategien und regionalwirtschaftliche Entwicklung in Ostdeutschland und Ungarn. In: Althaler, K.S., Matzner, E., Prisching, M., Unger, B. (Hrsg.), Sozioökonomische Forschungsansätze, Marburg, S. 145-170.

GRAY, C.W., HANSON, R.J., 1993, Corporate Governance in Central and Eastern Europe. Lessons from Advanced Market Economies. World Bank Policy Research Working Paper No. 1182, Washington D.C.

GRIGORIEV, L., 1991, Ulterior Property Rights and Privatization: Even God Cannot Change the Past. Stockholm Institute of Soviet and East European Economics, Working Paper No. 32.

GROSFELD, I., 1993, The Paradox of Transformation: An Evolutionary Case for Rapid Privatization. In: Wagener, H.-J. (Hrsg.), The Political Economy of Transformation, S. 145-160.

GROSFELD, I., 1994, Financial Systems in Transition: Is There a Case for a Bank Based System? CEPR Discussion Paper No. 1062, London.

HAGGARD, S, KAUFMAN, R.R., 1993, What Do We Know About the Political Economy of Economic Policy Reform? In: The World Bank Research Observer, 8, 1, S. 143-168.

HAISS, P.R., 1994, The (Re)Creation of Financial Markets in Central Europe: Which Way to Choose? In: Wirtschaftspolitische Blätter, 41, 5/6, S. 351-366.

HANSMANN, H., 1990, When Does Worker Ownership Work? ESOPs, Law Firms, Codetermination, and Economic Democracy. In: Yale Law Journal, 99, 8, S. 1749-1816.

HARTWIG, K.-H., THIEME, H.J. (Hrsg.), 1991, Transformationsprozesse in sozialistischen Wirtschaftssystemen: Ursachen, Konzepte, Instrumente, Berlin.

HAYEK, F.A. von, 1969, Arten der Ordnung, Tübingen.

HEGSTAD, O.S., NEWPORT, I., 1987, Management Contracts: Main Features and Design Issues. World Bank Technical Paper No. 65, Washington D.C.

HEINER, R.A., 1983, The Origin of Predictable Behavior. In American Economic Review, 73, 4, S. 560-595.

HEINRICH, R., 1993, The Merits of Insider Privatization, What Russia Can Learn from Eastern Central Europe. Kieler Diskussionsbeiträge Nr. 201, Institut für Weltwirtschaft an der Universität Kiel.

HERDER-DORNEICH, P., 1991, Theorie der Wende: Die Wende in den sozialistischen Ländern als ordnungstheoretisches Problem. In: Kleinhenz, G. (Hrsg.), Sozialpolitik im vereinten Deutschland I, Berlin.

HERRMANN-PILLATH, C., 1991, Geld - Währung - Transformation: Schwierigkeiten für die Wissenschaft. In: Orientierungen zur Wirtschafts- und Gesellschaftspolitik, 50, 4, S. 15-23.

HERRMANN-PILLATH, C., 1991a, Der Vergleich von Wirtschafts- und Gesellschaftssystemen: Wissenschaftsphilosophische und methodologische Betrachtungen zur Zukunft eines ordnungstheoretischen Forschungsprogramms. In: ORDO, Jahrbuch für die Ordnung von Wirtschaft und Gesellschaft, 42, Stuttgart und New York, S. 15-57.

HERRMANN-PILLATH, C., 1993, Evolutionäre Rationalität. Diskussionsbeiträge des Fachbereichs Wirtschaftswissenschaft der Universität GH Duisburg, Nr. 187. Wiederabdruck in: Journal of Social and Evolutionary Systems, 17, 1, 1994, S. 41-70, unter dem Titel: Evolutionary Rationality, „Homo economicus", and the Foundations of Social Order.

HERRMANN-PILLATH, C., SCHLECHT, O., WÜNSCHE, H.F. (Hrsg.), 1994, Grundtexte zur sozialen Martkwirtschaft, Band 3: Marktwirtschaft als Aufgabe. Wirtschaft und Gesellschaft im Übergang vom Plan zum Markt, Ludwig-Erhard-Stiftung, Stuttgart und New York.

HINDS, M., 1991, Issues in the Introduction of Market Forces in Eastern European Socialist Economies. In: Commander, S. (Hrsg.), Managing Inflation in Socialist Economies in Transition. The World Bank, Washington D.C., S. 121-154.

HÖHMANN, H.-H., 1994, Transformation im Osten Europas: Noch fehlen zahlreiche wichtige "Bausteine". In: Das Parlament, 44, 40, 07.10.94, S. 11.

HOEKMAN, B., POHL, G., 1995, Enterprise Restructuring in Eastern Europe. How Much? How Fast? Where? Preliminary Evidence from Trade Data. Policy Research Working Paper No. 1433, The World Bank, Washington D.C.

HOFFER, F., 1994, Umbruch ohne Aufbruch - Beobachtungen zum Wandel industrieller Beziehungen in Rußland. In: WSI Mitteilungen, 8, S. 507-515.

HRADIL, S., 1995, Die Modernisierung des Denkens. Zukunftspotentiale und „Altlasten" in Ostdeutschland. In: Aus Politik und Zeitgeschichte, 45, B 20, S. 3-15.

HRNCIR, M., 1993, Financial Intermediation in Former Czechoslovakia and in the Czech Republic: Lessons and Progress Evaluation. In: Economic Systems, 17, 4, S. 301-327.

HÜBNER, D., 1992, Economic Change in Poland: A Comparative Study. Institute of Development and Strategic Studies, Working Paper No. 3/92, Warsaw.

HÜBNER, D., 1994, Transformation and Growth 1990-1993. Institute of Development and Strategic Studies, Working Paper No. 5/94, Warsaw.

HUSAIN, A.M., SAHAY, R., 1992, Does Sequencing of Privatization Matter in Reforming Planned Economies? IMF Working Paper No. 92/13, Washington D.C.

HUNTINGTON, S., 1992, How Do Countries Democratize?. In: Political Science Quarterly, 106, 4, S. 579-616.

IONIN, L., 1994, Kulturelle Modelle der Transformation in Rußland, Theoretische Aspekte. WZB Discussion Paper No. P 94-005, Berlin.

IPSEN, D., 1995, Anhaltender Widerstand gegen die polnische Massenprivatisierung. Beitrag zur Herbsttagung „Zur Theorie der Wirtschaften im Umbruch" des Arbeitskreises Politische Ökonomie, 13.-15.10.95 in Frankfurt/Oder, Darmstadt.

ISHIYAMA, J.T., 1995, Communist Parties in Transition: Structures, Leaders, and Processes of Democratization in Eastern Europe. In: Comparative Politics, 27, 2, S. 147-166.

JACKMAN, R., 1994, Economic policy and employment in the transition economies of Central and Eastern Europe: What have we learned? In: International Labour Review, 133, 3, S. 327-345.

JERMAKOWICZ, W.W., 1993, Economic Reform and Foreign Investments in Poland. In: Bank Austria (Hrsg.), Economic Transformation in Eastern Europe: Privatization and Foreign Investments, S. 103-125.

JESKE, J., 1994, Freiheit? Ein schönes Wort, wer's recht verstände! Ordnungspolitik bleibt eine Daueraufgabe. In: Frankfurter Allgemeine Zeitung, Nr. 217, 17.09.94, S. 13.

JONES, D.C., KATO, T., 1993, Employee Stock Ownership Plans and Productivity in Japanese Manufacturing Firms. In: British Journal of Industrial Relations, 31, 9, S. 331-346.

KAHNEMANN, D., KNETSCH, J.L., THALER, R.H., 1991, The Endowment Effect, Loss Aversion, and Status Quo Bias. In: Journal of Economic Perspectives, 5, 1, S. 193-206.

KAMINSKI, B., WANG, Z.K., WINTERS, A.L., 1995, Foreign Trade in Transition: The International Environment and Domestic Policy. In: Transition, The Newsletter About Reforming Economies, 6, 9-10, S. 18.

KARL, T.L., SCHMITTER, P.C., 1991, Modes of Transitions in Latin America, Southern and Eastern Europe. In: International Social Science Journal, 128, May, S. 269-284.

KASRIEL, K. et al., 1995, Poland Survey. In: Business Central Europe, 3, 18, February 1995, S. 29-43.

KIKERI, S., NELLIS, J., SHIRLEY, M., 1994, Privatization: Lessons From Market Economies. In: The World Bank Research Observer, 9, 2, S. 241-272.

KIRSCH, B., 1995, Osteuropa: Aus Satelliten wurden freie Nationalstaaten. Die Konkursverwalter haben es schwer. In: Das Parlament, 45, 18/19, 28.04.95, S. 7.

KISILOWSKA, H., 1994, Neokorporatismus und die Rechte der Repräsentanten der Belegschaften in polnischen Betrieben. Arbeitspapier zum 2. deutsch-polnischen Kolloquium am Institut für Politische Ökonomie der TH Darmstadt.

KISS, Y., 1994, Privatization Paradoxes in East Central Europe. In: East European Politics and Societies, 8, 1, S. 122-152.

KISS, Y., 1994a, Debt management in Eastern Europe. In: Eastern European Economics, 32, 3, S. 52-75.

KITSCHELT, H., 1992, The Formation of Party Systems in East Central Europe. In: Politics and Society, 20, March, S. 7-50.

KLOTEN, N., 1989, Zur Transformation von Wirtschaftsordnungen. In: ORDO, Jahrbuch für die Ordnung von Wirtschaft und Gesellschaft 40, Stuttgart und New York, S. 99-127.

KLOTEN, N., 1991, Die Transformation von Wirtschaftsordnungen: theoretische, phänotypische und politische Aspekte, Tübingen.

KLUSON, V., 1992, The Transformation of a State Enterprise Into a Joint-Stock Company. In: Eastern European Economics, 30, 2, Winter 1991-92, S. 9-43.

KNIGHT, J., 1992, Institutions and Social Conflict, Cambridge.

KOLAKOWSKI, L., 1994, Wir fürchten etwas Unbestimmtes. Was bedeutet der Zusammenbruch des Kommunismus philosophisch? In: Frankfurter Allgemeine Zeitung, Nr. 30, 05.02.1994, Sonderteil Bilder und Zeiten.

KORNAI, J., 1979, Resource-constrained versus Demand-constrained Systems. In: Econometrica, 47, 4, S. 801-819.

KORNAI, J., 1986, The Soft Budget Constraint. In: Kyklos, 39, S. 3-30.

KORNAI, J., 1986a, The Hungarian Reform Process. In: Journal of Economic Literature, 24, S. 1684-1737.

KORNAI, J., 1990, The Affinity Between Ownership and Coordination Mechanisms: The Common Experience of Reform in Socialist Countries. Wider Research for Action Series, Helsinki.

KORSUN, G., MURRELL, P., 1995, The Effects of History, Ownership and Pre-Privatization Restructuring on Post-Privatization Governance. IRIS Working Paper No. 147, College Park.

KOSCHE, M., 1993, Eigentumstransformation in postsozialistischen Wirtschaftssystemen: Bedingungen, Triebkräfte und Perspektiven des Wandels in ordnungstheoretischer Sicht, Univ. Diss., Universität zu Köln.

KOSTA, J., 1990, Tschechoslowakei: Beschwerliche Etappen zur Marktwirtschaft. In: Orientierungen zur Wirtschafts- und Gesellschaftspolitik, 43, 1, S. 60-66.

KOSTA, J., 1995, Die Systemtransformation in den CEFTA-Ländern: Strategien und Ergebnisse. In: Osteuropa-Wirtschaft, 40, 3, S. 238-247.

KRAKOWSKI, M., 1991, Der Faktor Zeit beim Übergang von der Plan- zur Marktwirtschaft. In: Hamburger Jahrbuch für Wirtschafts- und Gesellschaftspolitik, 36, S. 9-19.

KREMER, M., WEBER, M. (Hrsg.), 1991, Transforming Economic Systems: The Case of Poland, Heidelberg.

KREMER, M., KUCK, A., TROSKY, F., 1994, Politökonomie und Wirtschaftsreformen: Eine gleichgewichtstheoretische Modellanalyse zur Rolle der Sozialpolitik in der Systemtransformation. Diskussionsbeiträge des Fachbereichs Wirtschaftswissenschaft der Gerhard-Mercator-Universität GH Duisburg, Nr. 204.

KRISTOL, I., 1979, Socialism as Political Magic. In: Dialogue, Special Section: Capitalism, Socialism, and Democracy, 12, 1, S. 17-19.

KRÜSSELBERG, H.G., 1991, Distribution versus Allokation: Zur Dominanz verteilungsorientierten Denkens und dessen Effekte. In: Hartwig, K.-H., Thieme, H.J., (Hrsg.), Transformationsprozesse in sozialistischen Wirtschaftssystemen: Ursachen, Konzepte, Instrumente, S. 55-77.

KRUG, B., 1991, Die Transformation der sozialistischen Volkswirtschaften in Zentraleuropa: Ein Beitrag der Vergleichenden Ökonomischen Theorie von Institutionen. In: Wagener, H.-J. (Hrsg.), Anpassung durch Wandel: Evolution und Transformation von Wirtschaftssystemen, S. 39-60.

KRUG, B., 1991a, Die politische Ökonomie der Wirtschaftstransformation - Überlegungen aus Sicht der Vergleichenden Ökonomischen Theorie der Institutionen. In: Backhaus, J. (Hrsg.), Systemwandel und Reform in östlichen Wirtschaften, S. 102-121.

KRUG, B., 1993, Chinas Weg zur Marktwirtschaft: eine politisch-ökonomische Analyse der Wirtschaftstransformation 1978-1988, Marburg.

KUGOT, B., 1994, Direct Investment and Corporate Governance in Transition Economies. Paper prepared for the Joint Conference of the World Bank and the Central European University Privatization Project on Corporate Governance in Central Europe and Russia, December 1994, Washington D.C.

KURAN, T., 1988, The Tenacious Past: Theories of Personal and Collective Conservatism. In: Journal of Economic Behavior and Organization, 10, S. 143-171.

LACHMANN, L., 1963, Wirtschaftsordnung und wirtschaftliche Institutionen. In: ORDO, Jahrbuch für die Ordnung von Wirtschaft und Gesellschaft, 14, Stuttgart und New York, S. 63-77.

LEE, B., 1991, Should Employee Participation Be Part of Privatization? World Bank Working Paper No. 664, Washington D.C.

LEIBENSTEIN, H., 1983, Property Rights and X-Efficiency: Comment. In: American Economic Review, 73, 6, S. 831-842.

LEIBENSTEIN, H., 1987, Inside the Firm, The Inefficiencies of Hierarchy, Cambridge and London.

LEIPOLD, H., 1991, Institutioneller Wandel und Systemtransformation - Ökonomische Erklärungsansätze und ordnungspolitische Folgerungen. In: Wagener, H.-J. (Hrsg.), Anpassung durch Wandel: Evolution und Transformation von Wirtschaftssystemen, S. 17-38.

LEIPOLD, H. (Hrsg.), 1992, Privatisierungskonzepte im Systemwandel. Arbeitsberichte zum Systemvergleich Nr. 16, Marburg.

LEIPOLD, H., 1992a, Alternative Privatisierungs- und Sanierungsmethoden in Mittel- und Osteuropa. Beitrag für die Tagung des Ausschusses zum Vergleich von Wirtschaftssystemen in Horumersiel/Schillig, Verein für Socialpolitik, 27.-29.09.92.

LEWANDOWSKI, J., SZOMBURG, J., 1989, Property Reform as a Basis for Social and Economic Reform. In: Communist Economies, 3, S. 257-268.

LIJPHART, A., 1991, Democratization and Constitutional Choices in Czecho-Slovakia, Hungary and Poland 1989-1991. WZB Dicussion Papers No. FS III 92-203. Wiederabdruck 1992 in: Journal of Theoretical Politics, 4, S. 207-233.

LIJPHART, A. (Hrsg.), 1992, Parliamentary versus Presidential Government, Oxford.

LINDEMANN, M., 1992, Außenpolitik unter Breschnew. In: Informationen zur politischen Bildung, 236, S. 21-26.

LINDENBERG, S., 1992, An Extended Theory of Institutions and Contractual Discipline. In: Journal of Institutional and Theoretical Economics, 148, 1, S. 125-154.

LINZ, J.J., 1990, The Perils of Presidentialism. In: Journal of Democracy, 1, 1, S. 51-69.

LIPTON, D., SACHS, J.D., 1990, Privatization in Eastern Europe: The Case of Poland. In: Brookings Papers on Economic Activity, 2, S. 293-341.

LIPTON, D., SACHS, J.D., 1990a, Creating a Market Economy in Eastern Europe: The Case of Poland. In: Brookings Papers of Economic Activity, 1, S. 75-147.

LUDWIG, M., 1994, Zwischen Mächten und Zeiten. Polens schwierige Annäherung an den Westen. In: Frankfurter Allgemeine Zeitung, 18, 22.01.94.

LUHMANN, N., 1973, Vertrauen: Ein Mechanismus der Reduktion sozialer Komplexität, Stuttgart.

LUHMANN, N., 1988, Familiarity, Confidence, Trust: Problems and Alternatives. In: Gambetta, D. (Hrsg.), Trust - Making and Breaking Cooperative Relations, Oxford and New York, S. 94-107.

MALLON, R.D., 1994, State-Owned Enterprise Reform through Performance Contracts: The Bolivian Experiment. In: World Development, 22, 6, S. 925-934.

MANN, R., 1991, Zur Theorie der Systemtransformation. In: IGW-Report, 5, 2, S. 65-75.

MARRESE, M., 1994, Should Russia Adopt a New Incomes Policy? In: Finance & Development, 31, 4, S. 18-21.

MATESOVÁ, J., 1994, Country Overview Study: Czech and Slovak Republics. In: Eastern European Economics, 31, 6, Winter 1993/94, S. 3-35.

MATTHEWS, R.C.O., 1986, The Economics of Institutions and the Sources of Growth. In: The Economic Journal, 96, 395, S. 903-918.

McFAUL, M., 1995, State Power, Institutional Change, and the Politics of Privatization in Russia. In: World Politics, 47, 2, S. 210-243.

McKINNON, R.I., 1992, Taxation, Money, and Credit, in a Liberalizing Socialist Economy. In: Economics of Planning, 25, 1, S. 97-112.

McKINNON, R.I., 1993², The Order of Economic Liberalization. Financial Control in the Transition to a Market Economy, Baltimore and London.

McKINNON, R.I., 1994, Gradual versus Rapid Liberalization in Socialist Economies. Financial Policies in China and Russia Compared. International Center for Economic Growth (ICEG), Sector Study No. 10, San Francisco.

McMILLAN, C.H., 1993, The Role of Foreign Direct Investment in the Transition from Planned to Market Economy. In: Bank Austria (Hrsg.), Economic Transformation in Europe: Privatization and Foreign Investments, S. 13-29. Wiederabdruck in: 1993, Transnational Corporations, 2, S. 97-119.

McNAUGHTON, D., 1994, The World Bank's Financial Sector Activities. In: Fries, S.M. (Hrsg.), Transition: Private Sector Development and the Role of Financial Institutions. EBRD Working Paper No. 13., London, S. 28-34.

MEADE, J.E., 1972, The Theory of Labour Managed Firms and of Profit Sharing. In: The Economic Journal, 82, S. 402-428.

MEJSTRIK, M., 1993, Economic Transformation, Privatization and Foreign Investments in the Czech Republic. In: Bank Austria (Hrsg.), 1993, Economic Transformation in Europe: Privatization and Foreign Investments, S. 31-71.

MERKEL, W., 1994, Systemwechsel: Probleme der demokratischen Konsolidierung in Ostmitteleuropa. In: Aus Politik und Zeitgeschichte, 44, B 18/19, S. 3-11.

MEYER, G., 1993, Die politischen Kulturen Ostmitteleuropas im Umbruch. In: Aus Politik und Zeitgeschichte, 43, B 10, S. 3-13.

MIEGEL, M., 1992, Das Ende der Sowjetunion: Einsturz und Aufbau einer Wirtschafts- und Gesellschaftsordnung. Institut für Wirtschaft und Gesellschaft, Bonn.

MILANOVIC, B., 1991, Privatisation in Post-communist Societies. In: Communist Economies & Economic Transformation. 3, 1, S. 5-39.

MINISTRY OF PRIVATISATION, 1993, Privatisation: The Balance-Sheet for 1991-1993.

MINISTRY OF PRIVATISATION, 1994, Privatisation in Poland. Department of Foreign Relations, Warszawa.

MINISTRY OF PRIVATIZATION, 1995, Privatization Update. 1994 Activity Review, New York.

MINISTRY OF PRIVATIZATION TRANSLATION, 1993, Law dated April 30, 1993 on National Investment Funds and Their Privatization. In: Journal of Laws of the Republic of Poland, 44, Item 202, Chapter 1-11.

MISES, L. von, 1980, Einige Worte über die Ursachen des Untergangs der antiken Kultur. In: Mises, L., von (Hrsg.), Nationalökonomie, Theorie des Handelns und Wirtschaftens, München.

MIZSEI, K., 1994, Quotation of the Month, Excerpts from some Backround Papers of the Report of the Bretton Woods Commission. In: Transition: The Newsletter About Reforming Economies, 5, 6, S. 4-6.

MLYNAR, Z., 1994, Ost-Mitteleuropa nach dem „realen Sozialismus". Arbeitspapier Nr. 5, Austrian Institute for International Affairs, Laxenburg.

MORGENSTERN, O., 1966^2, Spieltheorie und Wirtschaftswissenschaft, München und Wien.

MÜLLER, K., 1991, Nachholende Modernisierung? Die Konjunkturen der Modernisierungstheorie und ihre Anwendung auf die Transformation der osteuropäischen Gesellschaften. In: Leviathan, 19, 2, S. 261-291.

MURPHY, K., SHLEIFER, A., VISHNY, R., 1992, The Transition to a Market Economy: Pitfalls of Partial Reform. In: Quarterly Journal of Economics, 57, 3, S. 889-906.

MURRELL, P., 1991, Evolutionary and Radical Approaches to Economic Reform. IRIS Working Paper No. 5, College Park. Wiederabdruck 1992 in: Economics of Planning, 25, 1, S. 79-95.

MURRELL, P., 1992, Evolution in Economics and in the Economic Reform of the Centrally Planned Ecoomies. In: Clague, C.K., Rausser, G.C. (Hrsg.), The Emergence of Market Economies in Eastern Europe, S. 35-53.

MURRELL, P., 1995, The Transition According to Cambridge, Mass. In: The Journal of Economic Literature, 33, March, S. 164-178.

MURRELL, P., OLSON, M., 1991, The Devolution of Central Planned Economies. In: Journal of Comparative Economics, 15, 2, S. 239-265.

MUSTO, S.A., 1993, Auf der Kriechspur nach Europa: Osteuropa im Übergangsprozeß. In: E+Z Entwicklung und Zusammenarbeit, 34, 8, S. 206-208.

NAGY, A., 1991, Social Choice in Eastern Europe. In: Journal of Comparative Economics, 15, 2, S. 266-283.

NELLIS, J., 1991, Improving the Performance of Soviet Enterprises. World Bank Discussion Paper No. 118, Washington D.C.

NELLIS, J., 1994, Successful Privatization in Estonia: Unusual Features. In: Transition: The Newsletter About Reforming Economies, 5, 6, S. 7-10.

NELSON, J.M., 1994, Linkages Between Politics and Economics. In: Journal of Democracy, 5, 4, S. 49-62.

NELSON, J.M. (Hrsg.), 1994a, A Precarious Balance: Democracy and Economic Reforms in Eastern Europe, San Francisco.

NELSON, R.R., WINTER, S.G., 1982, An Evolutionary Theory of Economic Change, Cambridge.

NEWBERY, D.M., KATTUMAN, P., 1992, Market Concentration and Competition in Eastern Europe. In: World Economy, 15, S. 315-333.

NIEDER, L., 1993, Privatisierungsstrategien in Osteuropa. Eine Analyse im Lichte der Principal-Agent-Theorie. Mitteilungen aus dem Institut für das Spar-, Giro- und Kreditwesen an der Universität Bonn Nr. 42, Bonn.

NOLTE, H.-H., 1995, Wohin mit Osteuropa? Überlegungen zur Neuordnung des Kontinents. In: Aus Politik und Zeitgeschichte, 45, B 39, S. 3-11.

NORDHAUS, W.D., 1990, Soviet Economic Reform: The Longest Road. In: Brookings Papers on Economic Activity, 1, S. 287-318.

NORTH, D.C., 1984, Transaction Costs, Institutions, and Economic History. In: Journal of Institutional and Theoretical Economics, 140, 1, S. 7-17. Wiederabdruck in Furubotn, E.G., Richter, R. (Hrsg.), 1991, The New Institutional Economics, Tübingen, S. 203-213.

NORTH, D.C., 1990, Institutions, Institutional Change and Economic Performance, Cambridge.

NORTH, D.C., 1994, Economic Performance Through Time. In: The American Economic Review, 84, 3, S. 359-368.

NORTH, D.C., 1995, Economic Theory in a Dynamic Economic World. In: Business Economics, 30, 1, S. 7-12.

NUNNENKAMP, P., 1995, Wirtschaftsreformen in Entwicklungs- und Transformationsländern - Anreizprobleme, Glaubwürdigkeitsdefizite und die Erfolgschancen umfassender Reformen. In: Die Weltwirtschaft, 1, S. 99-116.

O.V., 1995, Zufällig reingeraten. In: Der Spiegel, 52, 25.12.95, S- 77-80.

ODLE, M., 1993, Foreign Direct Investment as Part of the Privatization Process. In: Transnational Corporations, 2, S. 7-34.

OFFE, C., 1991, Das Dilemma der Gleichzeitigkeit. Demokratisierung und Marktwirtschaft in Osteuropa. In: Merkur, 4, S. 279-292.

OLSON, M., 1992, The Hidden Path to a Successful Economy. In: Clague, C.K., Rausser, G.C. (Hrsg.), The Emergence of Market Economies in Eastern Europe, S. 55-75.

OLSON, M., 1992a, From Communism to Market Democracy: Why is Economic Performance Even Worse When Communism is Abolished? IRIS Working Paper No. 28, College Park.

ORDESHOOK, P.C., 1994, Institutions and Incentives: The Prospects For Russian Democracy. IRIS Working Paper No. 115, College Park.

OSTROM, E., 1990, Governing the Commons. Cambridge.

PARASKEWOPOLUS, S., 1991, Erklärungsansätze der Systemtransformation. In: Hartwig, K.-H., Thieme, H.J. (Hrsg.), Transformationsprozesse in sozialistischen Wirtschaftssystemen: Ursachen, Konzepte, Instrumente, S. 3-27.

PARSONS, T., 1971, The System of Modern Societies, Englewood Cliffs.

PETERMANN, F., 1985, Psychologie des Vertrauens, Salzburg.

PETERS, H.-R., 1990, Transformationstheorie und Ordnungspolitik. In: Wist - Wirtschaftswissenschaftliches Studium, 8, S. 384-389.

PHELPS, E.S., FRYDMAN, R., RAPACZYNSKI, A., SHLEIFER, A., 1993, Needed Mechanisms of Corporate Governance and Finance in Eastern Europe, EBRD Working Paper No. 1, London.

PINTO, B., BELKA, M., KRAJEWSKI, S., 1993, Transforming State Enterprises in Poland: Microeconomic Evidence on Adjustment by Manufacturing Firms. Policy Research Working Paper No. 1101, The World Bank, Washington D.C. Wiederabdruck in: Brookings Papers on Economic Activity, 1993, 1, S. 213-270.

PISTOR, K., TURKEWITZ, J., 1994, Coping with Hydra-State Ownership after Privatization. A Comparative Study of Hungary, Russia, and the Czech Republic. Paper prepared for the Joint Conference of the World Bank and the Central European University Privatization Project on Corporate Governance in Central Europe and Russia, December 1994, Washington D.C.

POLLARD, S., 1984, Transaction Costs, Institutions, and Economic History. Comment. In: Journal of Institutional and Theoretical Economics, 140, 1, S. 18-19.

POPITZ, H., 1992[2], Phänomene der Macht, Tübingen.

POPOV, V., 1991, Soviet Economic Reforms: Possible Difficulties in the Application of Public Choice Theory. In: Journal of Comparative Economics, 15, 2, S. 304-324.

POPPER, K.R., 1992[7], Die offene Gesellschaft und ihre Feinde, Band 2, Tübingen.

PORTER, M., 1992, Capital Disadvantage: America's Failing Capital Investment System. In: Harvard Business Review, Sept.-Oct., 70, 5, S. 65-82.

PORTES, R., 1994, Transformation Traps. In: The Economic Journal, 104, 426, S. 1178-1189.

POZNANSKI, K.Z., 1992, Market Alternative to State Activism in Restoring the Capitalist Economy. In: Economics of Planning, 25, 1, S. 55-77.

POZNANSKI, K.Z., 1992a, Privatization of the Polish Economy: Problems of Transition. In: Soviet Studies, 44, 4.

POZNANSKI, K.Z., 1993, Restructuring Property Rights in Poland: A Study in Evolutionary Economics. In: East European Politics and Societies, 7, 3, S. 395-421.

PROPP, P.D., 1964 (1990), Zur Transformation einer Zentralverwaltungswirtschaft sowjetischer Prägung in eine Marktwirtschaft, Köln.

PRZEWORSKI, A., 1991, Democracy and the Market: Political and Economic Reforms in Eastern Europe and Latin America, Cambridge.

PRZEWORSKI, A., 1995, Ökonomische und politische Transformationen in Osteuropa: Der aktuelle Stand. In: Prokla, Zeitschrift für kritische Sozialwissenschaft, 25, 1, Heft 98, S. 130-151.

PUTNAM, R.D., 1993, Making Democracy Work: Civic Traditions in Modern Italy, Princeton.

RADNITZKY, G., 1984, Die ungeplante Gesellschaft - Friedrich von Hayeks Theorie der Evolution spontaner Ordnungen und selbstorganisierter Systeme. In: Hamburger Jahrbuch für Wirtschafts- und Gesellschaftspolitik, 29, S. 9-34.

RAMM, U., 1993, Investitionen in Osteuropa - Chancen und Risiken im Wettbewerb. In: Komet, Magazin für Kultur, Kunst, Zeitgeschichte und Wirtschaft, 131/133, S. 62-64.

REGULSKA, J., 1995, Building Local Democracy: The Role of Western Assistance. Paper presented at the Conference on Western AID to Central and Eastern Europe: What We Are Doing Right, What We Are Doing Wrong, What We Can Do Better. Woodrow Wilson International Center for Scholars and Friedrich Ebert Stiftung, Washington D.C.

RICHTER, R., 1990, Sichtweise und Fragestellungen der Neuen Institutionenökonomik. In: Zeitschrift für Wirtschafts- und Sozialwissenschaften (ZWS), 110, S. 571-591.

RIESE, H., 1990, Geld im Sozialismus. Zur theoretischen Fundierung von Konzeptionen des Sozialismus, Regensburg.

RODRIK, D., 1995, The Dynamics of Political Support for Reform in Economies in Transition. Paper presented at the NBER-TCER-CEPR Trilateral Conference on Transition from Socialist Economies, Tokyo.

RÖPKE, J., 1977, Strategie der Innovation, Tübingen.

ROLAND, G., 1994, On the Speed and Sequencing of Privatisation and Restructuring. In: The Economic Journal, 104, 426, S. 1158-1168.

ROLAND, G., VERDIER, T., 1994, Privatization in Eastern Europe. Irreversibility and critical mass effects. In: Journal of Public Economics, 54, S. 161-183.

ROLLER, E., 1992, Ideological Basis of the Market Economy: Attitudes Toward Distribution Principles and the Role of Government in Western and Eastern Germany. WZB Discussion Paper No. FS III 92-206, Berlin.

ROSATI, D.K., 1994, The Polish Experience. In: Fries, S.M. (Hrsg.), Transition: Private Sector Development and the Role of Financial Institutions. EBRD Working Paper No. 13, S. 20-27.

ROSTOWSKI, J., 1994, Systemic Requirements for Monetary Stability in Eastern Europe and the Former Soviet Union. IMF Working Paper No. 94/24, Washington D.C.

RUDOLF, S., 1988, The Objective Nature of the Democratization Process in the Workplace. In: Comparative Labor Law Journal, 9, S. 399-431.

RUMER, B., 1991, New Capitalists in the U.S.S.R. In: Challenge, 34, 3, S. 19-22.

RUSTOW, D.A., 1970, Transitions to Democracy. In: Comparative Politics, 2, 3, S. 337-363.

RUTLEDGE, S.L., STEWART-SMITH, M.C., KAPPAZ, C., MINOVI, M., 1995, Selling State Companies to Strategic Investors. Trade Sale Privatizations in Poland, Hungary, the Czech Republic, and the Slovak Republic. CFS Discussion Paper No. 106, Vol. 2, Case Studies, The World Bank, Washington D.C.

RYLL, A., 1993, Transition to a Market Economy as the Transformation of Coordination. In: Wagener, H.-J. (Hrsg.), The Political Economy of Transformation, S. 45-59.

SACHS, J.D., 1994, Russia's Struggle with Stabilization: Conceptual Issues and Evidence. In: World Bank Annual Conference on Development Economics, Washington D.C.. Wiederabdruck in Bruno, M., Pleskovic, B. (Hrsg.), 1995, Proceedings of the World Bank Annual Conference on Development Economics 1994, Washington D.C., S. 57-80.

SACHS, J.D., 1995, Postcommunist Parties and the Politics of Entitlements. In: Transition: The Newsletter About Reforming Economies, 6, 3, S. 1-4.

SAH, R.K., 1991, Social Osmosis and Patterns of Crime. In: Journal of Political Economy, 12, S. 1272-1295.

SAMUELSON, W., ZECKHAUSER, R.J., 1988, Status Quo Bias in Decision Making. In: Journal of Risk and Uncertainty, 1, S. 7-59.

SCHENK, K.-E., 1992, The Economic Policy Framework in Transition - Resistance to and Strategy for Change in Eastern Europe. In: Journal of Institutional and Theoretical Economics, 148, 1, S. 103-115.

SCHENK, K.-E., 1992a, Die neue Institutionenökonomie - Ein Überblick über wichtige Elemente und Probleme der Weiterentwicklung. In: Zeitschrift für Wirtschafts- und Sozialwissenschaften, 112, S. 337-378.

SCHIAVO-CAMPO, S., 1994, Institutional Change and the Public Sector: Towards a Strategic Framework. In: ders., (Hrsg.), Institutional Change and the Public Sector in Transitional Economies. World Bank Discussion Paper No. 241, S. 3-18.

SCHIAVO-CAMPO, S. (Hrsg.), 1994a, Institutional Change and the Public Sector in Transitional Economies. World Bank Discussion Paper No. 241, Washington D.C.

SCHILLING, W., 1995, Tendenzen der politischen Entwicklung in Rußland. In: Aus Politik und Zeitgeschichte, 45, 46, S. 3-11.

SCHIPKE, A., TAYLOR, A.M. (Hrsg.), 1994, The Economics of Transformation. Theory and Practice in the New Market Economies, Berlin and Heidelberg.

SCHLÜTER, R., 1988, Einleitung. In: ders. (Hrsg.), Wirtschaftsreformen im Ostblock in den 80er Jahren, S. 13-30.

SCHMIDT, R.H., 1981, Ein neo-institutionalistischer Ansatz der Finanzierungstheorie. In: Rühli, E., Thommen, J.P. (Hrsg.), Unternehmensführung aus finanz- und bankwirtschaftlicher Sicht, Bern, S. 186-221.

SCHMIEDING, H., 1990, Konvertibilität und Wirtschaftsreform. In: Zeitschrift für Wirtschaftspolitik, 39, 1, S. 41-56.

SCHMIEDING, H., 1991, Issues in Privatization. In: Intereconomics, 26, 3, S. 103-107.

SCHMITTER, P.C., 1995, Von der Autokratie zur Demokratie. Zwölf Überlegungen zur politischen Transformation. In: Internationale Politik, 50, 6, S. 47-52.

SCHNEIDER, D., 1985, Die Unhaltbarkeit des Transaktionskostenansatzes für die „Markt- oder Unternehmung"-Diskussion. In: Zeitschrift für Betriebswirtschaft, 55, 2, S. 1237-1253.

SCHOTTER, A., 1981, The Economic Theory of Social Institutions, Cambridge.

SCHRÖDER, K., 1994, Russische Wirtschaftsreformen: Große Probleme - aber auch erste Erfolge. In: Das Parlament, 44, 40, 07.10.94, S. 13.

SCHÜLLER, A., 1991, Probleme des Übergangs von der Staatswirtschaft zur Marktwirtschaft. In: Forschungsstelle zum Vergleich Wirtschaftlicher Lenkungssysteme, Marburg, S. 1-24.

SCHÜLLER, A., 1992, Ansätze einer Theorie der Transformation. In: ORDO, Jahrbuch für die Ordnung von Wirtschaft und Gesellschaft, 43, Stuttgart und New York, S. 35-64.

SCHÜLLER, A., BARTHEL, A., 1990, Zur Transformation von Wirtschaftssystemen. In: WiSt - Wirtschaftswissenschaftliches Studium, 2, S. 68-74.

SCHULUS, A., 1993, Schattenwirtschaft in Rußland: Formen, Ausmaße und Bedrohungen. In: Osteuropa-Wirtschaft, 3, S. 250-261.

SCHUMANN, J., 1991, Economic Problems of Germany´s Unification, Münster.

SCHWARTZ, G., 1993, Privatization: Trade-Offs, Experience, and Policy Lessons from Eastern European Countries. In: Tanzi, V. (Hrsg.), Transition To Market: Studies in Fiscal Reform, IMF, Washington D.C., S. 224-249.

SEIFERT, W., ROSE, R., 1994, Lebensbedingungen und politische Einstellungen im Transformationsprozeß - Ostdeutschland und Osteuropa im Vergleich. WZB Diskussion Paper No. P 94-104, Berlin.

SENKYR, J., 1995, Made in Czech Republic. In: Frankfurter Allgemeine Zeitung, Nr. 119, Beilage Tschechische Republik, 23.05.95, S. B 4.

SHAFIK, N., 1994, Mass Privatization in the Czech and Slovak Republics. In: Finance & Development, 31, 4, S. 22-24.

SHAIKH, H., MINOVI, M., 1995, Management Contracts: A Review of International Experience. CFS Disscussion Paper No. 108, The World Bank, Washington D.C.

SHLEIFER, A., 1995, Establishing Property Rights. In: Bruno, M., Pleskovic, B. (Hrsg.), Proceedings of the World Bank Annual Conference on Development Economics 1994, Washington D.C., S. 93-117.

SIEBERT, H., 1991, The Transformation of Eastern Europe. Kieler Diskussionsbeiträge Nr. 163, Institut für Weltwirtschaft an der Universität Kiel.

SIEBERT, H., 1992, Die reale Anpassung bei der Transformation einer Planwirtschaft, Kieler Arbeitspapier Nr. 500, Institut für Weltwirtschaft an der Universität Kiel.

SIMON, H.A., 1976, From Substantive to Procedural Rationality. In: Latsis, S.J. (Hrsg.), Method and Appraisal in Economics, S. 129-148.

SIRC, L., 1979, The Yugoslav Economy under Self-Management, London.

SLAY, B., 1991, Poland: The „Mass Privatization“ Program Unravels. In: Report on Eastern Europe, 2, 44, S. 13-18.

SLAY, B., 1993, The Dilemmas of Economic Liberalism in Poland. In: Europa-Asia Studies, 45, 2, S. 237-257.

SLAY, B., 1994, Rapid versus gradual economic transition. In: RFE/RL Research Report, 3, 31, 12.08.94, S. 31-42.

SMITH, S.C., 1994, On the Law and Economics of Employee Ownership in Privatization in Developing and Transition Economies. In: Annals of Public and Cooperative Economics, 65, 3, S. 437-468.

SOLIMANO, A., 1991, The Economics of Central and Eastern Europe: An Historical and International Perspective. In: Corbo, V. et al. (Hrsg.), Reforming Central and Eastern European Economies: Initial Results and Challenges, S. 7-24.

SONG, X., 1992, Prinzipien und Strategien der institutionellen Reform. Zur Transformation sozialistischer Wirtschaftssysteme in eine Marktwirtschaft, Köln.

SOÓS, K.A., 1991, Liberalization and Stabilization. In: Köves, A., Marer, P. (Hrsg.), Foreign Economic Liberalization: Transformation in Socialist and Market Economies, S. 247-253.

STARK, D., 1990, Privatization in Hungary: From Plan to Market or from plan to clan? Working Papers on Transitions from State Socialism No. 90.2., Cornell University, Mario Einaudi Center for International Studies, Ithaca. Wiederabdruck in: East European Politics and Society, 1990, 4, 3.

STARK, D., 1994, Recombinant Property in East European Capitalism. Paper prepared for the Joint Conference of the World Bank and the Central European University Privatization Project on Corporate Governance in Central Europe and Russia. December 1994, Washington D.C.

STEIN, H., 1989, The Triumph of the Adaptive Society. Paper for The Frank E. Seidman Distinguished Award In Political Economy, Rhodes College, Memphis.

STEPHAN, A., SKACH, C., 1993, Constitutional Frameworks and Democratic Consolidation. Parliamentarism versus Presidentialism. In: World Politics, 1, S. 1-22.

STRICKER, G., 1994, Schwierige Reform an Haupt und Gliedern. In: Rheinischer Merkur, 49, 12, 25.03.94, S. 26.

SVENJAR, J., 1994, Obstacles to Restructuring Post Privatisation. In: Aghion, P., Stern, N. (Hrsg.), Obstacles to Enterprise Restructuring in Transition. EBRD Working Paper No. 16, S. 15-19.

SWAAN, W., LISSOWSKA, M., 1992, Enterprise Behaviour in Hungary and Poland in the Transition to a Market Economy: Routines as a Barrier to Change. Research Memorandum 9213, University of Amsterdam. Wiederabdruck 1992 in: Blaas, W., Foster, J. (Hrsg.), Mixed Economies in Europe: An Evolutionary Perspective on their Emergence, Transition and Regulation, Aldershot, S. 69-102.

SWAAN, W., LISSOWSKA, M., 1992a, Economic Reforms and the Evolution of Enterprise Behaviour in Hungary and Poland During the 1980s. LICEES Working Paper No. 4, Leuven Institute for Central and East European Studies.

SZOMBURG, J., 1991, The Socio-Political Barriers of Polish Privatization. Paper prepared for the Project Liberty Workshop on Privatization and Demonopolization in East Europe, Poland.

TANZI, V. (Hrsg.), 1993, Transition To Market: Studies in Fiscal Reform, IMF, Washington D.C.

TANZI, V., 1993a, Financial Markets and Public Finance in the Transformation Process. In: ders., (Hrsg.), Transition To Market: Studies in Fiscal Reform, S. 1-28 bzw. IMF Working Paper No. 92/29, Washington D.C.

TATUR, M., 1991, Die Bedeutung der „etatistischen Gesellschaft" in Polen für die soziologische Theorie. In: Leviathan, 2, S. 292-304.

THIEME, H.J., 1991, Reformen des monetären Sektors in sozialistischen Ländern: Ursachen, Transformationsbedingungen und institutionelle Voraussetzungen. In: Kredit und Kapital, 24, 1, S. 15-34.

THOMAS, S., 1995, Grading U.S. Aid to Central and Eastern Europe (Using the example of privatization). Paper presented at the Conference on Western AID to Central and Eastern Europe: What We Are Doing Right, What We Are Doing Wrong, What We Can Do Better. Woodrow Wilson International Center for Scholars and Friedrich Ebert Stiftung, Washington D.C.

TIETZEL, M., 1991, Der Neue Institutionalismus auf dem Hintergrund der alten Ordnungsdebatte. In: Boettcher, E. et al. (Hrsg.), Jahrbuch für Neue Politische Ökonomie, 10, S. 3-37.

TIETZEL, M., WEBER, M., BODE, O.F., 1991, Die Logik der sanften Revolution: Eine ökonomische Analyse. Vorträge und Aufsätze am Walter Eucken Institut, Nr. 133, Tübingen.

TOMALA, K., 1994, Die Gratwanderung Polens ist noch nicht beendet. In: Das Parlament, 44, 3, 21.01.94, S. 14.

ULLMANN-MARGALIT, E., 1978, The Emergence of Norms, New York..

ULRICH, R., 1991, Der Übergang zur Marktwirtschaft in der CSFR, Polen und Ungarn: Ausgangsbedingungen und erste Schritte. WZB Discussion Paper No. P 91-307, Berlin.

URBAN, L., 1993, Privatization in Hungary. IRIS Working Paper No. 78, College Park.

VANBERG, V., 1981, Liberaler Evolutionismus oder vertragstheoretischer Konstitutionalismus? - Zum Problem institutioneller Reformen bei F.A. von Hayek und J.M. Buchanan, Tübingen.

VARELA, F., 1985, Der kreative Zirkel. In: Watzlawick, P. (Hrsg.), Die erfundene Wirklichkeit - Wie wissen wir, was wir zu wissen glauben. Beiträge zum Konstruktivismus, München, S. 294-309.

VAUGHN, K.I., 1983, Kann sich eine demokratische Gesellschaft ohne Revolution reformieren? Die Grenzen konstruktiven Wandels. In: Zeitschrift für Wirtschaftspolitik, 32, 2, S. 115-129.

VESTER, F., 1993, Unsere Welt - Ein vernetztes System, München.

VETTER, R., 1994, Mühsame Annäherung an Parlamentarismus und Rechtsstaat. In: Das Parlament, 1, S. 17.

VICKERS, J., YARROW, G., 1988, Privatisation: An Economic Analysis, London.

VOBOBYOV, A.Y., 1993, Production Aspects of Russian Transition. Wider Working Papers No. 105, World Institute for Development Economics Research, Helsinki.

VOIGT, S., 1991, Die evolutionsorientierte Theorie der Verfassung - Bemerkungen zum Ansatz von Hayeks. In: Zeitschrift für Wirtschaftspolitik, 40, 2, S. 93-107.

WAGENER, H.-J. (Hrsg.), 1991, Anpassung durch Wandel: Evolution und Transformation von Wirtschaftssystemen. Schriften des Vereins für Socialpolitik, Bd. 206, Berlin.

WAGENER, H.-J. (Hrsg.), 1993, The Political Economy of Transformation, Frankfurt/Oder.

WAGENLEHNER, G., 1995, Die Ausbeutung ist eher noch hemmungsloser geworden. In: Das Parlament, 45, 38, 15.09.95, S. 11.

WALTERS, A., 1992, The Transition to a Market Economy. In: Clague, C.K., Rausser, G.C. (Hrsg.), The Emergence of Market Economies in Eastern Europe, S. 99-105.

WATRIN, C., 1994, Auf dem Weg zur Marktwirtschaft. In: Herrmann-Pillath, C. et al. (Hrsg.), Grundtexte zur sozialen Martkwirtschaft, Band 3: Marktwirtschaft als Aufgabe. Wirtschaft und Gesellschaft im Übergang vom Plan zum Markt, S. 3-19.

WEBER, R.L., 1992, Walter Eucken und der Wandel von Wirtschaftssystemen. In: Wist - Wirtschaftswissenschaftliches Studium, 11, S. 579-583.

WEBER, M., GLAPINSKI, A., 1991, Reformers, Rent-Seekers, Free Riders: Systemic Transformation in Poland. In: Kremer, M., Weber, M. (Hrsg.), Transforming Economic Systems: The Case of Poland, S. 23-41.

WEBSTER, L.M., 1993, The Emergence of Private Sector Manufacturing in Poland. A Survey of Firms. World Bank Technical Paper No. 237, Washington D.C.

WEBSTER, L.M., CHARAP, J., 1993, A Survey of Private Manufacturers in St. Petersburg. EBRD Working Paper No. 5, London.

WEGEHENKEL, L., 1981, Gleichgewicht, Transaktionskosten und Evolution. Eine Analyse der Koordinierungseffizienz unterschiedlicher Wirtschaftssysteme, Tübingen.

WEISS, D., 1995, Entwicklung als Wettbewerb der Kulturen. In: Aus Politik und Zeitgeschichte, 45, B 29, S. 3-10.

WEITZMAN, M.L., 1976, The new Soviet incentive model. In: The Bell Journal of Economics, 7, 1, S. 251-257.

WEITZMAN, M.L., 1993, How Not to Privatize. In: Baldassarri, M. et al. (Hrsg.) Privatization Processes in Eastern Europe, S. 249-269.

WELFENS, P.J.J., 1991, Economic Reforms in Eastern Europe: Basic Problems, Options and Opportunities. In: Intereconomics, 26, 5, S. 214-222.

WELSH, H.A., 1994, Political Transition Processes in Central and Eastern Europe. In: Comparative Politics, 26, 4, S. 379-394.

WELZEL, C., 1995, Der Umbruch des SED-Regimes im Lichte genereller Transitionsmechanismen. In: Politische Vierteljahreszeitschrift, 36, 1, S. 67-90.

WENZ, E.M., 1993, Taumelt Europa in den Justizstaat? In: Orientierungen zur Wirtschafts- und Gesellschaftspolitik, 58, 4, S. 28-30.

WERNER, H., 1989, Individualität und marxistische Theorie - Neuentdeckung oder Erinnerung? In: Albers, D., Deppe, F., Stamm, M., (Hrsg.), Fernaufklärung. Glasnost und die bundesdeutsche Linke, Köln, S. 169-181.

WESSELS, B., KLINGEMANN, H.-D., 1994, Democratic Transformation and the Prerequisites of Democratic Opposition in East and Central Europe. WZB Discussion Paper No. FS III 94-201, Berlin.

WILLGERODT, H., 1992, Podiumsdiskussionsbeitrag. In: Walter Eucken Institut, Ordnung in Freiheit, Wirtschaftswissenschaftliche und wirtschaftsrechtliche Untersuchungen, Nr. 29.

WILLIAMSON, J. (Hrsg.), 1991, Currency Convertability in Eastern Europe, Washington D.C.

WILLIAMSON, O.E., 1975, Markets and Hierarchies, New York.

WILLIAMSON, O.E., 1979, Transaction-Cost Economics: The governance of contractual relations. In: Journal of Law and Economics, 22, 3, S. 233-261.

WILLIAMSON, O.E., 1985, The Economic Institutions of Capitalism, New York.

WILLIAMSON, O.E., 1995, The Institutions and Governance of Economic Development and Reform. In: Bruno, M., Pleskovic, B. (Hrsg.), Proceedings of the World Bank Annual Conference on Development Economics 1994, Washington D.C., S. 171-197.

WILLKE, H., 1989, Systemtheorie entwickelter Gesellschaften, Weinheim.

WILSON, N. (Hrsg.), 1992, Their Role in Corporate Finance and Performance, New York.

WINIECKI, J., 1990, Why Economic Reforms Fail in the Soviet System: A Property Rights-Based Approach. In: Economic Inquiry, 28, 2, S. 195-221.

WINIECKI, J., 1991, Political Economy of Privatisation: Poland in Comparative Perspective. Kieler Diskussionsbeiträge Nr. 485, Institut für Weltwirtschaft an der Universität Kiel.

WINIECKI, J., 1991a, The Inevitability of a Fall in Output in the Early Stages of Transition to the Market: Theoretical Underpinnings. In: Soviet Studies, 43, 4, S. 669-676.

WINIECKI, J., 1992, The Characteristic Traits of Privatization in the Economies of Eastern Europe. In: Eastern European Economics, 30, 3, S. 6-20.

WINIECKI, J., 1992a, Privatization in East-Central Europe: Avoiding Major Mistakes. In: Clague, C.K., Rausser, G.C. (Hrsg.), The Emergence of Market Economies in Eastern Europe, S. 271-277.

WINIECKI, J., 1993, Heterodox Stabilisation in Eastern Europe, EBRD Working Paper No. 8, London.

WITT, U., 1986, Evolution and Stability of Cooperation without Enforceable Contracts. In: Kyklos, 39, Fasc. 2, S. 245-266.

WÜNSCHE, H.F., 1990, Arbeitslos durch Marktwirtschaft: Wirkliche Gefahr oder Propaganda? In: Orientierungen zur Wirtschafts- und Gesellschaftspolitik, 44, 2, S. 27-29.

WÜNSCHE, H.F., 1990a, Wirtschaftsreform als Plandirektive, soziale Forderung oder politische Grundentscheidung? In: Orientierungen zur Wirtschafts- und Gesellschaftspolitik, 46, 4, S. 33-41.

ZAPF, W., 1992, Die Transformation in der ehemaligen DDR und die soziologische Theorie der Modernisierung. WZB Discussion Paper No. P 92-104, Berlin.

ZIESEMER, B., 1994, Ein paar Schritte. In: Wirtschaftswoche, 48, 35, 26.08.94, S. 32-33.

Reinhard Leber

Politische Kultur und Systemtransformation in Rumänien

Lokalstudie zu der Stadt Temeswar

Frankfurt/M., Berlin, Bern, New York, Paris, Wien, 1996.
VII, 310 S., zahlr. Abb., Tab. u. Kt.
Europäische Hochschulschriften: Reihe 31, Politikwissenschaft. Bd. 280
ISBN 3-631-48568-9 br. DM 89.--*

Im Mittelpunkt der Analyse steht die postsozialistische Entwicklung in Temeswar, der "ersten freien Stadt Rumäniens". Durch Kombination dokumentenanalytischer mit empirischen Methoden werden die funktionalen Eigenschaften kollektiver Wertorientierungen für den Systemwechsel in Temeswar und damit teilweise für Rumänien untersucht. Die historischen Merkmalsausprägungen kultureller Standards erwiesen sich aufgrund ihrer demokratischen Orientierungen als ein entscheidender Ursachenfaktor für die Ablösung des Ceausescu-Regimes. Ihre politische Artikulation und Weiterentwicklung verhinderten eine autoritäre Systemrestauration und lenkten die Systemtransformation in eine demokratische Richtung.

Aus dem Inhalt: Das Forschungskonzept politischer Kultur · Politische Kultur der Temeswarer aus historischer Perspektive · Politische Kultur unter dem Regime Ceausescus · Politische Kultur und Systemtransformation